华中师范大学教育学院百年发展丛书

总主编／李　玲　雷万鹏

华中师范大学
教育学院发展史

主编／余子侠

華中師範大學出版社

新出图证（鄂）字10号

图书在版编目（CIP）数据

华中师范大学教育学院发展史/余子侠主编．—武汉：华中师范大学出版社，2022.12（2023.4重印）

ISBN 978-7-5622-9925-7

Ⅰ.①华…　Ⅱ.①余…　Ⅲ.①华中师范大学教育学院—校史　Ⅳ.①G649.286.31

中国版本图书馆CIP数据核字（2022）第197119号

华中师范大学教育学院发展史

HUAZHONG SHIFAN DAXUE JIAOYU XUEYUAN FAZHAN SHI

©余子侠　主编

编 辑 室：	第一分社	**电　　话：**	027-67867317
责任编辑：	胡小忠	**责任校对：**	童　雯
出版发行：	华中师范大学出版社有限责任公司	**封面设计：**	罗明波
社　　址：	湖北省武汉市洪山区珞喻路152号	**邮　　编：**	430079
销售电话：	027-67863426（发行部）		
网　　址：	http://press.ccnu.edu.cn	**电子信箱：**	press@mail.ccnu.edu.cn
印　　刷：	湖北恒泰印务有限公司	**督　　印：**	刘　敏
开　　本：	787mm×1092mm　1/16	**印　　张：**	28.25
版　　次：	2022年12月第1版	**印　　次：**	2023年4月第2次印刷
字　　数：	492千字	**定　　价：**	85.00元

欢迎上网查询、购书

华中师范大学教育学院百年发展丛书
编委会

总　序

金秋时节，国庆刚过，学院党委书记李玲、院长雷万鹏一行登门看望。其间谈到教育学院即将举行百年院庆，并将出版“华中师范大学教育学院百年系列”，言谈间希望我为丛书写序。如此盛情之请，我欣然应允。

一

我于 1952 年暑假之后离开湖南老家，作为首届学生来到华中高等师范学校教育系就读。其时校址在武昌县华林。次年学校易名华中师范学院。1956 年夏，我毕业留校任教，直至 2005 年退休，在教育系整整工作了半个世纪。时至今日仍有难以分割的学术联系，我见证了教育系及教育学院的成长已 70 年矣！

记得我在留校工作后不久，学校便整体搬迁到桂子山的新校区。当时的桂子山，除两幢新建的学生宿舍和一、二号教学楼外，四周皆为杂草丛生的荒山野岭。我们搬到新校区后，在学习、上课之余，参加得最多的便是建校公益劳动；每逢清明前后，我们最热衷参与的便是植树造林。六栋学生宿舍和桂中路旁高大的梧桐、香樟以及通往教育学院大路两边的桂花树，都是我们那时种植的。每当晚饭后出门散步，走在林荫道上，我总是感慨无限：人生荏苒，学校旧貌新颜。

在这 70 年间，我经历了教育系“院系调整”后的创建、发展和停办，“文革”后教育系的恢复，直至教育科学学院及教育学院的成立和拓展；从县华林到桂子山，从三号楼到田家炳楼，从教育系、教育科学研究所的设立到教育学院“三系五所”，以及融合教育学院、早期教育学院和家庭教育学院的架构，建构了家校社协同育人；从教育学原理获批国家重点学科到教育学获批一流学科，从第一个硕士学位点的获批到教育学一级学科博士授予权的获得，从教育学专业的最早开办到教育学、学前教育学、特殊教育学三个一流本科专业建设点的并驾齐驱，以及全国首个融合教育专业的创办；从校级先进基层党组织到全国党建工作标杆院系的创建，从校级优秀教学成果奖到国家级优秀教学成果奖，从主体教育理论的提出到《教育学》荣获全国教材建设奖一等奖……我见证了教育学院扎根中国大地办教育的初心，见证了教育学院积极献身中华民族伟大复兴事业的使命担当，见证了教育学院为学校建设教师教育领先的世界一流大学的累累硕果，更见证了教育学院为党育人、为国育才的种种贡献。

二

由于华中师范大学由多所高校合并组建而成，所以我们教育学院的历史起点存在多个源头。就其机构设置而言，其最初形式最早可追溯到 1922 年中华大学“教育哲学系”的创办；1924 年 9 月间，华中大学在文理学院内开设了教育系。今年我院庆祝百年华诞即是以中华大学教育哲学系的设立为其依据。我虽聆听过原中华大学的教授严士佳（名绂苹）等前辈的授课，但对于我进校之前的系史则知之未详。正因如此，我对这段历史的阅读也就格外细心。

百年漫长而坎坷的发展道路，华中师范大学教育学科始终与时代同进步，与民族共命运。她受新文化运动的精神滋养孕育而生，在教育救国中初具规模，在教育建国中重获新生，在教育富国中蓬勃发展，在教育强国中砥砺奋进。她经历过流亡，经历过曲折，更经历过多次的起起伏伏、分分合合。但是，华师教院人对教育理想和教育情怀的坚守始终如一、坚如磐石，形成了矢志不渝教育报国、红色血脉源远流长、大师云集人才辈出、精神丰盈境界高远的办学特点。她的精髓、灵魂、血脉、师承，更是经百年而不衰，历千辛而不竭，始终保持着旺盛的生命，书写着教育学科的传奇，造就了教育学科的百年辉煌，可谓频出硕果、代有传人。一代代学人为着共同事业和理想，矢志教育而终生不渝，以自己的辛勤耕耘和事业影响，成就了教育学院的骄傲与荣光。

三

借百年院庆的推动，我院还将庄重出版《华中师范大学教育学院发展史》，重点记录以我院为载体的教育学科的发展与成长，包括专业的完善和课程的充实、师资的提升和人才的培养，教育学科已成为我校三大一流学科之一，并且在全国第四轮学科评估中，位居A类之档，并列全国第三；2022年教育学科跻身一流学科建设队列，标志着教育学科以及教育学院的发展再上台阶。正是厚重的百年历史、深厚的文化积淀和丰富的办学经验，成为全体教育人引以为傲的宝贵财富。

作为全国师范教育的重镇之一，“忠诚博雅 朴实刚毅”的精神始终浸润在华中师范大学百廿年的教育实践中。而以教育研究为己任的教育学科人群，更是华师精神的忠实践行者。致力于教育学院事业发展的一代代学者，无论是早已作古的韦卓民、严士佳、黄溥、王倘、朱希亮、常春元、邵达成……，还是后来相继谢世的杨葆焜、王道俊、任钟印、旷习模等，他们或温和谦逊，或庄重谨慎，或春风化雨，或敬业乐群，既勤于教学又精于研究，既是教育学科的重要建设者和奠基人，也是华师“桂子山学人”的代表和精英，更是中国教育现代化的参与者和推动者。

至于提及百年来的毕业生已逾3万，确实令人吃惊。不过细细思量，若加上自考生、函授生、进修生和培训学员，恐怕远不能以此数为限！一个世纪以来，教院人踏踏实实、勤勤恳恳，一步一个脚印，躬耕于教学、科研一线，为党和国家培养了一批批思想政治坚定、专业素养厚实、综合能力突出的社会主义建设者和接班人，为推进教育强国战略做出了实实在在的贡献。

正如已故校长章开沅先生所讲，高等学府是“铁打的营盘流水的兵”。不管是本院先后任职的教职工，还是学成离校的学生，都已经或正在为中华民族的振兴做出了自己的贡献。对于这些曾为建设“华中师大”这个“营盘”发挥过积极作用、燃烧过自己青春的精英，我们还将借助《永远的风采》，撷英择精，为他们作小传以宣传，借立碑而铭记。如此既可告慰前贤，更能昭励后人。

四

值此百年院庆之时，我院系列丛书的出版，不仅记录了历史的足迹，而且也为院庆提供了翔实的注解。我还有幸获知，院庆期间，将邀请各地院友回校欢聚，并安排简朴的庆典仪式，举办多场学术报告会以及院友恳谈会，新编《院友通讯录》、布置百年院史展，计划安排专场文艺晚会……尽管值此疫情期间，这些安排未必都能实现，但足见计划的周密和领导的重视。可以预期，院庆活动将会隆重而热烈，身居其间而躬逢盛会，本人深感庆幸。

为了迎接明年10月2日的华中师范大学120周年校庆，全校都在紧锣密鼓地进行筹备工作，诸如组织撰写学校通史、编辑出版“华大经典文库”、各院系提交《校庆筹备工作实施方案》等。今年10月2日上午，已举行了120周年校庆倒计时一周年启动仪式，并在启动仪式结束后，举行了校史馆、博物馆、生物博物馆的开馆仪式。可以预期明年的“双甲子校庆”将更为隆重、更加热烈。我院今年所举行的百年庆典，无疑是在为明年盛大校庆做最好的热身。

百年历史是华师教院人最珍贵的精神财富、最宝贵的办学资源、最可贵的发展自信。站在新的历史起点上，全体教育人要致敬先贤、敬重历史，将“传道授业 明志笃行”的院训及“立德求真 和合创新”的学院精神进一步发扬光大。

本人已是老骥伏枥，仍难免“壮心不已”。搁笔之际寄语来人：目标更应高远，攀登不可停歇，我们应当发愤图强，艰苦奋斗；不骄傲、不跟风、不气馁，为中国教育学科和各级各类教育的真正发展，尽自己的一份绵薄之力，这也是我为完成学院领导之嘱托而做是序的初心。

华中师范大学教育学院老学人

匆草于二〇二二年立冬日

目 录

第一章

华中大学教育学院的形成与变迁
（1902—1952）

今日华中师范大学教育学院暨教育学科，依循其历史行程，其事业基础则承接多所学府，其学科主脉则源出中西两途。在其百年的历史发展进程中，有如诸流汇江，以共和国成立为界可分作前后两大段流程。如果由远及近，可依次溯流如次：在其汇流成江之前，其源头包括私立文华—华中大学教育学院（系）、私立中华大学教育（哲学）系、国立湖北教育学院教育系和中原大学教育学院；在其众流归江之后，其流程则展现为公立华中大学教育系、华中高等师范学校教育系、华中师范学院教育系、华中师范大学教育科学学院—教育学院。按照学校实体创办的先后次序，本部院史的起手之处，自然在于私立华中大学的主体前身文华大学的创办，在于对文华大学创办过程中孕育着的后来私立华中大学教育学院的学科因子和事业基础的探究与揭明。

第一节　历史前奏寻端倪（1902—1929）

私立华中大学的主体前身文华大学，实为基督教美国圣公会在华差会所开办。这所教会办理的学校，无论办学模式、师资配备、课程设置、教学方法以及学校管理，都迥异于中国社会的传统教育机构，而以西方尤其美国学校为其范型或样式。有鉴于此，在探究华中大学—华中师范大学教育学院暨教育学科的历史渊源时，可将其视为中西两途之西式源头。而组建私立华中大学的原单位，除文华大学外，在其于 1924 年初次组合时，尚有同在武汉地区的由英国循道会创设的武昌博文书院与由英国伦敦会开办的汉口博学书院；在其于 1929 年再次组合时，又有由美国雅礼学会创办于湖南长沙的雅礼大学和由美国复初会设立于岳阳的湖滨大学，以及后来加入的由路德会（信义会）创设于益阳的信义大学。因此，欲了解这一西式源头，须先了解湖北（主要是武汉）地区教会学校早期开办情况，尤其这些教会学校孕育着的教育系科的师范教育成分，以及湖南教会学校后来归并华中大学时的师范教育情状。

一、武汉地区组建华中大学的教会学校的变迁发展

武汉地区的教会学校，最早出现于第二次鸦片战争后武汉开埠初期。20 世纪初年，随着教会教育事业的发展，西方教会学校为了培养学校师资而开始开办师范学校，武汉乃至两湖（湖北、湖南）地区由此出现一系列师范教育机构。

素有“九省通衢”之称的武汉，因其地理位置的重要和水陆交通的便利，在第二次鸦片战争后很快受到西方殖民势力的关注，也被其时来华的西方传教士及其差会所重视。19 世纪 60 年代初，基督教来华传教士的足迹就出现在武汉三镇之地，旋即于 1862 年就在汉口建立起教堂。不久，用来辅佐传教布道扩大教会影响而附属于教堂的医院和学校亦相继出现，其中，对后来教会学校及其师范教育事业影响最大的基督教差会，有英国伦敦会、英国循道会以及美国圣公会三家。这三大差会所开办的学校经过近 40 年的缓慢发展，逐步由初等教育拓展到中等教育乃至高等教育。到 20 世纪初年，三大差会在各

自所办的中高等教育成分的基础上，开始出现了师范教育成分，或开始从事教师人才的培养。

英国伦敦会（London Missionary Society）是最早将势力扩及武汉地区的基督教差会。该差会传教士杨格非（Griffith John，1831—1912），是第一个抵达武汉的基督教人士。这位伦敦会牧师于 1861 年 6 月举家由上海溯江迁居汉口，开启了其差会在华中地区的宣教事业。随着宣教活动的开展，该差会为了更好从事传教事业，于 1895 年在汉口商业中心地区花楼街一茶箱厂旧址创办了一所教会学校。到 1899 年，该教会教育机构已经成为一所中等学校——博学书院，其英文校名为 Griffith John College，用以纪念被西方传教士尊称为“华中宣教之父”杨格非的开创之功；首任院长为麦克法兰（A. J. Mac Farlane）牧师。初办时，博学书院有学生 40 名，4 年后即增加到 100 余人。1907 年学校在汉口韩家墩建立新校舍，自此分为 4 个部分：中学部、师范部、神学部以及从事师范一年高等教育且主要学习英语的华英部（即大学部）。1922 年时，学校开始重视发展高等教育。到 1924 年华中大学组建时，博学书院的高等教育部分并入华中大学，中学部改为博学中学。紧随博学书院之后，伦敦会还于 1897 年在武昌县华林创办了一所女子教育机构——懿训书院。该书院在 1918 年前改为 8 年制，1922 年迁至汉阳东门，易名懿训女子学校。

英国循道会（British Methodist Mission）是紧随伦敦会之后将势力扩展到武汉地区的基督教差会。该差会宣教人物高可士（Josiah Cox，或译作郭修礼）于 1862 年来到汉口开教。1865 年时，该差会著名传教士李修善（David Hill）又到武昌建立教堂。到 1885 年，该差会传教士巴修理（W. T. A. Barber）在武昌长街书院巷创立了一所高水准且能容纳数百名男生的中等教育机构——博文书院（Wesley College in Wuchang）。这位英国剑桥大学的毕业生，在学校建成后即就任这所招有 16 名学生的书院的首任院长。1907 年时，因湖广总督张之洞要扩建省会建“劝工场”，于是通过置换，博文书院迁至大东门（今武汉十五中处）。早在 1902 年时，博文书院开设有大学部。这个大学部在后来 20 余年间办办停停。及至 1924 年华中大学组建时，该大学部亦并入华中大学。此外，在 1896 年，英国循道会在汉阳西门外（今武汉市二十三中学处）也创办了一所女子教育机构——训女书院。该教会女子教育机构在辛亥革命后改名为私立训女女子中学。

紧随英国伦敦会、循道会之后在武汉地区开展传教事业的基督教组织，是来自美国的圣公会。在 1868 年夏间，该差会中国教区主教韦廉臣（C. M.

Williams，或译作威廉斯）为了打开中国长江中游地区的传教局面，先是只身前往武汉地区进行一番考察，继之于 6 月 2 日带领华籍牧师颜永京（Yung Kiung Yen，1838—1898）和美籍牧师何英（Augustus C. Hoehing），自上海溯江直抵武汉。韦氏一行先是在汉口英国循道会传教士李修善处借住一小段时日，随后在 6 月 23 日过江来到武昌，由是正式拉开美国圣公会华中教区宣教事业的帷幕。为了更好地打开圣公会中华教区在武汉的传教局面，圣公会先是在 1868 年 8 月 10 日在武昌开设一处日校，后又于 1871 年 6 月韦廉臣再来武汉时筹立一所男童寄宿学校，并于当年 10 月 2 日正式开学。该男童寄宿学校即是后来华中大学的前身文华大学之初生身份——文华书院。同时，为了使传教事工能被当地社会接受并得到顺利发展，在 1870 年 10 月 28 日，韦廉臣按立其时仅为会吏的颜永京为华中地区圣公会会长。所以文华书院创立后的最初几年，一直由颜永京掌校经营和管理。1890 年时，该教会学校升格为中等教育机构，1903 年时又开办大学部。到 1909 年，随着文华书院于当年 5 月 18 日得到美国纽约州立大学董事会特许，以“文华大学”之名在哥伦比亚特区注册后，学校正式改名为“文华大学校”。其英文校名也由原来的“Boone College”改称为“Boone University”。当 1924 年华中大学组建时，即以该校的大学部为其主体基础，而该校中学部也随之改为独立办理的“文华中学”。

同英国伦敦会、循道会一样，美国圣公会在开办男童学校不久，借力于美国圣公会布伦小姐（Mrs. Jane Bohlen）的一笔捐款，于 1874 年也在武昌昙华林的文华校园内开设了一所女子教育机构——布伦女童寄宿学校，即“布伦女学”（The Jane Bohlen Memorial School For Girls）。根据汉译谐音，这所女子学校在当时有一个更好听的名字“宝莲女学”。这所湖北地区出现的第一所女子教育机构，后来虽然历经周折并数度停办，但到 1899 年 4 月再度复办并改名圣希理达女校（St. Hilda's School）后，发展比较顺利。1906 年时，该校已有学生 60 名，并发展成为中学；1911 年 9 月下旬，该女校从文华校园搬出，落脚在小东门外舒家街（今武汉市二十五中学处）。当华中大学组建成功并能招收女生后，该校成为华中大学的重要生源学校之一。

随着教会各差会在华中地区宣教事业的不断扩大，以及各自主办的学校教育事业的逐步发展，这些由外人在华开办的教会学校，沿袭着西方确切地说是欧美各国的办学传统，进入 20 世纪后即开始着手其师范教育的办理。而西方通过创办师范教育机构来培养各级各类学校师资的传统，起自法国 1795 年 1 月在巴黎设立的公立师范学校。该校的开办目的，即为了解决其时法国正在发展的中小学教育事业师资不足的难题。在华基督教教会各差会经营的学校教育事业，到20世纪初年，有了长足的发展，仅就湖北地区而言，在1900年之前，基督教各差会在武汉三镇开办的学校至少有10所以上，如开办于武昌的文华书院（1871）、汉口的圣保罗学堂（1872）、武昌的布伦女学（1874）、武昌的博文书院（1885）、汉口的训盲书院（1888）、汉阳的训女书院（1896）、武昌的文学学堂（1896）、武昌的懿训书院（1897）、汉口的博学书院（1899）以及在90年代开办于汉口鄱阳街的歌颂学堂（该教会学校于1902年改名歌颂中学堂）等；此外，湖北其他地方亦有教会学校的开办，如在孝感就有伦敦会创设于1896年的男学堂1所，在汉阳就有循道会创设于1897年的David Hill纪念女子学堂（该女子教育机构校名用以纪念李修善牧师）1所等。进入20世纪后，尤其在20世纪最初的20年间，湖北地区教会学校有如雨后春笋般出现。现据《中华归主》一书，可知截至1920年时，湖北地区已有的教会学校，除了前述3所办有高等教育的教会教育机构外，尚有教会初级小学288所、高级小学58所、中学校17所。其中初级小学校共有学生8049人，高级小学校共有学生2185人，中学校共有学生852人。也就是说，在1920年之前，湖北地区教会教育机构的中小学学生已过万人之数（共计11086人）[①]。

值得说明的是，其时基督教分属于各宗的宣教会（差会），其宣教事业并非以中国行政区划来分布自己的事工范围，而是根据各宗各差会自身的人员、经费和传教影响力来确定各自的区划，如文华书院（文华大学）的主办者美国圣公会在华的事业区划，在19世纪后半期，统一由设于上海的传教总部（head quarters）负责该差会在华的宣教事业，但到1901年时，美国圣公会差传总部将中国教区一分为二，即划分为上海教区（又称下江教区）和华中教区（又称汉口教区或武昌教区）；1910年时，又将华中教区一分为二，即划分为芜湖教区（后改名安庆教区，又称为皖赣教区）和汉口教区（又称为鄂湘教区）。这就是说，如果美圣公会要解决自身经营的中小学师资问题，负责其划区湖北地方宣教事业的差会组织，就不仅仅要加强湖北境内圣公会所办中小学的师资队伍建设，而是要在1901年之前负责培养圣公会在两湖、皖、赣等长江中游诸省设立的中小学校的教师；在1901年之后，则主要解

① 中华续行委办会调查特委会编：《中华归主：中国基督教事业统计（1901—1920）》（上），中国社会科学出版社1987年11月版，第241页。

决在鄂、湘两省开设的所有圣公会学校的师资问题。正因如此，基督教在华各差会在进入 20 世纪后，一方面通过 1902 年在上海召开基督教“中华教育会”第四届会议，积极地发出《向外国差会请求派遣有训练的教育家来华的呼吁书》，强烈要求各差会所属国的传教总部，尽快向中国派出大批能够真正从事教育工作的专职教师，另一方面借助自身在华经营学校的教育基础和力量，积极开办用于培养教会学校教师的师范教育。于此，同样可以通过《中华归主》的统计结果，看出此时湖北地区教会教育事业中师范教育成分的发生和增长。

> 本省师范学校较多。下列各校均设有师范专科：汉阳循道会之训女书院（Wiseman Memorial Training College），汉口伦敦会之博学书院（Griffith John College），武昌伦敦会之女子学校（Girl's Boarding School），武昌美圣公会之圣希尼达女子学校（St. Hilda's School，即圣希理达女学——引者注），荆州瑞美行道会与瑞行道会之学道院（Kingchowfu Seminary，或译为神通学校——引者注），黄州（黄冈）瑞行道会之师范学校以及武昌之协和师范学校（Union Normal School）。据 1920 年特别委办会报告，师范专科注册学生中有女生 27 人，男生 83 人。①

即是说，截至 1920 年，在湖北地区由基督教差会办理的学校教育机构中，师范教育部分已有在校学生 100 余人（110 名）。再看这些教会师范教育机构所预设的人才培养目标或目的，即所培养的学生的事业选择或择业方向，就可明晰这些师范学校或教会学校的师范科，与后来华中大学教育系—教育学院的设置和发展之间的相互关系及其内在联系。据前引书揭示，在上述湖北地区师范学校中，属于男子师范教育的机构有：汉口博学书院的高等师范学校（科）、武昌协和师范学校和荆州神通学校。其中博学书院的师范和协和师范的部分，属于高等师范学校层次，招收中学毕业生。这些机构培养出来的学生预备从事的学校，博学书院师范生主要从事中学教育，专教英文，所以该校用英语教学；协和师范学校师范生主要从事高等小学教育或担任学校监督人员（管理人员），该校的教学用语为汉语。协和师范的另一部分，属于

① 中华续行委办会调查特委会编：《中华归主：中国基督教事业统计（1901—1920）》（上），中国社会科学出版社 1987 年 11 月版，第 241 页。

专业性师范学校（中师），招收的学生要求预先修完高小或一部分中学课程，培养目的在于从事初小教育，有时也可担任高小教师。神通学校属于“中学师范科”，培养出来的师范生担任初小教师及高小一年级的教学工作①。属于女子师范教育的机构有：瑞典行道会开设的黄州高等学校的师范学校（科）、英国循道会开设的汉阳训女书院、英国伦敦会开设的武昌伦敦会女子学校以及美国圣公会开设的武昌圣希尼（理）达女子学校。在“预备教学的学校”即培养出来的师范生的择业去向方面，黄州的师范学校（科）的一部分，属于“大学教育科”，培养出来的师范生“预备教学的学校”为高小和中学；另一部分属于“师范学校”即中师，入学资格为高小毕业，并要求预修一部分中学课程，出校担任初小教师。汉阳训女书院的师范教育和武昌伦敦会女子学校师范教育，均属师范学校即中师一类，招收学生也都是高小毕业，且要求预修一部分中学课程，而且两校的毕业生的事业去向也都为初小和高小教师。再是武昌圣希尼（理）达女子学校，属于“中学师范科”，学生毕业后只能担任初小教师②。

行文至此，有两点值得揭明：一是上列湖北地区的教会师范教育事业，其学校的主办者，即是后来合作组建华中大学的主办者。在 1922 年 2 月 8 日和 9 日，其时华中地区各基督教差会聚集在圣公会主教吴德施（Logan H. Roots）的汉口住所举行了为期两天的会议，这也是各有关差会合作协议组建华中大学的首次会议。选派代表出席这次会议的差会，包括美国圣公会、美国复初会（归正会）、美国遵道会、美国雅礼会、英国循道会、英国伦敦会以及瑞典行道会（路德会）。其中美国复初会（归正会）、遵道会和雅礼会，在首次即 1924 年组建华中大学时，因种种原因而未能加入，但在 1927 年开始重建过程中先后将自己所办学校的大学部分由湖南并入华中大学。对此将在后文有关环节予以补充说明。二是创设于武昌的华中协和师范学校（Central China Union Normal School），该校的学生出路即人才培养目标，是初小教师、高小教师以及学校监督人员（管理人员），后者也就是后来称谓的学校行政人员。该校的最初起源，乃英国循道会为了培养自身创办的教会小学校的教师，于 1901 年在其主办的博文书院内开设了师范班。以此为事业的基础和师范的

---

① 中华续行委办会调查特委会编：《中华归主：中国基督教事业统计（1901—1920）》（下），中国社会科学出版社 1987 年 11 月版，第 915 页。

② 中华续行委办会调查特委会编：《中华归主：中国基督教事业统计（1901—1920）》（下），中国社会科学出版社 1987 年 11 月版，第 917 页。

起点，及至 1911 年时，美圣公会、英伦敦会和循道会这湖北地区的三大基督教差会，将各自在武汉地区以及散置于湖北其他地区、湖南、江西、安徽等地由各差会所办的教会学校的师范教育部分（师范班）归并扩大为华中协和师范学校。进入民国后，鄂、湘、皖、赣四省的教会中小学教师，不少人即由这所教会师范教育机构所出。这所由圣公会、循道会和伦敦会三大差会合办的师范学校，至 1927 年即停办。究其原因大概有二：一是其时中国政局变化所致，南京国民政府上台，对师范教育的开办有所限制——不允准教会组织创立师范学校办理师范教育；二是由于 1924 年这三大差会合办的华中大学成立后，即在学校的系科组成中开设有教育系，后来于 1929 年重新组建时又改设为教育学院，故而同为这三大差会合作经营的华中协和师范学校也就没有再存在下去的必要性和可能性。更何况其时各有关差会在分别承担华中大学师资配置的任务时，已将自身差会中从事教育学科教学工作的师资转交给了华中大学的教育学科。无疑，如果从学科的设置和师资的配置等方面去探源，1924 年成立的华中大学所开设的教育系—教育学院，自然可以追根寻祖于华中协和师范学校的开办；而就组建华中大学的几所学校而言，最早出现师范教育成分者又非博文书院莫属！

二、华中大学的主体前身文华大学的师资人才培养

其实，就华中大学自身的历史发展而言，早在其主体前身文华大学时期，就担当着部分师范教育的任务，即对教师人才的培养及学生的事业去向给予了极大的关注和努力。为了说明问题，现将文华大学自成立以来的毕业生毕业去向即事业选择列示如次：据校史档案资料统计，在文华大学时期共计毕业者 131 人，除去已亡故者 12 人和出洋留学者 7 人外，另有一名日本留华学生（田添道雄）和一名华侨生（高接恩），在历年合计 112 名毕业生中，毕业后在各地学校任教者（包括后来改任学校管理人员）计达 31 人。现将文华大学时期历届毕业生从教者名单列示如下（见表 1-1）：

表 1-1　武昌文华大学历年毕业生就职从教者名录※

毕业生姓名	籍贯	毕业年份	毕业后就职单位	备注
骆思贤	江西九江	1910 年（宣统二年）	湖北高级中学教员	

续表

毕业生姓名	籍贯	毕业年份	毕业后就职单位	备注
沈祖荣	四川云阳	1910年（宣统二年）	武昌文华图书馆专科学校校长	
周润堂	湖北武昌	1910年（宣统二年）	湘潭益智中学教员	教授英文
韦卓民	广东中山	1911年（宣统三年）	武昌华中大学校长	
余日宣	湖北武昌	1911年（宣统三年）	上海沪江大学教授	
卢春荣	湖北汉川	1912年（民国元年）	武昌文华中学校校长	
曾宪言	湖北	1912年（民国元年）	芜湖圣公会益智中学教员	
王房荃	湖北	1912年（民国元年）	奉天东北大学教授	
陆德	安徽怀宁	1914年（民国三年）	九江光华中学校长	
谢源	广东	1914年（民国三年）	北平协和医学校教授	
范礼炎	江西九江	1916年（民国五年）	武昌文华中学注册主任	
李肇文	湖北黄陂	1917年（民国六年）	芜湖益智中学校长	
王慎松	安徽芜湖	1917年（民国六年）	衢县省立八中校长	
蔡训先	湖北汉川	1918年（民国七年）	武昌文华中学二部教员	
钱国栋	安徽芜湖	1918年（民国七年）	安徽省立二中教员	
朱有材	湖北江陵	1921年（民国十年）	汉口江汉中学教员	
林树楷	湖北鄂城	1921年（民国十年）	汉口圣罗以女子中学教务主任	
童世铎	湖北汉川	1921年（民国十年）	天津南开大学中学部教员	
吴砚农	湖北监利	1921年（民国十年）	武昌华中大学英文秘书	
雷海云	河北永清	1921年（民国十年）	永清崇实学校教员	1921年夏毕业①
卢本桐	湖北汉川	1921年（民国十年）	汉口江汉中学教员	1921年夏毕业
彭人丰	湖北黄陂	1921年（民国十年）	宜昌华英中学校长	1921年夏毕业
周成浒	浙江诸暨	1921年（民国十年）	北平协和医校教授	1921年夏毕业
洪运昌	江西	1921年（民国十年）	九江光华中学教员	1921年夏毕业

① 在文华大学的校史上，自1921年毕业典礼改在夏季举行，即当年初上届学生毕业后，春季学期结束后又举行下一届毕业生的毕业典礼。

续表

毕业生姓名	籍贯	毕业年份	毕业后就职单位	备注
王宝贤	河南	1921 年（民国十年）	开封省立第一女子师范教员	1921 年夏毕业
熊景芳	湖北汉川	1923 年（民国十二年）	天津南开中学职员	
雷发章	湖北汉川	1923 年（民国十二年）	天津南开中学训育主任	
晏荣卿	湖北汉川	1924 年（民国十三年）	宜昌湖北省立四中教员	
刘务义	湖北孝感	1924 年（民国十三年）	汉口博学中学教员	
曹锡麟	安徽太湖	1924 年（民国十三年）	九江光华中学教员	
阮世忠	湖北阳新	1924 年（民国十三年）	武昌文华中学教员	

※资料来源：《1931 年私立华中大学一览・文华大学历年毕业生同学录》，“华中师范大学档案馆馆藏档案”：LS-12-12（67）。

除上表所列，另有 5 人在各有关学校图书馆工作，即今日所说的学校教辅人员。不过，其时的图书馆工作者，在有的学校也担有教学任务。这 5 位毕业生分别是：民国十年（1921 年）夏毕业的陈宗登，民国十二年（1923 年）毕业的冯汉骥、黄星辉、杨作平，民国十三年（1924 年）毕业的章新民。再是 7 名出国留洋者，亦有数人归国后同样进入相关学校担任教师工作。如民国十年（1921 年）夏毕业的桂质柏和民国十三年（1924 年）春毕业的骆传芳，从美国留学归国后即先后回到母校从教，并以教师事业为其终身职业。还有 3 人因其工作岗位或根据其平生事业，亦可归为教育战线人员。比如严家麟，在填表调查时为“武昌圣诞堂牧师”，但他毕业后即留在文华任教，并在文华大学创建了“文华童子军”，还担任过文华童子军训练学校主管；又如卢永春，在填表调查时为“北平清华大学校医”；再是李辉祖，毕业后主要的职业和工作是文华中学校长，在填表调查时为“汉口圣公会教育干事”。如此等等，如若按职业大类统计，文华历届毕业生中在教育领域工作者多达 40 余人，占比超过在世人数的三分之一。由是可见文华大学具有厚实的培养师资人才的教育基础。

再就文华大学所培养的师资人才个体而言，从后来成为华中大学校长的韦卓民所受学校教育的过程及毕业后从事学校教育的经历，亦可由斑窥豹来了解文华大学培养师资人才的大致情形。

图 1-1　韦卓民像

韦卓民，广东香山（今中山市）人，1888 年出生于广西北海。1903 年十五岁时，在清明节回家乡扫墓后，随其堂伯韦紫封来到不少广东人聚族经商的汉口。不久，其家庭将他如其他在汉口的韦姓子弟一样送入文华书院接受新式教育。其时文华书院正在向高等教育层次发展，学校设有“正馆”（即高等教育层次的大学部）和“备馆”（属于中等教育层次的中学部）。其中中学部分设七个班，仿效英国的中等学校编制来按级排班，从一班到六班，分别相当于今日的初一到高三，另有一个最低的“下一班”，实为准备进入中学部的学生而开设。因为文华书院是教会学校，重视英文教育，而韦父送子入校就读，其目的也是为了学好英语以利出校后与他一道同洋人交往经商，所以这个仅有高小程度但有利于打好英文基础的文华“下一班”，成为韦卓民接受新式学校教育的起点。当时文华学院有“跳班”即今日“跳级”的校内制度，聪慧的韦卓民仅四年就读完了文华的“备馆”而于 1907 年春升入“正馆”接受文华书院的大学教育。1909 年 5 月 8 日，文华书院获美国纽约州立大学董事会特许在哥伦比亚特区以“文华大学”（Boone University）之校名注册。自学校注册后，文华大学学制由 9 年延长到 10 年，即本科升为 4 年，并从 1910 年级开始为学生增添一年的学术学位课程。到 1911 年初（夏历 1910 年冬），韦卓民大学毕业并获得文科学士学位，随即留校担任数学教员，并在近一个学期后受洗加入基督教。与当时在中国开设的大多数教会大学一样，文华大学也试行着研究生教育，所以韦卓民以在职的身份边教边学，于 1915 年 1 月 29 日，作为文华大学首批文学硕士学位的获得者而顺利毕业，其学位论文写的是与中国教育史人物有关的内容——《孟子之政治思想》。

从大学毕业留校任教起步，虽说韦卓民后来两度出洋留学——1918 年留学美国，入哈佛大学研究院进修哲学，获美国文学硕士学位；1927 年赴英国伦敦大学进修，并访学于牛津大学、巴黎大学和柏林大学，后在伦敦大学获英国哲学博士学位，但他直至离开人世，都未卸任教师之职，离开文华—华大之岗；虽说他自本科毕业留校任教后，先后担任过文华大学备馆（中学部）代理堂长（即中学校代校长），华中大学副校长兼教务长、代校长，并自 1929 年第二次留学归国后出任华中大学校长一直到华中大学于 1951 年改为公立后，又继任校长、改制委员会副主任，但在退休之前，他始终没有放弃教授之责、离开教师之位。

由上可见，当 1929 年华中大学重新组建后，纵然在国民政府不允准私立高校尤其教会大学设置教育院系的严厉政策下，华中大学的教育学院暨教育学科通过国民政府教育部严格审查后并得到特许而继续设置和开办并不断发展，华中大学的主体前身文华书院的教师人才培养，以及身为一校之长的韦卓民个人的教师素质，无疑是最为坚实的历史基础或学科基因。

三、加入重组华中大学的湖南教会高校的师资人才培养

华中地区联合创办一所教会大学的筹备会议，于 1922 年 2 月 8—9 日在吴德施（Logan H. Roots）主教的汉口寓所召开，无论美国圣公会、复初会、遵道会和雅礼会，抑或英国循道（公）会和伦敦会，各差会派出的代表都对这个大学的组建表现出积极的态度，都表示愿意为在华中地区创办一流的基督教大学这一目标尽自己最大的努力。只有瑞典路德会的代表因该差会还不准备参加这个组合建校的计划而未参加表决。但在联合创办的新大学校址方面，在湖南岳州（岳阳）办有湖滨大学的美国复初会和在长沙办有雅礼大学的美国雅礼会，存在不同的意见，即对将他们各自所办学校的大学部迁并入设在武汉的教会高校持保留意见，雅礼大学的创办者尤其如此。因为该校不是由教会差会主持办理，而是由美国耶鲁大学一群热忱的基督徒学生在中国筹建的“雅礼会”创设，所以严格意义上该校并不是某个差会传教工作的附属品。正因如此，后来在当年 4 月 24—25 日在汉口举行的第二次会议和 8 月 15 日在庐山举行的第三次会议上，这所新大学的校址究竟择定武汉还是长沙，这一问题仍未得到很好的解决。即使通过反复协商，在 1923 年 11 月 28 日筹建新大学临时管理委员会会议一致通过校址择定武昌——将文华大学的校园

用作新组建的华中大学的校址后，雅礼会于 1924 年 1 月还是表明："明年去武昌的决定不适宜，行动不定期推迟。"① 加之文华大学和雅礼大学两校校友得讯后，不少人都反对这种取消他们母校校名的做法，所以在 1924 年 4 月 17 日临时管理委员会再次召开会议时，雅礼会的代表就没有出席，而同在湖南办有大学的复初会因为没有收到总部的批准意见也未派出出席代表。于是在 1924 年 9 月开始的新的华中大学的三年试验期（亦被后人称作第一华中大学时期），开办于湖南的两所教会学校其中的大学教育部分，即由复初会主办的湖滨大学和雅礼会创立的雅礼大学，并没有归并组合入华中大学。这两者直到华中大学在短暂停办后于 1929 年重新组建（亦即第二华中大学）时，才正式加入而成为其中的重要组成部分。到 1931 年，设于湖南益阳的路德学院（Lutheran College at Iyang），也因益阳地方形势恶化，而将该校多名接受大学教育的学生迁转武昌加入华中大学。有关这种归并组合，后文再作说明。

相较设于湖北武汉地区的教会学校的师范教育，湖南教会学校的师范教育对教师人才的培养毫不逊色，虽说该地区教会学校的高等教育部分，总体上看稍逊于湖北的教会学校。为了说明问题，不妨先将湖南地区教会高校的师范教育部分先作概述，再将长沙的雅礼大学和岳阳的湖滨大学对教师人才的培养状态加以展示。

最早进入湖南地区传教的基督教传教士，是英国循道会的高可士（即郭修礼）。他于 1863 年从湖北到达岳阳，然后旅行到湘潭。到 1910 年，进入湘省境内传教的基督教差会多达 12 个。这些先后进入湖南的差会及其宣教师，在建立各自的差会总堂后，大多同湖北地区的传教士一样，也开始创立教会学校用作传教布道的辅助工具或重要途径。及至基督教在华组织中华续行委办会调查特委会对基督教在华事业进行调查时，截至 1920 年，湖南省境内共有教会初级小学 223 所、高级小学 56 所、中学校 14 所。其中初级小学校共有学生 6432 人，高级小学校共有学生 1594 人，中学校共有学生 659 人；中学及以下学校学生总数 8685 人。因此，其地教会中小学的师资培养，亦为该省教会差会必须考虑和亟须解决的问题。正因如此，前文提及的设于湖南境内的教会高等教育机构——复初会（归正会）创立的湖滨学院（大学）和雅

① ［美］柯约翰著；马敏、叶桦译，李亚丹校：《华中大学》，珠海出版社 1999 年 8 月版，第 25 页。

礼学会办理的雅礼大学，两校均设有男师范科。开办师范教育的还有由美遵道会和北长老会合办于长沙的协和女中及师范学校的女师范科，由挪威信义会创办于益阳的女子师范学校，以及遵道会创办的协和女中的幼儿师范科。现将这些教会学校的师范教育部分分述如次：

首先看男子师范教育。这类教育机构有：设于长沙的雅礼大学师范科，学制本科三年，培养师资从业目标是中学及其监督（行政管理）人员；设于岳州的湖滨大学师范科，于大学三、四年级时就读，培养师资从业目标是初级小学和高小教师。此两校师范科均属于大学教育科[①]。

其次看女子师范教育。这类教会学校有：设于长沙的协和女中及师范学校，其培养目标是初小和高小教师；设于益阳的女子师范学校，同样用来培养初小和高小教师。这两处教会师范教育机构均属于师范学校（即中师）档次，招生要求为预修一部分中学课程，或至少高小毕业。

再次看幼儿师范教育。这类教会教育机构有上文已述的设于长沙的协和女中及师范学校，为初等师范教育档次，所以入学资格要求是可低于高小毕业程度，培养出来的学生自然是用作幼儿教师。需要说明的是，这种师资教育成分的开设，是定于 1920—1921 年拟设的[②]。

就后来湖南省境内归并私立武昌华中大学的几所教会教育机构来看，其中的高等教育部分相较湖北地区 3 校来说设立稍晚。先看由美复初会设于岳阳的湖滨大学，其前身为复初会在 1902 年设于岳州黄沙湾塔前街的求新学堂。1907 年时，该校搬迁到濒临洞庭湖的新校舍，因邻湖而建，故改名为盘湖书院，由美国人鲍克（Beck）兄弟总董其事。自是盘湖书院设立大学部，到 1918 年将大学部改设为湖滨大学。1922 年 7 月 11 日，该校在美国华盛顿特区注册。该大学内部设施相当简单，教学规模也不大，但在移往武昌归并华中大学之前，先后也计有 33 名学生毕业。当华中大学在南京国民政府教育部注册后，对其前身各校历届毕业生调查列表，湖滨大学所有毕业生的职业及其工作单位载明，除去华侨生 1 人、不明现状者 10 人、已故者 3 人，该校毕业生中从教者达 16 人，所以从教人数占比高达半数之多。现将湖滨大学历届毕业生从教者名单列示如下（见表 1-2）：

---

① 中华续行委办会调查特委会编：《中华归主：中国基督教事业统计（1901—1920）》（下），中国社会科学出版社 1987 年 11 月版，第 915—916 页。

② 中华续行委办会调查特委会编：《中华归主：中国基督教事业统计（1901—1920）》（下），中国社会科学出版社 1987 年 11 月版，第 917 页。

表 1-2　岳阳（州）湖滨大学历年毕业生就职从教者名录※

毕业生姓名	毕业后就职单位
熊子璥	南京金陵女子大学校
钱自焕	湖南岳阳贞信女学校
潘百川	湖北武昌武胜门真理学校
陈树声	湖南岳阳湖滨中学
郭发潜	湖南岳阳湖滨中学
温远清	湖南岳阳湖滨中学
卢惠霖	湖南岳阳湖滨中学
范治礼（祉）	湖南岳阳湖滨中学
彭达谋	北平协和医学校
杨光涛	湖南辰州朝阳中学校
董少（绍）汉	湖南辰州朝阳中学校
萧涵熙	湖南辰州朝阳中学校
萧鸾	湖南溆浦县中学校
江世耀	湖南辰州基督教女学校
卢际隆	湖南岳阳贞信女学校
李昌林（麟）	湖南岳阳贞信女学校

※资料来源：据《1931 年私立华中大学一览·岳州湖滨大学历年毕业生同学录》；《民国二十四年（1935）私立武昌华中大学一览·历届毕业同学录》等。注：姓名中（　）内为两表不同处。

再是雅礼会于 1905 年创设于长沙西牌楼的雅礼大学，先仅开办预科，到 1914 年时开始办理本科。自是而后，在其大学部迁移归并于华中大学时，虽说其间学科内容简单，学生人数有限，但先后历届毕业生共计达 69 人。在这些毕业生中，任教者多达 35 人，占总毕业人数的二分之一强。如果减除已故者 4 人、无反馈信息者 7 人、出洋留学者 5 人，再将在长沙圣经学校任办事员的杜伯乾算入教育者队伍中，则从教者占比近乎 68%。现将这些毕业后从教者名单列表（见表 1-3）示下：

表 1-3　长沙雅礼大学历年毕业生就职从教者名录※

姓名	籍贯	毕业后就职单位
劳启祥	长沙	长沙雅礼中学校务主任
黄溥	宁乡	长沙雅礼中学校校长

续表

姓名	籍贯	毕业后就职单位
彭慎行	湘潭	汉口博学中学教员
谢方桂	郴县	长沙农业学校教员
黄国璋	湘潭	中央大学理学院教授
余德政	澧县	广雅学校教员
喻勋尧	宁乡	岳州湖滨学校教员
左复	长沙	本校（意指不明）教员
邓涤邦	宁乡	长沙明德楚怡（学校）教员
李震鹏	长沙	广雅学校校长
陈纯粹	萍乡	江西省立中学校长
袁贤书	长沙	湖南省立一中教员
谭仁义	浏阳	本校（应为华中大学）事务主任
彭义裸	湘潭	九江南伟烈学院教员
赵卻民	长沙	上海沪江大学物理助教
朱汉	长沙	长沙青年中学教员
雷强	湖北	武昌博文学校校长
王光鼎	长沙	本校（意指不明）教员
杨焱	长沙	湖南省立二中教员
陈乾生	长沙	湖南协均学校校长
盛铿	江西	本校（意指不明）教员
周纯熙	长沙	广雅学校教员
袁鹤皋	湘潭	周南女校教员
陈豫芬	蓝山（蓝田?）	周南女校教员
杨子佳	长沙	南洋群岛某校教员
舒伯炎	长沙	上海某校教员
李睿	长沙	广雅学校教务主任
罗华骥	长沙	本校（意指不明）教员
邵子风	常德	本校（意指不明）教员
曹维汉	长沙	广东省立一中教员
万绳武	长沙	本校（意指不明）教员
文延年	衡山	衡州第六中学教员

姓名	籍贯	毕业后就职单位
杨嘉炯	长沙	青年会学校教员
沈增祺	浙江	广雅学校教员
朱宝汉	江苏	本校（意指不明）教员

※资料来源：《1931年私立华中大学一览·长沙雅礼大学历年毕业生同学录》，“华中师范大学档案馆馆藏档案”：LS-12-12（67）。

最后，不得不加以补充说明的是，由于前文提及的设于武昌的华中协和师范学校，是将散置于两湖及赣、皖等长江中游省区的师范教育成分归并扩大而成，因此，对江西境内既有的由基督教差会办理的师范教育也有必要展示于此：截至1920年的调查统计，男子师范教育部分，有由美以美会设于南昌的豫章中学。其中属于大学教育科层次的学制为大学预科两年，培养目标是中学和监督（行政）人员；属于师范学校（中师）层次的学制三年，培养目标是初小和高小教师，招生要求是预修一年中学。女子师范教育部分有由美以美会女部设于南昌的葆灵书院，属于高等师范学校的教育层次，招收中学毕业生，学制2年，培养目标是初小和高小师资人才①。

行文至此，有必要提及的是湖南长沙雅礼大学首届毕业的两位大学生——黄溥和劳启祥。对此二人，基本上与华中大学相始终的美国圣公会传教士柯约翰（John L. Coe）② 早在半个多世纪前就有过评价：“1916年，首届8名学生从雅礼大学的文理科毕业，其中的两人后来在华中大学表现杰出。一位是黄溥博士，他曾在雅礼中学执教多年，并曾经担任过该校校长，后来出任华中大学教育学院院长近20年之久；另一位是劳启祥先生，他在雅礼中学教过多年的数学，并继黄溥博士任该校校长，后来他曾多年是华中大学校董

① 中华续行委办会调查特委会编：《中华归主：中国基督教事业统计（1901—1920）》（下），中国社会科学出版社1987年11月版，第915—917页。

② 柯约翰，1902年1月20日出生于美国密执安（Michigan，或译作密歇根）州的青草湖，1919年毕业于密执安州安·阿伯中学，1923年毕业于汉密尔顿学院并获文学学士学位，1927年于密执安大学获硕士学位。1923年以美圣公会传教士身份来华后，先后任武昌文华中学教员（1923—1932年）、华中大学财务助理（1924—1931年）、华中大学财务主管（1931—1951年）；自1929年至1951年担任华中大学数学组（系）主任。1951年归国后，先后担任弗吉尼亚州克瑞斯奇学校（Christchurch School）财务主管和数学教师、佐治亚州亚特兰大市斯派曼学院（Spelman College）财务助理。柯氏著有《华中大学》一书，后来问世的几种华中大学校史，多取材于该著作。

会中最有能力、出力最大的校董之一。”① 其中这位黄溥，从他的人生经历更可见一个教育科班出身者的专业素质和从业能力。

图 1-2　黄溥像

黄溥，字秋浦，湖南宁乡人，出生于 1896 年 8 月。10 岁开始接受教会学校教育，先后就读于遵道小学堂、益智中学堂、雅礼学堂—雅礼大学。1916 年，他毕业于长沙雅礼大学并获文学学士学位，为该校首届大学毕业生和首批学士学位获得者之一。毕业后即在湖南商业专科学校担任英文教员，一年后即 1918 年前往美国斯坦福大学留学，1919 年获文科学士学位；1920 年获斯坦福大学教育学硕士学位，其硕士学位（毕业）论文题目为《中国的新教育团体》（“The New Educational Organization of China”）。1921 年归国后任湖南醴陵遵道中学校长。1927 年第二次赴美留学于哥伦比亚大学师范学院，1930 年获哥伦比亚大学哲学博士学位。归国后，先是任职于雅礼会与其他四个差会合办的长沙雅礼中学，并担任过该校校长。1932 年秋进入华中大学任教，次年（1933 年）即接任薛世和教育学院院长职务，并兼任教育系系主任。自是，这所教会大学的教育学院院长，近 20 年间即由这位中国籍学者担任。华中大学于 1951 年 8 月改为公立后，黄溥还一度担任过公立华中大学副校长一职。相较文华大学出身的韦卓民，就后来对华中大学教育学院的发展暨教育学科建设而言，这位毕业于湖南雅礼大学的黄溥，更是一个教育方面的专门人才。

---

① ［美］柯约翰著；马敏、叶桦译，李亚丹校：《华中大学》，珠海出版社 1999 年 8 月版，第 7—8 页。

第二节　由系而院成鼎足（1924—1938）

身为一所教会大学，华中大学经历了两次组建：一是 1924 年主要由武汉地区三所教会学校的大学部分组建而成；二是 1929 年在华中大学试办三年的基础上再吸收湖南地区教会学校的大学部分进行重新组建。在这两次组建过程中，学校的教育学科得以成立并逐渐成长为华中大学的鼎足之一：在 1924 年组建时以文理学院所属教育系的身份面世；在 1929 年重组时，则升格为与文、理两学院并列的教育学院。由是教育学院成为华大赖以存世发展的三足之一。不过这一鼎足的最后立定，则是经历了 1934 年一次失“足”的危险后，直到抗战西迁前才真正稳定下来。在这历史阶段，无论是机构设置的组织形式还是教师队伍的实际聘用，华中大学的教育系—教育学院都有一个由虚而实的变化过程。与之相应，教育学科的课程开设和用作师资的人才培养，也有一个由杂而纯的变迁程序。即是说，在学校试办时期的教育系，以今日的系科建制的眼光，其独立办理的特征并不明显，故而其教师人才的培养基本上沿袭着文华大学时期的混合养成状态。只是到了重建后的教育学院时期，才显示出教育学科的独立建制与师资培养的学科特色。

一、华中大学的组建与教育系的成立（1922—1927）

在武汉地区联合创办一所教会大学，其动因起于 20 世纪最初 10 年间。其时，英国伦敦会的福斯特（Foster Arnlod）牧师与文华大学校长詹姆斯·杰克逊（James Jackson，中文名翟雅各）起草了一份在武汉建校的计划。该计划在 1909 年举行的中华基督教教育会会议上获得批准，并得到了加斯科因塞西尔勋爵（Lord William Gascoyne-cecil）的支持。在鼓动起牛津大学与剑桥大学对这项事业的兴趣后，这位英国勋爵来到中国，主持帮助武汉拟建这样一所联合大学，并委派了两名教员博克瑟（Stanley. V. Boxer）先生和沃克（Edward Walker）牧师，拟在计划成立的大学里任职。由于当时美国方面对这个计划的支持只停留在口头上，而英国方面的财政支持又少得可怜，致使这个“联合大学计划”声息渐无，并随着第一次世界大战的爆发而流产[①]。不过在1908年“兰伯斯会议”（The Lambeth Conference）上拨给计划中的大学的一笔款项，倒成了美国圣公会用来发展文华大学的经费：一部分购买了后来形成文华校园西南区的一大片土地，即人们所说的“兰伯斯地产”（Lambeth Property）；另一部分在后来文华大学改组为华中大学时，用作住宅建设和房屋翻修。这也算是华中大学组建时最初的物质基础。

随着中国自己的公立大学不断发展、私立大学逐渐增多，为了巩固教会高等教育在华中地区的地位，在第一次世界大战结束后的20年代初，有关差会及其传教士们再次提倡在华中地区将几所力量分散、规模较小的教会学校中的大学部分合并成一所各有关差会合办的大学。其时，在已有1亿多人口包括湖北、湖南、江西等省在内的华中地区，教会学校教育的发展已有相当的事业基础，形成了一个颇具规模的教会学校教育系统，其中属于中、高等教育层次的学校共有教会中学33所，名义上的教会高校也有下述数所：一是在武汉地区，除了在1903年即开始办理大学教育且规模最大、实力最厚的文华大学外，还有更早在1902年开设有大学部的博文书院和在1907年开办师范一年高等教育的博学书院，此外还有由英国循道会、伦敦会和美国圣公会、长老会联合创办于武昌城东门外的华中协和师范学校。二是在湖南境内，当时已开始传授大学课程的教育机构，有创办于岳阳且在1907年时开设有大学部的湖滨书院和设立于长沙并于1914年开始从事本科教育的雅礼大学，此外还有由路德会于20年代初筹建于益阳的一所小规模的学院——信义大学。但所有这些教会高等教育机构，除了文华大学和雅礼大学外，其他均只是名义上的大学。正因如此，那些希望在华中地区创办一所真正意义上的大学的人们，当历史进入20年代后，就积极地思考和谋划着筹建这样一所理想中的大学了。于是就有了前文提及的2月8日至9日各差会派出的代表在吴德施主教住所内举行的筹办联合大学第一次会议。出席会议的还有“中国教育委员会”派出的代表——燕京大学的司徒雷登（John Leighton Stuart）、华西协合大学的华莱士（E. W. Wallace）以及中国基督教教育联合会秘书盖姆威尔（Frank D. Gamewell）博士。

---

① 这个计划最初即叫作“牛津与剑桥计划”。在计划流产后，为实现该计划而派出的两名教师，博克瑟留在汉口博学书院任教，直到1925年，之后去了香港大学；沃克牧师则进入文华，在神学院教了一学期的神学课程。

在汉口会议上，与会代表要求华中地区的两所主要基督教大学（长沙雅礼大学和武昌文华大学）在一定程度上互相补充：雅礼大学在自然科学方面实力较为雄厚，它还得到了中华医学基金会和联邦基金会（The Commonwealth Foundation）的拨款资助；文华大学自然科学比较薄弱，但在人文科学、图书馆人才培养方面则有较强的实力。与会代表们还在延长的会议时间中，讨论了“伯顿报告”的内容①、各差会在华中基督教高等教育中的作用，以及各差会可能为这项联合计划所提供的经费资助。最后会议形成决议：一致决定要在武昌创建一所“华中大学”。会议还指定两个委员会即学校组织形式筹委会和学科建设委员会来规划新大学的组织形式和学科设置，以便向 4 月 24 日的会议报告。

1922 年 4 月 24 日至 25 日，参加第一次会议的代表在汉口举行了第二次会议。会上批准了第一次会议的草案，即确定在武昌筹建华中大学，并筹划在华中大学设立文、理、神学和医学学院。其中，文、理学院培养教师及商业、贸易和图书馆管理等方面的人才。报告进一步建议：在财力、物力许可的时候，再增加一个研究生院、一个农林学院、一个工学院和一个新闻学院。学校组织形式筹备委员会建议：华中大学体制应该是英美教育模式的结合产物，教员们要在教室和实验室里授教，而且在评议会、管理委员会、理事会管理下进行教学。

1922 年 8 月 15 日，第三次会议在庐山牯岭举行。代表们报告了各自差会理事会的有关决定。其中伦敦会、循道会、圣公会和复初会代表告知，他们在中国的理事会已认可了总方案，且已向他们的国内总部通报。循道会在湖南的差会则要求新的联合大学应以两所学校的名字命名，并将有些系设在长沙。雅礼会则告知他们已将合并方案报告给美国的理事会，理事会也讨论了这个方案，但仍没有放弃选址长沙的打算，处于一种观望状态。大会请求各

① “伯顿报告”（“Christian Education in China，The Report of the China Education Commission of 1921—1922”）又名《中国基督教教育事业》，系由“北美差会顾问委员会”组织的以该顾问委员会主席、芝加哥大学副校长、神学教授伯顿（Ernest D. Burton）博士为团长的“伯顿调查团”（1921 年 1 月组团，1922 年 1 月解散），通过对基督教在中国教育事业全面调查之后编撰出版的考察报告。在报告中，调查团将在华教会教育的办学目的归述为：教会之目的非他，盖即欲使各个人委身于耶稣基督，俾上帝之国祚复于人世，并创造一适合于基督教教义之社会制度而已。面对着日益变革的中国社会给教会学校带来的威胁与冲击，调查团主张对华的教会教育进行必要的调整，即“要使教会学校更加有效率、更加基督化、更加中国化”。

国教会总部和中国有关机构，接受把联合大学定址于武昌的报告。参加牯岭会议的代表还决定以他们为主体成立华中大学临时理事会或管理委员会。临时管理委员会的成员包括：雅礼会的盖葆耐（Brownell Gage）、解威廉（William J. Hail）、胡美（Edward H. Hume）和颜福庆，圣公会的孟良佐、康明德（Robert A. Kemp）和韦卓民，循道会的丁克生（S. H. Dixon）和江虎臣，伦敦会的吉利森（Thomas Gillison）和厄普华德（Bernard Upward），复初会的莱奎尔（H. R. Lequear）。牯岭会议还指定了一个执行委员会，由参与筹建华中大学的各差会委派各自的代表组成。这个执委会被授权协调各委员会的工作，并组织举办需要召开的会议。执委会由下列成员组成：雅礼会的盖葆耐、文华大学的韦卓民、循道会的孔乐德（Harold B. Rattenbury）、复初会与湖滨学院的莱奎尔、伦敦会的帕特森（J. L. H. Paterson）、遵道会的邓兰普（I. R. Dunlap）。

1923 年秋，筹组新大学的 5 个差会通过了华中大学的规划，但各差会从其国内得到的指示并不相同：英国的伦敦会和循道会总部同意组建联合大学的计划，但 3 个美国差会的总部只是索要更多的资料。而此时临时管理委员会正在准备次年 9 月华中大学开学的详细计划。11 月 28 日，临时管理委员会召开了一次会议，决定华中大学先试办文理两个学院 3 年，在此期间，华中大学既不准备申请办学许可证，也不准备向中国政府注册。会议还决定将华中大学暂时设在文华大学校园的西部，即文华的大学部所在地。校址确定后，会议要求文华大学和雅礼大学的与会代表，会后立即通知他们各自的国内总部，请他们尽快采取行动，以利华中大学能在 1924 年 9 月顺利开学。正是校址问题，雅礼会在新大学筹建的最后关头抽身退出。1924 年 1 月上旬，雅礼会在美国的总部给圣公会在上海的海外宣教部执行秘书伍德（John W. Wood）以及在长沙的雅礼会各发一封电报，表明雅礼会中止前往武昌参加组建华中大学的行动："明年去武昌的决定不适宜，行动不定期推迟。"同时，这个联合计划也遭到了原文华大学和雅礼大学的毕业校友们的反对。

1924 年 4 月 17 日，临时管理委员会再次召开会议，并决定从 1924 年 9 月开始华中大学的 3 年试验期。由于雅礼会总部已明确表示不参加 3 年试验期计划，复初会因没有收到总部的批准意见也同样没有派代表出席，所以会议为了适应新情况而对 1923 年 11 月通过的计划进行了修改。美国圣公会从"兰伯斯基金"中拨款 1.3 万元（中国元），英国循道会也从高教专款中拿出相同数目的资金，用于旧房翻修和建造新校舍。这次会议还决定给予其他差会加入联合大学的机会，并决定在3年试验期结束之前，成立一个包括最初3个差会和新加入者在内的常设组织机构。

1924年春，有关新的联合大学的建设工作开始迅速行动起来，华中大学理事会正式组成，其成员包括：美国圣公会的吴德施主教、孟良佐牧师、舍曼（Arthur M. Sherman，中文名舒美生）牧师和韦卓民先生，英国循道会的孔乐德牧师和博文学院院长（该职当时空缺，只是规定这一职位的继位者为华大理事会的成员），英国伦敦会的厄普华德牧师和博克瑟（Stanley V. Boxer）先生，以及中华基督会（Chinese Church）在武汉的代表舒厚仁博士。理事会做的第一件事是选举吴德施主教为理事会主席，并选举从1916年起任文华大学校长的孟良佐博士为华中大学执行校长（即代校长）。选举后者作为代校长，目的是希望能在不久之后选择一位中国人作为华中大学的校长。在1924年4月的会议上，理事会接受了文华大学的重组报告并划分文华大学和文华中学的建议。按规定，文华大学将继续作为一个（与华中大学）协作的实体存在着，以便能授学位给试验期的华中大学毕业生。在这次改组中，原文华大学的教师一部分划归华中大学，一部分划归文华中学。由于特殊的教学需求，少数几个教师在大学和中学同时兼职。

分到华中大学的教职员于1924年5月召开了第一次会议，规划和制订9月份的开学计划。在这次会议上，韦卓民先生被选举为文学院的院长，而即将创办的教育系归属于文学院。随之在6月，文华大学举行了自己最后一批学生的毕业典礼。接着在当年9月8日，华中大学开始了第一个学年。这所由美国圣公会、英国循道会和伦敦会3个差会共同资助开办的华中大学，以文华大学为主体（校舍、校长、主要师资和学生都来自原文华大学），同时合并了博文书院大学部、博学书院大学部。其中循道会主办的博文书院大学部只派出1名教师和2名学生，因此这时的华中大学更像是对文华大学的继续。三校合并后，文华中学与博文中学、博学中学各自全心致力于中学教育，并为华中大学输送生源。根据预先商定，文华校园从前门至后门路以西的区域和校舍由华中大学使用，路以东的属文华中学。位于分界线上的圣诞堂则由双方共同使用。协议同时规定，文华中学将与华中大学共用图书馆，可使用图书馆上面的礼堂召开大型会议。华中大学的学生则可使用文华中学东头的翟雅各纪念体育馆和运动场，一直到华中大学建成自己的体育场为止。

华中大学初建时，在学科上包括文、理、图书三科。由于原文华大学自然科学学科相当薄弱，故而华中大学的理科状况不佳，倒是图书馆学专业被改为新大学的图书馆学系后发展前景向好。在新大学中，代校长为孟良佐，教务长为韦卓民，注册主任为谢泼德（Francis E. A. Shepherd），财务助理为柯约翰，其中韦卓民对华中大学内部事务负实际责任，并兼管中文系和主教哲学。除英国循道会委派罗斯（Ivan D. Ross）牧师来校任教两年主授数学外，华中大学的全体教员都是曾在文华大学执教的教员。神学院院长由舒美生担任，英语系主任为谢泼德牧师，体育组主任为福勒（J. Earl Fowler）先生，教育系主任为基恩（Arthur S. Kean）牧师①，校医和生理学教师是韦克菲尔德博士（Dr. A. Paul Wakefield），图书馆学系主任为胡庆生，教师有韦棣华和沈祖荣。其中福勒还在文华中学兼任体育教练，韦克菲尔德兼任文华中学的校医。9 月开学时，华中大学有 89 名学生注册，其中 34 名是新生，高年级学生都是以前文华大学的学生。34 名新生中有 32 名来自文华中学，另有 2 名来自博文书院大学部，这也是首批来自教会其他差会的学生，其中包括后来成为华中大学生物系系主任的萧之的。

新大学的第一次盛大集会，是 1924 年 10 月 2 日（中华民国十三年九月初四日）召开的新大学正式成立大会。会上 89 名学生一个接一个地在注册簿上签字，并宣誓效忠于新学校。之后，每到新学年举行开学典礼时，只要求新生作出宣誓。随之在 11 月 1 日，华中大学正式开学，这也是华中大学以后在每年 11 月 1 日（这天正好是基督教的万圣节）举行庆祝活动的由来。这个在 11 月 1 日进行开学典礼和校庆的传统，一直保持到 1950 年。

华中大学创办的第 2 年，自 1922 年兴起的非基督教运动已发展成收回教育权运动。在这场运动中，华中大学的学生也都积极走出校门参加了武汉地区的学生游行。后来在“五卅”运动期间和 6 月 11 日的“汉口事件”发生后，华中大学学生同样投身于这些运动，并使学校被迫停课两天，且草草结束了学期。正是经过收回教育权运动，在华中大学的内部管理中，中国籍人士拥有了更大的话语权。在当年 9 月 10 日第二个学期开始时，学生注册人数仅有 75 名，其中一年级新生减额最多。

1926 年 9 月初，国民革命军北伐部队打入武汉，其间华中大学再次停

---

① 尽管在现存校史档案中难以寻求到其时教育系教师队伍的成员组成，但从 1950 年学校登记离校回国的外籍教师的个人简介可知，其时除系主任基恩外，教育系教师应该还有薛世和（Paul V. Taylor）。

课，文华校园也成了一些居民的避难中心。北伐军取胜后，华中大学及时地清理各种建筑物，很快开始了新学年并于10月25日进行秋季开学，共有78名学生注册，其中女生11名。原拟春季学期结束后即启程回美国的代校长孟良佐，因战事的耽搁，不得不推迟到秋季学期开学后于10月底前往美国，为学校的发展募筹捐款。启程之际，孟良佐主教将华中大学的事务几乎都托付给了中文系主任韦卓民。所以，韦卓民虽无校长之名，但实际上履行着校长的职责。

虽说受战事的影响，1926年秋季学期开学时有五六名学生未能返校，但全体教职员到得很整齐。在新的学年中，身为教务长的韦卓民肩负起了华中大学的校行政主要任务，并将学校工作运筹得相当顺利。只是学校向中国政府注册一事，因未接到教会在本国总部的指示而未贸然行动。比起华中大学，长沙的雅礼大学却因政局变化的影响而被迫关闭①。该校的桂质廷博士带着几名希望继续受教育的学生和许多教学仪器，来到武昌，准备于下一学期即春季学期并入华中大学。桂博士的到来，充实了华中大学力量较弱的理学学科，也显示了雅礼大学与华中大学在事实上的合作。

1927年2月，第二学期按时开学。但由于政治时局不稳，在“南京事件”② 后，大多数西方教职员于3月底离开了华中大学。在韦卓民的领导下，中国教职员承担着全部教学任务，继续进行教学工作。随着日益高涨的政治宣传的鼓动，学生游行活动相当频繁，没有多少时间来进行真正的听课和学习。同时，反对韦卓民的声浪也日甚一日，迫使韦卓民于5月初前往汉口搭乘英轮潜往上海③。其他的中国教职员也先后散去，包括刚来华大执教不久的桂质廷，也去了沈阳的东北大学。一个月后，韦卓民离开上海，回到广东中

---

① 1927年1月，湖南局势非常紧张，雅礼大学的所有美国人奉领事之命纷纷撤离学校，于是该校的大学部被迫关闭。虽说它的中学部在1928年重开，护士学校和医科学校也在1929年重开，大学部却在1929年华中大学重新开办时移迁到华中大学，并由此成为华中大学的组成部分。

② 所谓“南京事件”，指1927年3月24日金陵大学5处住宅被焚，副校长文怀恩被中国士兵开枪打死，从而引发在南京的外国人纷纷逃上外国轮船，随之大部分教会学校相继关闭的一系列行动。

③ 韦卓民潜往上海避难，不料事为反对者所探知，致书上海当局诬告韦是共产党徒。时值“清党”期间，故韦一到上海即遭当地警方逮捕。幸得与韦搭乘同一条船的美国驻华外交官舒尔曼博士（Dr. Jacob Gould Schurman）向警方抗议并极力为韦作担保，韦才获无罪释放。

山老家，在作了短暂的探亲之后便去了英国①。当学校教学秩序常常被打乱之际，华中大学的学生们成立了一个委员会，接管了华中大学和文华中学。其时中国政局变幻繁复，于是在1927年5月，华中大学呈准国民政府宣告停办。在读的学生分别去华北或华东地区的大学继续自己的学业；文华神学院的学生则全体转学到上海的圣约翰大学。华中大学的第一个阶段即由多个差会合作办理的第一个三年即宣告结束。

在1922年2月上旬筹组华中大学的第一次会议召开后，会上指定设立的两个委员会即赶在当年4月上旬第二次会议举办之前，就在所提交的报告中拟定了新立大学的学科设置计划，即“在华中大学首先建立文、理、神学和医学学科”，并由那些差会委派来的教师们负责培养师范、工商贸易和图书馆管理等方面的师资人才。但在后来的实际组建过程中，由于雅礼会在湖南办理的雅礼大学并未及时加盟并入，所以办理医学学科的计划不得实现②。至于商贸和图书馆方面人才的培养，因文华大学时期已有商业学科和图书馆学科的事业基础，所以在新组成的华中大学及时得到了设置和办理。文理方面的师范教育成分，从前文叙述可知，在两湖地区教会高等教育机构中也有自身发展的学科事业基础。更重要的是，在新立大学中开设师范性质的教育学科，借以培养华中地区基础教育阶段的教会学校亟须的教师人才，不仅符合当时教会教育发展的实际需要，而且与基督教的中华续行委办会提出的要求十分吻合。

根据中华续行委办会详细而周密的调查，在1920年时，全中国有基督教学校（不包括中学以上学校）计达6890所，共有学生将近20万人。然而这些教会学校中的师资队伍，真正受过某种师资训练的教师不超过2%。与之同时，在中国进行工作的130个宣教会（差会）之中，仅有25个对于有系统的师资训练工作给予了赞助，它们（在华基督教差会）花在培养师资上的教育经费，特别是和花在中学教育上的经费相比，几乎是等于零。而在中国，除了各差会自己培养以外，基督教教师没有其他可能的来源。由是可见，“今天

① 韦卓民后在英国伦敦大学经济学院学习了两年，于1929年获伦敦大学哲学博士学位。其间于1927—1928年短暂就读于柏林大学与巴黎神学院。

② 这一计划，即使在1927年雅礼大学被迫关闭并在华中大学重新组建时加盟华大之际，因该校大学部的医学部分一直留在长沙——1929年雅礼会在长沙重新开办了护士学校和医科学校，而未真正实现，只是其文、理尤其理科部分成为重新组建后的华中大学的重要组成部分。

中国基督教教育事业所面临的唯一最迫切的问题就是受过训练的人才的供应问题”。因此，“师资教育必须作为一个独立的问题加以处理”，而且“它们所需要的就是要在中国社会上作为教育机构而得到更高的地位”①。有鉴于此，由华中地区多个差会组建的华中大学，作为华中地区（尤其长江中游数省）的唯一教会大学，自其创办之日起就承担着该地区中小学师资人才的培养重任。为了解决这个“唯一最迫切的问题”，华中大学一经组建成功，开设发挥师范教育功能的教育系科成为应然而必然之举！

不过，虽说其时中国自己的学制系统中，随着1922年新学制的出台而使师范教育和教育系科有了自身的独立身份和办理特征，但1924年创立的华中大学，仍然不归属于中国政府管辖，不在中国教育行政管理机构立案，纯然以一家外国或英美式高等院校而存在，所以在依科设置系院等内部机构及其层级安排上，一依西方学校制度。这就是在华中大学第一次组建后的三年试办期中教育系的设立和办理的独特之处——只是在文理学科教学内容的基础上，给那些意欲毕业后出任学校教师的学生开设一些教育学科的课程，以利他们出校后作为一位教师，掌握到教育教学的一些理论、方法以及施教技能。正因如此，其时的教育系并非今日人们所见的教育系，其课程设置极其简略，其机构建制则更为简单。说是一个系，其实也就是聘用一位外籍教师为系主任而已，既没有组建成群的属于自己系的师资队伍，也没有单独属于自己系的学生，而只是在文、理各系学生的适当教学学年段加开一些属于今日所言的教育学科课程。这位系主任即是前文提到的基恩牧师。同时为了加强体育教学，作为一种机构建制的辅助，华中大学还设有体育组，该组主任为福勒先生。

归属于当时华大文科的教育系及体育组的这两位外籍教师，其中基恩的英文姓名全称为 Arthur S. Kean（阿瑟 S. 基恩）；福勒的英文姓名全称为 J. Earl Fowler（或译作法乐尔）。关于前者，只知他出任教育系主任时实为一位牧师，而且在华大1927年被迫关闭后再也不在华大工作，故而其具体情况不详。比较而言，由于福勒系由创办文华大学的圣公会所派，即属于圣公会加入新立华中大学的人员，故而其生平事迹较为清晰：其作为华大体育组主任，对其时华大甚至重建后的华大的体育教育发挥过不小的推进作用。1927年华

① 中华续行委办会调查特委会编：《中华归主：中国基督教事业统计（1901—1920）》（下），中国社会科学出版社1987年11月版，第911—914页。

大被迫关闭后，他同校内所有外籍教师一样，因避难而离开武汉回到美国。1929 年华大重新组建后，他又回到华大继续担任体育组主任。他通过很大的努力，制定了华大的体育课程体系。1932 年 6 月，他接圣公会调令，携其家属再度返归美国。归国后仍然服务于圣公会海外传教事业，且在抗日战争时期，他出任圣公会负责海外传教事务副秘书，同时还是华中大学创办者董事会（或译为建校委员会）的成员兼秘书。仅从这两位教育学科机构设置的负责人的身份变化，即可明了其时华大的教师多为非班科出身者，仍然同文华大学时期一样，实为传教士投身于教育事业的“转行者”。由此可探知，在华中大学组建初期，所谓教育系教学水平及教育学科的大致情况——主要是为其他各院系或各学科的学生走出校门充任教师时，打下一些教育学科的知识及技能基础。正因如此，该系并没有从招生环节开始即归属于本系的学生。也正因如此，在教育系时期，从华大试办期的历届毕业生中，找不出一名专属教育系的学子。当然，这并非说其时的教育系没有发挥其培养教师人才的功能，恰恰相反，其时的不少毕业生选择的工作岗位或者说事业去向，正是各地各类学校，这从下表（见表 1-4）及其相关文字说明中可见。

表 1-4　立案前华中大学历年毕业生事业去向名单（1925—1931 年）※

各地学校教员	各地图书馆人员	出国留学	各地教会人员	其他职业	已故者	情况不明者
8 人	16 人	2 人	8 人①	10 人	2 人	8 人

※资料来源：《私立武昌华中大学一览・历届毕业同学录》（1935 年）第 127—130 页。

在华中大学 1935 年印行的《私立武昌华中大学一览》中，通过调查整理列出的“历届毕业生同学录”，共记录自 1925 年 6 月至 1930 年毕业的学生 54 人②，其中直接在各地学校任教者共为 8 人，另有 16 人在各地各有关学校图书馆及国立图书馆工作。如果除去已故者和留学者各 2 人和情况不明者 8 人外，则在已知其具体职业及其岗位的人员中，成为学校教职员的人数占比

① 在各地进入教会组织工作的 8 名毕业生中，其中 1 人（徐怀壁）在南京中央神学院，某种程度上也可算作“任教者”。

② 这 54 人中，有 3 名毕业生即王振华（湖北孝感人）、方天啸（安徽宿松人）、高庆飞（湖南浏阳人）在其他相关材料中无记载；但其他相关材料有记载的邓高镛（四川自流井人）、高荆（湖南衡阳人）、王肇珍（安徽太平人）、杨开殿（湖北武昌人）4 人，在本《私立武昌华中大学一览・历届同学录》（1935 年）中则阙失。特此说明，录此备查！

达 4/7。由此可知其时教育系培养教师人才之大致情形。现将其中 8 名在各地学校任教人员列表（见表 1-5）附后。

表 1-5 立案前华中大学历年毕业生为师从教人员名单（1925—1931 年）※

毕业年月	姓名	性别	籍贯	科系及学位	工作岗位
1925.6	王襄	男	安徽青阳	文科文学士	安徽休宁省立五中教员
1925.6	吴道恩	男	安徽合肥	文科文学士	安徽安庆保罗中学校长
1925.6	罗基焜	男	湖北宜昌	图书科文学士	湖北宜昌华英中学教员
1926.6	徐家麟	男	湖北江陵	图书科文学士	武昌文华图专学校教员
1927.2	胡润生	男	湖北汉口	文科文学士	湖北武昌文华中学教员
1927.6	安子万	男	湖北南漳	文科文学士	河南汝县县立中学教员
1927.6	黄家兴	男	湖北汉阳	文科文学士	湖北武昌文华中学教员
1928.6	高崇天	男	河北	文科文学士	北平国立师范大学研究所①

※资料来源：《私立武昌华中大学一览·历届毕业同学录》（1935 年）第 127—130 页。

二、华中大学的重建与教育学院的创办（1928—1938）

在 1927 年 5 月宣告停办的一年半时间内，在教会人士孟良佐等人的不懈努力下，1929 年 1 月底，重建华中大学的五个差会的代表们所组成的小组，终于制定出华中大学重新开学的明确计划。到当年 5 月时，五个差会代表再次聚会，选举出韦卓民博士担任华中大学校长②，任期 5 年。同时，各差会代表就华中大学师资队伍组成的名额都作出了各自的承诺。此外，雅礼会还答应每年提供一笔经费，用于购买科学仪器，借以建立起一个小规模的理学院；美国圣公会同意像过去一样为华中大学再次腾出文华校园的西部作为校址，并答应尽快将文华图书馆发展成一座正式的大学图书馆。在此次会议上，代表们确定了最后的注册学生数为 240 人，其中女生占 1/3。会议还决定把校董会下属的一个委员会管理的一所学生公寓改为女生宿舍，命名为“颜母室”

① 高崇天，其毕业时间，在其他相关材料中记为 1930 年 6 月。据其时北平国立师范大学研究所的开办实际情况，高氏应是以助教身份在国立师范大学读研究生。

② 在被选举为华中大学校长之际，韦卓民还在英国伦敦大学经济学院攻读博士学位。他是在英国获得学位后才回国正式出任华中大学的校长。

(Yen Muh Shih)[1]，由校长指定并经学校评议会批准，设立一名女生部主任管理该公寓。同时将美国圣公会开放的思殷堂（Ingle Hall）作为男生宿舍。考虑到规划中的华中大学的规模只与美国大学的文科学院相当，所以孟良佐建议华中大学校名英文名称不用大学（University）而用学院（College），于是大会通过英文校名为 Central China College，即“华中学院”。这个英文校名一直沿用到 1946 年，才被创办者董事会（The Board of Founders）改正过来。会议还确定，各差会在学校董事会中的代表人数，应与各差会提供的教师、设备、房屋、土地和财政援助等的数量相一致。代表们建议，一旦各差会总部许可华中大学向教育部注册，就立即着手按规章到教育部办理注册事宜。在向教育部正式注册以前，建议教师们将毕业学生推荐给持有办学许可证并有学位授予权的各协作单位。凡从各协作差会主办的学校毕业的学生，都将被视为华中大学的毕业生，享有华中大学毕业生的同等待遇与权利。同时，华中大学向国民政府教育部注册后，各协作单位应尽力设法使 1929 年以前所颁发的学位获得国民政府教育部的承认。

1929 年 9 月，新华中大学开学，有 17 位教师和 31 名学生走进了华大校园。人数虽少，但他们分别代表着 5 个协作差会。31 名学生中有 14 位女生，有 21 人为基督徒，有 26 人曾在教会中学学习，1927 年以前就在华中大学就读者 9 人。除 3 名预备生外，一、二、三年级分别为 12 人、6 人和 10 人。10 名三年级学生均为图书馆学的学生。重建后的华中大学分为 3 个学院，即文学院、理学院、教育学院，但划分尚不那么正规。只是在 2 年后学校正式完成立案前，3 个学院才真正建成。系科设置为中文、历史、英语、经济、地理、宗教、生物、化学、物理，较次要的系有数学、音乐两系。而规模甚小的数学系主要在教学和其他方面服务于另外三个理科系，音乐系则服务于全

---

① 颜家即颜永京一家。颜家一直关注并致力于文华—华中大学的发展。不仅颜永京本人参与文华书院的创办，他的两个儿子颜惠庆、颜德庆均毕业于文华书院，其侄儿颜福庆后来在华中大学的校董事会还兼任过很长一段时间（1931 年—1936 年）董事长。颜氏一家曾捐给圣公会一笔款项，为女生提供膳宿服务设施。起初，学校计划用这笔钱建造新宿舍，以替代后来作为女生公寓的那栋楼房，后来干脆将这笔钱用来改造和整修这栋楼，用作女生宿舍。为表达对颜家母亲的敬意，宿舍改建完毕后即起名“颜母室”。1933 年暑假，学校用颜家捐款的余款又对该宿舍进行了一次改造，使之更为适用且容纳更多学生。随着女生的扩增，到 1937 年春，学校决定再次改造扩建“颜母室”。此决定得到在纽约的华大建校委员会的同意，于是经过暑假到 9 月开学不久即完工扩改工程。抗战胜利后，该楼再被用作全校女生的宿舍，直到 1951 年才被改作教工宿舍。遗憾的是此楼在华中师范大学卖掉昙华林的地皮后于 2003 年被拆除。

图 1-3　华中大学女生宿舍颜母室

校各院系尤其教育学院学生的音乐教学——这种配置后来都改称为“组”。在重建后的华中大学，文华图书馆学校仍是其中重要的一部分。但到 1930 年 9 月华中大学开学前，美国圣公会和文华图书馆学校决定它应该“走自己的路”①，不与华中大学合并。于是，原只有 2 所学校（华中大学、文华中学）的文华校园里，出现了第 3 所学校——武昌私立文华图书馆专科学校。后来在 1937 年和 1947 年时，华中大学和文华图专之间曾先后做过再次合并的努力，但均未能成功。

随着学校的重建，华中大学的教职工很快被组织起来。校长是韦卓民。教务长是英国循道会委派的唯一代表丁克生牧师，他还是华中大学早期计划委员会成员，成功地组建了历史系②。英国伦敦会委派的雷美佳（Margaret Bleakley）小姐主管学生注册，同时担任英语系主任③。华中大学初期的财务助理柯约翰先生这时也回到华中大学，既教数学，又任财务助理。华中大学初期的体育组主任福勒先生，在 1929 年返回中国后，仍任华中大学体育组主任，直到 1932 年④。受美国复初会委派来到华中大学的薛世和（Paul V.

① 在 1930 年秋，文华图书馆学校采取了“独立”的行动，自 9 月份起将自己的学生安排在图书馆里上课、自习，并住在图书馆学校自建的宿舍里。

② 丁克生牧师在华中大学担任过两年教务长，后因家人患病不得不返回英国。回国后一直是华中大学忠诚的朋友。

③ 雷美佳，英国籍，英国曼彻斯特大学硕士。1916 年来中国，1929 年由英国伦敦会委派到华中大学，长期任注册组主任、外文系教授、系主任等，1950 年 6 月退休回英国。

④ 1932 年 6 月，为华中大学设计了体育课程体系的法乐尔携其全家返归美国。福勒后出任圣公会海内外传教会负责海外事务的副秘书，同时为华中大学建校委员会成员兼秘书。后又任“中国基督教大学联合托事部”华中大学委员会主席。

Taylor）夫妇，薛氏本人担任教育学教授，后在华大做了多年的教务长，他的夫人薛富德则在音乐系任讲师①。由她开端的音乐课程，成为新华大教育的重要组成部分。雅礼会这次派了 3 人到华中大学任教，他们是生物系的萧之的先生，物理系的陶士珍先生（他是 1926 年长沙雅礼大学的毕业生）和化学系的一位王老师。他们 3 人的努力，为华中大学在第一个 10 年间打造出一个最具实力的学院——理学院奠定了基础。雅礼会同时还拨给华中大学 6000 美元，作为理学院购买仪器之用。非宗教人士桂玛丽小姐（Miss Mary Kwei）则担任华中大学女生部主任、颜母室舍监。从 1929 年至 1934 年，她在华中大学工作了 5 年。英国伦敦会还派来了安德生（David F. Anderson）夫妇。他们于 1929 年 12 月被伦敦会派来中国，先在北平语言学校学习了 6 个月的中文，后于 1930 年 9 月来到华中大学②。此外，从 1923 年至 1925 年在文华大学和华中大学教过英语的恩敦五（R. S. Underwood）③，也在新华大英语系教了两年英语。

1929 年 9 月，17 位教师和 31 名学生聚集在武昌文华校园的西部，庆祝新的华中大学筹建成功。比较 20 年代初所设想的办学规模，新华大虽然人数少但更实际，其教学范围限于文科、理科和教育三个领域。其时，武汉地区的国立武汉大学正在向国内一流的大学发展，华中大学要想在武汉取得地位，就只能相对地控制规模而重视质量。对此，身为校长的韦卓民不能容忍平庸的工作，总是把工作重点放在抓质量而不是抓数量上。由于当时华中大学 3 个学院的划分并不那么正规，所制订的课程方案也是试验性的，故而在向中

① 薛世和，美国籍，美国复初会神学院神学士，哈德佛大学哲学博士。1914 年由美国复初会派到中国湖南岳阳湖滨大学任教，后来华中大学，在华中大学任教育学院院长和教授多年。抗战初期回美国，抗战末期以美“援华会”及随军牧师身份来华。1946 年再次到华中大学，担任复兴华中大学和扩大华大校园土地、建筑的校园总监。1947 年在华中大学办华语学校，自任校长。1950 年离开中国，回到美国。他的夫人薛富德，美国籍，美国舒齐大学音乐系毕业，1914 年至 1950 年随丈夫薛世和先后在湖滨大学、华中大学任音乐讲师，1950 年回美国。

② 安德生，英国籍，英国爱丁堡大学硕士。1930 年初来中国，在北平语言学校花了半年多时间学习中文，后于当年 9 月前来华中大学，担任教育学副教授、教授，后任教学系主任，除教授教育学外，还负责指导教育学院的实验学校。同时他还担任华中大学宗教委员会主席、宿舍委员会主席等职，并花费大量时间发展学校的歌咏队。1950 年离开中国回英国。安德生的夫人，中文名叫安海兰，英国籍，英国爱丁堡师范学院毕业，1930 年随夫来到华中大学，担任音乐讲师，曾任音乐组主任，在职期间为发展音乐系声乐演唱工作做出不小贡献。后于 1950 年与其夫一道回国。

③ 恩敦五，或译作安德伍德，美国芒太拉大学学士，匹兹堡大学文学硕士。

国政府注册之前的两年间，一直在不断地修订和加强，标准定得很高：学生入校头两年是总体性的跨系修课，第二学年结束时要求参加一次中期考试（Intermediate examination），内容包括全部主、副修课程和中、英文课，后两门主要是测试学生在语言的阅读和表述方面是否达到了修习更高级课程的要求；后两年的学习集中于某一系的专业课程，要求通过最终的综合性考试，同时在第四学年结束前提交一篇毕业论文。

为了表明学校的办学目标，校长韦卓民 1930 年 1 月在《汉口通讯》（*Hankow Newsletter*）上发文说，华中大学的工作与国家的基督教运动紧密联系着。“中国基督教会一定指望教会大学能够培养它们所需要的领导人”“希望能够看到我们的学生在完全的基督教环境中受教育”，华中大学正是要帮助基督教完成这一工作。“所以，我们不仅着重于使教学达到高水平，而且还要着重于为教会和中国培养学生的品格，以适合我们正在经历的关键时刻的需要。我们的教育为了基督，同时也来自基督。”因此可以预见，“华中大学的毕业生将积极参与引导国家向正确的目标迈进”。

1930 年 6 月 30 日，华中大学举行了自 1927 年以来的首次学位授予仪式，因为华中大学尚未取得学位授予权，所以仍以文华大学的名义给 11 名学生授予学士学位。其中 8 名是 1928 届的学生——他们在 1928 年学校关闭后到其他学校学习并完成了学业；另外 3 名是 1930 届的学生，全都是图书馆学专业。于是，华中大学圆满地结束了新生后的第一个学年。

1930 年 9 月，华中大学开始了它重建后的第二学年，有 44 名学生注册，其中新生 30 名，大多是来自 1927 年后华中地区教会中学的毕业生。原文华大学校长舒美生博士在初夏已休假，经批准卸下了文华大学校长职务，因为此际文华大学作为一个实体已没有必要存在，而等下届毕业生从华大毕业时，华大的注册应该已经完成，届时颁发给学生的毕业文凭将盖有国民政府教育部的大印。

虽说经过了与文华图书馆专科学校的分离，但华中大学第二学年比较平静。由于没有毕业班，1931 年 9 月这一学年结束时，没有举行毕业典礼。学校在该学年末作出决定，文学院开设中文、英语（后为西方语言学）、经济商贸和历史社会学等系，还开设较次要的哲学宗教专业；理学院设置生物系、化学系和物理系，以及较次要的数学专业；教育学院设立管理系、师范系和较次要的音乐专业。这就要求学生们必须在下一学年初始就选定好自己的主修专业和选修课程。其时，国民政府教育部规定有 3 个以上学院的学校才能称为大学，否则只能称为学院或专科学校。为了符合国民政府教育部对大学建制的规定，华中大学决定在第二学年里正式分成 3 个学院来开办。三个学院领导分别是：韦卓民校长兼任文学院院长，桂质廷博士任理学院院长①，薛世和博士任教育学院院长。

随着华中大学第二学年日常工作的开展，韦卓民校长与临时校董会把注意力放到了华中大学在政府注册的有关事宜上。为了使注册工作既能得到国民政府的认可，又能符合各协作差会的要求，经与 5 个协作差会的国内总部协商，临时校董会制定了华中大学组织章程。不久，根据该章程，来自 5 个协作差会的代表们在纽约成立了建校委员会并制定了章程。校董会也在中国成立，其成员主要是 5 个协作差会的代表以及其他一些有关中国教会和团体的代表。为此起草了 4 份文件，即建校委员会章程、校董会章程、华中大学章程，以及建校委员会与校董会达成的协议。1930 年秋，各有关差会通过了这 4 份文件（草案），同时还决定对华中大学注册一事尽快研究后给予答复。为与各差会的国内总部沟通，孟良佐主教于 1931 年初返回美国。他拜访了几个教会总部的有关要人，消除了他们的许多疑虑。于是，几个合作差会的国内总部都通过了上述 4 份文件，并同意华中大学着手申请注册。

图 1-4　孟良佐像

1931 年 6 月底，所有注册表格被填好后，通过湖北省教育厅送交国民政府。8 月 6 日，湖北省教育厅厅长委派两名官员视察了华中大学，双方就申请

① 桂质廷，湖北沙市人，美国耶鲁大学学士，康乃尔大学硕士，普林斯顿大学理学博士，历任协和医学院、雅礼大学、东北大学教授及上海沪江大学物理系主任。在我国地磁和电离层研究领域，桂氏发挥了奠基人的作用。

注册表中的一些问题进行了磋商，更改了其中的一两处。根据国民政府教育部的要求，申请材料只需提交校董会章程和华中大学章程即可。由于韦卓民手中还保存着1927年秋湖北省教育行政长官同意孟良佐代校长请求的答复函，省教育厅在复信中同意华中大学重建后再予以注册，故而省一级的手续办得相当顺利。9月17日，湖北省教育厅厅长附上较好的评语，将华中大学申请注册的有关文件以及韦卓民抄下的省教育厅的那封回信，一并寄呈南京国民政府教育部。申请注册文件中有关华中大学办学目标的部分指出："华中大学的目标是贯彻本校创始者的原有目的和意图。"但对于学校教育中的宗教教育部分，申请材料作了如下表述："学生将在自愿的基础上参加各项宗教活动，无论是个人还是私人团体组织的宗教活动和集会，学校均不强迫学生参加。"有关课程设置，除一般文化课外，还开设一些与宗教有关的选修课，其中包括"宗教哲学、基督教思想史、宗教思想概论、中国宗教思想、基督教纲要、耶稣社会教义、宗教心理学和品行教育"。

1931年10月24日，华中大学收到国民政府教育部的复函，批准华中大学校董会正式在教育部注册，即是说教育部已特许华中大学成立①。这样，校董会为政府所承认，作为华中大学的集体法人将对华中大学的事务、资产以及税务等一切负责。11月24日，教育部委派两名视学官在华中大学对其教育工作检查了一天，听了几堂课，检查了图书馆和理科实验室。当年圣诞节前夕，教育部送给华中大学一份很好的礼物——华中大学注册批文。批准拥有文学院、理学院和教育学院3个学院的华中大学以"大学"的级别在教育部注册。于是，自华中大学重新开办以来两年多的注册努力终获成功。教育部在为其办理注册事宜的整个过程中没有收取任何费用，同时还规定今后教育部给华中大学毕业生文凭盖印也不收取费用②。自此，华中大学在中国社会中的身份由一个洋人办的学校变成了中国特殊的私立大学。此后的15年里，即到1946年学校名称（英文）有所修改之前，这所学校便有了两个名称：英文名称"Central China College（华中学院）"和中文名称"华中大学"，全称为"私立武昌华中大学"。

---

① 这一消息由校方于1931年10月5日召开的学校教务会议十月份常会上宣布（见《校务会议记录（1931年—1933年）》，华中师范大学档案馆馆藏："华中大学档案"案卷号87）。

② 因为教育部认可1927年湖北省教育厅厅长给当时华大校长孟良佐的信，同意不将华大作为新学校对待，所以华大注册比一般新学校要简省得多。

随着注册工作的完成，华中大学校董会正式成立。一个由 15 人组成的代表 5 个协作差会的建校委员会也在纽约成立。校董会由 24 名成员组成，按规定其中三分之二应为中国公民，在 1932 年初举行的第一次正式会议上，校董会选举颜福庆博士为董事会主席。由 5 个协作差会各举一名代表组成校董会执行委员会，学校一些重大而迫切的问题，均由他们在几乎每个月都召开一次的碰头会上解决。随着学校各项工作走上正轨，执委们碰头的次数逐渐减少。校董会通常每年召开两次全体会议，春、秋各一次。春季的会议主要讨论学校下一学年的预算。韦卓民校长在每次会议召开之前，都要做大量的准备工作，会后还要将校董会的报告完整地寄交给纽约的建校委员会以及各协作差会在国内外的负责人。

华中大学复校的第一年，无论是西方教职员，还是中国教职员，薪水都由 5 个协作差会各自支付，他们的工资级别都不一致。协作差会还各自拨款购置设备和图书。华中大学校方能够支配的资金极其有限，它包括为数甚少的学费和一笔由两个英国差会提供的每年 1000 美元（自第二年起）的捐款，用以维持学校的日常费用。随着时间的推移，华中大学完整的财务管理制度逐步建立起来。到 1934 年，中国教职员的工资直接由学校支付，不再由各差会支付，为此学校为他们制定了统一的工资标准。另外，各差会提供的资金也直接汇给学校，校董会通过预算后由校方支配。校董会为文、理、教育 3 个学院指定了财务委员会，分别为各个学院做预算。各财务委员会由华中大学校长、财务主管、学院院长及主办差会的代表组成，行政预算则由校评议会作出。以上行政预算和各学院的财务预算最后都须送交校董会审批。

学校的最高议事机构是评议会，由校长、财务主管、教务长、各学院院长、图书馆馆长、2 名教授（这 2 人系每年由全体教职员举行一次选举产生）和由校董会指定的负责协调各协作单位利益的 3 名董事组成。其职能是：审定学生宿舍的规章制度；审查对违纪学生的处罚；审批校长对教职员的聘任；审核学校的教学安排；审批学校教职员评级、提升以及由一个专门委员会制定的与人事相关的规章制度；在行政预算提交校董会之前对其进行书面评议等。学校教务处的事务是制定期中、期末考试标准，向学位授予单位推荐学位候选人等。教务处由教务长负责，先是选举产生，后改为任命。再后来，由于学校章程的修改，教务会议的主持人改为一年一次选举产生。

根据华中大学组织章程，注册后的华中大学设有注册部、事务部和图书馆，各设主任一人。校长韦卓民兼任文学院院长，教务长薛世和兼任教育学院院长，桂质廷任理学院院长，沈祖荣任图书馆主任，雷美佳任注册部主任，贺兰德任会计主任，柯约翰任会计副主任，桂德华任女生部主任，吴砚农任英文秘书，王仁载任中文秘书，唐福初任仪器制造室技师①。

图 1-5　韦卓民校长与外籍教师薛世和（左一）的合影

院系专业设置情况为：文学院设有中文系，外文系—英文组，商业系，社会科学系—社会组、经济组、历史组、政治组、哲学组、音乐组（原来属于教育学院）；理学院设有物理系、化学系、生物系、数学组；教育学院设有教育原理系、教育心理系、教育行政系、体育组。此外，各系（组）公共课有英文作文、英国文学、文学概论、国文、修辞学、卫生学、哲学、户外及操室运动。

1931 年秋季学期因长江流域连降暴雨而推迟了开学时间。直到 9 月 27 日，学校才正式开学。其时，注册学生共 67 人。这时，学校首次成为拥有完整的四个年级的大学。顺便提及的是，1931 年秋因其地形势恶化，益阳路德学院（Lutheran College at Iyang）有 5 名接受大学教育的学生转来华中大学，最终在华大完成学业并获得文凭。当年，早在 1890 年就传入华中地区的瑞典

① 《私立武昌华中大学一览》（民国二十年度），第 8 页，华中师范大学档案馆馆藏："华中大学概况一览表"。

行道会（Swedish Mission）也开始了与华中大学的非正式合作①。该差会语言学家韩德霖（Sam Skold）先生住在华大附近，主动担任华大的法语和德语教学工作。在丁克生牧师离开后，华大教职员选举薛世和博士为教务长②。就在这一年，华中大学重新制定了一、二年级的课程计划并全部付诸实施。在这一年里，根据政府和校方的要求，建立了毕业生必须参加毕业考试并提交论文的制度；学校里独具特色的中期考试也得到了政府的肯定。

1932 年 6 月 18 日，学校在圣诞堂举行了注册后首届学生的毕业典礼。文华图书馆学校与华中大学共同举行了学士学位授予仪式。武汉大学校长王世杰应邀在毕业典礼上代表来宾发言。华中大学的毕业生首次领到了盖有国民政府教育部大印的学位证书。有 4 名学生被授予学士学位，其中最杰出者是教育学院的余常慎（Annie S. Yu）小姐。她毕业后先后在多所基督教中学教书，最后成为汉口圣罗以女中校长，且事业上颇有成就。

1932 年 9 月，华中大学开学时共有 101 名学生，超过了 1927 年前的学生总数。其中新生 49 名，女生 31 名，非基督教中学毕业的学生 10 名。或许是担心达不到中期考试的要求，有些学生在第一、二学年中转到了其他的大学。不过当年冬季也有其他学校的学生转到华大就读，这些本为上海高校的学生，因受上海战事影响而转来华大，其中几位仅学习了一学期，也有人一直读到毕业。同年 9 月，美国复初会委派的黄溥博士③来到华中大学，在他的努力下，教育学院在为华中地区基督教中学服务方面取得了很大的进展。

1933 年 2 月，华中大学收到一封来自湖北省教育厅厅长的信，信中正确评价了华中大学的工作，并赞誉华中大学无愧为一所模范大学。是年春，3 栋学生宿舍的舍监为秋后入学的新生制定了导师制，为密切师生间的关系，规定导师必须每月与学生共进一次晚餐。在此前后，学校还开始了由教堂委员会主持的在圣诞堂举行的礼拜日全体晚祷。6 月 24 日，学校举行了毕业典礼，4 名学生获得文学学士学位，4 名学生获得理学学士学位。他们是 1929 年 9 月入学的那个小班所剩下的学生。

---

① 该差会到 20 世纪 40 年代后就逐渐停止其在华活动，所以尽管与华大有过非正式合作，但一直未正式介入华大事务。

② 薛世和担任华大教务长直到 1941 年。

③ 黄溥，雅礼大学 1916 年首届毕业生，获文学学士学位，后获美国斯坦福大学教育硕士学位、哥伦比亚大学哲学博士学位。曾任湖南商专、湖南大学教授，醴陵遵道中学及长沙雅礼中学校长。1932 年秋进入华中大学，次年即接任薛世和的教育学院院长职务。

随着1933届学生的毕业，华中大学第一阶段结束，这时的华大与4年前相比有了很大发展。文华校园的西半部逐渐为华中大学所利用，许多建筑物已被改造得更适合学校的教学和生活需要，自然科学实验室的仪器和各系藏书迅速增加；学校的教职员队伍已经有了较稳定的组成和较合适的配备，校长的领导艺术也日渐完善，各差会之间的协作也更为和谐。这年9月，一个标准诊所在与思殷堂毗邻的一间房子里建成。伦敦会武昌同仁医院的桂雄五（H. S. Kwei）大夫和他的助手、美国圣公会护士蒋美德（Nina Johnson）小姐每日来此上班。他们不仅给华中大学师生看病，而且对保持校园环境卫生起了很好的指导作用。从此，华中大学医疗卫生条件得到改善，师生患病再也不必像过去那样需要出校前往同仁医院就诊了。

1933年9月，学生注册人数达121人，其中新生50人，不到注册学生总数的一半。在这以前，华中大学新生总是超过学生总数的一半，这表明，学校的发展处于一个关口。随之在10月，美国洛克菲勒基金会的2名代表盖恩博士（Dr. Gunn）和蒂斯代尔博士（Dr. Tisdale）参观了华中大学。他们仔细考察了理学院的3个系和实验室，并就理学院的发展计划与系主任们进行了讨论。华中大学的发展状况给这2位代表留下了深刻的印象。他们参观考察之后，华中大学收到了拨给萧之的先生的扬子鳄研究专项课题基金，这是理学院收到的第一笔来自5个协作差会之外的科研资金。1935年萧之的去美国完成毕业论文之前，已收集并养殖了几条扬子鳄，并在武昌城外的校运动场跑道外边建造了养殖基地。

1933年仲冬，桂质廷、黄溥和校董会主席颜福庆博士一起，出席了在上海举行的基督教高等教育委员会会议。此行他们还顺便出席了上海雅礼大学校友会召开的一个会议，该校友会成立了一个募捐委员会，为华中大学理学院的一个系主任职位募集资金。

1934年6月16日，学校举行了毕业典礼和学位授予仪式，湖北省省长和省教育厅厅长出席了这届毕业生典礼大会。华中大学有12名学生毕业，这是1926年以来毕业人数最多的一个年级。其中有4名理学院学生、5名文学院学生、3名教育学院学生，都获得了学士学位。

当年6月，韦卓民校长收到美国耶鲁大学和芝加哥大学的讲学邀请。由于华中大学的建制中没有副校长一职，故在韦校长赴美期间，董事会任命教育学院院长黄溥为代校长。同时，在董事会会议上，规定此后如果校长因病或因公外出不能履行职责，三个学院院长中资历较深者便自动成为代校长；如果校长缺席时间超过任职期，则再由校董会或执委会任命代校长。在这次会议上，由于韦卓民已满5年校长任职期，校董会投票一致选举他连任校长。董事们还讨论了华中大学的财务问题。由于西方国家发生经济大萧条，早在1933年6月校董会召开会议时，就已明确告示：美国圣公会缩减了对华中大学的拨款，裁去了中文系一个系主任职位的薪金；雅礼会对理学院的经费预算，也仅够支付该院教职员的工资和行政开支，因而只得砍掉仪器、书籍、报刊的购置费。通过讨论，董事会最后勉强决定，削减教职员10%的薪金，并请由两个董事领导的武汉校友会在校友中募捐，以支付中文系聘请系主任的工资①。其时，华大可得到的资金仅能最低限度地维持1934—1935学年度的人头工资，至于书刊、仪器等，已无力添置。因此，当决定韦卓民出国讲学时，校董会要求他敦促建校委员会在华中大学教职员的福利方面承担更多的义务。

1934年7月，华中大学遭受到一次沉重的打击，国民政府教育部命令华中大学教育学院的管理系和师范专业合并，这样教育学院就只剩下一个主干系和一个次要的音乐系。而按照教育部的有关规定，一个学院必须有两个主干系和一个次要系。如果华中大学在当年夏季不能为教育学院组建一个新的主干系，教育学院将被撤销。但如果只剩下文、理两个学院，则华中大学就只能被称为“学院”而不能被称为“大学”了。因此，这道命令无疑使学校进退两难。当然，在这个关键时刻，如果华大有资金，在9月份建立心理学系将是一次极好的机会。这样，教育学院就会被保留下来。为了摆脱窘境，校长韦卓民在8月启程赴美筹款②。

所幸1934年春学校递交的申请起了作用。该年夏末，中国基金会给华中大学拨款6000元，用以购买理科实验仪器。不久，国民政府实行扶助私立大学的政策，也给华中大学拨了15000元的专款，这笔款项的一部分作为3个学院各聘1名教授的费用，余额则用以购买仪器和设备。这两笔款项犹如雪里送炭，使华中大学的前途一下子柳暗花明起来。政府的款项使华中大学得以聘请3位必需的教员：中文系教授游国恩③，他的到来使包鹭宾先生有了得

① 可是在后来，校友会难以完成这一任务。到全面抗战爆发时，他们所募集的资金仅够每年支付一个教授的工资。

② 韦卓民此次赴美，参加在耶鲁大学召开的关于教育与文化接触的研讨会，后在耶大Woodward讲座主讲、哥伦比亚大学Schermerhorn讲座主讲以及Oherlin神学研究院HasKell讲座主讲。

③ 游国恩，北京大学文学学士，曾任国立山东大学国文教授，抗战后期离开了华中大学。

力的助手；化学系聘到万绳武博士[①]为系副主任，他的到来使化学系成为理学院中最受欢迎的系；更关键的是，心理学教授胡毅[②]的到来，不仅使心理学系的建立变成现实，并且成为教育学院的又一主干系，从而保证了教育学院能够继续存在。而教育学院能够保存，则使华中大学的“大学”地位就可以稳定不变。学校还用国民政府的拨款建造了行政楼的附楼，其中二楼用作化学系的新实验室。中国基金会和政府的拨款及时地解了华中大学在人员、设备和用房三方面的燃眉之急，使学校得以渡过难关，同时也使韦卓民的美国之行处于有利地位——他可以用事实说明，华中大学出色的工作已得到国民政府的支持和民间团体的赏识。

黄溥代理校长，使华中大学有了新的发展。1934 年 9 月，注册学生人数增加到 139 人，其中有 72 名新生。教职员的人数也比以前任何时候都多，有些系还开始从应届毕业生中挑选成绩优秀者留校。由教职员组成的一个委员会在对前几年的中期考试做了研究之后，建议对中期考试进行改革：主修课的考试要求略有降低，并取消辅修课的考试，以此降低过高的淘汰率。于是，对学生们来说，中期考试不再那么可怕了。依照教育部的指示，学校毕业综合考试须由教育部认可，并由校评议会建立一个委员会执行。作为一种管理措施，武汉大学的几位杰出教师参加了这个委员会，而华中大学的几位著名教师则参加了对方学校的同类委员会。

与此同时，韦卓民校长在美国讲课的同时，一直想方设法使各协作差会的国内总部及建校委员会了解华中大学发展所面临的困难，为此他出席了很多会议，做了大量的说服工作，同时也努力地使建校委员会更积极地参与华中大学的事务。韦校长的努力取得了很好的成效。在他返回华中大学后的 1935 年春，耶鲁神学院院长韦格尔（Luther Weigle）率领由雅礼会理事组成的委员会访问了华中大学。他们与理学院各系系主任经过一系列讨论，制定了一个理学院的总体发展规划并得到了雅礼会的批准：将此后每学年的拨款增加到 15000 美元，直到 1939—1940 学年度为止，以便使理学院有足够的资金聘任教师。韦卓民在美游说期间的讲话，也打动了哈佛—燕京学社中国研究会执行秘书叶绥夫博士（Dr. Elisseeff）。1936 年春，他到中国考察时来武昌参

---

① 万绳武，长沙雅礼大学文学学士，美国耶鲁大学化学工程博士。

② 胡毅，美国威斯康星大学文学学士，芝加哥大学文学硕士、心理学博士，曾任湖南大学教授、广州中山大学教授兼教育系主任。

观了华中大学，对华大作出了高度评价，对中文系将来的发展设想留下了深刻印象。一年后，华中大学收到哈佛—燕京学社的第一笔捐助资金。这笔款项主要用于长江中游文化研究。韦校长的介绍也激发了美国圣公会的庄斯顿小姐（Mary E. Johnston）对华大的热情，她答应每年捐资 5000 美元，以加强文学院的师资①。韦校长不仅激发了庄斯顿小姐对文学院的兴趣，还使她的姑妈普罗克特夫人（William C. Proctor）对华大产生了兴趣。后者捐资 3 万美元给文学院建造行政教学楼，这栋楼被称为“普罗克特大楼”。1935 年春末，普罗克特夫人和庄斯顿小姐访问华中大学，参观期间又捐资 1 万美元以购买土地。6 个月后，庄斯顿小姐又追加 10 万美元给华中大学购买土地或建造教学用房。韦校长还向美国复初会递交了教育学院的计划，因为对于教育学院来说，现在的诸多需要中，最主要的任务是能够得到一笔资金以建立一所供学生们实习的初中。这样不仅能更好地保证学生的教育质量，而且也让教育学院作为华中大学的三足之一站立得更稳更牢。在当时，教育学院的学生们是在华中大学附近的一所教会初中里实习，教育学院对这样的安排很不满意。韦校长的努力得到了很好的回应，复初会妇女布道会决定每年拨款 1250 美元，以建立和维持一所属于教育学院的初级中学（即实验学校）。

1935 年 4 月，韦校长从美国回到武昌后，就与董事会执委会研究如何扩展华中大学校园的计划。在 6 月的校董会上，董事们详细地讨论了校园的土地问题。经过多方谈判，1936 年夏，市政府批准学校购买了校园附近大约 10 英亩的土地。这块地不仅把城内外华中大学的地面连成一片，而且使华中大学有了一段地势较高的地块。以后，这块地的一端修建了公寓，另一端则成了运动场的一部分。自此开始，华中大学在以后的两年里先后花了 10 多万美元，共购买了与老校园相毗邻的 27 英亩土地。1936 年秋，美国圣公会建筑师柏格米利（J. Van Wie Bergamini）来到华中大学，为新校园制定了整体规划。1937 年初，校董会初步通过这些方案。学校还把规划送交普罗克特夫人和庄斯顿小姐审阅，她们又为建造带有黄鹤楼建筑风格的行政楼追加了 6 万美元。

随着学校经济状况的好转，教职员人数在 1935 年秋又有所增加。中文系

① 这笔年度捐资一直延续到 1950 年，对文学院帮助很大，使文学院成为华中大学实力最雄厚的学院。

的教师由2名增加到3名；英语系增加了循道会的何悟德（Richard Halewood）先生，他是英语系的第二位外籍教师；历史系增加了中国史教师马奉琛①；心理学系增加了留学博士骆传芳②，他的到来使心理学系完成了师资配备，也使教育学院整体师资力量得到加强。同时，由于理学院院长桂质廷博士赴美进行一年的研究工作，化学系的张资珙博士被委任为代院长。刚从美国回来的卞彭博士被委任为物理系代主任③；陈叔元被委任为社会学系主任；复初会将金陵女子大学的熊子璥博士④调至华中大学物理系任教授，以加强物理系的师资力量。在这期间，华中大学还临时聘任了几位教师，以英语系、经济系为主。由于在规划中曾一度准备将经济商业系改建为一个学院，学校安排从美国回来的谭仁义先生⑤在该系教会计学，同时担任学校的财务助理。1936年9月，桂质廷博士回国，带回一批新仪器，还在学校建立了一个地磁和电离层的研究所。

1935年9月，教育学院实验学校正式开学。这个实验学校建在1926年为华中大学社会服务中心购买的土地上，它从属于教育学院，由两位刚从教育学院毕业的学生管理。它的建立为教育学院学生的教育实习提供了方便。该校是一所初级中学，在全面抗战前夕学生人数就已接近100人。

1935年至1937年6月，华中大学稳步发展，注册学生人数突破200大关，师资力量也超过预期的指标。后来居上的文学院已与实力雄厚的理学院齐头并进。华中大学的声望日益扩大。一种明显的表征是，1936年粤汉铁路竣工后，广东地区就有中学提出加入华中大学认可的中学行列的申请，还有几位广东籍学生进入华大学习。1936年6月，有27名毕业生获得学士学位，这是华中大学建立以来毕业人数最多的一届。

随着学校事业的发展和社会影响的扩大，来自武汉地区的捐款也逐渐增

---

① 马奉琛，南开大学文学学士，清华大学研究生。

② 骆传芳，文华大学文学学士，美国芝加哥大学哲学博士。

③ 卞彭，桂质廷的同学，东北大学毕业。美国布朗大学理学学士，麻省理工学院理学博士。曾任东北大学教授。1928年接受桂质廷博士的劝告，来华中大学教物理。后留学美国，1935年回华大，之后接替了桂质廷，出任物理系主任，接着又担任理学院院长。

④ 熊子璥，美国海德堡大学理学学士，宾夕法尼亚大学理学硕士，芝加哥大学哲学博士，曾任金陵女子大学教授。第二次世界大战末离开华中大学。

⑤ 谭仁义，长沙雅礼大学文学学士，美国耶鲁大学理学学士，密歇根大学文学硕士。在华中大学执教几年后，日益繁重的财务工作使他放弃了教学。抗战期间，他一直任代理财务主管。1951年初升为财务主管。

多。文华大学校友裘开明博士捐献了一笔钱作为奖学金，以纪念他的母亲。汉口商界的大商人李菊先生也慷慨解囊，除捐钱作为奖学金外，还捐赠 10 万元资助学校用于基建。校董会本地董事则继续资助中文系，支付该系教师的费用。同时，国民政府的拨款也在逐年增加，除支付 3 名教授所需的费用外，还为华中大学购买了许多仪器设备。华中大学曾在 1935 年申请英国返回的庚子赔款，结果得到 4 万元。这笔款分两年支付，每年支付 2 万元①。1936 年时，雅礼会为华中大学建造了由它出资的第二栋房屋，复初会也为其第二批援助华中大学的人员建造了公寓。这 2 座建筑和另 3 座公寓一起，都建在 1934 年华中大学购买的土地上。至此，华中大学校园初具规模。考虑到教育学院音乐系学生的知识水平在不断提高，毕业生中在中学教音乐的人也越来越多，学校与复初会交涉，希望增加足够的资金建立起完善的音乐学院。遗憾的是，直到全面抗战爆发，复初会也没有作出答复。此外，这一时期，华中大学决定，引入国立大学的工资级别（不属华大财务管辖的西方籍教师除外），消除各差会所属教员的工资差别，当教会发给教职员的工资不够这个级别时，不足部分由学校补齐。同时，学校也开始建立房租津贴制度。再是，1936 年校董会决定，学校的资深教职员原则上可以享受休假年。黄溥和张资珙两位教授率先享受这一待遇。但随着抗日战争全面爆发，这一待遇基本被取消，直到战争结束后才得到恢复。就在这一年，孔祥熙博士出任华大校董会主席，副主席是时任武汉市市长吴国桢。随着校友会的成立与壮大，校董会还增补了 3 名校友代表。当年，教育部颁发了新的教学大纲。新大纲只针对主干系，对必修课要求严格，但大大减少了选修课，尤其是理科。

1937 年春，韦卓民校长接到几份邀请书：一是作为中国代表出席 6 月份在牛津大学召开的“生命与圣工会议”(Conference on Life and Work)；二是在夏季作为中国基督教会的代表，出席在爱丁堡召开的“宗教信仰与差遣会议”(Conference on Faith and Order)；此外，他还收到美国南俄亥俄州的亨利·霍布森主教的特别邀请，于 10 月出席美国圣公会的全国大会。韦卓民向校董会请假出席以上的会议，并打算利用这次休假做些促进华中大学发展的工作；他还准备同时度休假年。校董会同意了韦卓民的出行请求，并再次一致推举黄溥博士在韦卓民出国期间任代校长，建校委员会也同意负担这次国外之旅

① 参见《华中大学与管理中英庚款董事会联系拨款津贴的来往公函》，华中师范大学档案馆馆藏：“华中大学档案”，案卷号 20、21。

的费用。6月初，学校日益向好的发展状态，让韦卓民带着乐观的心情取道西伯利亚赴英国①。韦走后，黄溥再次开始自己的代校长职任，随之主持了华大有史以来毕业生最多的一届毕业典礼。

同在1937年春，学校总体建设规划被校董会和建校委员会初步通过。当年华中大学的基建工作进展很快。随着在校生人数向预定的240人这个目标平稳地增长，校董会考虑增加相应的膳宿设施。为此，伦敦会和美国复初会准备联手建造一栋男生宿舍，这样，如果华大学生总数不超过预定的240人，男生宿舍便够用了。9月，扩建的颜母室也在开学后不久交付使用，两栋两层楼也于10月份竣工。建造教工宿舍的计划由校董会寄给纽约的建校委员会，也得到了批复。然而就在华大的事业蒸蒸日上之时，1937年7月7日，日本悍然发动全面侵华战争，人们的乐观前景被战争的残酷现实所摧毁。尽管形势越来越严峻，但学校基建工作没有停下来。9月，战争使华中地区准备去上海或北方求学的许多学生放弃了原来的打算，转而进入华中大学学习。华中大学注册的学生数不仅没有因战争的影响而减少，反而还略微超过了额定的240人。另外，金陵女子大学的部分师生为躲避战火逃至武昌，住在伦敦会的隔壁。在秋季几个月里，他们借用了华中大学的部分设施②。

自武汉地区遭受日机轰炸以来，到12月为止，华中大学安然无恙，教学工作按部就班地进行着。学生们在学习的同时也参加了有组织的救护工作。有几个学生在校医桂雄五大夫的带领下，自愿地在武昌南站设立一个救护站，救护路过的伤兵。他们出色的工作还受到政府的嘉奖。12月13日，南京沦陷，这直接威胁到武汉，有许多人提议学校西迁。为此在圣诞节后，校评议会召开了几次大会讨论搬迁事宜。经过长时间的讨论，黄溥代校长领导下的评议会认为，立即搬迁并不明智，同时决定，如果学生家长有要求，学生可以在这个学期结束前离开，学期的考试延期到1938年1月中旬，下学期是否开学由评议会晚些时候再作决定。会后，有几个学生立即离校，但大多数学

---

① 韦卓民未曾想到的是，此次欧美之行，再回到武昌华大校园时却已是9年之后的事情。

② 1937年8月下旬，金陵女子大学有35名学生和张肖松、陈品芝、龙冠海、刘恩兰、陈帆、苏德兰等教师迁住华大。教师们在华大任课，学生们在华大选课。1938年1月，武汉吃紧，金陵女子大学武昌办学中心被迫转迁成都（参见孙海英编：《金陵女大大事记（1913年—1952年）》，南京师范大学铅印稿，第12～13页）。

生参加了期末考试。放假后，有几位教职员西行探风，学生有的回家，有的西去。其时，南京金陵大学已有大部分师生途经武汉，并暂时借住华大，以备西迁成都；而这时原暂住华大的金陵女子大学的师生离开武昌继续西迁。

因遭遇到中国军民的顽强抵抗，日军并没有像预料的那样在 1938 年 1 月底从南京溯江直取武汉，于是学校决定在 2 月底开学。但西行考察的教职员没有回来，学生人数也只有上年 9 月份时的一半。其时逃难途经武汉的人们络绎不绝，连宣布西迁重庆的国民政府也暂驻武汉。虽然外界人心惶惶，甚至在日军对武汉的前期轰炸中有一次一颗炸弹落在隔壁天主教大院里，但学生们仍然刻苦学习。

在 6 月初，华中大学还得到两条令人兴奋的消息。一是哈佛—燕京学社终于认识到华中大学在中国文学和写作方面的价值，为华大下一学年拨款 4000 美元；二是中国基督教大学校董联合会成功地为华中大学筹到一笔资金，它不仅可以帮助华中大学搬迁和在新址上建校，而且能帮助华中大学应付飞涨的物价。这样，华大在 1937—1938 学年间，就无须再向外界筹募资金了。6 月中旬，学校为 14 名学生举行了学位授予典礼，从而侥幸顺利地结束了这一学年。学位典礼后，黄溥请求辞去代校长职务，打算把家人移至四川后出国享受休假年。于是，学校给其时在美国的韦卓民（韦在英国完成学术活动后于上年 10 月间转赴美国）发电报，通知他学校即将搬迁，并要求他尽快返校。同时校董会决定，在黄溥启程赴四川至韦卓民赶回学校的这段时间内，由孟良佐出任代校长，桂质廷负责迁校的准备工作。

在学位授予典礼后，学校召开了两天的会议讨论迁校事宜。校董会一致认为必须搬迁，而且越早越好，问题是往哪里搬迁。在西部，教会高校只有成都的华西协合大学。但早在 5 月黄溥去函询问时，因该校已接纳金陵大学和金陵女子大学等校师生，故而得到否定的回答。于是，受校董会委托，卞彭与薛世和两位教师被派赴西南，寻找可以用作临时校址的地方。出发前，校董会指定了桂林和沅陵。按计划，一有结果他们就尽快地向学校报告，先经评议会和仍在武汉的校董们商量，再行搬迁。

三、重建后教育学院在西迁前的办理及其师资情况

1929 年 1 月底，为了重建华中大学，5 个差会派出的代表在孟良佐主教

的住所聚会，制定出学校重组的明确计划，并就各差会如何资助学校重建等问题进行磋商。其中两项于教育学院的成立及其办理极为重要：一是关于华中大学向中国政府注册并遵循国民政府教育部为私立大学制定的规章；二是各差会就新成立的大学承诺自身提供师资人数及其质量。

关于第一个方面的问题，直接关系着是保留原设教育系还是教育学科独立成院。早在 1927 年秋，中国政府即宣布所有教会学校都必须到相应的政府机关登记注册，思想敏锐行事果断的孟良佐即向湖北省教育厅厅长写了封信。信中陈述华中大学由于受政治局势影响而未能正常运转，但说明一旦时机成熟即将重新开办，且明确表示待学校重新开学即登记注册。这封信不仅为后来华中大学能顺利向中国政府立案注册埋下了伏笔，而且也决定着华中大学重新组建后必须遵照中国高校的办理规章。是故在 5 个差会代表拟订学校重新开学计划时，就考虑到重建后的华中大学除文、理两学院外，还应将教育系（包括体育组）独立出来另组教育学院。

在重新组建的华中大学中设置与文、理两学院并行的教育学院，其客观因素自然是华中地区学校教育发展的迫切需要。其时原来提供华中诸省教会学校师资的华中协和师范学校，与试验期的华中大学一样，早在 1927 年政局变幻时就关门停办。除此之外，作为中国自己开办的师范教育机构，1913 年成立的武昌高等师范学校，于 1923 年 9 月升格为武昌师范大学，但随之于 1924 年底就改办为综合性高校武昌大学，1927 年 11 月 28 日又依“大学院令”更名为“国立第二中山大学”，在 5 个差会决定重新组建华中大学之际，南京国民政府于 1928 年 7 月决定筹办“国立武汉大学”，并于 1929 年 2 月正式任命王世杰为武汉大学校长。至是，整个华中地区在师范教育方面出现了真空，所以新建华中大学开设教育学院可谓非常及时且很有必要，其辐射作用和教育功效不可低估。这也是后来在国民政府明令“任何基督教教育机构不能建立教育学院”的政策下，设有教育学院的华中大学能够被国民政府开放“绿灯”而顺利立案的一大主因！

关于第二个方面的问题，5 个差会代表在 1 月底的会议结束后，即在向各自所在差会汇报会议情况时，就如何向重建华中大学派遣人员数量及支援建校财务等问题交换了意见。于是在 1929 年 5 月的会议上，为了有利于新建华中大学向中国政府注册，一致选举韦卓民博士出任学校校长，同时就联合向华中大学提供师资做了各自的承诺：美国雅礼会 6 名，英国循道会（卫理公会）3 名，美国复初会 4 名，英国伦敦会 2 名，美国圣公会 10 名[①]。对于这些差会提供的师资人员，在重组后的华中大学中所承担的教学任务，即分配到各学院的岗位，随之从英国回来出任校长职的韦卓民有此一说：美圣公会派遣来的教师“主要是文学院的”，美雅礼会派遣来的教师“全部是理学院的”，美复初会派遣来的教师“都是教育学院的”，英循道会派遣来的教师“不限哪个学院的”，英伦敦会派来的 2 名教师“文学院、教育学院各一”[②]。

前文已揭，英国伦敦会是湖北汉口博学书院的创办差会，美国复初会是湖南岳阳湖滨大学的创办差会。这两所教会学校的高等教育部分，在分别于 1924 年和 1929 年合并到华中大学之前，均办理有师范教育。其中于 1924 年就合组于华中大学的汉口博学书院，早在 1907 年办理高等教育时就开设有师范部，而且后来由武汉地区各差会合作办理的华中协和师范学校，其主要事业基础又是博学书院的华英部，以及由英国循道会创办于武昌的博文书院的师范教育成分。在重新组建的华中大学中，英循道会派遣来的几位教师是“不限哪个学院的”，而英伦敦会派遣来的 2 位教师则“文学院、教育学院各一”。再是于 1929 年重新组建华中大学时正式加入的美国复初会，该差会主要势力范围在湖南，由其创立于岳阳的湖滨大学（书院），早在中华续行委办会对中国基督教事业于 1918 年秋进行全面调查之前，该校就与位于长沙的雅礼大学一样，创办有属于大学教育科性质和层次的师范科。至此不难看出，华中大学的教育学科及前后相继设置的教育系和教育学院，就其办学主体而言，其起源或发脉显然不在美圣公会创设的文华大学，有如江河发源成流，而以其派遣来的教师“都是教育学院的”湖南岳阳湖滨大学及湖北汉口博学

① 关于此次会议各差会代表承诺向重建的华中大学提供师资的人员数量，韦卓民的回忆稍有出入：美国雅礼会 9 人，英国循道会 2 人，美国复初会 3 人，英国伦敦会 2 人，美国圣公会 8 人。需要注意的是，韦的说法只是一种回忆性文字，而且决定此事时韦本人还在英国伦敦大学经济学院攻读博士学位。他是在英国获得学位后才于 1929 年 9 月归国准备就职华大校长。因此我们采用其时在汉的柯约翰先生一说（见［美］柯约翰著，马敏、叶桦译，李亚丹校：《华中大学》，珠海出版社 1999 年 8 月版，第 57 页）。不过，据 1933 年度学校报告书，其时各差会所提供的教师人数又有变化：圣公会 8 人，其中华籍教师 4 人（教授、副教授、讲师职员各一）、外籍教师 4 人（讲师 3 人、助教 1 人）；雅礼会 9 人，全为华籍教师，其中教授 2 人、副教授 1 人、助教 4 人、助理 2 人；循道会 3 人，其中华籍教师 1 人（讲师）、外籍教师 2 人（副教授、助教各 1）；复初会 2 人，其中华籍、外籍教师各 1 人，且均为教授；伦敦会 2 人，全为外籍教师，其中教授、讲师各 1 人。

② 韦卓民：《关于对文华书院、文华大学、华中大学的回忆》，魏少平主编：《武昌文华中学与昙华林》，武昌文华中学 2006 年 2 月（内部）印行，第 71—72 页。

书院为其源头，同时长沙雅礼大学及武昌博文书院亦有其起源因子。顺便提及的是，缘于史料阙失，前文提及的来路和去向均不甚明的教育系主任基恩牧师，根据1924年华大初组情况，有可能是由博学书院的创办差会——英国伦敦会所派。

为了节省笔墨，现借后来为教育学院院长的黄溥先生留下的文字记载，对教育学院成立初期的院史变迁情况及师资变异情形简介如次：

> 本校设立教育学院之动机有二：一因创办优良之大学，必须优良之中学，优良之中学，必须优良之教师；二因本校学生毕业后，多从事于中学教育事业，没有相当之教育训练，则不能充任优良的中学教师。职是之故，本校于民国十八年（1929）秋，创立教育学院，以薛世和先生为院长；并拟分设三系，教育原理、心理学及体育，薛君担任教育科目，狄克逊先生担任心理学科目，法乐尔先生担任体育科目。翌年（1930）秋，增聘安得胜、李清廉二先生担任教育科目，安得胜夫人（安海兰——引者注）教授女生舞蹈。廿年（1931）秋，教育学院课程正式改编；设教育原理、教育行政二主系，心理学和体育二副系。翌年（1932）法乐尔君离校，体育副系被裁。民国廿一年（1932）秋，黄溥先生被聘为教育学院院长兼教育行政系主任，薛世和先生仍兼教育原理系主任。廿三年（1934）夏，教育部令本校文学院所设音乐组归并于本院，并资助本院心理学讲座一人。是年秋，本院即设音乐副系，以薛世和夫人（薛富德——引者注）为主任；又依部令，将教育原理及教育行政二系合并为教育学系，仍由黄溥先生兼系主任。①

问题来了，正是这一道“将教育原理及教育行政二系合并为教育学系”的部令，险些让华中大学教育学院就此成为历史，也险些连带华中大学只能降格以求而以学院名义续办下去！对此前文已有说明。不过，这次华大的危机可谓有惊无险，因为当年秋天，在中国基金会的拨款和国民政府对私立高校扶助专款的支助下，学校将心理学副系升格为主系，并聘请到曾任广州中山大学教育学系主任的胡毅为心理学系主任。这样，教育学院就符合了教育

① 黄溥：《本校十年来之教育学院》，载《华大桂声》第3卷（1939年）第1、2、3期合订本（铅印本）。

部的"一个学院里必须要有两个主干系和一个次要系"的要求，达到了设院的标准。到1935年秋，又增聘骆传芳为心理学系副教授，李辉祖为教育学系兼任讲师。而更让教育学院打牢事业基础的是，在1935年夏，教育学院创办了一所初级中学，作为本院学生教学实习的基地。"至是，本院之规模始备。"① 然而，仅平静度过一年的光景，日本就发动了全面侵华战争，于是华中大学便在武昌苦挣一年后，面对险恶的局势，于1938年夏间举校西迁，教育学院的师生只得随同学校全体，启程前往桂林，开始了战时教育的历程。

为了更好地了解教育学院的师资情况，现将教育学院自成立至西迁前在职教师名单列表（见表1-6）如次：

表1-6　1929—1938年间教育学院师资队伍一览表※

姓名	外文名	履历简介
薛世和	Paul V. Taylor	或译为泰勒。美国麦伦伯大学学士，复初会神学院神学士，哈德弗大学哲学博士；讲授心理教育。
狄克逊	S. H. Dixon	来自博文书院的英国循道会牧师，华大早期计划委员会成员，曾在薛世和之前出任过华大教务长两年；文学院历史系的创建者；从教育学院课程安排看，应是讲授教育史。
法乐尔	J. Earl Fowler	或译为福勒。美国春田大学体育学士，新埠海军军官学校毕业；讲授体育。
安德胜	David F. Anderson	或译为安德森、安德生。英国爱丁堡大学硕士、教育学士；讲授教育学。
安海兰	Mrs. David F. Anderson	英国爱丁堡师范毕业；讲授体育、英文。
黄溥	P'u Hwang	长沙雅礼大学文学士，美国斯坦福大学教育硕士，哥伦比亚大学哲学博士；历任湖南商业专门学校、湖南大学教授，醴陵遵道中学、长沙雅礼中学校长；讲授教育学。
薛富德	Mrs. Paul V. Taylor	美国舒齐大学音乐系毕业；讲授钢琴等。
胡毅	I. Hu	美国威斯康星大学文学士，芝加哥大学文学硕士、心理学博士，曾任湖南大学教授、广州中山大学教授兼心理学主任；讲授心理学。

① 黄溥：《本校十年来之教育学院》，载《华大滇声》第3卷（1939年）第1、2、3期合订本（铅印本）。

续表

姓名	外文名	履历简介
骆传芳	John C. F. Lo	武昌文华大学文学士，美国芝加哥大学哲学博士；讲授心理学。
李清濂		北平燕京大学学士，美国哈德弗大学硕士；兼授教育学。
李辉祖		武昌文华大学文学士，美国哈佛大学教育学硕士；兼授教育学。
桂德华		武昌文华大学文学士，美国加州大学教育硕士；讲授教育学、英文。
叶宗高		南京金陵大学文学士，美国西北大学文学硕士，芝加哥大学哲学博士；讲授心理学。
康明德	Robert A. Kemp	英国伦敦京都音乐专门学校毕业，美国墨克基尔大学文学士，哥伦比亚大学理学硕士；音乐教师。
富蔼云		英国伦敦京都音乐专门学校毕业；音乐教师。

※资料来源：据《民国廿四年度私立武昌华中大学一览・教职员一览》（华中大学1935年印行（铅印本）第18页）以及［美］柯约翰著《华中大学》（马敏、叶桦译，李亚丹校，珠海出版社1999年8月版）一书"附录"中文字资料整理而成。

除了上表所列人员外，在教育学院的课程讲授方面，学校其他院系有关人员亦有兼授院系课程的情况。对此，从后文关于课程安排的内容即可得见。

现就上表所列教育学院在1929—1938年间教师队伍情况予以数点说明：

一是表中教师人员从前引黄溥所撰《本校十年来之教育学院》可知，始终处于一种流动的状况。其实，据1931年夏间印行的《私立武昌华中大学一览》可知，在教育学院最初三年间，教师队伍仅有5人：院长薛世和，教师丁克生（即狄克逊）、安德胜、李清濂（廉）、法乐尔以及身为校长的韦卓民。而且安德生、李清濂二人是在1930年秋才加入这支队伍，正是有了他们的到来，教育学院才发展起来。在教育学院创办之初，与当年教育系创立时只有教育系主任和体育组主任一样，即只有"官"没有"兵"，除了承担教育科目教学的薛世和院长、承担心理学科目教学的狄克逊和承担体育科目教学的法乐尔外，再无他人！所以最初的三年实际上是原教育系向后来教育学院的一种过渡，起码从教师队伍的组织来看是这样。真正在师资队伍建设上使华中大学教育系成为一所真正的教育学院，无疑得力亦得益于黄溥作为教育学院院长的到来，自是从师资队伍配置上才让这个鼎之足真正“立足”起来。而1934年秋季学期胡毅的到来，让心理系真正建立起来，才使这只鼎足真正“立稳”！

二是从表中教师由来所自看，正如前文所揭，教育学院主要还是靠美国复初会及英国伦敦会两大差会的支持与支撑[①]才发展起来的：设院之初，美国复初会派来了薛世和，不仅担任教育系的教授，而且出任多年的学校教务长，在黄溥接任院长后，薛氏依然兼任教育原理系主任。与之同时，薛世和的夫人薛富德——同为复初会所派，来华大后，先是归属于文学院的音乐组，在1934年秋该音乐组改归教育学院后，不仅升格为音乐副系，薛富德也随之升迁为该副系的主任。再是1930年秋来院的李清濂，亦为复初会聘请来的教师。继薛世和为教育学院院长的黄溥，同样为美国复初会所派，黄溥来教育学院以及在其中发挥的重要作用，前文多有提及，在此不赘，后文有关叙述将进一步说明。再是英国伦敦会，派有安德胜夫妇等人。其中安德胜不仅是在教育学院主打教育学的教授，而且还指导着教育学院的实习学校。其夫人安海兰可以说是一个“多面手”——既教女生舞蹈，又教学生们体育和音乐，尤其在发展音乐系的声乐演唱方面尽了极大的努力。正是在她和系主任薛富德的共同努力下，随着师资的逐步引进、音乐器材的不断添新，音乐专业在后来教育学院的发展过程中逐步提升自己的地位，促成教育学院有了三个学系——教学系、心理系和音乐系，成为教育大学科的三鼎足，而教育学科及学院的发展，又进一步立牢了华大的文、理、教三鼎足。

三是教育学院自成立以后，真正发挥了在华中地区执教育界之牛耳及输送师资人才基地的设院作用。关于输送师资人才之史实，可见下目内容；现仅就在学校教育领域尤其基督教教会所办的中学界发生的积极影响和重大作用加以说明。教育学院自学校注册后，“恒以协助华中地区基督教中学为职志”，联合华中地区——包括鄂、湘、赣、皖4省及河南部分地区的基督教中学组成基督教中学联合会。在教育学院牵头并主持下，该组织于1931年初在

① 除了派遣教师以解决“人”的问题，教育学院“钱”的问题的解决仍然依赖这两大差会的有力支持：复初会每年提供经费（拨款）4800美元，伦敦会每年提供经费（拨款）4200美元（见“Ten Year Plan of the Development of the School of Education”，华中师范大学档案馆馆藏档案“案卷号60”）；此外，在1934—1935年间经过韦卓民美国之行的“游说”后，复初会妇女布道会还决定每年拨款1250美元以建立和维持教育学院用作学生实习的附中建设（见［美］柯约翰著，马敏、叶桦译，李亚丹校：《华中大学》，珠海出版社1999年8月版，第103页）。

图 1-6　1935 年华中大学音乐组师生合影

武汉举行第一次会议，来自 21 所教会中学的 76 名代表就中学教育的一些重要问题讨论了 3 天。此次会议由教育学院教师李清濂任大会主席。此后每两年召开一次，且多由教育学院院长黄溥为会议主席。如在 1934 年 4 月举行的第二次会议上，出席会议的 87 名代表共代表着 20 所教会中学，此次会议主席即以黄溥担任。在这次会议上还决定在华中地区重新组建华中基督教教育联合会——该组织 1927 年后基本停止了工作，会员除华中大学外，还有华中地区所有的基督教中学。它的重组，成为华中地区基督教中等教育发展的一个重要标志。虽说抗战时期华中地区各教会学校西迁后因星散各地而使基督教中学联合会一度中断，但战后复员待元气有所恢复后又接续举办，而且与会学校扩延及上海、江苏等地。这种教育研讨会，既有利于华中地区各教会学校彼此之间的协作关系，又有益于从事教育教研人员增进学术信息交流。现借长期出任联合会会议主要召集人和主持人黄溥所言以窥其要：

> 华中大学教育学院自成立以来，除研究教育学术，培养中学师资外，恒以协助华中区基督教中学为职志。战前曾在武昌每两年召集本区各基督教中学校长及教员代表，举行教育讨论会，研究各种重要行政问题及各科教学法，借以联络本区基督教中学，提高各中学教职员之专业精神。①

① 黄溥：《本届教育讨论会之意义及筹备经过》，载《华中区基督教中学战后第一届教育讨论会记录》（1948 年 7 月 26 日—8 月 7 日），华美印书馆 1948 年 10 月印行，第 1 页。

除此之外，教育学院还充分利用自身所在位置，对湖北尤其是武汉地区教会学校发挥着辐射性的积极引领作用，如专门组织武汉地区各教会中学的校长和教员，开展不定期研讨活动等。如据汉阳训女中学校长陶瑞芳回忆，在她任该女中校长期间，武汉地区训女、博文、文华、圣希理达等八、九所教会学校每月召开一次联谊会，“内容是交流各校的宗教与教学等情况”，每当此时，“华大校长韦卓民与该校教育学院院长黄溥是这个联谊会的当然领导”①。

四、教育学院前期（西迁前）的课程设置与学生培养

教育学院自成立之后，在课程教学和人才培养方面，虽说有过短暂的从原教育系混合培养向正规的教育大学科教学安排的过渡期，但在随之而来的发展过程中，为了输送出符合基础教育尤其中学段要求的师资力量，一直注意课程体系的建设和教学内容的更新，借以培养出一批批优质的教育教学人才。

设院之初，华中大学除了满足大学须有三个以上学院机构建制的政策要求外，更主要的目的乃在于考虑为华中地区培养出亟须的适应学校教育发展的中等教育师资。因此，在开始设置教育原理、教育心理、教育行政三系时，就明确规定了教育学院的教与学的目的与要求：

> （本学院）以培植中等教育之师资为宗旨，所有课程遵照部令，与文、理学院学程之规定相等，四年修尽之。每学生必须有三年半之教学视察及实行教学之经验。此计划暂与本校附近有联络关系之中学商洽进行，将来预备设一实验学校，由本院教授指导之。本学院第一、二学年生，须修习本院所规定之课程，注重普通教学材料，故多数课目可由文、理学院挑选之；第三、四学年生，须由教育原理、心理、行政三系中择一主修，每系所订课程皆系必修者，其他课程，学生仍得按照其所欲教

① 陶瑞芳：《武汉最早的教会女中——训女中学》，政协武汉市委员会文史资料研究委员会编：《武汉文史资料选辑》1983 年第 3 辑（总第 13 辑），政协武汉市委员会文史资料研究委员会 1983 年印行，第 122—127 页。

学之科目，在文、理或本院课程内选习之。①

由上引可知，教育学院学生在校 4 年，前两年统一修习“普通教学材料”，这些课目，各生可根据自己的个人爱好和事业取向从文、理学院的课程中选修，后两年则分专业授课，选定某系（或某专业）的学生，必须修习完该专业（系）所订课程之全部，此外还须从文、理或本院课程体系中选习一些“其他课程”。再是，考虑到为师从教之需要，教育学院的人才培养尤其重视教学实习（包括观摩和见习）。正因如此，所以当 1935 年夏间“作为本院（即教育学院——引者注）学生教学实习之用”的“附属初级中学”正式建成后，身为院长的黄溥才真正松下一口气说：“至是，本院之规模始备。”②

自成立到西迁，教育学院的内部建制，在近十年的时间内几度变革：先是建立之初，分设有教育原理、心理及体育三系；随之在 1931 年改设教育原理和教育行政二主系，以及心理学和体育二副系；不久因体育系负责人法乐尔离校，体育副系于 1932 年 6 月被裁除。及至 1934 年，即黄溥接任院长一年多后，教育部令将本校文学院所设音乐组改归教育学院，于是在当年秋季音乐副系成立，但同为部令所使，教育行政及教育原理二系合并为一个教育学系。为满足教育部关于每个学院必须有二主系一副系的建构配置，几乎与音乐副系成立相同时，原为副系的心理学系升格为主系，由是保持了两主一副的设系要求。至中国全面抗日战争爆发前夕，音乐副系的教育水平不断提高，毕业生从事音乐教育的人数也越来越多，学校也在积极地与复初会交涉，希望该差会增加足够的资金来完善音乐系的建设，终因在战争全面爆发前复初会未做任何回复而搁浅。尽管西迁后音乐系作为主系很快得以建立，但在西迁前，教育学院一直只有教育学、心理学两大主系和音乐（组）、体育（组）两个副系。因此，这一时期教育学院的课程设置情形，只能就这些几度变革的主系、副系或组的课程体系进行展现。现按照变革程序，选取 1931 学年度、1933 学年度和 1935 学年度教育学院各有关主系、副系（组）课程设置情形，列出如次各表（见表 1-7、表 1-8、表 1-9）以显示各系（组）各学年教学实情。

① 《1931 年私立武昌华中大学一览·教育学院概况》，华中大学 1931 年印行（铅印本），第 117 页。

② 黄溥：《本校十年来之教育学院》，载《华大滇声》第 3 卷（1939 年）第 1、2、3 期合订本（铅印本）。

表 1-7　1931 年教育学院各主系课程设置情形表※

主系名称	设置课程名称
教育原理系	第一学年：英文作文（英文）、英国文学（英文）、文学概论（国文）、修辞学（国文）、卫生学（体育）、户外及操室运动（体育）、哲学（任选哲学课程中一门）、生物学（生物）、党义（政治）、参观教学（教育原理）、选修（一门其他课程）； 第二学年：英文作文（英文）、英国文学（英文）、国文（国文）、卫生学（体育）、户外及操室运动（体育）、心理学（教育心理）、教育原理（教育原理）、实习教学（教育原理）、选修（一门其他课程）； 第三、四学年：中国教育史（教育原理）、中国现行教育制度（教育行政）、实习教学（教育原理）、实习教学（教育原理）、中学各课程教授法（教育原理）、中学教育原理（教育原理）、教育原理及方法概论（教育原理）、品格教育（教育原理）、西洋教育史（教育原理）、教育心理学（教育原理）、课程编织及实施（教育行政）。
教育心理系	第一学年：英文作文（英文）、英国文学（英文）、文学概论（国文）、修辞学（国文）、卫生学（体育）、户外及操室运动（体育）、哲学（任选哲学课程中一门）、生物学（生物）、党义（政治）、参观教学（教育原理）、选修（一门其他课程）； 第二学年：英文作文（英文）、英国文学（英文）、国文（任选国文课程中一门）、卫生学（体育）、户外及操室运动（体育）、心理学（教育心理）、实习教学（教育原理）、教育原理（教育原理）、选修（一门其他课程）； 第三、四学年：中国教育史（教育原理）、中国现行教育制度（教育行政）、实习教学（教育原理）、实习教学（教育原理）、中学各课程教授法（教育原理）、中学教育原理（教育原理）、教育测验及统计（教育原理）、宗教心理学（教育心理）、教育心理学（教育心理）、社会心理学（教育心理）、心理卫生（教育心理）、品格教育（教育原理）。
教育行政系	第一学年：英文作文（英文）、英国文学（英文）、文学概论（国文）、修辞学（国文）、卫生学（体育）、户外及操室运动（体育）、哲学（任选哲学课程中一门）、生物学（生物）、党义（政治）、参观教学（教育原理）、选修（一门其他课程）； 第二学年：英文作文（英文）、英国文学（英文）、国文（任选国文课程中一门）、卫生学（体育）、户外及操室运动（体育）、心理学（教育心理）、教育原理（教育原理）、实习教学（教育原理）、选修（一门其他课程）；

续表

主系名称	设置课程名称
教育行政系	第三、四学年：中国教育史（教育原理）、中国现行教育制度（教育行政）、实习教学（教育原理）、实习教学（教育原理）、教育原理及方法概论（教育原理）、中学各课程教授法（教育原理）、比较教育（教育行政）、公私立学校行政（教育行政）、学校视导（教育行政）、课程编织及实施（教育行政）、乡村教育行政（教育行政）、教育测验及统计（教育原理）、选修（一门其他课程）。

※资料来源：《私立武昌华中大学一览·教育学院课程内容及指导》，华中大学 1931 年印行（铅印本），第 119—141 页。

由上表可见，为教育学院各主系学生开设的课程，体现出了如下特征：一是专业知识学习逐年递增，且必修、选修相结合；二是院内各系学生所学虽然各有侧重，但基本上授教互通；三是重视实践能力的培养以及知识面的广博。

为了进一步了解主系学生的专业课程的主体内容、教学要求与目的，现将主要专业课程的教学要求简述如次：

教育原理：研究各种教育原理，如教育宗旨、理论、学习律例，并其与个人、社会之关系、学校之演进、职务功用，及关于教育诸种行动之学理，为本科重要之论题。

参观教学：此课程为将来在中学充教员者而设。学者须在中学课室内实际与考察教授方法，每周考察两小时并作报告，与本课教师讨论。

实习教学（一）：此课程为将来在中学充教员者而设。学者须在中学课室内实际与该课室教师练习教学，直接受其指导教学方法，每周练习三小时。

实习教学（二）：此课程为将来在中学充教员者而设。学者须在中学课室内亲自授课，每周五小时，本课教师为其指导员，助其种种授课方法及程序。

中国教育史：研究中国古代教育原理、学说、方法，及历代施教机关、组织之沿革，从中国旧教育制度改为新制度亦论及之，目的在明晓中国教育之背景及改变之原因。

教育原理及方法概论：研究教授原理及教授方法。欧美各国新教法，如设计游戏、道尔顿制及 Platoon School 等教授方法亦论及之。

中学各课程教授法：研究中学各课程之教授法。学者除明普通教授方法、原理外，尚须明了其自己所教各门之教授法，如教算学者必须明了算学教授法，以此类推；关于教科书之选用，及如何规定课程之纲要，亦讨论之。

中等教育原理：研究关于中学教育诸种学说、理论，特别讨论中国中等教育原理、宗旨、职务，及与西洋中等教育之关系。

品格教育：品格教育为现今教育之重要问题，其目的在研究如何使少年人养成良好品格，讨论生理、心理与品格之关系及修养品格之原理、方法。

西洋教育史：研究西洋教育学说、理论及其教育机关、组织与发展，目的在通晓西洋教育之背景，并考察其于文化进步之关系。

教育测验及统计：研究教育测验及统计各方法，并其在教育之用途，讨论各种考试并智力测验。

教育哲学：此课程为第四学年生对于教育哲学及教育考查有特别兴趣者而设。学者须考察古今中外教育各原理，并作报告在班讨论。

普通心理学：研究普通心理学、讨论现代心理学诸种趋向，并比较之。

教育心理：研究授课及修学之程序，并学校及课室内详情，以求如何启发学生学习能力、倾向及自然应对之本能。

宗教心理学：从心理学方面讨论人类宗教信仰及各种迷信之来源、发展与存在。

社会心理学：研究个人与团体之关系，并讨论如何明了社会文化进行改变种种问题。

心理卫生：研究心理修养及训练，如何增进其正当的意念，并如何寻查改良及防止其过失，并讨论身体缺憾、懦弱及心理健康能力及行为之影响。

中国行政教育制度：研究国民政府教育宗旨及其实施方针，教育部及省政府教育厅组织法规、现行教育制度、教育部重要法令、省教育现行法规、教育部颁行中小学课程标准，及各级学校组织大纲、教员检定规则、本国最近平民教育运动。

比较教育：研究英、美、德、法、俄等国现代之教育制度，并比较其施教方法、原理之异同，目的为开拓学者教育思想，并考其于中国教育发展之影响及其原理、方法有否适用于中国教育。

公私立学校行政：研究学校内部行政组织及各部之相互关系，筹划款项用途，楼房建设修理，学校器具，规定课程，学生分级、升降级，及课外他项训练种种活动，视察教学员优劣之成绩及辅导方法，均为本课讨论之主要项目。

学校视导：研究学校视导原则及如何应付指导学校种种问题。

课程编织及实施：本课程研究及实验中学课程之组织及实施原则。

乡村教育行政：本课程研究乡村教育之效用，批评现在教育状况，及讨论办理乡村教育之方法，并如何俾得供给乡村社会之教育需要。本课用调查及报告方法。

在主系之外，还有副系即体育组以及专为现任中学教员而开设的“一学年课程研究班”。现亦将此二者的课程开设列示如次：

体育组课程内容，包括卫生学、户外及操室运动（一）、卫生及生理学、户外及操室运动（二）、高等实用生理、身体诊察学及运动疗病法、急病诊治及按摩法、人体检验学、解剖学、实际练习、体育学原理、运动教练及指导原理、跳舞学等。限于篇幅，在此不再一一细解。

至于附设“一学年课程研究班”，据其所附说明，实乃“为提高中学教员之教学效能而特设此研究班”。“研究期满，即发给证书，但不发普通毕业文凭”。因此本班学生也无须在校住宿。但入此班必须符合下列条件：

一、凡欲入本班肄业者，须有中学两年以上之教学经验，且注册时仍任教员职务；

二、入学时须受大学普通入学考试（惟大学毕业者可免试，曾在大学肄业者，可遵本校转学章程入学）。①

这种研究班学生最少须修习教育课程30学分始得领受证书，且须在三年内修毕之。其可读各种课程为：（一）教学原理及方法（每学期2学分）；（二）比较教育制度（每学期1学分）；（三）教育原理及哲学（每学期3学分）；（四）学生游戏指导（每学期1学分）；（五）土风舞（每学期1学分），此课专为女生开设。

---

①《私立武昌华中大学一览·教育学院课程内容及指导》，华中大学1931年印行（铅印本），第145a页。注：根据华大转学生要求，审查转学生需依下列标准：（一）所修课程是否与本校程度相符；（二）所有成绩是否合格，劣等成绩之学分不能承认；（三）品行是否端正（见本注前引第176页）。

表 1-8　1933 年教育学院各系（组）开设课程情形表※

系组名称	开设课程情形	备　注
教育方法系	第一学年：国文（历代文名著选，2 学分）、国文（修辞学及作文，1 学分）、英文（英文作文，2 学分）、英文（英国文学，2 学分）、政治（党义，2 学分）、体育（军事训练，1 学分）、教法（教育概论，3 学分）；另选修若干课程（本学年共修学分 22，其中选修课学分占 9）。 第二学年：英文（英文作文，2 学分）、哲学（选修，3 学分）、体育（军事训练，1 学分）、教法（实习教学，2 学分）、教育（中等教育原理，2 学分）、心理（普通心理学，3 学分）；另选修若干课程（本学年共修学分 19，其中选修课学分占 6）。 第三学年：体育（卫生学，1 学分）、体育（户外与室内运动，1 学分）、教育（实习教学，3 学分）、教法（中学各科课程教学法，1 学分）；另选修若干课程（本学年共修学分 16，其中选修课学分占 10）。 第四学年：体育（户外和室内运动，1 学分）、教法（实习教学，3 学分）；另选修若干课程（本学年共修学分 16，其中选修课学分占 12）。	①中期考试科目：国文、英文、教育、普通心理；准备教学（指将来毕业后从事教学）的课程；另选其他课程一门。 ②所有选修课程须选习各学生将来准备教学课程或教育学院课程。
教育行政系	第一学年：国文（历代文名著选，2 学分）、国文（修辞学及作文，1 学分）、英文（英文作文，2 学分）、英文（英国文学，2 学分）、政治（党义，2 学分）、体育（军事训练，1 学分）、教法（教育概论，3 学分）；另选修若干课程（本学年共修学分 22，其中选修课学分占 9）。 第二学年：英文（英文作文，2 学分）、哲学（选修，3 学分）、体育（军事训练，1 学分）、教法（实习教学，2 学分）、教法（中等教育原理，2 学分）、心理（普通心理学，3 学分）；另选修若干课程（本学年共修学分 19，其中选修课学分占 6）。 第三学年：体育（卫生学，1 学分）、体育（户外与室内运动，1 学分）、教政（教育测验与统计，2 学分）、教政（中学教育行政与视导，2 学分）；另选修若干课程（本学年共修学分 16，其中选修课学分占 8）。	①中期考试科目：国文、英文、教育、普通心理；准备教学（指将来毕业后从事教学）的课程；另选其他课程一门。 ②所有选修课程须选习各学生将来准备教学课程或教育学院课程。

续表

系组名称	开设课程情形	备　注
教育行政系	第四学年：体育（户外和室内运动，1 学分）、教政（教育行政与视导，2 学分）、教法（实习教学，3 学分）；另选修若干课程（本学年共修学分 16，其中选修课学分占 10）。	
心理学副系（组）	普通心理学（6 学分）、教育心理学（4 学分）、品格教育（4 学分）、心理卫生学（2 学分）、社会心理学（3 学分）。	仅列示心理学科的专业课程，用作基础知识的普通必修课程略。
体育副系（组）	军事训练（按部规定实施，4 学分）、军事训练（侧重战术，4 学分）、急救法（4 学分）、高等急救法（专为女生而设代替军事训练，2 学分）、卫生学（2 学分）、户外与室内运动（1）（2 学分）、户外与室内运动（2）（2 学分）。	仅列示体育学科的专业课程，用作基础知识的普通必修课程略。

※资料来源：《二十二年度（1933）华中大学一览·教育学院课程内容—课程编制》，华中大学 1933 年印行（铅印本），第 72—95 页。

对于教育学科课程的开设目的、教学内容与要求，前文已有所述，现仅就教育学院之心理学各科课程加以释解：

普通心理学：本课程讲述心理学之领域培植学生专攻教育心理学之基础。

教育心理学：本课程讲述心理学在教育方面之应用，如关于授课历程上之能力、趋向及自然反应，并详细研究学习历程。

品格教育：本课程就个人心理观点，研究品格之基础、特点及发展，他若宗教、社会、经济、地理等形成环境之主因亦讨论之。

心理卫生学：本课程研究变态心理、辨明病症及诊治之方法与原理。

宗教心理学：本课程从心理方面讨论人类宗教信仰及种种迷信之来源、发展及存在。

社会心理学：本课程从心理方面讨论个人与团体之关系、团体心理、团体意识、团体行为等。

表 1-9　1935 年度教育学院各系（组）课程设置情形※

系（组）别	课程设置情形	备　注
教育学系 （中期考试：国文、英文、教育、心理及准备（毕业后）教学之课程） （各学年选修课程以准备教学课程或教育课程为限）	第一学年：政治（党义、1 学分）、国文（历代文名著选、2 学分）、国文（修辞学及作文、1 学分）、英文（大一英文作文、3 学分）、英文（大一英国文学，2 学分）、体育（2 学分）、教育（教育概论，3 学分）、心理（普通心理学，3 学分），选修（6 学分）	共计修 23 学分
	第二学年：英文（大二英文作文，2 学分）、哲学（选修 1 种，3 学分）、体育（1 学分）、教育（普通教学法，2 学分）、教育（中等教育原理，2 学分）、心理（教育心理学，2 学分），选修（6 学分）	共计修 18 学分
	第三学年：第一组 体育（卫生学，1 学分）、体育（1 学分）、行政（教育测验与统计，2 学分）、教育（中学各科课程教授法，1 学分）、教育（实习教学，3 学分），选修（8 学分） 第二组 体育（卫生学，1 学分）、体育（1 学分）、教育（中学各科课程教授法，1 学分）、教育（实习教学，3 学分）、行政（教育测验与统计，2 学分）、行政（中学教育行政与视导，2 学分），选修（6 学分）	两组均共计修 16 学分
	第四学年：第一组 体育（1 学分）、教育（中等教育原理，2 学分）、教育（专题研究，2 学分）、教育（选修，4 学分），选修（7 学分） 第二组 体育（1 学分）、行政（教育行政与视导，2 学分）、教育（中等教育原理，2 学分）、行政（专题研究，2 学分），选修（9 学分）	两组均共计修 16 学分；其中第一组教育（选修）是指在教育学院（科）选修有关课程，另选修 7 学分是指选修其他学院课程

续表

系（组）别	课程设置情形	备　注
心理学系（中期考试：国文、英文、心理学，并另选其他课程二门）	第一学年：国文（历代文名著选，2学分）、国文（修辞学及作文，1学分）、英文（大一英文作文，3学分）、英文（大一英国文学，2学分）、政治（党义，1学分）、体育（2学分）、心理（心理学概论，4学分）、心理（普通心理学，3学分），选修（4学分）	共计修22学分
	第二学年：英文（大二英文作文，2学分）、哲学（选修1种，3学分）、体育（1学分）、心理（教育心理学，2学分）、心理（初级实验心理学，2学分），选修（8学分）	共计修18学分
	第三学年：体育（卫生学，1学分）、体育（1学分）、行政（教育测验与统计，2学分）、心理（儿童与青年心理学，2学分）、心理（选修，5学分），选修（5学分）	共计修16学分；心理（选修）指选修心理学科的课程，选修（学满5分）是指选修其他院系课程
音乐辅系（组）	必修课：音乐（钢琴，6学分）、音乐（音乐史及音乐欣赏，4学分）、音乐（和声学，2学分）、音乐（音乐分析，2学分）； 选修课：音乐（发音练习，4学分）、音乐（选修前述课程之外课程，3学分）	共修21学分
教育学辅系	必修课：教育（普通教学法，6学分） 选修课：教育或教育行政课程（16学分）	
心理学辅系	必修课：心理（普通心理学，6学分） 选修课：心理（心理学科其他课程，12学分）	

※资料来源：《二十四年度私立武昌华中大学一览·教育学院课程编制》，华中大学1935年印行（铅印本），第95—99页。

鉴于前文对教育学科和心理学科相关课程的设置目的、授课内容与要求已作说明，现仅对音乐学科相关课程的设置目的、讲授内容及要求加以解说：

钢琴（1）：主要是钢琴基本练习、研究二人合唱、选读名家作品。

钢琴（2）：练习高低音阶、选读 Czerny-Leidling，Hoeschorn，Burgemueller 等人作品以及其他普通歌曲。

钢琴（3）：练习各式演奏法、选读 Czerny-Leidling，Hoeschorn，Burgemueller，Hellor 以及其他相当之歌曲。

乐谱读法：研究乐谱之音符，并从训练听觉上练习单音、复音之节奏。

钢琴（4）：练习音程、音阶、奏演法，选读 Weller（OP. 45 & 47）和 Czerny-Leidling 第二册 Hallon 和 Boch 之前奏曲及相当作品。

钢琴（5）：研究音节之繁变，练习 Czerny Op. 740，Cramer，Clemenli Wascheles Bach's 二三部对位法，Kellak 之同音、高低对位法，选读古今杰作。

钢琴（6）：研究高等技术、古今名作。

钢琴（7）：研究 Bach Liszt，Chopin 及古今名作，练习和声。

音乐史及音乐欣赏：研究乐器、乐歌、乐谱演进之程序，及十八世纪 Bach 至现代诸大音乐家之生活与艺术，并附以名曲赏鉴。

和声学：讲授三和音和七和音的连接法，九和音与装饰音的转调法，和音乐分析及和声应用。

音乐分析：研究各种音乐分析法。

发音练习：研究声音发达调节之术，练习歌唱试验时间与腔调。

乐队训练与乐器组织：讲述乐歌原理、乐器用法，培养音乐师资，内容包括听音、和韵、读谱、选曲、独奏、合唱各种练习；配音研究。

由上列各表及相关文字说明，可知教育学院的课程设置真正做到了必修课程与选修课程相结合、理论教学和实践习练相结合、普通知识与专业知识相结合，而且随着系组建制的变革而不断变易其课程的科目配置，借以尽可能适应学校教育发展的变化和满足学生择业从教的需求。所有这些，自然有利于学生的成长成材。需要加以说明的是，同华中大学全体学生培养一道，下列数点学校的人才培养特征在教育学院学生的成长过程中具有重要积极的作用。

其一，严格把好入口环节。在一个没有全国高校招生统考的时代，各高校学生入校时的知识基础和学业水平如何，全在学校自身把握。在“入学规则”中，华中大学要求投考“本校第一学年之新生”“以曾在高级中学毕业者为合格”，投考者先向学校注册部索取“投考报名书”，经学校验明其高中毕业文凭后方可参加“入学试验”。所考科目包括党义、国文、英文、本国历史、代数、平面几何；文科学生还加考中国文学、西洋历史二门，以及在物理学、化学、生物学三者中任选一门；理科学生还加考平面三角或混合数学，并在物理学、化学、生物学三者中任选二门。同时，要求入校前需由校医检验体格，查有身心欠健或染有危险传染病者即“不准入校”。

尤与其他高校不同的是，华中大学还建立有从其“认可中学”中挑选学生的制度：

> 凡已立案高级中学，均得请求认可。惟各该中学应提高学生程度，经本校考查认为满意，始能认可之。
>
> 认可中学有介绍其成绩优良、极堪深造之毕业生，只考党义、国文、英文三门，升学本大学之权利。
>
> 各认可中学之毕业生，经其校长介绍升学本大学者，其第一学年成绩如连续一年者百分之二十五不及格，本大学得另行审查该中学之认可资格。①

由于有了这后一条规定，被华中大学认可的中学一直处于变动的状态。如在1931年时，认可中学有：武昌文华中学校、武昌圣希理达女中、武昌博文中学校、九江同文中学校、岳州湖滨中学校和长沙雅礼中学校。在1933年时，认可中学已由6所升至13所，即除前述6所外，另增有：南昌私立葆灵女中、长沙私立福湘女中、南京私立汇文女中、南昌私立豫章中学、九江私立儒励女中、汕头私立礐光中学、广州私立培正中学。仅此即可见，华中大学的生源不仅不断拓展，而且由于实行男女同校致使女性学生生源大增。

其二，严格把好培养环节。学生入校就读后，想要获取华中大学的毕业文凭，在校期间不仅要严守校纪校规，而且要刻苦学习力求通过严格的中期考试。

关于前者，有两点值得注意。一是规范学分制。如教育学院即通过学分

---

① 《二十二年度（1933）华中大学一览・学则（认可中学）》，华中大学1933年印行（铅印本），第28页。

制来评定学生四年应修习的总分数，各门课程划定的分数各不相同，这从前述诸表可以轻易得见。一般来说，重要的或必修的或各系主要的课程学分较多（一般 2—3 学分），次要的、选修的或辅修的课程则相对较少（一般 1—2 学分）。再是各年级学生应修学分也互不相同，如一年级生应修 20 学分，二年级生应修 18—21 学分，三、四年级生应修 15 学分。通过学分制约束学生必须完成相应的课程学习任务，这也是衡定学生是否可以毕业的主要依据之一。二是推行导师制。这种导师制，在其时高校管理方面已开始普遍实行，在华中大学有其具体要求：一、二年级生的导师，主要为新生解决入学后面临的各种问题或在学生生活方面和一般业务方面进行指导，每个导师分管十几名学生；三、四年级生的导师，主要负责学生的专业学习或学研指导，以及了解学生思想，可以说是一种专业导师。这种导师制的实施，对校方和教师及时了解学生的思想动态和生活情况，加强师生情谊以及师生之间学术交流与切磋，促成教师做到因材施教和学生接受导师人格熏陶，具有重要而积极的意义。

关于后者，即中期考试，可以说是华中大学在学业管理方面的独特发明。该制度设置之目的在于："举行中期考试，在测试学生是否具有进研高深专门学术取得学位之充分准备。"① 为了节省笔墨，现借其时留下的文字摘录如下：

> 一、学生在第二学年修了之后晋升第三学年以前，须受 5 门课程之考试，其中 2 门每门至少须修满 12 学分者，其余 3 门每门至少须修满 6 学分者；各门考试均包括其全部课（教）材。
>
> 二、每门课程应以课程指导内规定之课目及课号为单元……
>
> 三、中期考试所考课程均以单元为标准，考试时间则以一学期课程考一小时半推算之。
>
> 四、国文、英文二门为必考课目，其他课目或由学生自择或按其在三、四年级所欲入之主、辅学系之规定而定。
>
> 五、学生欲取得预试资格，在第一、二学年选军事训练、体育及党义，至少须修习 80 学分，除军事体格及党义并须有 64 学分成绩及格（E 等即为及格）。如某门功课不及格，非复习该课获得及格成绩后，不能参

① 《私立武昌华中大学一览・学业（中期考试）》，华中大学 1931 年印行（铅印本），第 182 页。

预该课考试。故学生必须修毕第一、二学年之课程，俟其所得成绩经由注册部备案后方可预试。

六、凡中期考试平均成绩不及丁（D^+）等者，不得进修第三、四学年之课程，并非重修一年之课程，最少得有30学分，不得再行预试。

七、中期考试中有一门修习12学分之课程或2门修习6学分之课程不及格，而其总平均成绩仍列丁（D^+）等者，可于8星期后补考。

八、他校学生修毕其第二学年课程欲转入本校第三学年者，亦须经过中期考试，始得进修本校第三、四学年课程。①

由于开初所定之要求过于高难，学生们普遍叫苦喊累，是故实行两年后，学校将原定“须受6门课程之考试”改为5门，以及原定“其余4门每门至少须修满6学分者”改为3门，并加入了军训、体育与党义，而成上引之定制。

其三，严格把好出口环节。这种出口环节也是包括教育学院在内的整个华中大学人才培养的“产品”验收关，也就是读完四学年后的毕业关。考虑到关系学生出校的毕业规程及相关要求也一直处于不断变革、修改或完善的过程中，现仅就1935学年度的相关文件规定进行展示，由此可见其时教育学院暨华中大学在学业管理方面之一斑。

首先看看其时毕业考试的相关规定：

一、学生修定第三、四学年课程，缴呈毕业论文后，尚须经过毕业考试。其考试问题全以各生所属主、辅学系编定之课程纲要为根据。

二、学生进修主、辅系课目以前，即须领取各科课程纲要及参考材料，准备毕业考试。是项纲要原为指导学生博通各门学术而编，故取材不局限于教本。

三、学生欲取得预试资格，在第三、四学年内至少须修满规定课程60学分，除军事训练、体育及党义外，合计须修满132学分，所有各主系课程成绩不及丁（D^+）等，不准预试。

四、学生投考以前，须由关系学系证明主、辅系规定课程业经修毕。

五、学生考试成绩，每门须得戊等，平均须得丁等，方能毕业。

---

①《二十二年度（1933）华中大学一览·学则（中期考试）》，华中大学1935年印行（铅印本），第20—21页。

六、凡考试成绩不及格者不能毕业，但下学期或以后可以补考。

七、所有课程纲要中期及毕业考试试卷，均交考试委员会审核之。①

由上述文字可知，学生自中期考试合格后，进入第三学年就已经预示着走上正式毕业之路。在随后的两年即第三、四学年内，主要是学习专业知识，而且必须修满学校规定的学分，同时各门课程考试成绩必须在戊等（包括戊等）以上、平均成绩要达到丁等方能毕业。当然，对于不能按时按规毕业的学生，学校也给予了补考机会。从下表（见表 1-10）可知，有的学生为了拿到毕业文凭，或是转系转专业重修，或是间隔多年以后重试。

表 1-10　教育学院 1930 年秋季学期注册学生名单※

第几学年	姓名	籍贯	专修科目（专业）	毕业情况
第三学年生	余常慎（女）	湖北孝感	教育原理	1932 年 6 月毕业
第三学年生	强佩芬（女）	福建闽侯	教育原理	
第二学年生	（无人）			
第一学年生	胡砥砺	安徽泾县	教育行政	
第一学年生	许汉芳（女）	湖南巴陵（岳州）	教育行政	1934 年 6 月毕业
第一学年生	崔之礼	安徽太平	教育	
第一学年生	曾宝苏（女）	湖南湘乡	教育心理	转生物系 1936 年 6 月毕业
第一学年生	严嘉德（女）	湖北鄂城	教育心理	1936 年 6 月毕业
第一学年生	萧瑶君（女）	江西泰和	教育心理	转生物系 1936 年 6 月毕业

※资料来源：《私立武昌华中大学一览·武昌华中大学历年毕业生同学录》，华中大学 1931 年印行（铅印本）；《私立武昌华中大学立案后毕业生名册》，华中大学 1945 年 1 月编造（铅印本）。

遍查华大历年编造的立案后毕业生名册，除 1930 年秋已是第三学年生的强佩芬一直到 1944 年才获得毕业文凭外，1930 年秋入学的（即第一学年生）胡砥砺、崔之礼二人一直未出现在各种毕业生名册上，显然该二人并未毕业；曾宝苏、萧瑶君二人转见生物系 1936 年 6 月毕业名单中，可知该二人显然未能同许汉芳一样按时毕业，而转专业前往生物系就读，并在生物系那里于 1936 年 6 月毕业。

① 《二十四年度（1935）私立武昌华中大学一览·学则（毕业考试）》，华中大学 1935 年印行（铅印本），第 23 页。

图 1-7　韦卓民校长和黄溥院长颁发的华中大学教育学院毕业生文凭

其次，再看其时毕业规程的有关说明：

一、本大学采用学年兼学分制，修业期间定为 4 年。

二、学生最少须在本校修业 2 年（此处主要针对转学生而言——引者注）。

三、学生在 4 年修业期间，除军事训练、体育及党义外，最少须习满 132 学分。兹按年分配于后：

（甲）前两年每年至多修 40 学分，至少修 36 学分；

（乙）后两年每年至多修 36 学分，至少修 30 学分。

四、学生须修毕其所选主、辅系规定课程（有关教育学院各系组学生所修课程，可参见前列各表——引者注）。

五、学生应遵照部令撰呈毕业论文一篇。

六、中期及毕业考试及格。

七、经教务会议保荐校务会议核准。①

综上可见，由于从入学到出校各个环节的严格管理，华中大学的人才培养质量得以保证，所以其时真正顺利拿到教育学院毕业文凭殊非易事。这从

① 《二十四年度（1935）私立武昌华中大学一览·学则（毕业规程）》，华中大学 1935 年印行（铅印本），第 23—24 页。

上表（见表1-10）中有关人员的毕业情况可知，甚至有的年级毕业者与不能毕业者之人数是一半对一半！可见其时就学华中大学（自然也包括教育学院）的毕业淘汰率之高。尽管如此，华大教育学院还是为社会输送了不少合格而优质的师资人才。这从下表（见表1-11）可见。

表1-11 立案后华中大学教育学院历年毕业生名单（1932—1938年）※

毕业年月	姓名	性别	年龄	籍贯	系别	备注
1932.6	余常慎	女	廿八	湖北孝感	教育行政	汉口圣罗以女中校长；1939年时已留学美国哥伦比亚大学师范学院。
1933.6	王乃春	男	卅一	广东廉江	教育行政	毕业后留学美国密西根（密执安）大学，获教育硕士；1939年时为香港圣提司反中学英文教员。
1934.6	闵灿西	男	廿三	湖南岳州	教育行政	汉口懿训女中教员；1939年时为重庆求精中学教员。
1934.6	许汉芳	女	廿三	湖南岳州	教育行政	汉阳训女中学教务主任、重庆文德女中生物学教员；1939年时为华中大学女生宿舍主任。
1935.6	李裕生	男	廿二	湖南沅陵	教育行政	岳州湖滨中学教务主任；1939年时为重庆广益中学社会科教员。
1935.6	熊锦云	男	廿一	湖南常德	教育行政	湖南沅陵湖滨中学教务主任。
1935.6	吴再兴	男	廿一	湖北宜昌	教育原理	华中大学附中英文教员兼教学实习助理。
1936.6	朱嘉祜	男	廿三	上海	教育学系	黄溥在《本校十年来之教育学院》中作朱嘉佑（待查）；贵州遵义陆军大学教官。
1936.6	严嘉德	女	廿三	湖北鄂城	教育学系	沅陵贞德女中教务主任。
1936.6	吴立瑾	女	廿四	浙江崇德	教育学系	江西省立第八区义教师训练所教员。
1936.6	韩凤芝	女	廿三	湖北汉口	教育学系	四川江津懿训中学生物学教员。
1936.6	胡恮生	女	廿五	湖北汉口	教育学系	成都华美中学音乐教员。
1936.6	胡伟英	女	廿二	湖北汉阳	教育学系	汉口训女中学国文教员。
1936.6	龚闰莲	女	廿四	湖南湘阴	教育学系	黄溥在《本校十年来之教育学院》中作龚润莲（误）；四川璧山淑德女中英文教员。
1936.6	李爱华	女	廿四	湖北汉阳	教育学系	香港圣斯提反中学英文教员。

毕业年月	姓名	性别	年龄	籍贯	系别	备注
1937.6	朱洵雅	男	廿六	湖北恩施	教育学系	华中大学附中国文教员；1939 年时为湖北私立静江中学校长。
1938.6	范静生	女	廿三	湖北武昌	教育学系	（在调查中，情况不明）。
1938.6	龙永远	男	廿四	湖北宜昌	心理学系	曾创办常德三德中学；1939 年时肄业广州协和神学院（其时已迁喜洲）。
1939.7	张宗南	男	廿三	浙江定海	教育学系	（在调查中，情况不明）。
1939.7	张敦彦	女	廿四	湖南桃源	教育学系	湖南桃源县教育局任事。
1939.7	杜业可	男	廿三	湖南长沙	教育学系	湖南沅陵雅礼中学音乐、体育教员。
1939.7	陈光达	男	廿八	湖北孝感	心理学系	云南楚雄滇缅公路医院办事员。
1940.7	李学英	女	廿五	湖北武昌	教育学系	（自此而下均未见具体工作状况之记录文字）
1940.7	柳学水	女	廿六	湖南长沙	教育学系	
1940.7	邓文珊	女	廿五	湖北黄冈	教育学系	
1940.7	张德馨	女	廿五	湖南长沙	教育学系	
1940.7	王齐家	男	廿八	湖南郴州	教育学系	
1940.7	周子夏	女	廿六	湖北广济	教育学系	
1941.7	黄巨兴	男	廿四	湖北咸宁	教育学系	
1941.7	周组华	男	廿四	湖南祁阳	教育学系	
1941.7	夏美仙	女	廿六	湖北孝感	教育学系	
1941.7	彭树芳	女	廿九	湖北襄阳	教育学系	
1941.7	刘荣生	女	廿四	湖北汉口	教育学系	
1941.7	吴能定	男	廿七	广东恩平	教育学系	
1942.7	张敦秀	女	廿六	湖北蒲圻	教育学系	
1942.7	任励人	男	廿六	湖南湘阴	教育学系	
1942.7	胡楚生	男	廿五	江苏江宁	教育学系	
1943.7	罗和平	女	廿六	广东中山	教育学系	
1943.7	戴郇瑾	女	廿七	广东五华	教育学系	
1943.7	黄羡云	女	廿六	广东番禺	教育学系	
1943.7	彭光华	男	廿六	广东东莞	教育学系	

※资料来源：《私立武昌华中大学立案后毕业生名册》，华中大学 1945 年 1 月编造（铅印本）；黄溥：《本校十年来之教育学院》，载《华大滇声》第 3 卷（1939 年）第 1、2、3 期合订本。

第三节　一波三折求发展（1938—1952）

自 1938 年 7 月 10 日华大正式启程举校西迁，到 1951 年 8 月 16 日中南军政委员会正式决定将其与中原大学教育学院合并，这一历史时段的教育学院，我们称之为“华中大学教育学院后期”。其间包括随校西迁桂林、再迁喜洲、滇西办院、返迁武昌、战后发展以及中华人民共和国成立初期随校改制几个大的历史环节，这也是教育学院的组织机构及系、组配置不断更变的历史时期。随着组织机构的变化，其教师队伍也在不断地变换和发展。在这种一波三折跨踔踽行的状态下，私立华中大学教育学院终于走完了自己的历史行程。

一、华中大学后期迁变与教育学院的变迁（1938—1952）

华中大学在抗战全面爆发的第一年，艰难地在武汉熬了过来，随之自 1938 年夏季校董会会议后，即开始了西迁的行动。其时卞彭和薛世和在广西省会桂林发现可以租用浸礼会的部分房屋，而且在附近其他地方也有房屋可租。于是，薛世和打电话报告学校，建议迁往桂林。武汉的评议会和校董会最后批准了这个方案。同时，桂质廷着手在校内准备搬迁，将在汉教职员生组成一个临时搬迁委员会，并通过在政府工作的朋友帮忙，租到了一条从武昌到衡阳的带有两条驳船的小火轮。师生们先通过水路到衡阳，在衡阳长老会稍稍休整后再乘火车于 8 月 21 日抵达桂林。尽管一路艰辛，师生仍然将 140 箱设备和书籍以及 300 余包必需的行装搬迁到桂林。这些物资为华大后来在西部的立足和发展，在教学和科研上准备了最基本的“粮草”，并保证华大能较快地恢复教学秩序。由于卞彭、薛世和早在 6 月底告知学校可以迁至桂林后就去了香港，桂林的接收工作没有及时准备，幸得当地的校友会给予了很大的帮助，桂林地方的教会也热情地伸出了援助之手。

绝大部分师生西迁后，主管财务的柯约翰留守武昌，直到 1940 年初。在日军占领武汉期间，他协同康明德管理着校园里的避难所，在为避难所工作的同

图 1-8　西迁途中在小驳船授课

时保护着校产。柯约翰没有随校西迁期间，谭仁义很好地接替了他的工作①。

在接到学校催归的电报时，正利用年假在美国任耶鲁大学神学院伦理学客座教授的韦卓民，匆忙收拾行装启程归国。1938 年 8 月 25 日抵达香港后，稍事休息即直奔桂林。9 月中旬，安德生夫妇、米勒（Everard P. Miller）夫妇、雷美佳小姐和图书馆职员庄爱丽（Iris Johnston）小姐等外籍教职员也陆续来到桂林。卞彭和薛世和亦从香港返桂。还有主任秘书王仁载及其家人带着华大的大量档案也赶到桂林。9 月下旬，学校在桂林开学，其时有学生 130 名。但随着桂林迅速发展为西南的政治军事中心，不时遭到日机的轰炸，华中大学即使改在夜间上课，还是常常受到敌机轰炸的干扰，驻桂不久就有一栋男生宿舍遭到轰炸，损失了一些衣物和图书。如此条件不允许学校长期待在这里。10 月上旬广州失陷，25 日武汉被日军占领，形势变化对桂林越来越不利。

为了适应不断变化的形势，华中大学的组织形式也有所变动。10 月初，校董会执委会在汉口召开会议，决定成立由韦卓民、薛世和、卞彭、胡毅和安德生 5 人组成的临时执委会，以便在校董会不能与远在西南的华大联系时行使校董会职能。韦卓民立即就有关问题与建校委员会取得联系。建校委员会同意校董会这一决定，同时提出，组成临时执委会的 5 人，每年由他们委任一次，任期内的校长和财务主管有权参与表决。另外，临时执委会直接向

① 1941 年春天，度假后的柯约翰夫妇回到已迁至喜洲的华中大学。

建校委员会负责；韦校长与各差会总部经常保持联系，华中大学的各种事务最终还是汇集到建校委员会及其执委会上。这时其成员来自5个协作差会总部的建校委员会准备更多地介入华中大学的一些事务，改变过去除召开规定例会外没有为华中大学花费更多时间的状态。当然，这得益于韦卓民在1937—1938年间，在美国与他们打交道较多，从而增强了他们对华中大学的信任和兴趣。战争期间，建校委员会的财务委员、雅礼会的代表、退休工程师莱福德（Oliver S. Lyford）为华中大学花费了许多精力和时间：为华中大学建立严格的财务制度，还为学校做了订购仪器设备等许多力所能及的工作。

1938年圣诞节，日机频繁轰炸桂林。临时执委会就此召开会议，决定本学期结束后学校即迁离桂林。下一步迁徙方向有三：四川、贵阳和昆明。当时在香港的云南地区所属大教区主教霍尔（R. O. Hall）明确表示，如果华大迁滇，他将予以赞助。于是，张资珙博士带着几个人去昆明寻找临时落脚处。薛世和博士和希金斯（Charles A. Higgins）先生则去香港为华大迁徙购买了两辆卡车：一辆由华中大学出资，另一辆则由华中大学志愿工作人员希普曼（Richard D. Shipman）先生捐资购送。迁移昆明的计划决定：师生先乘汽车至中越边界的镇南关（即友谊关），然后乘火车经河内至昆明。仪器和大件行李则由薛世和和他的儿子爱德华（Edward）以及希金斯先生安排用卡车运输经柳州、贵阳至昆明。1939年1月底学期结束时，在香港购买的卡车已经到达桂林，师生赴越南的护照和签证也已办好。他们拟分两批出发：第一批在1939年2月4日（民国二十七年腊月十六日），第二批在2月20日（正值农历大年初二）。到达昆明后师生们落脚在一座租好的寺院里。赶在师生之前抵达昆明的韦校长，在为学校寻找落脚点时，经云南省教育厅长龚自知介绍，结识了滇西大族严氏家族的头面人物——严子珍。严家原籍云南大理北面12英里洱海边的喜洲镇，由是他把喜洲作为办学地点推荐给韦卓民。时逢大理五台中学（现大理第二中学）校长到昆明聘请教师，韦卓民便在其引领下西行喜洲考察，结果是认定喜洲基本符合临时执委会提出的对新校址的要求。于是把喜洲推荐给临时执委会，并建议争取4月至5月初在喜洲开始第二学期。

迁校至喜洲的决定一经作出，卞彭和桂雄五便在3月初去那里安排华中大学落户事宜。喜洲南门外半英里处的市上村有三座相互毗邻的公益建筑：文庙（当地称奇观堂）居其右，大慈寺居其中，张氏宗祠（祠后有张姓宗族办的桂香书院）在其左。计划校本部的办公室、教室和实验室就设在此。师生的住处则租用当地人家的院子及寺庙的厢房；当地的长老还决定将离寺庙不远的一块土地租给华大①。于是，3月16日华中大学动迁喜洲镇，4月初薛世和就用校车将师生们运往目的地，同时，希金斯和爱德华也利用国际救济委员会西向返程的卡车从桂林将仪器、设备运过来，只是一些诸如钢琴之类的物件直到秋天才运到。当人员和大部分仪器设备到齐后，第二学期于5月初正式开学。

图1-9 大慈寺——华中大学在喜洲的校部

同年6月，广州协和神学院亦在校长龚约翰（美国人）的带领下迁到了喜洲。他们与华中大学共用同一教学设施，并联合华大开了几门课。该校学生可以在两校跨校选课，学习成绩达到华大标准者也可以获得华大的学位。两校的这种合作一直坚持到1942年夏季缅甸失陷②。

在喜洲最初几个月里，华大师生生活相当艰难。当地少数民族的语言，无论是对中国教师还是对外籍教师而言，无疑都是一门“外语”。生活用品缺乏，饮食粗简，燃料用的是木炭。春天疾病在师生中流行，由于当地医院缺少人手，医疗保健几乎谈不上，当时最近的像样医院——由教会组织中国内

① 这块离大慈寺不远的空地，原本租给华大修建房屋，但华大认为滞留喜洲只是暂时的事而未做建房之用。后来校方才认识到这是一个错误，因为在当时（1939年）建房比后来租房的费用便宜得多。

② 广州协和神学院（Canton Union Theological Seminary，有的校史资料中记作“广东女子联合工学院”）在广州失陷后，一度迁往香港。1939在6月迁滇，直到1942年缅甸失陷。随后该校返迁粤北曲江等地，与岭南大学合作。由于有几个学生要完成华中大学下一年的学业，故该校迁返粤北时，留下戴惠琼（W. K. Taai）博士负责管理。1943年，戴惠琼加盟华中大学，教授宗教学，后来在华大返回武昌后当选为华大女工部主任。

地会开办的医院也远在12英里之外的大理，所以当疾病流行时，有几个教职员的孩子因耽搁治疗而死去。在这种恶劣的环境里，学校内外合作得很好，教学工作仍在继续。到7月底，学校举行了学位授予典礼，有18人被授予学位，从而结束了这饱经风霜的一学年。这样，从武昌经桂林到喜洲，“计阅一年学校播迁者再，长征八千里，而总计学生缺课不满六周，占全学年五分之一，员生坚（艰）苦至可钦佩也”①。

1939年9月，华中大学开始了它的新学年，这时情况已有所好转。教职员都已安顿下来，并且逐渐适应了西南乡村的生活。有位名叫麦泽的德国流亡医生（德国法兰克福莫巴塞尔大学医学博士）加入了华中大学，还有一位毕业于北京协和医学院的中国医生带着家人来到了喜洲。这些医务人员的到来，不仅使华大师生身体健康状况有所好转，而且当1942年夏季大理平原霍乱流行时，保护了华大无一人受到感染。

来到喜洲后，华中大学教职员情况是：校长兼文学院院长韦卓民、教务长薛世和、理学院院长徐作和、教育学院院长黄溥、注册主任雷美佳、会计主任柯约翰、男生宿舍主任刘信芳、女生宿舍主任许汉芳、代理会计主任谭仁义、体育主任邵子博及其他职员计18人；教员共41人，其中教授20人、副教授7人、讲师7人、副讲师5人、助教1人、教员1人②。

在滇期间，华中大学各院系设置情况是：文学院设有中文系、外文系、经济商业系、历史社会学系及哲学宗教组。理学院设有生物系、化学系、物理系及数学组。三系各有一栋二层楼房，内有实验室及办公室共10余间，附近有生物园、制革场及机器房。各系（组）书籍、仪器及各种设备均应有尽有③。教育学院包括教育学系、心理学系和音乐专业，主要培养国文、英文、史地、数学、物理、化学、生物及音乐的中学师资。

搬迁喜洲不久，教职员尤其教师流动较大。正因如此，在武昌时最雄厚的理学院此时反倒落在文学院之后。在教育学院，1939年9月，黄溥结束休假返回华大，使教育学院师资力量加强；同时复初会派来郑恺茹（Gertrude

① 韦卓民：《华中大学史略》，载《私立武昌华中大学二十周年纪念特刊》，华中大学1944年自印（铅印本）。

② 参见《私立武昌华中大学廿八年度教职员姓名册》，华中师范大学档案馆馆藏："华中大学档案"，案卷号275。注：在黄溥返归学校前，由胡毅代行教院院长职。

③ 在滇期间，理学院常年费用多由美国雅礼会负责供给，教育部、中华文化教育基金董事会及管理中英庚款董事会也常有津贴补助。

Zenk）小姐加入音乐系，使条件很差、音乐器材奇缺的音乐系也有了改观。

除了正常的教学外，在喜洲时期的周末和星期天等休息时间里，华中大学的课外团体活动开展得丰富多彩，包括学术研究、音乐、宗教或为民众服务等各方面活动。这些课外团体活动都是公开性质的，虽然活动的范围各不相同，但其宗旨大都是鼓励学术和联络感情。为了民族抗战事业，课外团体活动也积极宣传抗日、民主、救国思想。1940 年底，奉中共地下党的指示，西南联大政治系李志疆转学到华中大学，组织了“社会科学研究会”，进行秘密宣传活动，以《苍洱半月刊》为阵地，宣传抗日主张。1942 年，日军侵犯云南滕龙陵一带，华中大学部分学生和大理师范的学生等共百余人组织义演《放下你的鞭子》《游击队之母》等剧，向当地工商界人士募集法币 4 万余元，送到前线慰问抗敌将士。“一二·一”昆明学生运动时，华中大学学生写信、通电表示支持。

喜洲是“上帝也不曾落脚”的地方。华中大学迁入云南喜洲，使自己成为中国历史上最早的一所位处西部边陲的高等教育机构。尽管如此，在滇期间，华大除了正常的师生变动外，仍然与外界保持着一定的联系。1941 年 10 月 24 日，著名作家老舍先生和著名古琴家查阜西先生一道，由昆明抵达下关（今大理市府所在地），并于次日前往被老舍后来喻为“英国的剑桥”的喜洲，在相见包鹭宾、游国恩等故友后，他们即在喜洲为华大及五台中学师生进行多场讲演。1942 年 9 月，著名的李约瑟博士（Dr. Joseph Needham）偕夫人亦来华大做客，在华大小住几日，与师生进行了广泛的学术交流。一年后，桑德斯博士（Dr. Sanders）和皮肯博士（Dr. Picken）到华大进行了为期一周的访问。这两批来访的国际友人，都肯定了理学院的工作，并赠送了一些仪器和部分刊物。1944 年 7 月下旬至 8 月下旬，西南联大和云南大学的部分教授及青年教师郑天挺一行前赴大理考察。8 月 5 日抵喜洲后，他们为编写大理方志等事与华大教授林之棠、黄溥、卞彭、萧之的、包鹭宾、傅懋绩等人畅叙①。在抗战期间和抗战胜利后，云南大学校长熊庆来先生曾多次到喜洲为华大和五台中学师生做学术讲演。抗战胜利后不久，西南联大教授冯友兰先生亦于 1945 年秋冬间为华大师生讲演有关哲学的论题。

此外，华中大学还充分利用滇越和滇缅这两条交通线，赶在日军切断这

① 参见郑天挺：《1944 年赴大理考察记》，《天津文史资料选辑》第 46 辑，天津人民出版社 1989 年版。

两条国际走廊之前，购回了大批新版书刊等教学资料和一些必要的实验仪器等教学设备。加上从武昌一路辗转带来的家当，华大的教学和科研有了比较坚实的物质基础。银苍（山）玉洱（海）的自然环境，为师生提供了一块在战争年代极为难得的潜心教学的净土。喜洲7年，由于没有卷入当时发生在中国社会的许多事件尤其是政治斗争的漩涡，华大师生保持了自身的纯朴学风，图书馆和各系研究室从早到晚都坐满了人。无论教学还是科研，华大在滇期间都有长足的进展。最值得一提的是，华大对西南边疆历史、民俗、宗教、语言、物产、工业等的研究和开发；而拥有包鹭宾、游国恩、傅懋绩等著名学者的中文系，其科研成果尤为引人注目。在学术专著方面，有两部在学术史上称得上是各有关领域的奠基之作：一是徐嘉瑞的《大理古代文化史稿》，是研究白族文化的开创之作，使白族文化走向了世界；二是许烺光的《在祖先的庇荫下——中国的血缘、性格和社会变迁》，这部完稿于喜洲的对中国传统文化中基本的社会体制作了非常有价值的分析的专著，对于人们更好地了解中国的家庭生活作出了重大的新贡献。此外，华大到来后，地方上的文化教育也有了极大的变化。即使中学教育质量有了前所未有的提高，刚刚创办的大理五台中学师资难题一下子得到了解决，一所完整高校的到来，还刺激着地方初等教育的发展。于是喜洲有了两所完全小学，而且在这些学校里开始实行男女同校，彻底地改变了以往封建闭塞的状态。在华大师生的影响下，喜洲地方社会中的“土华大”① 不断地涌现出来，人们思想观念和行为习惯的改变直接冲击着封建礼教秩序。

作为一所战时高校，华大迁居喜洲这座滇西小镇，为中华民族的进步作出的最大贡献自然在于知识人才的培养。其时最大的问题是生源问题。自迁转喜洲后，华大原来对口的教会中学虽说也有一部分去了西南，但都距离喜洲甚远，而且由于来华大读书往返路程上困难重重，不少对口教会中学的学生都宁愿就近往昆明的西南联大或云南大学就读。于是在大理8年间，华大云南籍学生日渐增多起来，共招收云南籍学生300多人，其中以大理、洱源、邓川、剑川等县的学生最多，仅来自大理喜洲镇就有白族学生15人。此外，也有一些香港学生和几位海外归来的学生，还有部分来自华中地区及广东等地的学生。从学校的性质来看，华大西迁招生的比例也大大地倾斜到世俗社

① “土华大”是喜洲人用来称呼那些学着华大师生衣着行为的当地青少年男女，意为假华大。初时含有贬义，后来就成为一种戏称。

会中，改变了过去大部分学生是基督徒或在基督学校受到训练的传统。现将西迁后学生成分变化列表（见表 1-12）如下：

表 1-12　华中大学西迁后学生成分变化※

学期	学生出身	成分		出身	
		基督徒	非基督徒	教会中学	非教会中学
1939 年春	108	67	41	88	20
1939 年秋	163	90	73	125	38
1940 年春	90	63	27	78	12
1940 年秋	88	56	32	64	24
1941 年春	98	55	43	63	35
1941 年秋	149	68	81	69	80
1942 年春	131	64	67	64	67
1942 年秋	152	61	91	45	107
1943 年春	128	56	72	44	84
1943 年秋	150	42	108	24	126
1944 年春	134	36	98	21	113
1944 年秋	216	54	162	40	176
1945 年春	171	48	123	39	132
1945 年秋	286	84	202	43	243

※资料来源：余子侠《抗战时期教会高校的变迁》一文“表二”（载《抗日战争研究》1998 年第 2 期）。

鉴于华中大学在战时的事业成就与贡献，1944 年 11 月初，为庆祝华中大学成立 20 周年，国民政府主席蒋介石、立法院院长孙科、云南省主席龙云、湖北省主席陈诚等人，纷纷题词致贺纪念。其中，蒋介石的题词为“菁莪乐育”（见《诗经・小雅》），以示嘉勉①。

1944 年秋，韦卓民校长组建了一个规划战后委员会。该委员会制定出一个战后十年发展规划。该规划认为，华中大学的办学经验证实，原定的 240 人规模太小，按照政府严格规定的学程，华中大学学生数拟在 600 至 800 人之间较为合适。这份详细规划出台之后就寄给了建校委员会。规划制定后不

① 参见《私立武昌华中大学二十周年纪念特刊》，华中师范大学档案馆馆藏：“华中大学档案”，案卷号 259。

久，韦卓民感染上重伤寒，住进大理中国内地会医院。圣诞节返回喜洲后，他一直休养到1945年3月才重上讲坛。在此期间，教育学院院长黄溥再度任代校长。

1945年初春，韦卓民接到纽约协和神学院研究班的邀请，聘请他为1945—1946年度首位“世界基督教亨利·W. 卢斯（Henry W. Luce）客座教授”，并于1946年夏应休伊特（Hewett）基金会聘请做学术演讲。韦卓民接受邀请，并准备利用这次机会向海外有关人士详细阐释华大十年发展规划，借机为学校的发展筹募捐款[①]。在韦校长暂离期间，由于黄溥不愿意再度出任代校长，临时执委会向建校委员会推举卞彭担任代校长。当年结业典礼后不久，韦卓民即离开喜洲，在他启程赴美前夕，传来战争结束的消息[②]。

1945年8月，抗战胜利结束的消息传至喜洲，立刻在华中大学引起热烈的反响。这一学年里，学生注册人数增加不少，师资力量也有所加强，大家认为华大已度过了危机，希望很快就回到武昌。9月，卞彭在重庆参加高等教育委员会一个会议的同时，开始寻找回程路线。他返回喜洲后，临时执委会就组建了一个运输委员会，负责制定返回武昌的计划，同时组织师生们做些准备工作。为了便于沿途的膳宿，临时执委会决定分为大致相等的两批来搬迁，每批人马都配备一名校医（皮诺夫大夫和卞彭的夫人）：第一批人马由骆传芳率领，于4月17日出发；第二批人马由黄溥带领，在一周后也离开了喜洲。至1946年5月底，华大的返迁工作基本结束。

早在喜洲方面准备回迁的同时，武昌方面也开始了复校工作。1945年10月10日，孟良佐就回到武昌。他发现军队驻在文华校园，占用了大部分校舍。于是，临时执委会请康明德和已归国一年多正在从事救济工作的薛世和着手恢复校园的工作。康明德于1945年圣诞节返回武昌。经过长时间交涉，军队终于撤出。此时文华校园已是百孔千疮，校园财产损失惨重，图书、家具大多不知去向，要想再次用作教学场所，急需全面修复。经过多方努力，在学校两批人马返回之前，必需用房的修复工作得以完工。

---

① 参见《韦卓民先生小传》，载《圣公会通讯》（台北）第24卷第2期，1978年2月。

② 韦卓民在美期间，先出任在纽约的“世界基督教联合神学院”首位 Henry W. Luce 客座教授，复受 Hewett 基金会聘请在 Andover—Newton 以及在 Boston 的圣公会神学院做过多次主讲。其主题为《中国文化之精神》(*The Spirit of Chinese Culture*)，后于1947年在美国发表。

1946年夏，国民政府拨了100万元（折合5万美元）专款给华中大学修建了临时学生宿舍、音乐系练功房；美国圣公会也授权华中大学使用文华图书馆专科学校的全部校舍，同时授予文华中学使用礼堂大楼的权利。1947年春，文华图专也从重庆迁回武昌，落脚于该校建于1931年的房子和隔壁的一所初中。这样文华校园的学校由原来的3所减为2所，华中大学由是获得大量的教学用房。学校的图书馆也完全彻底地脱离了文华图专。

在喜洲时，学校领导层深思熟虑拟订出的战后十年发展规划，在韦卓民提交建校委员会后，原则上获得通过，但要求华大在这一规划的实现方式没有明确之前，在册学生应控制在600人以下。建校委员会还批准规划里提出的华中大学的英文名称自原来的“Central China College”（华中学院）改为“Central China University”或“Huachung University”（华中大学）。后来由于中国政治形势的变化，华中大学十年发展规划中所设计的后两期工作没有完成。从这个十年发展规划来看，其工作大致分为3个时期：

第一期工作：主要是复员，时间为1945年至1947年。此期计划学生增至600余人，图书增至6万余册，仪器亦大量增加。拟聘请国内外知名教授，如历史社会系拟聘请哈佛大学华保罗（Paul L. Ward）博士，英语系拟聘请席珍珠（Margaret Sheets）小姐、安务德（Walter P. Allen）先生，经济商业系拟聘请陶吉亚博士，中文系拟聘请国学大师钱基博、新文学教授毕奂午及语言学家高庆赐。校园建设方面，建成棋盘街宿舍、附中校舍及教职员宿舍。

第二期工作：立足于发展，时间亦为3年。这一阶段对一些院系进行调整，即将经济商业系扩充为商学院，将音乐组扩充为音乐学院，再增设哲学心理系与中学师资等系，增设宗教学院，开办文哲、经济及理化研究所。若这一期计划完成，华中大学将有6院18系及3个研究所，教职员将在百人以上，学生则在千人以上。

第三期工作：此为十年规划最后阶段，时间为4年。在此期间，将完成图书馆及学校各学科建设计划，以使华大能与世界著名学府比肩。

为了更好地实行规划，1946年夏，代校长卞彭一直忙于充实华中大学教师队伍。经过这次充实，华中大学有了一支素质良好、人数众多的教职员队伍。同期申请来华大读书的人数激增，有2000多人参加了8月末的入学考试，其中有300人被录取，使新生人数再次超过老生。8月底，韦卓民校长回到武昌，带回国外一些许诺和援助。9月，华中大学在师生人数达到有史以来为数最多、最为壮观的情况下，开始了返回武昌后的第一学年。此时，学校仍分设3个学院：文学院下设中国文学系、外国文学系、经济商业系、历史社会系、哲学心理组、宗教组。理学院下设物理系、生物系、化学系、数学组（后改为数学系）。教育学院下设教育学系、音乐组（1947年增加教学系、体育组）。行政机构设有秘书处、教务处、会计处、注册处、事务处，此外还有图书馆、医药室等。

返回武昌后，华大恢复了收学费的制度。男女生膳宿管理委员会的工作联系更加紧密。学校建起了新食堂，真正属于华中大学的图书馆也建立起来了。学校西迁时，留在文华图书馆的图书杂志和家具书架都已荡然无存。战争结束时，按各系主任和图书馆馆员所列清单从国外定购回来一大批图书，大大丰富了馆藏①。

1944年还在喜洲时，为了将来充分地为华中地区教会服务，华大校方认为有必要加开神学课程，但政府规定这门课只能作为选修课。当年就有3位学生选修了神学课。返归武汉后，这门课的教师逐渐配备起来，而且与华大建起密切联系的华中协和神学院还于1949年搬迁到华大附近的昙华林。华大还尝试与专门训练华中地区传教士的武昌语言学校合并。该语言学校于1946年创办于汉口，1947年改组后，教育学院原院长薛世和被聘为该校校长。在刚合并时，该校只是借用华大一些教室，1948年初又在原华大童子军楼旧址上修建了办公楼和教室，后来这些一起都并入了华大。

战后，华中大学与各联办差会的关系得到了加强，各教会或出资金或出师资大力支持华中大学的发展。

雅礼会曾是华大的最大支持者之一，战争期间因资金短缺一度减少对华大的拨款②。韦卓民在访美期间拜会组织的总部后，后者即决定以人员支持的方式代替年度拨款，随之在1947年派傅乐敦（R. Brank Fulton）博士夫妇来到华大工作。傅乐敦担任经济商业系教师，夫人傅安乐任公共卫生指导兼护士。1950年，傅乐敦因病返回美国。由于再没有合适人选派往中国，1950—1951年度，雅礼会重新恢复年度拨款。

① 在离开喜洲前夕，这批图书的定购清单经各院院长审批后寄往在美国的韦校长。韦卓民即委托曾在华中大学做过校医的保罗大夫的女婿保罗·沃德（Paul Ward）博士照单办理。其时沃德正受其所在差会派往华中大学任历史教师，他在前往中国之前花费了大量时间与精力出色地完成了这批图书和设备的购置与托运工作。沃德来华后，在随后的两年间对历史系的发展起了很大作用。

② 参见华中大学1947年2月10日校务会议上的校长报告，华中师范大学档案馆馆藏："华中大学档案·各种会议记录杂件"（81—89）。

美国复初会委派的郑恺茹小姐在音乐系工作了很长时间。薛世和夫妇先后于 1945 年和 1947 年返回华中大学，1950 年双双离开中国。该差会还将华中大学年度拨款增至 6600 美元，并为薛世和夫妇修了一栋住房。

英国循道会也将年度拨款增加到 250 英镑。该会在战时派有甘施礼（Leonard Constantine）夫妇、张伯伦（Chamberlayne）先生和皮鲁夫（Pinoff）博士夫妇；学校返归武昌后又加派陶吉亚（Thomas R. Tregear）夫妇到华中大学任教。

美国圣公会战后也委派了较多新人员到华中大学。他们是历史系的华保罗博士夫妇、经济系的范尚德（Deward R. Vansant）博士夫妇、英语系的席珍珠（Margaret Sheets）小姐和赫顿（Hutton）小姐、化学系的魏莉莲（Lillian Weidenhammer）博士、音乐系的康丽霞（Venetia Cox）小姐，此外，还有宗教组的郭伟（Francis Grag）牧师和司徒仁（Alfred B. Starratt）牧师以及他们的家人。圣公会年度拨款原为 2000 美元，30 年代增加到 7000 美元，抗战后期又增加到 1. 2 万美元，战后则拨款 10. 5 万美元，1948 年又增拨 20 万美元用于基建。

英国伦敦会仍在继续支持华大。在雷美佳小姐于 1950 年退休后，接着又派来贺树德（T. Hawthorne）牧师，并将年度拨款增至 250 英镑，同时将昙华林原妇女医院的房屋移交给华大使用。

战后第二年，福音同寅会（Evangelical United Brethren Mission，或译福音兄弟会）也加入协办华大的行列，给华大的年度拨款为 1000 美元。路德会（Lutheran Church）也有望加入华大，并派来该会一位艾姓教徒（W. A. Ai）——华大 1934 届的毕业生来校任教。

当然，最大的财政支持来自中国基督教大学董事会，另外大不列颠中国基督教大学联合会也提供了不小的帮助。后者除了保障华大的仪器供给，还拨来一笔重建资金。此外，他们在汉口的一家英国商会每月也汇给学校一小笔捐款。

比较 1947 年 9 月注册学生人数接近 500 人的大关，1948 年 9 月学生注册人数已达 572 人。这时华中大学师资力量雄厚，基建按序推进。在当年 11 月 1 日的校庆日暨新生入学典礼仪式上，两个海外组织的代表在会上致辞时表达了他们所属的组织将支持华大发展的意愿：一位是中国基督教大学联合会托事部执行秘书斯莱特（Noal B. Slater），另一位是雅礼会执行秘书惠勒（William Reginald Wheeler）。惠勒在大会上发言说，雅礼会将全力以赴地参加华中大学的合办事业。

由于政治形势严峻，1949 年春季学期开学时，有相当多的学生没有报到①。似乎是对过去四分之一世纪办学经验的一个总结，抑或是对即将过去的旧时代华大文化精神遗产的一次清理，在当年 3 月 27 日的朝会上，身为校长的韦卓民向全校同学阐明了何谓华大基本精神，解析了华大办学的基本精神具有三大要素：一曰民主精神，二曰守法精神，三曰负责精神。这“三者互为因果，交织纷呈，贯注于全校生活行事之内，衍为数十年来一贯校风，使一校生机赖以维持不坠”。其中，“民主精神使决事允当”；“守法精神使行事有常”；“负责精神使事无弛废”。当年 5 月 16 日，武汉解放。华大的师生基本上没有受到惊扰，学生们在放假一天后返回学校，但当月晚些时候他们有很多天都外出游行。由于学校不知道新政府对学生毕业和学位授予的态度，这一年没有举行毕业典礼，自然也没有给那些合格的学生授予学位。当年夏天，为了适应新形势，学校组成专门班子对课程做了一些调整；同时规定，教务处和评议会都应该吸收学生代表，而且评议会也要有年轻教师参加。9 月，华中大学由教职员工和学生组成的工会成立。这个时候教职员的工资改用新货币发放，且一般高于公立大学教职员的工资。

1949 年秋，报考华中大学的人数不多，注册学生人数降至 500 人以下，这反倒在一定程度上缓解了华中大学人满为患的矛盾②。其时，学生中基督徒比例下降到只占全体学生的 1/3，新生更为明显。1949 年 11 月 1 日是华中大学建校 25 周年、重建 20 周年的校庆纪念日，学校为此放假 3 天并举行了庆祝仪式。校友们还专为从 1924 年建校起就一直为华中大学工作的韦卓民和柯约翰 2 人各送了一座镜屏③。

1950 年春，学生外出游行和参加各项政治活动的次数越来越频繁，教学受到一定的影响。上年 8 月份修订的课程得到共和国教育部的批准，同时教育部要求华大校方向上面作详细汇报。6 月初，韦卓民到北京参加了中央人民政府主持召开的高等教育工作会议。会后，校董会听取了韦卓民北京之行的

① 参见《母校蹈历艰危如期开学授课》，载《华中通讯》（复员后）第 3 卷第 5 期，1949 年 3 月 15 日。

② 《华中大学遵循常轨开学授课》，载《华中大学校友通讯》第 4 卷第 1 期，1949 年 10 月 15 日。

③ 关于新中国成立后第一次校庆情况，参见《华中大学校友通讯》第 4 卷第 2 期，1949 年 11 月 30 日。

汇报。这是最后一次校董会。当年 11 月召开了最后一次执委会议。由于这时教育部仍然没有公开表示对学位的态度，所以 6 月简短的毕业典礼上还是没有授予学位。同年夏，华中大学内部发生了一些变化。在校董会上黄溥当选为副校长。甘施礼返回英国，教务长由卞彭担任。注册主任雷美佳小姐退休，由杜景棠先生接替她的工作。经过长时间与教育部的协商，这时华大教职员的工资问题得到如下解决：在 1949—1950 学年度，华大教职员的工资定为国立大学教职员的工资的一又三分之二倍，如果以后国立大学教职员的工资没有增加，则华大教职员的工资在两年内每年递减一些，直到与国立大学教职员的工资持平。其时，由于政府稳定物价的政策取得成功，人们的经济状况都显得比较宽松。

1950 年秋季学期开学时，注册学生人数较上年略有增加，教学工作开展得也不错。一些外籍教师离校回国后，留下的空缺也被聘任的新教师填上。新生入学仪式仍然与校庆典礼一起举行。但华大学生的出身和成分在迅速地发生变化，基督徒学生的比例迅速下降，学校接受了几名由政府保送来的农村学生。各基督教团体依然在星期五晚上开展活动，但低年级学生中参加者极少，准备将来当牧师的学生数断崖式下降。10 月，教育部发文命令华中大学改组评议会。改组后的评议会减少了校领导的人数，增加了教师、职工和学生的代表，定于 1951 年 1 月开始工作。当年秋，校工会改组。随着朝鲜军事局势的日趋紧张，12 月底，美国冻结了中国在美的资产，中国也冻结了美国在华的资产。圣诞节后所有外籍教职员向本地公安局外事管理处递交了离开中国的申请。1951 年 1 月，在停止上课和参加学校的活动后，西方教职员陆续回国，最后 1 名外籍教职员离开华中大学的时间是 1951 年 6 月 7 日。剩下的中国教职人员继续进行本学期的教学工作，但在学期末没有像往年那样举行考试。

由于上年 12 月底学校的银行账户被政府冻结，为了使用这些资金，华大只得请求教育部出面。一个月后，教育部来函解决了这一问题。1951 年初，教职员就工资问题进行投票表决，自愿降到国立大学的工资水准，每个教职员的月收入下降 40%。此后华大再也没有收到国外汇款。是年春，学校没有什么大的变化，除了名义上仍是私立的教会大学外，基本上归人民政府管理了。教职员也与上学期大致相同，学生人数略有下降。到了夏天，政府在有关报告中宣布华中大学未来的计划：它将与有关高校合并，成为中南地区培养中学师资的高等师范学校，当年秋季入学的新生将开始师范课程的学习。

8月，根据中南军政委员会的指示，私立华中大学与中原大学教育学院合并，改名为公立华中大学，成立了以潘梓年（中南军政委员会教育部部长）为主任委员、韦卓民和王自申（中原大学教育学院院长）为副主任委员的华中大学改制委员会。1952年9月，公立华中大学进入高校院系调整和发展阶段，学校规模日益扩大，10月改名为华中高等师范学校，从此进入了新的发展时期。

二、教育学院后期的组织变迁与教师队伍

早在抗战全面爆发之前的1936年，其时正是华中大学教育学院处于稳定的发展时期，身为教育学院院长的黄溥，就拟定了《华中大学教育学院十年发展规划（1936—1946)》，明确强调教育学院办院的主要目的在于：

> 培养和训练教育理论和实践方面的人才，特别培养中学教师及行政管理人员，进行教育和心理学方面研究，通过华中基督教教育促进会加强华中地区基督教中学的力量，增强教会、学校、社区使用音乐进行教育的能力。①

显然，他将教育学院的人才培养设计为教育、心理和音乐三大部分，即是说，教育学院的组织机构即系科设计将按照教育、心理、音乐三者的共同发展和进步来进行。有鉴于此，教育学院在西迁之前及西迁之际，于系科设置方面做出了两大改变：一是不断发展已由教育行政系和教育方法系合并而成的教育学系，以及已由心理组扩充而成的心理学系，并努力地通过增添师资、丰富课程来提高两系的教育质量；二是为了给华中地区的教会中学提供受过很好教育的音乐教师，而尽力在1938年间将音乐组扩建为一个大系。为了实现这一办院目标，早在1936年9月就为音乐组配置了一名音乐钢琴教师，并陆续添置了一些音乐教育所需的器械设备。更重要的是，在西迁前夕，学院甚至学校已作出了决定：

> 鉴于中学音乐师资人才需要日增，而艺术教育复为建国过程中极重

① 黄溥：《私立华中大学教育学院十年发展规划（1936—1946)》（英文版），华中师范大学档案馆馆藏："华中大学档案"，案卷号59。

要之工具，决于二十七年（1938）秋季起，遵照部定标准，添置音乐系。内设理论、作曲、钢琴、提琴、声乐指挥等学程，惟下学期（即1938年秋季学期——引者注）仅暂收一年级新生，不收插班生。[①]

遗憾的是，随着7月10日举校启程西迁，虽说名义上音乐组升格为音乐系，但在桂期间该系如何发展和办理之事只得暂时搁置，这从其时学校填写的《迁桂专科以上学校二十七年（1938）度概况调查表》可以探知，该表于音乐系栏目基本留着空白。只是到了喜洲，音乐系才真正受到重视并有了一定的发展。如在喜洲时学校印发的《华中大学招生简章》中，明确表明教育学院招生名额是：教育学系、音乐系各20名，以及二、三年级各学系转学生若干名。同时，考虑到音乐学生的培养及相关课程的教学，于乐器等设施设备投入较大，故而特别强调学生选修音乐系课程时，于每门课程应加缴费用20元。

在滇西，教育学院还一度陷于困境，这就是在1940年遭遇到自成立以来第二次被要求撤销的险情！

先是，自1938年初起始，国民政府党政各界即对整顿师范教育、建立师范学院制度表示出甚大关注。继《战时各级教育纲要》颁布后，当年7月召开的第一届国民参政会再申设立国立师范学院的倡议，并由教育部出台了《师范学院规程》，确定了高等师范院校培养的目标和原则，为师范学院的设置拟出计划和办理范围。随之在当年10月20日举行的第一次全国高级师范教育会议上，拟出了关于师范学院发展的要案19件。于是，战时国立师范学院制度正式确立。不久，全国首批6所国立师范学院相继面世，尤其是其中开办于湖南蓝田的国立师范学院，该高等师范教育机构于1938年11月创立，标志着用于培养基础教育师资的高师机构开始由国家成建制地办理。到1940年7月时，教育部又出台《师范学院辅导中等教育办法》，以这6所国立师范为基础，将全国划分为6大师范区，于是私立华中大学教育学院就面临着撤除或改办的“调整”。就在此际，即1940年7月，教育部长陈立夫特以“训令”华中大学：

查本部自建立师范学院制度以来，对于国、省立及私立大学教育学院与教育学系，业经分别裁并或确立教学范围令饬遵办各在案。兹为顾

① 《华中大学添设音乐系》，《教育通讯》（汉口）1938年第10期。

及高级师范教育之原则及现在实际情形起见，特订定下列两原则，将一般之教育学系作进一步之调整：

一、设教育学院或教育学系之大学，如其所在省区，已设有师范学院，令自二十九年（1940）度起暂停招生，原有学生肄业至毕业为止。

二、未设师范学院之省区及平、津、沪三地之私立大学教育学院或教育学系，仍暂准继续招生。

依照上列原则，该校教育学系应自二十九年（1940）度起暂停招生。合行令仰遵办具报。此令。

部长　陈立夫①

与 1934 年那次面临停办一样，教育学院这一次在险境出现时又是有惊无险。当然，这次教育学院脱险，除与 1934 年消除“并系危险”一样，得力于学校领导层的到处游说，阐明自身“实有数点大可努力以求补充国立师范学院于万一”；还得益于其时僻处滇西之“流亡大学”特殊身份，于滇西乃至整个西南地区基础教育的师资培养和输送之作用甚大——本大学教育学院对于“西南方面之师资供给亦有责任”，尤其于其他的教会中学更是如此。比较同期亦由武汉迁往重庆办理的中华大学教育系，因教育部一纸“训令”而“遵令停办”——对此下章将有所说明，华大教育学院暨教育学科，既未因国家对学校教育布局重新布置而停止发展，更未因日本炮火而中绝弦歌，诚为华大教育学院变迁史上一大奇迹！

随着学校的西迁，教育学院的人员配置也发生了一些变化。先是在西迁之前，作为代理校长的黄溥院长，在 1937 年夏期学位授予典礼之后的会议上就请辞代理校长职务，不久即携家人离开学校享受自己的休假年。于是在 1938 年 8 月 26 日—27 日的校务会议上，其时已从美国赶归的韦卓民校长决

① 《教育部训令》（1940 年 7 月？日）。注：此件现存华中师范大学档案馆（馆藏档案号 LS11-8-004），因版面较为模糊，故而具体日期仅见年、月而为何日不清，特此说明备查（若据其时迁驻重庆的中华大学接收到教育部的同样“训令”，则其具体日期应为 1940 年 7 月 23 日）。在既往的华中大学校史及相关文字记载中，认为华大在滇西时期“人们年年都害怕政府下令停办教育学院，所幸这样的部令从来就没有下达过”（参见［美］柯约翰著，马敏、叶桦译，李亚丹校：《华中大学》，珠海出版社 1999 年 8 月版，第 141 页；又，该书的黄政辉译本，华中师范大学出版社 1992 年 7 月版，第 103 页亦作此说），显然其记载有误！而《华中大学》一书系柯约翰所撰，柯氏回国度假在教育部下达此“训令”之后的 1941 年春才返归在喜洲的华大（见前第 74 页注①）。于此似乎说明了什么。

定，以胡毅代理教育学院院长。所以在迁居桂林及迁驻喜洲后的前两年里，一直由胡毅负责教育学院的全面管理工作。与之相应，由于战时环境，教师队伍也在不断地发生变化，既有尽力新聘的教师加入，更有另谋高就的教师离去。现将1938年西迁前的教师情况列表（见表1-13）示下，随之再将居滇期间在职教师情况加以说明，即可见其时教育学院师资队伍变动之大致。

表1-13　1938年春季学期（西迁前）教育学院教师一览表※

姓名	性别	年龄	籍贯	学历	入职时间	系（组）及职务	备注
黄溥	男	41	湖南宁乡	美哥伦比亚大学教育学博士	1932年8月	教育学教授	代理校长、教院院长兼教育系主任
薛世和	男	42	美国	美哈德福大学教育学博士	1929年9月	教育学教授	校教务长兼代理音乐组主任
安德胜	男	33	英国	英爱丁堡大学文学硕士、教育学学士	1929年9月	教育学副教授	在假
李辉祖	男	38	湖北云梦	美哈佛大学教育学硕士	1934年8月	教育学专任讲师	
胡毅	男	32	湖南长沙	美芝加哥大学心理学博士	1934年8月	心理学教授	心理学系主任、附中主任
骆传芳	男	31	江西九江	美芝加哥大学心理学博士	1935年8月	心理学副教授	
郗进思	男	25	美国	美河州大学文学学士	1938年2月	音乐教师	
白纯美	男	27	美国	美费城音乐学院文学学士	1938年2月	音乐教师	
苏爱兰	女	45	美国	美哥伦比亚大学师范院文学硕士	1937年8月	音乐教师	系金陵女子文理学院教师（暂留华大）
邵子博	男	34	江苏武进	中央大学体育系体育学士	1936年8月	体育指导	兼体育组主任
窦学谦	女	21	河北天津	燕京大学文学学士	1937年8月	体育指导	兼代理颜母室女生主任

续表

姓名	性别	年龄	籍贯	学历	入职时间	系（组）及职务	备注
杨先中	男	30	四川新都	中央陆军军官学校毕业	1934 年 8 月	军事教官	
桂雄五	男	43	湖北武昌	湖南湘雅医学院博士	1932 年 9 月	卫生教员	兼为校医

※资料来源：《私立武昌华中大学廿六年度第二学期教员（教育学院）一览表》，华中大学 1938 年春季学期印行（铅印本）。

由上表可见，在西迁前夕，教育学院可谓发展状态甚佳，师资队伍亦较壮大，然而日本发起全面侵华战争，迫使不得不走上西迁之路，由是跌入立案以来尤其经过 1934 年的风波之后的低谷时期，这从西迁后的师资状况可以明见。现据 1940 年 5 月编印的《私立武昌华中大学概览》，其时教育学院的专职教师仅有 9 人：黄溥，教育学院院长、教育学教授兼系主任；薛世和，学校教务长、教育学教授；安德胜，教育学教授；胡毅，心理学教授；吴再兴，附中教员；郑恺茹（儒），音乐讲师兼音乐组主任；白纯美，音乐副讲师。考虑到其他教师前表已作简介，现仅介绍战时新入职的音乐教师——郑恺茹，女，外文名为 Gertrude Zenk，系安务德（Walter P. Allen）的夫人（故又作 Mrs. Walter P. Allen），美国威士康星州立师范大学音乐系毕业。该氏在 1939 年 9 月黄溥结束休假返归在喜洲的华中大学时，受复初会所派来到华大教育学院其时极度缺乏音乐器材的音乐系担任教师。在她来到华大一年多后，其夫安务德先生亦来到华大，在英语系任教。此外，还得提一下黄溥。黄溥于 1939 年 9 月结束休假返归华大后，仍然作为院长负责教育学院事务。而在黄溥休假期间代理院长的心理学教授胡毅，以及体育部主任邵子博，均于 1941 年春上为另行高就而“自动辞职”，学校再三“挽留不果”。黄溥续任院长后，在校长韦卓民于 1944 年 12 月至 1945 年 3 月生病期间，再度代理过校长职务。

早在滇西时期的 1942 年，其时学校校董会驻校临时执行委员会与校务会议的联席会议，就起草了“战后华大的发展计划”。这个计划拟定后送往纽约“设立者委员会”审查。1944 年始由设立者大会及华大校董会予以原则上之批准。在该计划中，学校一方面根据“目前政府的形势发展”，担心战后可能不允许教育学院继续办理；一方面又强调本校教育学院为目前“中国教会大学的唯一教育学院，有责任对制定计划作出贡献”。即是说，只要政府允许教会学校的存在，那么为了这些学校的师资培养，教育学院就有存在和发展下去的可能和必要！由是，在这个计划中，学校的组织机构建制，依然是文、理、教育三学院的鼎足而立。只是心理学系早在滇西后期就因“奉令”而停办，计划中拟将已降格的音乐组再次升格为音乐系，用以培养各级学校的音乐教员，而且还计划附设音乐专修科，以培养社会需要的音乐人才。

复员武昌后，结合学校的战后发展计划，教育学院根据形势的变化和现时自身的事业基础，在自身的“复员计划”中又进一步设想学院的内部结构，应是师范系、教育系、音乐系并加上实验学校。其中师范系的开办目的，“为训练中学师资，计分国文、英文、算学、史地、理化、生物、音乐各项”；教育系的设置目的，“在养成中学行政人才，如校长、训导主任、宗教指导员、生活指导员等”，同时还为“培植一般有志于研究教育学之青年，使其获得在研究上必需之知识与技能”①。这一设想或计划，实乃因学校考虑到，现时教育学院及现有的教育系，“偏重中等学校师资之培养，而教育科学之研究未遑发展，故教育学之研究宜成一系，师资培养另为一系”。这种认识或考虑，也与其时学校计划发展研究生层次的教育相扣合，是故在对现有教育系的办理提出了如是要求：“宜极力充实，求师资数量与质量双方注意，图书、仪器之增加，学生程度之提高，研究精神之发展。”②

虽说学校早在战时后期就有计划，学院在复员武昌后也及时作出了自身的计划，但现时情况在不断地发生着变化，所以上述诸系的设计在后来教育学院的办理过程中还是有些偏差，或者说在实际办院过程中上述计划还是作出了调整或修正。现就教育学院各系组在华中大学最后的五年中如何设置和办理加以说明。

1946 年 4 月，在滇西最后一学年功课全部结束后，教育学院随学校复员武昌，至当年 9 月底在武昌开始新的学期。迁返武昌之初，教育学院仅设有教育学系一系，并附有音乐组。其时全校教职员 67 名，其中教育学院仅共 9 人：教育系 5 人，音乐组 4 人。即是说其时教育学院在武昌复课后，其组织建构仍然只有一系一组——教育系及音乐组。而且此时的音乐组仍未招收属

---

① 《活跃的教育学院院务》，《华中通讯》（复员后）第 1 卷第 1 期，1947 年 3 月。

② 韦卓民：《本校复员之经过与前途之展望》，《华中通讯》（复员后）第 1 卷第 1 期，1947 年 3 月。

于自身的学生。虽说随后一度改称为音乐系，但按照学校的计划安排，“音乐系现仅为教育系学生准备教学之功课，将来加以扩充，以培养音乐人才并设有专修科以育音乐师资”①。遗憾的是，这个计划一直到中华人民共和国成立后华中大学从私立改为公立时都未能实现。其时一度称名为音乐系，实际上依然起着原来音乐组的角色作用。所以在随后数年间，学校的一切工作安排和组织建构，仍然坚持着音乐组的称谓。

与音乐组的命运安排有所不同，原在滇西时学校就拟将教育学系一分为二的计划，在返回武昌经过一年的准备，尤其师资队伍的充实，倒是得到了实现。只是原计划将教育系分设为教育系和师范系两系，后来却改分为教学系与教育学系两系：教学系（原为教育系）“注重中等学校师资之培养”；教育学系“专门注重教育科学之研究”。质是之故，在“私立华中大学”的最后三年间，教育学院的内部建制为：主设教育学系和教学系二系并附设音乐组。

迁返武昌后，与学院内部组织建构相应，教育学院的师资队伍也在不断地发生着变化。其总体变化趋向是先添后减。待学院一切安定转入正常教学秩序后，及至 1947 年，其师资队伍就得到不断地添加。其如在 1945 年秋回英国休假的安德生夫妇，即于 1947 年 7 月返校，又如自湖南大学新聘进来教授国文教学法的邵子风等，随后又聘请有东方博士（Dr. Jean East）等外籍教师，聘请有袁伯樵等中国教师等。不过，在这一历史时段中，教师的流动性较大，或来校入院不及一年即抽身离去，或接收聘请而因他种原因未能到岗。即使同一教师，也因学校课程安排的需要，而在校内各院之间互相调动。为了了解其时教育学院师资队伍的变动情况，现通过下表（见表 1-14）显示其大致。

表 1-14　迁返武昌前后教育学院教师在职情况变易表※

学年度	系（组）别	负责人（主任）	教师名单	备注
1946—1947 学年度	教育学系	黄溥（院长兼）	黄溥、薛世和、安德生、戴惠琼、熊文敏、吴再兴	
	音乐组	安海兰	安海兰（Mrs. Helen Anderson，安德生夫人）、郑恺茹（Gertrude Zenk，安务德夫人）、康丽霞（Miss Venetia Cox，考克斯小姐）	

① 《华中大学教育学院近况》，《华中穗声》创刊号，1947 年 5 月。

续表

学年度	系（组）别	负责人（主任）	教师名单	备注
1947—1948 学年度	教育学系	黄溥	黄溥、薛世和、安德生、戴惠琼、吴再兴、东方（Miss Jean East）	其时熊文敏已为附中校长
	音乐组	康丽霞	康丽霞、薛富德、郑恺茹（儒）、安海兰、吴安仁慈	
1948—1949 学年度	教育学系	黄溥（院长兼）	黄溥、薛世和	
	教学系	安德生	安德生、吴再兴、易芝恩	
	音乐组	康丽霞	康丽霞、安海兰、薛富德（Mrs. Paul. V. Taylior，薛世和夫人）、郑恺茹（儒）、吴安仁慈	
1950—1951 学年度	教育学系	黄溥（院长兼）	黄溥、戴惠琼、袁伯樵	
	教学系	安德生	安德生、吴再兴	
	音乐组	黄溥（代）	安海兰、郑恺茹、范尚德夫人（Mrs. E. R. Van Sant）、吴安仁慈、张才义	

※资料来源：[美] 柯约翰著，马敏、叶桦译，李亚丹校：《华中大学》，珠海出版社1999年8月版，第212—217页；《三十七年（1948）度教职员阵容》，《华中通讯》（复员后）第3卷第4期，1948年12月25日。

1949年下半年时，教育学院仍保持开设教育学系和教学系2系，并附设音乐组。这种状况到1950年下半年，即共和国成立一年后，仍维持未变。与整个学校教师异动的情状一样，虽说此时教育学院内部组织结构仍维持固有设置情况，但随着外籍教师的先后离校归国，其时师资力量极不乐观。在1950年到来时，全院共有教授5人、副教授5人和1名讲师，但到当年下半年时，全院共有教师仅8人，还不及抗战胜利后回迁武昌时的状态。这8名教师分配情况是：教育学系2人（教授2人），教学系2人（教授、副教授各1人），音乐组4人（均为女教师，其中教授1人、讲师3人）。现将教育学院自当年年初开始而陆续离校的外籍教师名单附后（见表1-15）以见其详。

表1-15　教育学院1950年秋季学期时已离校和拟离校外籍教师名单※

姓名	性别	年龄	国籍	到华大年月	担任职务	学历及专长	备注
安郑恺茹（儒）Mrs. C. M. Allen	女	38	美	1939年9月	音乐组副教授	哥伦比亚大学文学硕士	教授音乐与钢琴
安德生（胜）D. F. Anderson	男	46	英	1930年9月	教学系主任、教授	爱丁堡大学文学硕士、教育学士	在华大教学20年

续表

姓名	性别	年龄	国籍	到华大年月	担任职务	学历及专长	备注
安海兰 Mrs. H. Anderson	女	52	英	1947 年 9 月	音乐教授	爱丁堡师范学院毕业	安德生夫人，在华大教学 20 年
康丽霞 Miss V. Cox	女	58	美	1946 年 10 月	音乐组主任、教授	北卡罗来纳州绥兰大学文学士	曾任圣罗以女中、圣希里达女中音乐教员
薛世和 P. V. Taylor	男	57	美	1924 年 9 月	教育学教授	哈德福大学哲学博士	先后任湖滨大学（1914—1924）及本校（1924—1950）教授
薛富德 Mrs. F. R. Taylor	女	55	美	1924 年 9 月	音乐组副教授	舒齐（阿尔布雷特）大学音乐系毕业	薛世和夫人，先后任湖滨大学及本校音乐教授

就当时华中大学教育学院的教学状况和师资力量而言，这些外籍教师的离去，无疑是一大损失，是故韦卓民校长在 1950 年 11 月 24 日在致联合托事部华中大学委员会主要成员之一的 Arthur C. Lichty（亚瑟·利茨第）的信中有此一说：这些人员的离开，我们很难找到适当而合格的中国教师来顶替他们走后留下的空缺。您应该记得，在抗日战争结束之际，为了给华大找到这些合适的人选，我们曾费了多少的功夫。现在他们因形势所迫或其他原因都要离开我们。我们希望我们能够将学校继续办下去，也希望他们之中有些人在不久后能够重新回到华大来。然而，青山遮不住，毕竟东流去，这些曾为教育学院暨华中大学的人才培养尽力用心过的外籍教师，随着东方巨人的真正崛起，缘于种种原因再也未回到中国，回到华大。

虽说经过迁返复校和随后的政权更替，其时教学环境深受社会环境的影响而不安定，但教育学院的教师们仍然用心于自己的教学和人才的培养。其时为了搞好教学，提高学生们的实践实际能力，教育学院对于用作学生实验实习的附属学校亦加倍用心经营。

前文已述，为了实验教学原理、改良中学教育行政，早在 1935 年，用作教育学院学生实习教学之地的附属中学即已诞生。抗战烽火迫近武汉后，该校随华中大学远迁桂林和喜洲，终因人力、财力、物力的种种困难迫使其不得不停止办理，故而在滇西时期学生实习借用新创不久的五台中学。及至1947年春华大复员告竣，其时于战前创办的附中已是荡然无存。然而对于教育学院的学生来说，实习教学是三年级同学必修的课程，于是在教学实验实习方面只能借水解渴：男生在文华中学实习，女生则安排在圣希理达女中实习。面对此种难以维持长久的处境，学校积极筹款，设法于1947年夏间在学校附近的棋盘街，开始复办附属中学，并且改名为华中大学附属实验中学。其目的是想“以这块园地作为实验最新教育学理的场所”①。新立实验中学体现出了三大特色：一是办学强调先求质的改进，再作量的增加；二是实行男女兼收，学校家庭化，让学生们于学校教育之际可享受家庭教育，且教师们经常抽出时间进行家访；三是教学方法力求新颖，任教各科的教师多是教育学院三、四年级的优秀生，做到课前充分准备、课后积极讨论，授课时又有教授进行辅导。该实验中学在1947年9月正式重开后，到1949年5月，在国民政府教育部那里作为一所完全中学而立案，并更名为华中大学教育学院实验中学，由教育学院熊文敏教授兼任校长。

除了附中的兴办，同在1947年时，华大教育学院还意外地得到了后来属于自己的附小。先是，美国人恩旭（Enshaw的音译），在其妻亡故后，将其独女嫁给华中大学教师骆传芳——亦是恩旭的学生。自后恩旭与自己的独身妹妹来华大，与女儿女婿一块生活。于是，在1947年时值华大恢复发展之际，在文华圣诞堂办了一所小学，为了纪念自己的亡妻而命名“恩旭小学”。这所小学建成后，恩旭即将其交给华大，用作教育学院的附属小学②。至此，学校在滇西时期拟定的发展计划中对“实验学校”的设想，即开办“完全小学一所，高初级中学一所，男女兼收，以供本院实习之用”③，终于得以实现。

在有了附中、附小后，华大不久又有了后来建成学校幼儿园的基业。早在抗战期间，于西迁之前，华大曾为了救助流亡武汉的妇幼而开办有战时“武汉托儿所”。学校西迁时，即将其移交中立国教会组织接办。复员武昌后，鉴于全校教职员中添丁日众，中外教职员中育有幼儿的共有17位之多，为了

① 洵雅：《介绍一位小弟弟——华大实中》，《华中通讯》（复员后）第3卷第1期，1948年3月15日。

② 该恩旭小学，在1951年与私立华中大学一道改为公立，并扩大了班次，改名为公立华中大学附属小学。几经转换，这家小学即成为今日武昌棋盘街小学。

③《活跃的教育学院院务》，《华中通讯》（复员后）第1卷第1期，1947年3月15日。

谋求团体福利，并求婴儿们健康成长，以文学院院长骆传芳的夫人和副教授傅乐敦的夫人共同牵头，组织了一家华中大学婴儿诊所（Huachung University Babies Clinic），并于 1948 年 1 月 14 日正式成立。其中骆传芳的夫人在美国研究婴儿营养颇有心得，而傅乐敦的夫人又是美国高级护士，同时还商请到校医陶吉亚的夫人（Mrs. M. B. Tregear）义务出任医师。婴儿诊所成立后，又扩大组织为“儿童福利委员会”，并计划在校内成立一所小学——这就是上文所述的思旭小学的诞生。虽说在私立华中大学时期，这家婴儿保养机构尚未完全成型，但它的创立和发展为后来华中大学附设的幼儿园打下了历史的事业基础。

此外，教育学院在回迁后的五年间，还充分利用既往的事业影响基础和现有的人力资源条件，积极推进院外的教育事业。在加强自身教育学研究、培养中学教师的同时，恒以协助华中地区基督教中学的发展进步为职志。其中包括恢复组织和举办“华中地区基督教中学校长会议”“华中区各中学教育讨论会”等。现将属华中区基督教中学战后第一届讨论会与会代表及其学校或组织列示如下表（见表 1-16），以见其时参加这种联合会议的教会中学之具体情状：

表 1-16　华中区基督教中学战后第一届教育讨论会参会人员名录※

学校名称	参会人员	备注
武昌华中大学	黄溥（教院院长）、邵子风、安德生（Anderson）、陶吉亚（Tregear）	黄为大会主席；邵、安、陶分别为国文、英文、地理研究组主任
武昌文华中学	李辉祖（校长）、熊卓轩、阮世宗、唐明德	
汉口汉光中学	宋如海（校长）	
汉口博学中学	胡儒珍（校长）、杨雁鸣、周鼎、郭林德、H. F. Wickings	
武昌博文中学	刘尧卿（校长）、张中屏、张明伦、力志新	刘为主席团主席兼男代表总务主任
武昌圣希理达中学	沈祖英（校长，女）、曾懿芳（女）、王民英（女）、Miss Goslin（女）	
汉口懿训女中	周御瀛（校长，女）、李世华（女）、宁世德（女）、金美恩（Ginger，女）	
汉口圣罗以女中	余常慎（校长，女）、Thornlin（女）、刘亲匀（女）	余为主席团主席兼女代表总务主任

学校名称	参会人员	备注
汉阳训女中学	陶瑞芳（校长，女）、Hardy	
汉口心勉中学	袁慎义（女）	
长沙雅礼中学	应开识（校长）、王宗石、袁大中、陈积华、石哲明（Scherer）、孟德华（Manice）	应为主席团主席兼程序主任
长沙湘雅医院	萧元定（院长）	萧为大会医师
益阳信义中学	粟运鸿、何吉安、熊克忠	
长沙艺芳女中	Lowther（女）	
醴陵遵道中学	姚春华（校长）、宋以文	
沅陵朝阳中学	张安平	
岳阳贞信女中	陈光达、刘孚光	
岳阳湖滨中学	刘进光（校长）、何治安、姜觉非	刘为大会记录
衡阳广德中学	彭启结（校长，女）	
沅陵贞德女中	宋世馨（校长，女）	
长沙福湘女中	刘盛昌、袁勖、倪鸿诰	
九江儒励中学	吴懋诚（校长，女）、何述道、谢缦仪（女）	
九江同文中学	戎志浩（校长）、孙美璧（女）、严欣才	严为事务主任
南昌葆灵女中	周兰清（校长，女）、Lind（女）、傅淑云（女）、朱伯石	
南昌豫章中学	李超男、刘绍裘、邹家骅、Houston（女）、Metz（女）	李、刘分别为注册副主任、主任
南昌圣公会	刘述堃（会长）	
芜湖培德女中	刘忠信（校长，女）、戴郁瑾（女）、葛兴仁（Craighill，女）	刘为主席团主席
南京金陵神学院	Dr. Leete、J. L. Lowther	前者为教员，后者为上海基督教作者团契（代表）
南京胜道中学	夔孝华（校长）、Darling（女）	
中华基督教教育协会	张南伯（Jahannber）	
华东区教育协会	马鸿纲（总干事）	为上海基督教作者团契（代表）

续表

学校名称	参会人员	备注
上海沪江大学	朱维之	
上海惠中中学	张佩恒	
广学会	胡祖荫（总经理）、崔之德	
上海崇德女中	何守恬	为上海基督教作者团契（代表）
全国青年协会	吴耀宗（干事）、计瑞芝（女）	均为上海基督教作者团契（代表）
浸学会	姜建邦、任大龄、谢模善、李肇林、曹新铭、胡宗英、栾汝瑚、陈毅修	均为上海基督教作者团契（代表）
苏州东吴中学	Shereitz	

※资料来源：《华中区基督教中学战后第一届教育讨论会记录》（1948 年 7 月 26 日—8 月 7 日），华美印书馆 1948 年 10 月印行，第 26—30 页。注：此次会议共有 33 个单位近 100 名（共 97 人）代表参加，但安徽（北部）和河南（南部）的教会中学均未派员参加，可能是因战事影响而受阻。

在教育学院的支持和组织下，这些会议经常定期举行，且均有显著成绩。这些会议，对中学各科教学法之改进、中学教职员专业精神之提倡，都予以特别的重视。如在其精诚感召下，武汉三镇 9 所基督教中学教职员，成立了多个专业性联谊会。比如安德生为其主席的英文教师联谊会，以讨论英语教学法为中心活动；以邵子风为其主席的国文教师联谊会，专门研究国文教学法及国文有关问题；此外还有戴惠琮、韦卓民等人经常出席的宗教工作人员联谊会，等等。为了节省笔墨，现仅举由教育学院主办的“华中区基督教中学战后第一届教育讨论会”与会者们的发言主题为例，以作教育学院推进院外之教育事业的窥豹之斑。此次会议于 1948 年 7 月 26 日至 8 月 7 日在庐山举行，其中与会代表们的主要讲话题目如次：

现代基督教中学的使命；

基督教中学与大学衔接问题；

基督教中学与小学衔接问题；

基督教中学学生指导问题；

辅导教学法；

基督教中学家长教师联谊会；

基督教中学表册问题；

基督教中学事务处理问题；

基督教中学教务改进问题；

中学行政民主化问题。①

在会中，华中大学校长韦卓民、教育学院院长黄溥以及安德生教授等人都是主讲者。再如在 1947 年 10 月下旬，教育学院院长黄溥，借出席“中国基督教教育协会”年会之机会，在会议结束时偕教会中学校长参观考察苏州、杭州的过程中，与河南、安徽等地教会中学校长加强交流与联系。不久，豫、皖两省竟有 12 所教会中学要求与华大合作，作为华大的“认可中学”。由是西迁之前于华中大学生源的开拓及其质量提升极为重要的“认可中学”制度，不仅得以恢复，而且有所拓展，从而为优质的人才培养在源头上就打下牢固的根基。

三、教育学院西迁时期的课程设置与学生培养

1938 年 7 月 10 日全校正式开始西迁，到 1946 年 5 月底返归武昌的复员行动结束，华中大学在西部地区一待即是八年。在此期间，随着学院内部系、组设置的变异和教师队伍的变动，教育学院的课程开设和人才培养方面也处于不断变化之中。

在课程的开设方面，迁居桂林后就有些变化。尽管师生长途跋涉、千辛万苦，加之在桂的数月里日机不断袭扰轰炸，但正如校长韦卓民在到达喜洲后所讲：“计阅一年学校播迁者再，长征八千里，而总计学生缺课不满六周，占全学年五分之一，员生坚（艰）苦至可欣佩也。”② 其中教育学院截至 1939 年农历春节期间转迁云南，利用在桂林的一个学期时间，与全校师生一道，排除种种困难，在桂林乐群路四会街李子园的暂居校址，共为各年级学生开设 5—7 门必修课，以及多门选修课（见表 1-17）：

---

① 《本校教育学院主办华中区基督教中学教育讨论会》，《华中通讯》（复员后）第 3 卷第 2 期，1948 年 7 月。

② 韦卓民：《华中大学史略》，《私立武昌华中大学二十周年纪念特刊》，华中大学 1944 年 11 月印行（铅印本）。

表 1-17　教育学院在桂期间开设课程一览表※

系别	课别	第一学年		第二学年		第三学年		第四学年	
		名称	学分	名称	学分	名称	学分	名称	学分
教育学系	必修课	国文 101-2	4	英文 201-2	4	党义 101-2	2	体育	2
		国文 103-4	2	哲学	6	卫生学 301-2	2	教育 315-6	4
		英文 101-2	4	体育	2	体育	2	教育 301-2	6
		英文 103-4	6	教育 201-2	6	教育 323-4	6	教育	4
		军事学或护士学	2	心理 203-4	4	教育 203-4	4	教育 401-2	4
		教育 103-4	6			教育 325-6	4		
		心理学 113-4	6						
	选修课	选修课	12	选修课	16	选修课	12	选修课	12
心理学系	必修课	国文 101-2	4	哲学	6	党义 101-2	2	体育	2
		国文 103-4	2	体育	2	卫生学 301-2	2	心理学 311-2	4
		英文 101-2	4	心理学 205-6	6	体育	2	心理学	6
		英文 103-4	6	心理学	6	教育 323-4	6		
		军事学或护士学	2			心理学	6		
		心理学 103-4	6						
	选修课	选修课	18	选修课	18	选修课	16	选修课	20

※资料来源：《迁桂专科以上学校廿七年度（1938）概况调查表》，华中大学 1938 年印行（铅印本）。

作为一种比较，现将西迁前夕全院课程安排列表（见表 1-18）示下，由此可知战争对教育学院的教学工作与人才培养的不良影响。

表 1-18 1938 年课程安排一览表※

系(组)别	年级	课程名称	必修/选修	学分	教师	备注
教育学系	1	教育概论	必修	6	胡毅	全校各院系（组）1—4 年级生可选修
	2	普通教学法	必修	6	胡毅	全校各院系（组）1—4 年级生可选修
	3	教学实习	必修	6	胡毅	
	4	教育思想	必修	4	薛世和	
	3	教育测试与统计	必修	6	胡毅、骆传芳	
	3、4	英文教学法	必修/选修	4	吴再兴	3 年级必修、4 年级选修（下同）
	3、4	地理教学法	必修/选修	2	安德胜	同上
	3、4	国文教学法	必修/选修	1	胡毅	同上
	3、4	历史教学法	必修/选修	2	马奉琛①	同上
	3、4	数学教学法	必修/选修	1	许宗岳②	同上
	3、4	教育名著阅读	选修	2	胡毅	
	4	论文	必修	4	（全体）	
心理学系	1	普通心理学	必修	6	骆传芳	全校各院系（组）1—4 年级生或必修或选修
	3、4	变态心理及心理卫生	选修	2	骆传芳	全校各院系（组）3、4 年级生可选修
	3、4	社会心理学	必修	3	骆传芳	全校各院系（组）3、4 年级生可选修
	4	论文	必修	4	骆传芳	
音乐组	1	钢琴（1）	必修/选修	2	白纯美	1 年级生或必修或选修
	2、3	钢琴（2）	必修/选修	2	白纯美	2、3 年级生或必修或选修
	2、3	音乐欣赏与音乐史	必修/选修	2	白纯美	2、3 年级生或必修或选修
	2、3	和声原理	必修/选修	3	白纯美	2、3 年级生或必修或选修

① 马奉琛，南开大学文学学士，清华大学研究生，系历史讲师。

② 许宗岳，系数学组教师，为学生讲授数学教学法。

续表

系(组)别	年级	课程名称	必修/选修	学分	教师	备注
军事组	1	军事学科	必修	2	杨允中	此课乃全院学生共同必修课
	1	军事术科	必修	2	杨允中	同上
体育组	1	女生运动	必修	2	邵子博	
	2	女生运动	必修	2	邵子博	
	2	男生运动	必修	2	邵子博	
	3、4	户外与室内运动	必修	2	邵子博	
	3、4	户外与室内运动	必修	2	邵子博	
	1	急救法	必修	2	傅德	
	3	卫生学	必修	2	傅德	

※资料来源：《私立华中大学廿七年度课目一览》，华中大学 1938 年自印（铅印本）。

需要说明的是，由于迁桂时音乐组学生本来就不多，加之用作教学的一些乐器和设备迁徙不便、安置困难，所以在学校的课程安排方面，未能将该组所授课程正式开列，学生基本是在有关教师指导下自练成才。在桂期间，据其时华大校方填写的《迁桂专科以上二十七年度概况调查表》，教育学院学生共计 36 人，其中教育学系 35 人，心理学系仅有 1 人（为四年级生），而音乐系及体育组并未见学生人数——当然，后者本就是为全校开设体育课而设置，从未单独招有自身的学生。教育学系 35 名学生的分级情况是：一年级生 11 人，6 男 5 女；二年级生 9 人，3 男 6 女；三年级生 11 人，2 男 9 女；四年级生 5 人，3 男 2 女。尽管如此，在桂短暂的一学期中，一切教学活动按既往程序照常进行，是期教育学院还送出了两名毕业生：教育学系 1 名（女生），心理学系 1 名（男生）。顺便提及的是，即使在桂林如此环境中，学院的教师也未曾放松自己因教学所需而从事的学术研究，如当时教育系对孔子教育学说的研究即是很好的例证。在桂结束秋季学期后，华大又于 1939 年 2 月 4 日开始二次西迁①。经过在昆明的春季逗留，华大至 1939 年 5 月初才在大理喜洲正式开学，自是开始了滇西生活。

在滇西时期，本着造就国文、英文、史地、数学、物理、化学、生物及

① 华大师生第一批启程时间为 1939 年 2 月 4 日，第二批启程时间则在 1939 年 2 月 20 日（正是农历大年初二），最后抵达云南昆明则在 2 月 27 日（即正月初九日）下午。

音乐等科“优良的中学师资”的主要办院目的，教育学院特别强调和重视学生们的三种训练：（一）教学学科之训练；（二）教育学科之训练；（三）教学实习之训练。其中教学学科的训练，借助与文、理两院通力合作，使本院学生能有充分的时间，就上述 8 种学科中选习一种或两种作为中学教学之用。至于教育学科的训练，教育学院则根据国民政府教育部颁布的师范学院必修课程，以及欧美各国高等师范课程，订定了各年级公共必修之教育课程：

第一学年 教育概论、普通心理学；

第二学年 普通教学法、教育心理学；

第三学年 教育测试与统计、中等教育原理、中等教育行政与视导、教学实习；

第四学年 教育哲学、各科特殊教学法、教育问题之研究。

此外，依学生之时间与需要，随时增设若干教育选修课程。[①]

此外，作为教院学生的实习训练之所，除了五台中学之外，还有值得一提之处。无论与西迁之前以及后来迁返在武昌办学不同的是，华中大学在滇西时期的 1944 年秋，还专门为学校教职工的子弟在喜洲的华大后侧门外——与华大一墙之隔处开办了一所附属小学。该附属小学在华大滇西办学的最后两年间，其专职教师仅有两位——黄姓老师为专职语文教师兼任教务主任，代姓老师为专职算术教师；其余全是兼职教师：不仅这些教师全是华大在读生或毕业生，而且校长也由教育学院院长黄溥教授兼任。[②] 由是上承文华书院 1903 年成立大学部后保留有小学教育成分——于其“备馆”开设有小学性质的“下一班”之远绪，下启迁返武昌后“恩旭”小学乃至后来华中师范学院附属小学创办之先河。

尽管在西迁之时大部分书籍、杂志留在武昌原地，但在搬迁的物件中，携出了几百种各种重要的参考书，加之西迁后又添购一些教育杂志和新出版之中西教育类书籍，故而师生的教与学所需的常用教学材料，基本上够用。正因如此，教育学院在喜洲这个偏僻的地方，对于以研讨教育学为宗旨的教

---

① 《迁滇私立武昌华中大学概况》，1940 年 5 月编印（铅印本），第 15 页。

② 参见包俶：《华大惜才 永志难忘》，政协大理市第七届委员会编：《华中大学在喜洲》（《大理市文史资料》第十六辑），大理地矿绘图印刷有限责任公司 2008 年 12 月印行，第 153—159 页。

育学会，尚能做到每月有演讲会和同学报告会各一次，借以活跃学术空气和促进学研发展。

至于体育组，虽说并非为造就专门人才而设，但对于学校全体学生的体育训练，仍然坚持“刻苦耐劳、锻炼体魄”的主旨，充分利用大理的自然条件和群众基础，积极开展各项具有地方特色的体育训练：利用俊秀的苍山训练爬山；利用宽广的公路训练骑马；利用天然的洱海，举行游泳、划船等竞赛活动；并且借助学校运动场，发起举办地方各界联合运动大会等。

在西迁的八年间，虽说处于战争的环境，但教育学院的学生在求知方面，反倒因所处祖国边陲的安静而静心向学，故而与以前相比，毕业生的比例有了不少的提升，这从后文表 1-21 即“教育学院后期（1938 年西迁后）毕业生名录”可见。考虑到华大学生因学业管理的严格而有部分学生并非按本科四年学制及时毕业出校，故而在此未做细划而单列。

四、教育学院迁返武昌后的课程变革与学生培养

前文已揭，1946 年 4 月在喜洲结束功课后，华大返迁武昌，经过数月的校园整理和师生休整，至当年 9 月底便在武昌原址开始了新的学期暨学年，其时教育学院有教师 9 位，很快即投入繁忙的课堂教学和学生培养中来。在随后的五个学年中，教育学院各系组的课程设置和教学，受其时社会环境的变化尤其政局的改换，也在不断地发生着改变。甚至在入学考试考查环节和毕业结业环节也发生着一些变革。

先就入学考试考查而言，在僻处滇西时期，因为印刷条件的限制，所以西迁前由黄溥院长提倡用测验代替问题式题目的入学考试被取消，代之以口试问答来决定录取与否。但通过多年的观察，发现这种测试方式得到的入学成绩不及采用试卷笔答的结果可靠而客观，故而迁返武昌后第二年即 1947 年秋季招生时，就开始恢复试卷测试方式，并早在当年暑期就由组成委员会相关组织人员编制好各科试验题，并交由有关书局秘密印制试卷。与之同时，学校还恢复了西迁前实行多年的“认可之教会中学”对优秀学生的免试保送制度，而且加大了免试资格的审查。

毕业结业环节发生改变，主要是在进入共和国之后。现根据其时留下的文字史料，将当时的变革情况展示如次。学校在 1950 年春上作出了“毕业考试改为测验”“自由参加”“（毕业）论文为选修”“专题报告为必修”等决定。

其大致内容为：

> 时代转变了，母校也跟着新生了，在解放初就取消了中期考试，寒假中（指 1949 年冬—1950 年春间，引者注）又经过一番检讨……废除了华大二十年来传统的毕业考试。……废除旧毕业考试，举行学习总测验，测验内容由各系详细研究，注意学生融会贯通能力。……测验及格者列为本校荣誉生。……学生毕业论文，（采取）论文选修，报告必修。①

其中提及的华大传统的“中期考试”，在 1948 年春季学期就有过一次变革。其时教育学院要求：“凡教学系学生须考四项——国文、英文、教育、副修；教育系学生须考——国文、英文、教育二项。”② 彼时对毕业考试也进行过调整，要求教育系学生须考教育三项、副修二项；教学系学生则考教育二项、副修三项③。及至进入共和国时期，这些考试——中期考试和毕业考试，要么完全取消，要么变换形式、减少内容，以减轻学生的学习压力。

除了一进一出两大环节的变化外，在私立华大的最后五年间，教育学院于日常课程教学方面也在不断地发生改变。1948 年春，教育学院就制定了“新课程计划”，其中要项有三：

> （一）教学系一年级生可免必修之社会学科及自然学科各一科；此种规定与教育系一年级学生相同。
>
> （二）教学系与教育系学生凡修 Edu. 301-2（教学实习）者，每学期为 3 学分。
>
> （三）各科特别教学法为三年级为必修科，Edu. 201-2（中等教育）为四年级必修科。④

到 1949 年春，学校又要求包括教育学院在内各院系，“鉴于同学实际需要”增开了课程十余种，其中值得注意的是因心理学系的停办而停课多年的“变

① 《毕业考试有新决定》，《华中大学校友通讯》第四卷第 3 期，1950 年 3 月 25 日。

② 指在教育学科课程中抽考二项，连同国文、英文，亦与教学系学生一样“须考四项”。下文“教育三项”“教育二项”“副修二项”“副修三项”均与此同理。

③ 《教育学院近讯》，《华中通讯》（复员后）第 3 卷第 1 期，1948 年 3 月 15 日。

④ 《教育学院近讯》，《华中通讯》（复员后）第 3 卷第 1 期，1948 年 3 月 15 日。

态心理学”，又成为学生应修的课程之一。上述此等课程的变化，显然有利于学生朝向基础教育师资人才的成长。可以说，这也是后来华中大学改办为高等师范学校的历史基础或自身基因之一。

进入共和国时期后，课程变革的步骤更快、力度更大。就在共和国成立前夕，华大师生确知新民主主义革命即将取得全面胜利，就曾热烈讨论如何达到新教育的要求，纷纷提出一些教育改进的建议或设计。其中关于教育设施，断定本校教育目标，要学生以世界公民的风度，一面善于运用思想，学得科学方法、养成科学精神，而勇于坚守其所得的真理，一面要获取实用技能，成为人民大众队伍里生产的一员。这就要求理论与实践一致。关于课程改革，认为要接奉人民政府的明令进行全面修改。其中大学一年级国文、英文仍为必修课，哲学应定为二年级必修课，他如论理学、中国通史、普通社会科学与普通自然科学，均加以注重，或作必修或作选修；于三四年级同学，各学系至少设立一种学科用“研究班”或“准研究班”的形式去实行教学。与之相应，毕业学分总数也相应改变为最低 120 个学分、最高 136 个学分，其中必修科学分减少，并增加选修课学分，给同学们更多的自习自修的时间。在此基础上，各系根据社会变迁发展的需要增设一些新的课程，其如教育学院，“增设教育 373（课程编号——引者注，下同）英文文法”“教育 375 发音学”等。同时他系有愿意成为教师者，“为供应其需要起见，凡各科教学法课程，应列为各本系的选修学科”。在加强国文、英文考试的基础上，废除中期考试①。中华人民共和国成立后，精简课程、改革校务更成为大势必行的头等大事，其中教务方面，着重“在旧教育的改革和新教育的建立”，课程如何精简，教法如何配合实际并适应学生的需要。一些新的课程诸如“社会发展史”等逐步在增添。也就在这种改革的过程中，华中大学迎来了公立的身份，教育学院也随之迈入了新的历史行程。

值得说明的是，教育学院在中华人民共和国成立前后的课程改革，主要发生在公共课程方面，譬如国文、英文、伦理、心理、体育、哲学等，在既往基础上还添加了一些社会科学和自然科学知识的课程，至于专业课程，通过下列二表（见表 1-19、表 1-20），可知变化不大。

---

① 《母校行政与教育设施正在不断地谋求改进》，《华中大学校友通讯》第 4 卷第 1 期，1949 年 10 月 15 日。

表 1-19 1947—1948 学年度教育学院开设专业课程情况※

系组别	课程名称	授课教师
教育系 教学系	教育概况	黄溥
	教育心理学	熊文敏
	普通教学法	安德生（Anderson）
	中等教育	黄溥
	教学实习	安德生
	教育史	薛世和（Taylor）
	教育统计	黄溥
	教育哲学	熊文敏
	比较教育	熊文敏
	宗教教育	戴惠琼
	生活指导法	戴惠琼
	地理教学法	陶吉亚（Tregear）
	历史教学法	石声河
	音乐教学法	康丽霞（Cox）
音乐组	钢琴	吴安仁慈、康丽霞
	音乐史与欣赏	安海兰（Mrs. Anderson）
	和声学	康丽霞
	声乐	安海兰
	乐理	康丽霞
	伴奏	康丽霞

※资料来源：《本校本年度（1947—1948）课程一览》，《华中通讯》（复员后）第 2 卷第 2 期，1947 年 10 月 20 日。

表 1-20 共和国初年（1950—1951）教育学院课程开设情况表※

系别	课程名称	学分	任课教师	院必修	系必修	选修	备注
教育系	逻辑	3	韦卓民	√	√		上学期开设
教育系	中国近代史	3		√	√		他院系教师讲授
教育系	教育学概论	6	袁伯樵	√	√		上、下学期各 3 学分
教育系	教育心理学	6	戴惠琼	√	√		上、下学期各 3 学分
教育系	普通教学法	4	吴再兴	√	√		上、下学期各 2 学分

续表

系别	课程名称	学分	任课教师	院必修	系必修	选修	备注
教育系	国文教学法与教材	4	邵子风	√	√		上、下学期各2学分
教育系	历史教学法与教材	4	曹植福	√	√		上、下学期各2学分
教育系	地理教学法与教材	4	陶吉亚	√	√		上、下学期各2学分
教育系	教学实习	6	安德生 吴再兴	√	√		上、下学期各3学分，均在本院附中实习
教育系	中等教育	4	袁伯樵	√	√		上、下学期各2分
教育系	教育史	6	袁伯樵	√	√		上、下学期各3学分；上学期注重中国近代，下学期注重西洋近代
教育系	专题报告或论文	2	全院教师	√	√		上、下学期各1学分；每周讨论一次
教育系	教育统计	4	黄溥	√	√		上、下学期各2学分
教育系	教育测量	4	黄溥	√	√		上、下学期各2学分
教育系	中学行政与视导	4	黄溥	√	√		上、下学期各2学分
教育系	比较教育	4	黄溥	√	√		上、下学期各2学分
教育系	教育哲学	4	安德生 吴再兴	√	√		上、下学期各2学分
教学系	教育概论	6	袁伯樵	√	√		上、下学期各3学分
教学系	中学普通教学法	4	吴再兴	√	√		上、下学期各2学分
教学系	教育心理	6	戴惠琼	√	√		上、下学期各3学分
教学系	教育实习	6	安德生 吴再兴	√	√		上、下学期各3学分
教学系	地理教学法	4	陶吉亚	√	√		上、下学期各2学分
教学系	国文教学法与教材	4	邵子风	√	√		上、下学期各2学分
教学系	历史教学法与教材	4	曹植福	√	√		上、下学期各2学分
教学系	生物教学法与教材	2	毕列爵	√	√		上、下学期各1学分
教学系	中等教育	4	袁伯樵	√	√		上、下学期各2学分

续表

系别	课程名称	学分	任课教师	院必修	系必修	选修	备注
教学系	教育哲学	4	安德生 吴再兴	√	√		上、下学期各 2 学分
教学系	论文或报告	2	全院教师	√	√		上、下学期各 1 学分
音乐系	钢琴	4	吴安仁慈		√		课程编码 101-102；上、下学期各 2 学分
音乐系	钢琴	4	吴安仁慈		√		课程编码 103-104；上、下学期各 2 学分
音乐系	钢琴	6	吴安仁慈		√		课程编码 105-106；上、下学期各 3 学分
音乐系	钢琴	8	吴安仁慈		√		课程编码 107-108；上、下学期各 4 学分
音乐系	钢琴	8	张才义		√		课程编码 107-108；上、下学期各 4 学分
音乐系	音乐欣赏	4	张才义		√		上、下学期各 2 学分
音乐系	钢琴教学法	4	张才义			√	上、下学期各 2 学分
音乐系	伴奏	2	安德生夫人			√	上、下学期各 1 学分
音乐系	钢琴合奏	2	安德生 夫人（?）			√	上、下学期各 1 学分
音乐系	音乐基本常识	4	安澜		√		上、下学期各 2 学分
音乐系	乐理学	6	安澜		√		上、下学期各 3 学分
音乐系	风琴	2	安澜			√	上、下学期各 1 学分
音乐系	初级声乐	4	安德生夫人		√		上、下学期各 2 学分
音乐系	高级声乐	6	?				上、下学期分别为 2、4 学分

※资料来源：《华中大学各院系课程调查表》，1950 年印行；注：教育系与教学系的选修课程，视学生将来教学之需要，分别决定之。

在私立华中大学的最后五年间，随着课程逐渐地发生变改，教育学院的人才培养规模也在发生着变化。据相关资料记载，当学院由滇西迁返武昌时，在读学生仅有 60 余人，到 1947 年秋季学期注册时，教育学院有学生 97 人。

及至 1949 年初，全院有学生 108 名，达到了华中大学历史上的最高峰，占其时全校学生数的 1/5。但随着形势的变化，1948—1949 学年度的后半期有 20 多名学生离开，到 1950 年秋季学期时，全院学生计有 84 人。其中教育系学生 46 人（男生 13 人，女生 33 人）、教学系学生 38 人（男生 6 人，女生 32 人）。其年级分布状况为：四年级生教育系 8 人、教学系 18 人；三年级生教育系 11 人、教学系 12 人；二年级生教育系和教学系各为 6 人；一年级生教育系 11 人、教学系 12 人。由于在读学生基数的扩大，故而历年毕业生的人数也有所上升，这从下表（见表 1-21）历年毕业生情况可以显见。

表 1-21　教育学院后期（1938 年西迁后）毕业生名录※

姓名	性别	年龄	籍贯	系别	毕业时间	备注
张敦秀	女	26	湖北蒲圻	教育学系	1942 年 7 月	
任励人	男	26	湖南湘阴	教育学系	1942 年 7 月	
胡楚生	男	25	江苏江宁	教育学系	1942 年 7 月	
罗和平	女	26	广东中山	教育学系	1943 年 7 月	
戴郇瑾	女	27	广东五华	教育学系	1943 年 7 月	
黄羡云	女	26	广东番禺	教育学系	1943 年 7 月	
彭光华	男	26	广东东莞	教育学系	1943 年 7 月	
石声河	男	27	湖南湘潭	教育学系	1944 年 7 月	
赵世泽	男	23	广西桂林	教育学系	1944 年 7 月	
丁宝筠	女	25	山东胶县	教育学系	1944 年 7 月	
强佩芬	女	36	福建闽侯	教育学系	1944 年 7 月①	
莫如喜	女	22	广东新会	教育学系	1944 年 7 月	
潘懋长	男	26	广东南海	教育学系	1945 年 7 月	
朱舍英	女	26	福建闽侯	教育学系	1945 年 7 月	
叶芬	女	23	云南昆明	教育学系	1945 年 7 月	
文卿云	女	23	湖南衡阳	教育学系	1945 年 7 月	
赵美媛	女	27	广东新会	教育学系	1945 年 7 月	
郑蕴檀	女	24	广东中山	教育学系	1945 年 7 月	

① 本章“表 1-10”显示，强佩芬应于 1932 年 6 月毕业，而时隔 12 年后于 1944 年 7 月以 36 岁年龄方获取华大毕业证书，可见华大学业管理之严格，亦可见华大于学生成材不在于早晚，有志者必助其事竟成！

续表

姓名	性别	年龄	籍贯	系别	毕业时间	备注
许纯欣	女	26	福建晋江	教育学系	1945年7月	
李金章	男	27	河南阳武	教育学系	1947年6月	(1946年教育学院无人毕业)
王安敏	女	20	浙江宁波	教育学系	1947年6月	
林润蓉	女	29	广东台山	教育学系	1948年6月	
段金绶	男	24	云南剑川	教育学系	1948年6月	
曾露岱	女	25	广东中山	教育学系	1948年6月	
宋逊	女	28	河北任丘	教育系	1949年6月	1944年9月入学
杨葆焜	男	24	云南剑川	教育系	1949年6月	1944年9月入学
刘建南	男	26	四川涪陵	教育系	1949年6月	1944年9月入学
万爱贞	女	24	湖北应城	教育系	1949年6月	1944年9月入学
崔绍藩	男	26	广东番禺	教育系	1949年6月	1945年9月入学
文糺缦	女	24	湖南衡阳	教育系	1949月6月	1945年9月入学
郑慧檀	女	25	广东中山	教育系	1949年6月	1945年9月入学
吴漪	女	22	广东鹤山	教育系	1949年6月	1945年9月入学
胡丕珠	女	23	湖北天门	教育系	1950年6月	1946年9月入学
黄寄美	女	22	湖南宁乡	教育系	1950年6月	1946年9月入学
黄世玫	女	23	江西九江	教育系	1950年6月	1946年9月入学
任先介	女	23	湖南湘阴	教育系	1950年6月	1946年9月入学
瞿启检	女	25	湖南沅陵	教育系	1950年6月	1946年9月入学
龚耀先	男	26	湖南益阳	教育系	1950年6月	1946年9月入学
李治启	女	27	湖北汉阳	教育系	1950年6月	1946年9月入学
龙翰香	男	33	湖南湘乡	教育系	1950年6月	1946年9月入学
彭玉谷	男	23	湖南茶陵	教育系	1950年6月	1946年9月入学
丁宪珍	女	24	湖北汉口	教育系	1950年6月	1946年9月入学
张桂芬	女	25	湖南祁阳	教育系	1950年6月	1946年9月入学
陈慕竹	女	22	湖南长沙	教育系	1950年6月	1946年9月入学
程出谷	女	23	湖南益阳	教育系	1950年6月	1946年9月入学
周忠沪	女	23	湖南宁乡	教育系	1950年6月	1946年9月入学
冯本洁	女	24	湖南沅陵	教育系	1950年6月	1946年9月入学
何恩光	男	25	湖南攸县	教育系	1950年6月	1946年9月入学
薛秀贞	女	24	湖北汉口	教育系	1950年6月	1946年9月入学

续表

姓名	性别	年龄	籍贯	系别	毕业时间	备注
谢量海	男	27	湖南益阳	教育系	1950 年 6 月	1946 年 9 月入学
张兆沛	女	24	湖北汉口	教学系	1950 年 6 月	1946 年 9 月入学
张才信	女	24	湖北汉口	教学系	1950 年 6 月	1946 年 9 月入学
冯蕴华	女	24	广东番禺	教学系	1950 年 6 月	1946 年 9 月入学
李瞻	女	23	浙江余姚	教学系	1950 年 6 月	1946 年 9 月入学
刘永璧	女	24	湖北武昌	教学系	1950 年 6 月	1946 年 9 月入学
李霜枝	女	26	湖南湘阴	教学系	1950 年 6 月	1946 年 9 月入学
宁丽华	女	27	湖南邵阳	教学系	1950 年 6 月	1946 年 9 月入学
宋尚殷	女	28	湖南湘阴	教学系	1950 年 6 月	1946 年 9 月入学

※资料来源：根据华中大学历年毕业学生名册（铅印本）综合辑录。

第二章

中华大学教育系的创办与沿革

（1910—1950）

追寻华中师范大学教育学院前身中方一途的源流，自然以私立中华大学教育（哲学）系的发脉最早。而该校于 1922 年创设的教育哲学门，实际上被视为中华大学教育学科的系史或院史的肇端。此教育哲学门，在“壬戌学制”颁行后，便通称教育学系或教育系；只因其“胚胎于西洋哲学系”，才有了这条“哲学”的尾巴。本章对中华大学教育学系的办理历程，分三段进行梳理。

第一节　中华大学教育系的创立与办理（1910—1926）

本书前已提及，教育科系的设置，须从师范教育说起。而在中国，师范教育的正式起步，当以 1897 年 4 月 8 日上海南洋公学师范院的创设为其标志。由于在师范学校中须开设教育学、心理学、教学法、教育史等教育类课程，而这类师资又须有专门的养成设施，故而在国人自己开办的学校中，教育系科便应运而生。

一、中国教育系科的创设

自上海南洋公学师范院创设后，又有公立湖北师范学堂、京师大学堂师范馆、私立通州师范学堂等师范教育设施的开办，并同时安排了教育类课程。中国师范教育的制度化，始于 1904 年 1 月 13 日颁行的《奏定学堂章程》（“癸卯学制”）。在其中的《奏定初级师范学堂章程》中，“完全科”规定了 12 种“学科”，第四科即为“教育学”。在其中的《奏定优级师范学堂章程》中，依四类编科，每一类的十余学科中，均列有“教育学”和“心理学”。只是晚请兴学时尚无教育学和心理学教师的养成机构，此类教师多由“日本教习”充任，稍后也有归国留学生担任此类教职。

中华民国成立后，有“壬子·癸丑学制”的颁行，在《师范教育令》《师范学校规程》和《高等师范学校规程》中，规定师范教育分设师范学校和高等师范学校两级。在师范学校学科中，仍设有“教育”；在高等师范学校学科中，仍设有“心理学”和“教育学”。遗憾的是，此时依旧未规定设立教育系科来专门养成教育类课程的专业教师；值得庆幸的是，在《高等师范学校规程》中，尚有如下两项特别规定：

第八条　高等师范学校得设专修科。前项专修科，于师范学校及中学校某科教员缺乏时设之。

第九条　专修科之科目及授业时间，由校长订定，呈请教育总长认可。①

正因为预留有这一“缺口”，所以才为中国教育系科的萌生提供了制度性铺垫。

1915 年 3 月，北京高等师范学校校长陈宝泉，主持拟定了《北京高等师范学校教育专攻科规程》。其中首条即为：“教育专攻科以养成师范学校教育教员为主旨。”② 当时计划招生 40 名，修业年限定为 4 年（正因为是 4 年而不是 3 年或 2 年，故不称“专修科”而称“专攻科”），并附有详明的课程标准。该规程经时任教育总长汤化龙认可后，遂于 5 月刊发招生广告，于 7 月举行入学考试，并于 1915 年 9 月开班授课。该科仅招此一届，由英语部教务主任王烈兼任科主任；教授教育学、教授法和指导实习的教师，有裴南美(美籍)、毛邦伟、王英华、王铸、张仁辅等；教授心理学的教师，有韩定生、谢大祉、伍崇学、马炳燮等。该班学生最终招得 37 人，而到 1919 年毕业时，仅为 21 人。

继北京高等师范学校开办教育专攻科后，南京高等师范学校在 1918 年 7 月，也举行了这样的招生考试。是届教育专修科的正取生，载为“沈炳文、林枕华、金海观、施毓麒、徐寿、张念祖、章表廷、杨伟文、蒋瀚澄” 9 人，而备取生则有“王炽昌、王树棠、朱文治、朱荫棠、吴宗望、汪尚华、金森宝、柯树声、梁华、许文锵、张铎、刘柏香、刘儒、钱泉、钱艺、龚家驷”③ 16 人，最终录取数未详。是届农业专修科所录郃爽秋，后转教育专修科肄业。在是年 9 月教育专修科开学后，曾委任陶行知为科主任；但他因未能以“教学法来代替教授法”，“因此不接受教育专修科主任名义”④。

继北京高师、南京高师教育系科专设之后，武昌、广东、成都、沈阳等地的其他四所国立高师，也先后创设教育专修科。若论游离于中国学制之外的教育系科，则以教会大学的创设相对为早。如华西协合大学于 1910 年在成

① 朱有瓛主编：《中国近代学制史料》第 3 辑下册，华东师范大学出版社 1992 年版，第 468 页。

② 李友芝等主编：《中国近代师范教育史资料》第 2 册，1983 年自刊，第 189 页。

③ 《南京高等师范学校录取新生通告》，1918 年 7 月 23 日《申报》第 2 版。

④ 陶行知：《教学做合一》，《陶行知全集》第 2 卷，湖南教育出版社 1984 年版，第 42 页。

都建校时，便分设文、理、教育三科；沪江大学于1915年在上海建校时，便分设教育、宗教、社会科学、自然科学四科。燕京大学于1916年初组后，便于1918年增设教育系；1919年正式成立后，教育学系也得以长期办理。至于国人办理的私立大学教育系科的创设，大体以陈嘉庚创办的厦门大学开其先河；1921年秋，该校改师范部为教育学部，内分教育学说、教育史、教育行政、中等教育、小学教育、乡村教育及心理学七组。中华大学的教育哲学系创设于1922年9月，可谓紧步厦门大学之后尘。大同、大夏等私立大学设置教育系科，均晚于中华大学。

二、中华大学教育系的创办

中华大学的校庆纪念日，定于1912年5月13日。其实当时所创设者，名为“武昌中华学校”；其前身，为1910年创设的“武昌中华学堂”，该校在辛亥革命期间一度停办。这两所学校，均为中等教育机构。不过可以肯定的是，中华学校在复办之初，便确立了办理大学的目标，因而在中学部（男子）之上设有专门部，分设法律、政治经济两科及英语专修科，且设有属预科性质的与清华学校合作开办的“游美预备班”。

1913年1月，中华民国教育部先后公布《私立大学规程》《私立大学立案办法布告》，从法规层面开放了私立大学的办学权限。此后，中华学校便依章呈请立案。在1913年7月中华学校自刊的《中华大学章程》中，不仅确立了中华大学之名，而且陈时在其中明确有言：“本年七月十四日，得部认可为中华大学。”① 此后“中华大学”名称便屡屡见载于报章。

但是这种认可，可能只是黎元洪、汤化龙或某个教育部部员的口头应允，并未履行相关的法定手续，因而遭教育部明确批驳：“查该校尚未经部核准，而章程上已刊有‘教育部认可’字样，殊属非是，应即删改。”② 此后，中华学校只能依部章扩充校舍、调整系科，致力于提高教学质量，然后于1914年12月14日，再次专呈湖北巡按使转咨教育部，请求按照部章准予立案认可。

1915年3月13日，教育部咨湖北巡按使，知照私立武昌中华大学已“准

① 陈时：《〈章程〉弁言》，中华学校1913年7月自刊，第3页。

② 教育部：《咨湖北省巡按使该省公私立法政及私立大学立案准驳情形请分别饬遵文》，《教育公报》第3期，1914年8月。

予立案”。其中有言：“兹据视学详报，该校各科组织尚属完善，各职员于管理、教授、训练诸端均极注意，教员资格、学生程度亦均相称，应即准予正式认可。”① 所以严格说来，中华大学的创办，当视1915年3月13日为端始。即便如此，视中华大学为中国近现代教育史上最早由个人捐资设立的私立大学，此论当属稳妥。

中华大学获准立案后，将“游美预备班”并入大学预科；对原办预科中的冒滥转学者进行清退，将120人裁汰至80人；又尽力延聘名师，改进课程设置，强化教育检测；还创办《光华学报》，致力提升学术研究水平，又将叶公祠改建为图书馆，并尽力扩充图书收藏。1915年6月底，中华大学大学预科第一班70人毕业。同年9月，中华大学依序开办本科，首先开办者为文科中国哲学门。1916年3月，获司法部认可，又增开法科经济学门。次年3月，再开办商科交通学门。至此，中华大学大学部，有文科、法科和商科三类别，始具较为完善的大学体系。

自蔡元培1917年出任北京大学校长后，便对该校进行了一系列改革；1919年，北京大学率先“废门改系”，即将原设“科”“门”二层级，合并为“学系”一个层级。1920年秋，中华大学依例将文科中国哲学门分设为中国哲学系和西洋哲学系，并在西洋哲学系中分立了教育专业（选修）。1922年9月，西洋哲学系停办，改办为教育哲学系，此即是教育系“系史”中所载其端：“本学系胚胎于西洋哲学系，创自民国九年。民十一，改为教育哲学系。”② 此教育哲学系，此后便因“壬戌学制”的颁行，改称教育学系或教育系，此即为华中师范大学教育学院中方一脉之端始。

三、学制变更及课程设置

在1922年9月中华大学教育哲学系改立之时，“壬戌学制”尚处于最后修订阶段，因而此时还是依据“壬子·癸丑学制”办学，主干学程为“7·4·6或7”，即高等教育分设为3年预科和3或4年本科两段。在《大学令》中的

---

① 教育部：《咨湖北巡按使私立武昌中华大学准予正式认可文》，《教育公报》第11册，1915年4月。

② 《教育系系史》，《中华大学卅二届毕业同学录》，中华大学1933年7月自刊，第70页。

第八条规定："大学各科之修业年限三年或四年，预科三年。"[1] 在《大学规程》中，又对具体科或门的修业时间予以明确："第三条　大学之修业年限，文科、理科、商科、农科、工科及医科之药学门为三年，法科及医科之医学部为四年。"[2] 中华大学的西洋哲学系在开办之初，即是招收的预科毕业生，计划本科修业 3 年毕业。当 1922 年改称教育哲学系时，其中的教育专业学生已就读了 2 年。

另一值得探讨的问题是，当时的大学本科所分列者，为文、理、法、商、医、农、工七科；而在文科之中，仅分列哲学、文学、历史学、地理学四门；在哲学门之下，则分列中国哲学和西洋哲学两类。值得注意的是，西洋哲学类之下所分列的课程为：

> （1）西洋哲学；（2）西洋哲学史；（3）宗教学；（4）心理学；（5）伦理学；（6）论理学；（7）认识论；（8）社会学；（9）中国哲学概论；（10）印度哲学概论；（11）教育学；（12）美术及美术史；（13）生物学；（14）人类及人种学；（15）精神病学；（16）言语学概论。[3]

正因为其中开设有心理学和教育学课程，所以由西洋哲学系改设为教育哲学系才具备了法规依据和学科基础。

至于中华大学教育哲学系为何不久又径称教育学系或教育系的问题，则是因学制变更所致。1922 年 11 月 1 日，以"大总统令"形式颁行《学校系统改革案》，此即为"壬戌学制"。该制以实用主义教育理论作为基础，具有平民化、个性化，生活化以及男女平权等特征，淡化了日本、德国色彩，强化了美国色彩，成为"新教育运动"的重大成果之一。该制摒弃了前制"七科大学"的规定，提高了师范教育与职业教育的地位，从而为教育可能单独设系提供了可能。

在"壬戌学制"中，还涉及"高师改大"问题："依旧制设立之高等师范

① 《1912 年 10 月 24 日教育部公布大学令》，朱有瓛主编：《中国近代学制史料》第 3 辑下册，华东师范大学出版社 1992 年版，第 1 页。

② 《1913 年 1 月 12 日教育部公布大学规程》，朱有瓛主编：《中国近代学制史料》第 3 辑下册，华东师范大学出版社 1992 年版，第 3 页。

③ 《1913 年 1 月 12 日教育部公布大学规程》，朱有瓛主编：《中国近代学制史料》第 3 辑下册，华东师范大学出版社 1992 年版，第 4 页。

学校，应于相当时期内提高程度，收受高级中学毕业生，修业年限四年，称为师范大学校。”[①] 随后，北京高师升格为北京师范大学，南京高师改办为东南大学；两者“改大”方式虽有不同，但不约而同地是，均将原设教育专攻科或教育专修科改称教育学系或教育系。在这种改制大潮中，将教育哲学系改称为教育学系实属自然。

中华大学教育学系的课程设置，依据中华大学学则的规定，可简明列表如下（见表2-1）：

表 2-1 中华大学教育学系课程计划表※

科目	授课学期数	每周授课时数
教育原理	2	5
教育史	2	5
教育社会学	2	2
学校卫生	1	2
学校建筑	1	2
中国教育史	2	2
各国教育制度	2	3
教学法	2	3
课程编制	2	2
智力测验	1	3
教育测验	1	3
教育行政乙	1	3
教育行政甲	2	5
教育统计	2	3
小学教育	1	4
中等教育	2	3
职业教育	2	5
小学教员指导	2	2
教育行政研究课	临时酌定	2
教育心理研究课	临时酌定	2

① 《1922年11月1日教育部公布新学制——壬戌学制》，朱有瓛主编：《中国近代学制史料》第3辑下册，华东师范大学出版社1992年版，第807页。

续表

科目	授课学期数	每周授课时数
教育史研究课	临时酌定	2
教育调查	2	3
学校行政	1	3
教育哲学	2	3
职业教育研究课	临时酌定	2
小学教育研究课	临时酌定	2
中等教育研究课	临时酌定	2

※资料出处：《武昌中华大学总览》，中华大学 1924 年自刊，第 11—12 页。

若就书面来审阅这份课程计划表，除教育实习未能占有一定比重的缺陷外，其他设置大体合理；但若考查当时中华大学的相关师资，所列课程不仅不可能开全，而且一人兼任数门课程的教学质量也着实堪忧。

四、教育系领导与师资

若论领导与师资，首先有必要介绍者，是时任中华大学校长陈时。当时，也称他为中华大学“总理”或“代表人”。他参与学校的决策和管理，是在 1912 年中华学校复办之后；获教育部认可为“代表人”，则是在他父亲陈宣恺于 1917 年病逝之后。中华大学教育学系的创设与办理，显然与陈时的办学思想相关；是他笼络了相关人才，主持制定了相关培养计划，并最终创设了教育学系。

图 2-1　中华大学校长陈时

陈时（1891—1953），原名映寰，改名时，字叔澄，湖北黄陂（今属武汉市）人。1907 年赴日本留学，先后就读于东京弘文学院、私立庆应大学、早稻田大学、东京中央大学，1911 年获中央大学法学士学位后归国。就读于庆应大学期间，深受该校创始人福泽谕吉兴学育才的精神感召，矢志归国后献身于教育事业；就读早稻田大学期间，又对该校创始人大限重信的思想进行了专门研究，对其学术自由的办学方针深为敬佩，还对该校前身东京专门学校的办学历程进行了考察，遂立志效法学术兴国的强国之路。1911 年春归国后，他便开始分担父亲的办学重任，准备实践自己的教育和学术理想。

陈时的办学理想，在 1933 年《东方杂志》有关“新年的梦想”征文中，他有如下表述：

> 我的个人生活，完全为武昌中华大学活动；我的幸福，亦纯粹为此校牺牲。我梦想此校在五十年以内，能够达到牛津、剑桥、哈佛、耶路〔鲁〕、巴黎、日内瓦、庆应各大学规模，并发挥一个最高的大同思想，来造就许多未来世界的先锋、勇士。①

陈时还认为：“大学教育为导扬文化之前锋，大学学生则前锋之执器者。”②

正是因为陈时怀有如此宏大的理想，所以他在主持中华大学办理的近 40 年中，能够屡经政治的风浪、屡遇经济的难关而不挫，使这所经济基础薄弱的学校能够维持不辍；且能拥有一定的学术地位，并使率先创设的教育系科能断续地维持 20 余年，培养出了一批教育专才。

图 2-2　首任教育系主任林立

其次值得介绍的，便是中华大学首任教育系主任林立。林立（1881—?），字卓然，湖北夏口（今属武汉市）人。幼年随父至九江，入塾奠定了国学之基。1895 年入九江同文书院，学业优秀，后兼任该校外语、数学助教。1904 年毕业后，任新式学堂教职。1907 年留学美国，先入卫理斯学院，继入雪城大学（Syracnse Univesity），主修哲学，辅修教育；1912 年入依阿华大学研究院，1915 年提交论文《美国市教育局局长之权责》，获哲学博士学位。归国后，先任九江南伟烈大学师范科主任，继任武昌外国语专门学校、武昌高师教职。

---

① 陈时：《1933 年新年的梦想》，《东方杂志》第 30 卷第 1 号，1933 年 1 月 1 日。

② 陈时：《〈第卅二届文理商各学系毕业同学录〉序》，中华大学 1933 年 7 月自刊，第 1 页。

1921年3月，林立受陈时之聘，出任中华大学教务长，在陈时出访南洋期间代为主持校务。是年11月初，受湖北教育界委托，专程赴长沙迎请并陪同杜威来武汉讲学，并主持了杜威在中华大学的演讲。演讲之后，又安排杜威到利群书社与互助社社员座谈，由恽代英口译，讨论热烈。次年9月，主持将中华大学西洋哲学系改名为教育哲学系，并以教务长兼任该系首任系主任。1923年夏，与陈时、高鸿缙代表湖北教育界，出席在美国旧金山举行的"世界教育联合会"。归国后，遂将教育哲学系定名为教育学系。1925年初，转任湖北省立文科大学（前身为湖北省立外国语专门学校）校长。他在中华大学任职近4年，对于中华大学的学科建设多有作为，尤其对于教育系的创立和办理贡献颇多①。

再次必须介绍者，为长期任教于中华大学，并曾兼任过教育系系主任的严绂苹。严绂苹（1894—1962），字士佳，湖北新洲（今属武汉市）人。早年考入北京清华学校，1919年赴美留学，先后肄业于密西根大学、普渡农科大学，后入哥伦比亚大学攻读职业教育，获教育学硕士学位。1923年7月陈时在美国参加"世界教育联合会"成立会时，二人一见如故；会后，他导引陈时等参观了哥伦比亚大学、哈佛大学等多所美国名校。

图 2-3　继任教育系主任严绂苹

严绂苹归国后，先短暂任教于湖北省立师范学校，后受聘担任中华大学附中主任兼教育系教职。1926年夏中华大学停办后，任锦州东北交通大学英文教员。1928年中华大学复办后，回校任教育系教授、教务长兼教育系主任。1931年兼任湖北省立教育学院筹备委员，参与拟定组织规程，使该校得以顺利设立。1938年随中华大学西迁，1946年随中华大学复员，始终与中华大学共进退，并长期担任教育系和师范专修科主干课程的教学。

严绂苹名为中华大学的教务长，但也兼管中华大学的附中和附小的教学；所有教师的聘任和辞退，他都亲自面试或谈

① 林立于1927年秋，转任上海沪江大学教授，后历任该校教育系主任、文学院院长、教务长等职。1935年主持筹建国际教育图书馆，1945年任沪江大学代校长，1948年退休。撰有《怎样取得小朋友的信仰?》《学校教师应注重的——我见》《大刚中正的中国精神》等。

话。如有老师缺课，他就顶上。中学的国文、外文、物理、数学、历史、地理，大学的自然科学和社会科学，他几乎门门皆通，拿着课本就能侃侃而谈；新生入学不到一个月，只要他点过一次名的几乎全都认识，并能当面喊出名字。即便是教育系学生外出参观和实习，有时他也亲自带队，并随时给予指导。

正因为他在中华大学任职最久，且与师生门的情谊最深，所以陈时在1947年为严士佳庆生的酒会上说：

> 严先生毕生主持中华大学，不问收获，但求耕耘，做出了显著成绩。刚来时他头发乌黑黑的，如今白发苍苍。严先生和我共事，我只是像哥伦布一样，发现了一块荒地。以后从小到大的发展，与严先生的关注分不开。严先生具有如同华盛顿、林肯一样的功劳。

而严士佳的答辞则特别真诚，特别有意思：

> 我到中华大学来，确实排除了一切外来引诱，高官厚禄非我所求。抗战转进，中华大学由武昌粮道街迁到宜昌，又由宜昌迁到重庆南岸米市街，其所经过道路，何等坎坷不平。在粮道街缺粮，在米市街无米，我这个教授，越教越瘦。有人劝我转业，以优厚待遇相罗致，我不为所动，愿和中华大学与共甘苦而不去。我想，如果换一个位置，可能钱多一些。可是“袁大头”（指光洋）不会对我发笑；而我的学生，在街上碰到我，老远就笑眯眯地向我打招呼，他们高兴地喊：“严老师，我陪您老人家干一杯吧！”我自得其乐，其乐融融。①

在该文中，吴先铭还记录了时人对两人的对照评价：“陈长于进取，严善于守成；陈敏感，严谨严；陈能量大，严生性质朴。”此后严士佳历任中华大学代理校长、校长，领导学校参与“高校院系调整”，顺利完成了学校转轨，并将余生贡献给了华中师范学院教育系。②

---

① 吴先铭：《陈时与中华大学的几个片断》，《武汉文史资料》1983年第3辑（总第13辑），1983年5月。

② 教学之余，严绂苹也致力于教育研究，译有《欧洲国家主义与教育》，著有《中国职业教育》《中国农业职业教育》《陶行知的教育思想》《中国荀子教育哲学思想》等。

除以上三人外，此期兼授过中华大学教育系课程者，尚有林和民，他以中学部主任兼授教育系课程；陈礼江，1926 年任武昌大学教务长时，兼授教育系课程。崔思让（字稚南），他以英文教员兼授教育系课程；心理学教员，则先后有金华祝（字封三）、李庆芳（字特栽）、郭宪章（字冰忱）、易仲芳兼授；伦理学教员，先后有刘燮臣（字用梅）、任友梅（字鹤宾）兼授；社会学教员，先后有李人杰（字汉俊）、海武安兼授；统计学教员有易奉乾（字雪岑）兼授。依据前列教育系课程表可知，即使其不可能开全，专任或兼任教育学系课程者，也当不止上列，只是现今已难知其详。

总体说来，初创阶段教育学系的师资难如人意。其具体表现为“三少”：一是教员专任者少；二是知名者少；三是长期任教者少。或许正是因为专业师资匮乏的问题，在此五六年间，仅有两届毕业生，而且毕业生总数不足 10 人。

五、学生及其社会活动

自 1920 年在西洋哲学门中分设教育专业后，便有部分学生修习教育类课程；依据当时大学本科学程 3 年的规定，该系至 1923 年便应有西洋哲学和教育哲学两种毕业生。但奇怪的是，在 1923 年的毕业生名录上，仅有教育哲学系而无西洋哲学系的毕业生。这说明，在 1922 年西洋哲学系改称教育哲学系时，即将西洋哲学门中的所有学生改隶其下；即是说，1920 年所分列的西洋哲学门，在办理两年改称教育哲学门后，该门学生中便无专习西洋哲学者了。

依据《武昌中华大学二十周年纪念特刊・大学各科院系历届毕业学生姓名录》所载，1923 年 6 月“文科教育哲学门”毕业生，为倪明材、段麟郊、刘昌群、邓炘、帅承瑞、张绍康、靳建勋、周玉瑞 8 人。这里所称的教育哲学门，理当称为教育哲学系，否则便应称为西洋哲学门。前引《教育系系史》，对这一称谓已有明确交代。以下对这首届 8 名教育哲学系或教育学系毕业生逐一介绍如下。

倪明材（1896—1937），字子英，湖北武昌人。中华大学预科第三班毕业后，入大学部西洋哲学门，1923 年毕业，获教育学学士学位，后长期担任中华附中英文教员。1937 年 5 月英年病逝，为感念他十余年来服务于中华附中，学校曾专门举办了追悼会。著有《英文造句法正误详解》《实用英文法》《新制英文法及图解》等。

段麟郊（1894—1945），湖南新化人。1919年6月毕业于中华大学大学部预科第四班，1923年6月教育哲学系毕业，旋任中华大学图书馆管理员。1926年回湖南长沙投身于北伐革命，后任国民革命军第四十四军政治部主任。南京国民政府成立后，于1929年5月，列名全国大学及专门学校党义教师第三批通过名单。1930年11月，任职于中央陆军军官学校武汉分校政治训练处，为武汉分校特别党部执行委员、上校军事教官、南京行营党政处长。后任南京中央陆军军官学校政训处教官，为南京市政府办理保甲专员，参与发起成立“南京市国民劳动服务会”，升任南京市自治事务处主任。抗日战争期间，任军委政治部设计委员、行政院参议；1939年秋季开学后，兼任中华大学教授。著有《经济概论》《新中国政治建设论》《三民主义与中国》《唯生论辩证法》等。

刘昌群（1902—1948），曾用名仕衡、仲雯、仲云，湖北黄陂（今属武汉市）人。1920年考入中华大学西洋哲学系，受恽代英影响，参加学生运动，加入社会主义青年团、中国共产党。1923年教育哲学系毕业后，主编青年团中央刊物《中国青年》，当选为团中央候补委员，任湖北青年团体联合会执行委员，并任国民党湖北省临时党部执行委员，投身北伐革命。1927年6月后，出任共青团湖北省委书记、中共湖北省委委员。1928年奉调上海团中央工作后脱党。抗日战争时期，历任广西省政府高级参议、国民党广西省党部书记长。1948年夏病逝于香港。

邓炘（1893—?），湖北黄陂人，中华大学预科第三班毕业生，其他生平事迹未详。

靳建勋（1892—?），字鼎箴，河南郾城人。中华附中1916年毕业，1923年中华大学教育哲学系毕业后，回故里任教，后任郾城召陵中学校长。

帅承瑞（1895—?），湖南汉寿人。1917年6月下旬大学预科第四班毕业，归里事教。1929年主持创设汉寿县立简易乡村师范学校，出任校长。1941年8月，任汉寿县私立沧浪初级中学董事，并任教于其中。

周玉瑞（1894—?），河南泚源（后改唐河）人。1919年6月中华大学部预科第四班毕业，其他生平事迹未详。

张绍康（1896—?），安徽无为人。1919年6月下旬，中华大学预科第四班毕业，1924年7月任“武汉反对帝国主义大同盟”筹备委员。其他生平事迹未详。

中华大学西洋哲学门1920年增设教育专业后（实为改办教育哲学门），

在 1922 年改称教育哲学系时，似还招收了新生。因为《武昌中华大学二十周年纪念特刊·大学各科院系历届毕业学生姓名录》载有：1926 年 6 月“文科教育学系”毕业生为李延昌（1892—?）一名，他为湖北天门人，其他生平事迹未详。因为此期“壬戌学制”已全面施行，大学本科要求修业 4 年。

值得研究的相关问题，还有知名经济学家王亚南入读中华大学教育系的时间问题。他在回忆文章中自称曾就读于其中：

> 我是一九二一年进大学的，到一九二六年才从大学里出来。我所住的是武昌的颇不足道的大学——中华大学。这个大学在今日是销声匿迹了，当时在长江中部对于新文化的吸收，却也表现得相当热闹。我进的是教育学系，教育学系的几位台柱教授都是从美国哥伦比亚大学回来的。[①]

在此，王亚南的表述模糊，他 1921 年“进大学”时，并未言明是“教育系”（当时也无教育系），而“出来”究竟是毕业还是辍学也存疑。

另有 1922 年和 1923 年入读中华大学教育系之说。张兴祥在他所撰《王亚南先生学术年表》中则记有：“1922 年秋，考入武汉中华大学教育系，同时兼任中学英语教员以维持生活。”[②] 在安树芬、彭诗琅的撰述中，则有如此记载：“王亚南幼年在家读私塾，十岁时父病逝，家中生活日益困苦，靠出嫁的姐姐资助读完中学。1923 年考入武汉中华大学教育系，并在中学兼任英语教员以维持生活。”[③]

但令人奇怪的是，如果他是 1922 年入读教育系的，那么 1926 年毕业者，就并非只有李延昌一名。如此，王亚南于 1923 年入读教育系的概率明显较大。有人提供线索云，大学时代的王亚南，名为“王亚銮”。依此查阅华中师范大学档案，果有所获：王亚銮，二十七岁，湖北黄冈人，入校时间为“十七年二月”入校，编入“大学部第七学程”，所学门类为教育，“本校大学本

① 王亚南：《记得我在大学的时候》，《公余生活》第 3 卷第 4、5 期合刊，1945 年 8 月。

② 王亚南著：《中国官僚政治研究》，商务印书馆 2010 年版，第 204 页。

③ 安树芬、彭诗琅主编：《中华教育历程》第 46 卷，北京远方出版社 2006 年版，第 7006 页。

科教育系三学年”[1]。同级同学，尚有陈法礼、潘绍福和邹钟毓三人。而此三人，均于 1928 年 12 月教育系毕业（因中华大学停办而推迟一年半毕业），唯独缺失王亚銮。

由此反推，他们这一届当为 1923 年 9 月入学。王亚銮确实是于 1921 年冬投考中华大学的，于 1922 年春以“编级生”入读中华大学。不过所读为旧制预科。1923 年 9 月，重新报考并入读教育系。1926 年 6 月中华大学停办时，他仅为教育系三年级生。1928 年 2 月中华大学复办时，王亚南也随之注册复读。然而，其后又因种种原因放弃复读机会，由汉赴沪，由沪转杭，与郭大力寓居西子湖畔大佛寺，开始翻译马克思的著作《资本论》。

之所以要对王亚南求学之事详加考证，是为了说明在中华大学 1922 年改西洋哲学系为教育哲学系后，确曾招收了新生，但王亚南并不在其中。在 1923 年首届教育系学生毕业后，该系又成批招收了新生予以培养，王亚南即为其中之一。他本应 1927 年 6 月毕业，但由于学校停办一年半，在学校复办后，他理应与同届的教育系学生 3 人于 1928 年 12 月毕业。

若论此期中华大学教育系学生的社会活动，主要反映在三个方面：一为社会政治活动，这与中华大学在华中学生运动中的地位相关；二为平民教育运动，这与教育系自身的特色和任务相关；三为公共体育竞赛，这与扩大中华大学的社会影响很有关系。

有关社会政治活动，在首届教育系 8 名毕业生中，大多均毕业于中华大学预科，即整个五四期间均为中华大学学生；而五四时期的中华大学，实为武汉地区学生运动的排头兵，其中当然会有他们的身影，如刘昌群筹组社会主义青年团，又如张绍康领导反帝爱国运动等。在此，仅对中华大学学生此期的社会政治活动列举三项如下：

其一，1919 年 5 月 7 日，在恽代英的发动下，中华大学学生一致要求声援五四运动，后拟发《声援北京学界电》，筹组“武汉学生联合会”，参加集会和游行示威，成为这次反帝爱国运动的主力军。

其二，1919 年 12 月 5 日晨，闻福建日人伤毙学生、巡警事，爱国学生义愤填膺，于是联络各校组织抗议；同月 13 日，在湖北省署门前举行集会，各校学生到会者 6 千余人，会后举行游行示威，给“闽案”受害者以声援。

---

① 华中师范大学档案馆馆藏：“中华大学档案”，案卷号 LS13-7。

其三，1921 年 11 月“华盛顿会议”即将召开，为声援与会的中国代表团，中华大学学生多次组织游行，要求“废除密约”“还我青岛”。

有关平民教育运动，此为“新教育运动”中最为有声有色的内容，旨在使失学成人获得补习教育的机会，所谓“除文盲，作新民”① 是也。早在 1918 年 10 月，陈时便仿照蔡元培在北京大学的先例，于校内附设“平民夜校”，指导本校学生任教，招收本校校工和学校周边的城市贫民入校识字扫盲。1920 年 2 月 29 日，陈时、施洋和恽代英联络武汉学、商两界，共同发起成立了“湖北平民教育社”，办理平民学校 7 所，分日校、夜校、星期日学校三种。武昌的平民夜校，便是由中华大学原办平民夜校扩充、完善而成，该校大多学生也热情地投身于其中。

1923 年 8 月“中华平民教育促进总会”在北京成立后，湖北平民教育促进会于同年 11 月 19 日宣布成立，由时任湖北省教育厅厅长宗彝任会长，陈时任总干事。其后，陈时接待来汉宣传平民教育的朱其慧、陶行知和晏阳初，安排他们赴各处演讲，并在中华大学学生的协助下，组织武汉三镇同时举行平民教育集会和游行。参加游行者达 4 万余人，游行者手执“平民之光”“光明之路”小旗，沿途商号放鞭庆贺，民众观者如云；商务印书馆将集会、游行盛况摄成影片，营造出轰轰烈烈的影响。教育系学生段麟郊便为组织这次活动的骨干。

有关公共体育竞赛，与陈时向来重视体育相关。早在 1915 年中华大学准予立案之后，便于校庆纪念日 5 月 13 日举办了首次春季运动会；此后每年的校庆纪念日，体育竞赛均为重要内容之一。此外，学校还先后组织篮球队、足球队、排球队、乒乓球队，与他校和社会机关团体比赛，密切了学校与社会的关系，扩大了中华大学的社会影响。

陈时除倡行学校体育外，还致力推动社会体育的发展。早在 1923 年 1 月，为筹备参加第六届远东运动会，全国体育界知名人士集议于南京，倡议分区选拔选手以参加远东运动会。会上定华中区为鄂、皖、湘、赣四省，首届华中运动会在武昌举行。陈时主持筹办的第一届华中运动会，于 1923 年 5 月 4 日、5 日在武昌体育场举行。四省体育代表队 600 余名运动员同场竞

① 晏阳初：《平民教育的宗旨、目的和最后的使命》，《晏阳初全集》第 1 卷，湖南教育出版社 1989 年版，第 116 页。

技。中华大学不仅有运动员参加比赛，而且还有更多学生踊跃参加了服务工作。1924 年 5 月 24—26 日，陈时又成功地在武昌体育场举办了第三届全国运动会，不仅有华北、华东、华南、华西、华中 5 区的运动员，还首次增设了女子项目，特邀海外华侨归国参赛。这两次大型体育竞赛活动，均与中华大学师生的参与相关。

在上述社会活动中，现已很难详述教育系学生的作为；再说，在这六七年中，教育系的毕业生仅有 9 人，在全体学生中所占比重过小，因此不宜视同于全体学生；但是教育系学生有过参与或多有参与的推断，应当可以成立。

六、教育系的第一次停办

中华大学教育系的第一次停办，与中华大学的停办同步，其时在教育系第二届学生刘延昌毕业之际。这次停办，既与“北伐革命”时代大势的风云变幻有关，更与陈时被卷入“国家主义”派的政治漩涡有关。

所谓国家主义（Statism），是近代兴起的一种关于国家主权、国家利益与国家安全和国民利益问题的政治学说，主张“民族至上”“国家至上”，最早由德国哲学家费希特提出。中国在五四运动后，国家主义教育思潮逐渐酿成，并在“收回教育权运动”中崭露头角。1925 年 7 月，余家菊、陈启天、李璜、左舜生等 39 人，在北京发起成立了“国家教育协会”，试图宣扬国家主义精神，以谋教育的改进。依据余家菊的说法，其任务主要有四：“（1）培养自尊精神以确立国格；（2）发展国华以阐扬国光；（3）陶铸国魂以确定国基；（4）拥护国权以维国脉。”① 1926 年 3 月，该会创办《国家与教育》周刊，并先后刊印“国家教育协会丛书”多种。借此势头，该会骨干分赴各地演讲，并发展会员、筹组分会，国家主义教育思潮日渐强劲。

作为学术层面的国家主义，本与五四以后民族精神的快速觉醒合拍；作为政治层面的国家主义，却与方兴未艾的政党政治冲突，视国家与政党为对立物。具体来说，国家主义教育派既反对共产党人的社会主义主张，又对国共合作后所实施的“党化教育方针”予以猛烈抨击，因而引发革命阵营的反

---

① 余家菊：《国家主义教育学》，中华书局 1925 年版，第 32 页。

击，尤其是进步学生纷纷与之势不两立。

陈时并没有加入国家教育协会，他对此曾反复声明过。但由于该会骨干余家菊、陈启天均为中华大学早期毕业生（前者 1918 年毕业于中国哲学部，后者 1915 年毕业于政治经济别科，并曾任教于中华附中），且师生之谊颇厚，故当陈启天商借中华大学礼堂演讲“中国教育政策”时，便慨然应允。结果在 1926 年 6 月 13 日演讲开始后，外校学生百余人冲击会场，引发武斗，并酿成血案，教室门窗、桌凳、设备等，均遭捣毁。打砸前后历时两小时，军警到后拘捕 20 余人后方止。

此案发生后，陈时遭受巨大舆论压力，进步报刊纷纷谴责他处置不当，有意袒护国家主义派，“遂有用各校校生及教职员会名义，通电宣布该校长之罪状者，谓其唆使校役工人殴伤听讲群众，反请军警捕人云云”①。经历此次演讲风波后，中华大学各部均陷于停课状态。未久，由于校舍及设备被毁甚多、师生星散后难以复课，加之暑假将届，于是宣布提前放假。

就在国家主义教育风波致使中华大学停课之时，以叶挺独立团为前锋的北伐军已进入湖南，1926 年 7 月 9 日国民革命军正式誓师北伐，随后在湖北咸宁先后爆发汀泗桥之战和贺胜桥之战。随着北伐军的节节胜利和进逼，直系军阀吴佩孚的败军纷纷退入武昌城，中华大学校舍于是被败军征用，设备和图书损毁殆尽，开学复课已无可能。同年 10 月 10 日，武昌城守军第 3 师李俊卿师长率部投降，打开保安门，迎接北伐军入城，武昌守军遂全部缴械投降。至此，围攻了 40 余天的武昌城终为北伐军所占，中华大学驻军被缴械后撤出。然而是年 12 月 11 日，陈时等 34 人被湖北革命政权以“反动派教职员”罪名公开通缉，中华大学当然也就无法复课办理。

第二节　中华大学教育系的复办与发展（1928—1942）

当中华大学 1926 年 6 月下旬宣布提前放假后，陈时还在心中筹划着秋

① 《武昌中大流血捕人案续志》，1926 年 6 月 21 日《申报》第 9 版。

后开学诸事。但是未久，武昌即被北伐军围城，而风声又于己不利，于是陈时率家小避居于汉口法租界；秋季转眼即过，当年12月11日，陈时等被湖北革命政权公开通缉后，只能继续匿居于租界，再也难存复办中华大学之望。

一、中华大学的复办与教育系的恢复

1926年10月10日，北伐军攻破武昌城，随后成立湖北省政务委员会，并接收了中华大学。同年11月，广州国民政府迁至武汉，是为武汉国民政府。12月28日，武汉国民政府决定，将武汉地区原设的国立武昌大学、国立商科大学、省立医科大学、省立法科大学、私立华中大学和私立中华大学，改组合并为"武昌中山大学"。1927年11月28日，又将其改称为"第二中山大学"。

"四一二"事变后，蒋介石于1927年4月18日在南京另组国民政府，与武汉国民政府分庭抗礼。7月15日，汪精卫领导的武汉国民政府开始"分共"，并由此引发南昌起义、广州起义和秋收暴动，国内局势进一步混乱。次年2月2日，国民党在南京召开二届四中全会，议决改组国民政府和中央党部，于是"宁汉合流"，政局渐趋稳定。

1927年12月，湘鄂临时政务委员会决定："查第二中山大学内容现状，实不免嫌疑分子。经提前放假，暂由职会派员保管。"① 此后，第二中山大学无形解散，原武昌高师改办的武昌大学，计划单独改办为武汉大学，其他被合并的各校也纷纷另立门户、分途发展。恰值此时，陈时的通缉令被取消，于是在中华大学校友们的强烈呼吁下，由陈时主持，以中华大学校友总会名义，呈文湘鄂临时政务委员会，请求核准复校并发还校址。

1928年1月14日所呈获准后，"中华大学复校筹备委员会"召开会议，决定筹备委员会由委员7人组成，互选常委3人、秘书1人，主持复校工作。次日召开执事、监事委员会议，审议日前会议结果，决定了筹委会正式成立的时间。同月18日下午1时，在汉口永广里召开筹委会成立会，选举出常委3人，议决《关于本校编制案》《核计校产及基金并清理以前收支债务案》《筹

---

① 大学院：《函湖北省政府主席张》，《大学院公报》第1卷第3期，1928年3月。

委进校办公时间案》等，并立即开展接收校址、修葺校舍、敦聘教师、招考学生等工作。

此后中华大学便在各报刊登复校和招生消息：“大学、中学、小学各部新生及编级生，报名日期自二月十三日起至二十四日止，二十六日考试；原修业生二十日以前来校注册。另有详章，可至校内自取，或寄二分邮票函索即寄。”①

1928 年 3 月 13 日，中华大学及附中、附小同时在原址复校开学。此后每年的 3 月 13 日，便成为中华大学的“复校纪念日”。复办之初，中华大学大学部仅办有中文系、法律系、教育哲学系以及专门部法律班，大学部的学生不足 200 人，教育系学生仅 3 人。是年秋季开学时，再次将教育哲学系易名为教育学系，并招有新生数名。

1929 年 7 月 26 日，国民政府颁布《大学组织法》，其中规定：（1）大学分文、理、法、教、农、工、商、医等学院，须具备 3 学院以上者，方可称为大学；（2）大学分国立、省市立和私立三种性质；（3）大学各院，得分为若干学系；（4）大学得设研究所或研究院，并可由各学系附设专修科；（5）除医学院修业 5 年外，余皆修业 4 年。中华大学随即依章调整，于 1929 年秋季开学后，即遵章将学校改组为文、理、商三学院。经部派教授曾昭安、张有桐两次到校核查后，教育部遂于当年 12 月 27 日核准中华大学重新立案，教育学系遂得到法定认可。

在 1930 年秋季招生时，中华大学在《申报》所刊载的广告为：

> 大学文学院——中文学系、外语文系、政治经济学系、法律学系、教育学系；理学院——数学系、教学系、物理学系、化学系；商学院——银行学系、工商管理学系。附设中学——高级、初级。各院系均招一年新生及二、三年级编级生（附中招一年级新生及二、三年级各学期编级生）。报名：八月一日至二十一日；考期：八月二十四日。另有《投考须知》，函索附二分邮票即寄。校址：武昌粮道街。②

至此，中华大学教育学系的办理方步入正轨。

---

① 《私立武昌中华大学复校招生广告》，1928 年 2 月 19 日《申报》第 16 版。

② 《私立武昌中华大学招考》，1930 年 7 月 9 日《申报》第 2 版。

二、制度建设及课程设置

在中华大学复办之后，依照教育部颁《私立学校董事会条例》，重新拟定了《中华大学校董会章程》，依章推举了董事会成员，委任了校长，吸纳了汉口商界领袖作为董事，使办学资金获得了一定的保证。历任董事会主席，为习文德、黄贤彬、贺衡夫、周星棠、周以灿、何成濬、居正等。第一届董事会成立时，任命黄建中任校长，陈时为副校长。未久黄建中辞职，由陈时代理校长；在 1931 年第四届董事会组成后，方正式任命陈时为校长。

有关制度建设的重要内容，为系科设置。在 1930 年刊布的招生广告中，中华大学为 3 院 11 学系；而在 1932 年刊布的该校《组织大纲》中，该校的发展计划即为：

> 第四条　本大学设下列各学院，按照实际状况，分期次第开办：（一）文学院，分下列各学系：（1）中国文学系；（2）外国语文学系；（3）教育学系；（4）政治学系；（5）法律学系；（6）附设师范专修科。（二）理学院，分下列各学系：（1）数学系；（2）物理学系；（3）化学系；（4）附设农艺学系。（三）商学院，分下列各学系：（1）工商管理学系；（2）会计学系；（3）银行学系；（4）经济学系；（5）附设农业经济学系。①

此计划已增加为 3 院 12 系，另加三附设机构。教育学系已成为其中的骨干系科，而师范专修科已于 1930 年春开办。

中华大学在制定《组织大纲》后，还先后颁行《选课须知》《会议通则》《考查学生学业及操行成绩实施规则》《训育委员会规则》《训育标准》《训育实施方案》《旁听生规则》《各学会组织通则》《校友总会章程》等一系列规章，用以强化教学和操行管理。在组成训育委员会实施训育的同时，又组织了课程委员会，对于各院系的课程进行了更为规整的设计。

此期教育学系课程，依据相关资料，可制表如下（见表 2-2）：

---

① 《武昌中华大学二十周年纪念特刊》，中华大学校友总会 1933 年 7 月自刊，第 2—3 页。

表 2-2　教育学系课程分配表※

	学科	每周时数	学分数	必修或选修
第一年级	国文究习	三	六	必修
	军事训练	三	三	必修
	教育原理	三	六	必修
	英文研习	三	六	必修
	教育概论	二	二	必修
	教育史	二	四	必修
	中山主义	二	二	必修
	普通心理学	三	六	选修
	教育心理学	三	六	必修
第二年级	儿童心理学	三	六	必修
	遗传学	二	二	必修
	幼稚园教育	三	三	选修
	学校行政	二	四	必修
	青春心理学	三	三	必修
	学校卫生	三	三	必修
	小学教育	三	三	必修
	军事训练	三	三	必修
	社会心理学	三	三	选修
	教育社会学	二	四	必修
	中等教育	二	四	必修
第三年级	师范教育	二	四	必修
	社会教育	三	三	必修
	教室管理	三	三	选修
	乡村教育	二	四	必修
	教育行政	二	四	必修
	教育测验	三	三	选修
	职业教育	三	三	必修
	课程编制	三	三	必修
	教育统计	三	三	必修
	智力测验	三	三	选修

续表

	学科	每周时数	学分数	必修或选修
第四年级	比较教育	三	六	必修
	现代教育思潮	三	三	必修
	新兴教育	三	三	选修
	毕业论文		二	必修
	教学法	三	三	必修
	体育学	三	三	选修
	教学实习			必修
	教育哲学	二	四	必修
	教育专书研究	三	三	选修
	视察指导	三	三	必修

※资料来源：《武昌中华大学二十周年纪念特刊》，中华大学校友总会 1933 年 7 月自刊，第 4—5 页。

有关各门课程的课程纲要，亦可根据《武昌中华大学二十周年纪念特刊》所载材料概述如下：

（1）教育概论——讲授教育事业之类别及其内容，使明教育对于社会文化之关系。

（2）普通心理学——研究精神现象之内容及其法则与关系。

（3）教育原理——研究教育之意义、目的、教材、教法、训练、儿童、教师与学校之职务、功用及关于其他教育活动之学理。

（4）教育史——研究中西各国历代教育学说及实施之沿革，并明了其变迁之原因与背景。

（5）教育心理学——研究教学程序、原则及条件，以谋进增学生学习能力与应付能力。

（6）儿童心理学——研究儿童性质及其发育状态，为施行教育之基础。

（7）青春心理学——研究青春期心理现象及其特质。

（8）社会心理学——研究社会心理现象及其特质。

（9）遗传学——研究遗传上之重要原理、原则及其在教育上之应用。

（10）学校行政——讲授学校行政之原理与实际，以为将来实地办学之指针。

（11）学校卫生——研究学校卫生之原则及其具体实施方法。

（12）教育社会学——讲授社会学之基本原理及其在教育上之应用。

（13）幼稚园教育——讲授幼稚园教育之目的及性质，研究幼稚园教育各种重要问题。

（14）小学教育——讲授小学教育之目的及性质，研究小学教育各种重要问题。

（15）中等教育——讲授中等教育之目的及性质，研究中等教育各种重要问题。

（16）师范教育——研究师范教育之特质及其实施重要问题。

（17）乡村教育——研究乡村教育之本质及其实际问题。

（18）职业教育——研究职业教育之本质及其实施方法。

（19）社会教育——研究社会教育之原理及各种社会教育实施法。

（20）教育行政——研究教育行政之意义及其实际问题之解决方法。

（21）课程编制——研究课程编制之重要原则及方法。

（22）教室管理——研究教室管理之原则及重要技术，以增高教育效率。

（23）教育测验——讲授教育测验原则及方法，特别重视应用。

（24）教育统计——讲授教育上统计方法，以为考察与研究教育之用。

（25）智力测验——研究智力测验之原理与方法，特别重视应用。

（26）比较教育——将各国教育制度比较研究，以供研究本国教育问题之参考。

（27）教学法——研究教育之重要原理与方法。

（28）教育哲学——演述教育哲学之根本问题，并依据之以批评现代的教育。

（29）现代教育思潮——讲述现代教育思潮之发生背景及各派学说之内容，并养成批判的能力。

（30）体育学——研究体育教授之原理与方法，及各种竞技之指导与裁判方法。

（31）教育专书研究——培养研究之兴趣与发表之能力。

（32）视察指导——研究视察指导之原则与方法及其实际应用。

（33）新兴教育——讲授战后世界各国新教育、新学校之理论与实际，以供改造中国教育之参考。

（34）教育实习——内容：略述实习理论、参观、见习、试教。

此期教育学系有关课程执行的重大变化，便是加强了参观、见习和试教环节，使学生的眼界得以开阔，并使教学技能得到明显提高。如《中华周刊》第485期所载《教育学系参观汉口两女校》，便记录了1934年6月7日下午1时，参观汉口心勉女校和懿训女校的经过。又如该刊另载：1935年10月5日下午1时，教育学系四年级同学在严士佳教务长带领下，赴汉口市立第一中学参观见习。该校校长李叔熙为本校校友，导引、讲解周详。此后又于10月7日下午参观武昌盲哑学校，14日下午参观抱冰堂复兴小学，21日下午参观汉阳训女中学、益智中学等。

此期的教育实习也特别扎实，虽实习试教的时间仅为两周，然而安排紧凑、分工明确。1937年3月20日，教育学院四年级学生万濮诚等8人赴中华附小实习，他们不仅接任了所有课程，而且接管了组织管理的工作。在指导教师指点、附小师生的密切配合之下，两周的实习得以圆满完成，并且提交了《中华大学教育学系民廿六级教育实习团附小实习报告书》，刊载于《中华周刊》第579、580期上。

当时师范学校和教育系学生毕业之前，均会安排一次赴外地的教育考察活动。如1934年5月26日，第三十三届教育系毕业班教育考察团启程北上，团员共9人。他们在北平参观了北平师范大学附中及附小、中国大学、北京大学、燕京大学、清华大学、北平图书馆、故宫博物院，并游览了颐和园。第二站为河北定县，参观了平民教育实验区的各种设施。6月11日返汉，此行前后17天。又如1936年5月25日，教育学系本届毕业生6人，乘江轮赴赣、皖修学旅行，并考察地方教育。此类活动，对于获取见识、增加阅历无疑是必要的。

尽管复校后至“七七”事变前的中华大学办理属健康发展期，也曾一度制订了雄心勃勃的发展计划，然而受制于经济基础难以稳固，致使学校办理难如预期。1933年教育部督学钟道赞在视察中华大学后，便曾明确指出：“私立中华大学历史悠久，惟文、法科学生畸形发达，似应加以限制；理科设备尚欠完备，宜设法充实。”此后教育部依照陈果夫所拟《改革教育初步方案》，大力贯彻“重实抑文”的方针，进行系科设置的调整。1934年8月14日，教育部颁令要求“改进鄂四大学”“本年除化学、中国文学、教育学及工商管理四系外，其他各系科均应停止招生”①。1936年又重申此令，使中华大学的办

① 《教部令改进鄂四大学》，1935年8月14日《申报》第13版。

理受到抑制。所幸的是，教育系在此期始终得以维系，尤其是师范专修科的办理可谓兴旺一时。

三、教育系领导与师资

此期中华大学教育学系的历任系主任为严级苹（字士佳，1928 年 3 月—1930 年 7 月）、罗濬（字季林，1930 年 9 月—1932 年 7 月）、严级苹（1932 年 9 月—1933 年 2 月）、卢默生（字古愚，1933 年 3 月—1934 年 2 月）、张安国（字幼明，1934 年 3 月—1937 年 7 月）、罗濬（1937 年 3 月—1938 年 7 月）、张安国（1938 年 9 月—1940 年 7 月）。

此期第一任教育学系主任严级苹为兼任，其时他的主要职任为中华大学教务长。有关他的生平经历，前文已有过介绍。在中华大学 1926 年停办后，他转任锦州东北交通大学英文教员。当 1928 年 3 月中华大学复办之时，他便毫不犹豫地应聘回校，并就任教务长之职。由于当年学校停办时教育系三年级生未能修完学业，故在复办时尚有 4 名学生注册复学，加之已决定复办教育系，所以便由严级苹兼任复办后的教育学系主任。

图 2-4　继任教育学系主任罗濬

此后，严级苹又第二次兼任教育系主任。罗濬在 1932 年 7 月转任湖北教育学院院长后，严级苹再次兼任教育系主任。此次兼代的时间约为一学期。总的说来，严级苹与教育系的关系相当密切，他不仅长期教授教育系的主干课程，而且经常带队教育系学生的参观、见习和实习，同时又长期担任教育学会的指导员。若论与中华大学教育系共始终的人物，舍严级苹外无他。

此期第二任教育学系主任为罗濬，他是在 1930 年 9 月到任的。罗濬（1897—1994），字季林，湖北武昌人。1923 年毕业于北京高等师范学校，归里任教于湖北女子师范学校。1927 年赴美留学，获锡拉丘兹大学师范学院教育学学士学位后归国，旋任教于湖北师范学校、成都大学。1930 年 9 月受聘为中华大学教授兼教育系主任，主持重建教育系，并创设师范专修科，兼任师范专修科主任。1932 年 7 月，转任湖北省立教育学院院长。次年辞职后，历任安徽大学、中央大学师范学院、蓝田师范学院、白沙女子师范学院、贵阳师范学院、湖北师范学院、中山大学师范学院等校教授、系主任、教务长、院长等职。中华人民共和国成立后，任中山大学师范学院院长，1952年任华南师范学院副院长，1954年任广东省教育厅厅长，为广东省政协委员、常委、副主席。著有《美国锡拉丘兹师范教育》《师范学院教育概论》等。

罗濬在中华大学教育系主任任内，任事负责，关心教师生活，处处爱护学生，在狠抓课堂教学质量的同时，又注重课外研究活动的开展，使教育系的办理顿见起色。在1930年9月30日召开的第五次教务会议上，他与陈时共同提出《大学各系学生组织课外研究集会应规定办法案》，获一致通过，于是发起组织了教育学会，并主持开展了各项活动，如1930年11月10日他所主持的“教育学会第一次常会”，便集中研讨了义务教育问题，依次研讨了定义、经费、方法、年限等问题，并将讨论记录详细刊载于《中华周刊》第365期上，使学生们的研究兴趣渐浓。其后，他又被推定为审查大学各学会简章的召集人。在1930年11月29日召开的第七次校务会议上，通过陈时所提《组织学制课程委员会案》，并推定13位委员，以罗濬为主席。

值得注意的是，罗濬还于1937年3月后，短暂回任教育系教授、系主任。在《湖北私立武昌中华大学二十六年度各院系毕业考试委员会委员名单》中，罗濬为8名校内委员之一，并明确记有现任职务为：“教育系主任兼教授。”不过，在中华大学1938年10月西迁宜昌后，有关中华大学的办理中，就未再见其名。

此期第三任教育学系主任为卢默生，时间是在1934年3月张安国到任前的一学年。此事在中华大学校史和教育系系史中均无记载，仅见载于《中华大学卅二届毕业同学录·本大学本期教职员一览》：“卢默生，年龄，四五；籍贯，孝感；学历，美国哈佛士学教育硕士；经历，东北大学教授；职务，教育学系主任兼教授。”此为当时的记载，理当采信，只是担任是职一学年或者一学期未可确知。

卢默生（1888—1934）字古愚，湖北孝感（一说沔阳）人。早年入清华学校，1917年在《农商学报》发表《中国林务对于工业及社会之价值》。1918毕业，旋赴美留学，先入密歇根大学攻读财政学，后入哈佛大学转读教育，

1923 年获教育硕士学位后归国。所作英文诗甚佳，1924 年任东北大学英文教授。1928 年因病回鄂，先受聘担任中华大学外国文学系教授，后转任教育学系教授，短暂担任教育系主任。1932 年 12 月 18 日，曾出席文学院第二次院务会议。1934 年春病逝于武昌，中华大学校友总会特刊发讣告：

图 2-5　继任教育学系主任卢默生

> 美国哈佛大学教育硕士卢默生先生，系湖北孝感县人；金陵大学文学士汪振飞先生，系江苏常州人。二先生学问湛深，人品高尚，在本校大学、高中两部掌教多年，循循善诱，成绩甚著，各级学生均称道不置。不幸造物忌才，夺我贤哲，二先生于本年春季，先后在武昌寓（所）病逝，全校员生同深痛悼！①

在其后举行的追悼大会上，教育学系师生均与会致哀。

此期第四任教育学系主任为张安国，他是在 1934 年 3 月到任的。张安国（1898—?），字幼明，江西宜丰人。早年毕业于武汉大学教育学系，后赴日本留学，毕业于中央大学研究科。归国后，曾任江西教育厅编译主任，主编《江西教育行政旬刊》。1934 年 3 月，任中华大学教授兼教育系主任。1940 年后，任四川白沙国立女子师范学院教授。撰有《教育学之根本转向》《我们对于教育应有的新认识》《师生关系之今昔及其未来》《师范教育上急应树立之新风气》等，译有《劳作教育》，著有《教育改造的新途径》《劳作教育思想之系统的研究》等。

图 2-6　继任教育学系主任张安国

1930 年 8 月陈时赴日本访问时，面晤在日留学的张安国。归国后，接张

① 《名师逝世》，《中华周刊》第 477 期，1934 年 4 月 14 日。

安国 8 月 29 日函，建议大学教育系课程，应围绕培养如后三种人才来编制：“（1）教育行政人才；（2）学校行政人才；（3）学科教授人才。”① 由此给陈时留下深刻印象，并致力罗致到自己帐下。张安国到任后，还兼任师范专修科主任，对于此期中华大学教育学科的发展致力颇多。

1937 年罗濬重任教育系主任后，张安国仍任教育系教授，并轮流主编《中华周刊》。1938 年 4 月 25 日，在第八十二次校务会议上，被推主持研究“导师制”等问题。在中华大学迁至重庆办学后，又重任教育系主任，主讲教育概论、教育史、教育社会学、现代教育思潮、比较教育、教育制度研究等课程。

除上述教育系历任主任外，此期任教于教育系的教师，依据《武昌中华大学三十六届毕业同学录·教育学系级史》所载：“民十一，林卓然先生主之，林和民、严士佳、陈礼江、陈程滋、卢默生、崔思让诸先生，相继为本学系主科教授。”所记多为 1926 年 6 月任教于教育系者，此期任教于教育系者，仅卢默生一人，其略历已见上述。

教育學系級史

本學系胚胎于西洋哲學系，創自民國九年，隸屬本大學之文科。民十一，改爲教育哲學系，林卓然先生主之，林和民，嚴士佳，陳禮江，陳程滋，盧默生，崔思讓諸先生相繼爲本學系主科教授。民十五，本大學橫被摧殘，本學系因之中絕。復校後，易名爲教育系，主任職由教務長嚴士佳先生兼理。十九年春，開設師範專修科，是年八月，羅季林先生繼任爲主任，成立教育研究會，創設圖書室，供全系研究及閱覽。二十年秋，羅先生辭職，仍由嚴士佳先生兼理。二十一年春張安國先生來任。統計本年度本系在校同學，約五十人，本屆畢業十七人。

图 2-7 《武昌中华大学三十六届毕业同学录·教育学系级》

① 《张安国致陈时函》，《中华周刊》第 357 号，1930 年 9 月 27 日。

依据《武昌中华大学文学院师范专修科第六届毕业纪念册》所载《科史》所记："先后在本科讲学者，有罗季林、严士佳、张安国、汪振华、张润苍、余家菊、曾庆锡、饶绍宽、方旦明诸教授。"前三人的经历已见前述，现依序介绍后六人的经历。

汪振华（1897—1952），字国璋，号家珍，湖北咸宁人。1924 年毕业于北京高师教育科，旋任教于济南师范、湖北省立女师。1926 年官费留学日本，在日本帝国大学研究科攻读心理学。1931 年秋归国，受聘任教于中华大学，主讲普通心理学、教育心理学等课程。为人沉静寡言，拙于应酬，但讲起课来旁征博引，滔滔不绝；尽管乡音浓重，还是令学生肃然起敬。1938 年秋中华大学西迁时，归里匿居，执教于村学。当日军获知他为留日学生后，曾许以高官请其出山，被坚拒固斥。1946 年中华大学复员回迁后，回校任心理学教授兼外文系主任，次年归里任教于湖北省立咸宁高级中学。中华人民共和国成立后，被推选为咸宁县各界人民代表会议代表，为主席团成员。1952 年家中失火时被烧伤，未久病逝。精通英语、日语，兼通俄语、德语，译有《智能论》等。

图 2-8　教育系教授汪振华

张润苍（1899—?），名济时，以字行，湖北黄陂人。早年毕业于武昌高等师范学校教育专修科，曾任湖北省立女子师范学校教师，当时任中华大学教育学系讲师。1932 年 4 月 28 日被校友总会公推担任教育委员①，负责选编校庆 20 周的教育论文集。一度兼任《中正月刊》编辑，撰有《东游漫录》等，编著有《中国教育史》。

余家菊（1898—1976），字景陶，湖北黄陂人。1915 年考入中华大学本科中国哲学门，1918 年毕业后，倡行乡村教育与国家主义教育。1920 年考入北京高师教育研究科肄业，次年任河南第一师范学校教师，兼任河南省

① 《本校成立二十周年筹备委员会编辑部第一次会议》，《中华周刊》第 410 期，1932 年 5 月 7 日。

教育厅编辑。1922年公派赴英国留学，先后入伦敦大学、爱丁堡大学攻读心理学、哲学。1924年归国后，受聘执教于武昌高师，主讲教育学、心理学。次年赴上海任中华书局编辑，主编《醒狮周刊·教育副刊》，加入中国青年党，参与发起成立“国家教育协会”，1926年当选为青年党中央委员兼组织部主任。1927年后，历任南京第四中山大学（后定名中央大学）、沈阳冯庸大学、北京大学、北平师大、中国大学教授，主讲教育学、心理学。1936年受聘担任中华大学教育系教授，主讲普通心理学、教育哲学、中国教育典籍研究等课程。抗日战争全面爆发后，代表青年党被推举为国民参政会参政员，抗战胜利后，出任青年党中央执委会委员兼训练部部长。1948年任总统府国策顾问，次年去台湾。著有《国家主义的教育》《孔子教育学说》等。

图 2-9　教育系教授余家菊

曾庆锡（1889—1952），字榆村，湖北南漳人。早年毕业于湖北优级师范学堂，后留学日本明治大学，30年代任中华大学教育系教授，兼任党义教师，1933年为国民党湖北省党部监察委员，兼任湖北通志馆编纂。1939年赴内蒙古伊克昭盟工作数年，1943年回任中华大学教授，主讲国文和经济地理。1946年11月，当选“制宪国民大会”湖北省代表。撰有《怎样合作生产》《中俄划界蹙地考》等，著有《伊克昭盟概况》。

饶绍宽（1896—?），名光荣，以字行，湖北黄冈人。中华大学法学士，经中央检定，有训育主任资格。历任省立第五小学校长、武昌地方法院推士，时任中华大学外国语文系教授，兼任教育系课程。1931年中华大学训育处成立后，兼任大专部训育主任。

方旦明（1904—1983），名方辰，字旦明，湖北鄂城人。1929年毕业于武汉大学，后入燕京大学研究院进修。1933年任中华大学心理学讲师，参与指导师范生实习和毕业生毕业论文指导工作。后随中华大学西迁重庆，在续办的教育学系中，担任心理及教育测验、教育统计、哲学概论、心理卫生等课程，并负责教学实习的指导工作。1937年11月26日，中华大学第七十八次校务会议决定，举行全校学生“战时志愿测验”，受命编制量表并主持测验工作。所编量表分3要项、10支项，具体要项为：“（1）继续读书，努力完成‘最后一课’，担任将来的科学工作；（2）入军官学校，受较长时间的军事（陆、海、空军）训练；（3）入政府设立之短期训练班（看护、游击、宣传等）。”[①] 通过此次测验，基本掌握了学生们的未来志向。1942年后，任四川白沙女子师范学院副教授、教授。1946年后，历任苏州社会教育学院教授、中正大学教授。1949年后，历任南昌大学教授兼教育系主任、华南师范学院教授、广东师范学院教授、广东教育学院教授。撰有《普通心理学变迁的趋势》《希腊初期古典的心理学》《行为学底开端》《心理之特殊方面的测量》等，著有《普通心理实验手册》等。

除上述6人之外，1937年9月教育学系还聘得心理学教员苏芗雨来校执教。苏芗雨（1902—1987），名维霖，以字行，台湾新竹人。早年就读于北京大学，1927年后，与台湾同乡张我军、洪炎秋等在北平创办《少年台湾》，关心台湾的未来命运。1935年留学日本，进日本帝国大学主修心理学。1937年归国后，随即受聘执教于中华大学。同年10月10日上午10时，在本校大礼堂举行国庆纪念会时，应邀演讲《中日战争面面观》。1938年任职于国民党宣传部，后在桂林任《救亡时报》撰稿人、广西省立医学院校长室秘书等职。1946年去台湾，任台湾大学教授、心理学系主任兼图书馆馆长、总务长。撰有《日本战时财政经济的危机》，译有《天工开物之研究》（日本薮内清编），著有《教育社会学》《我的一生》。

此期受聘兼任中华大学教育系课程者，还有崔思让，生卒年籍贯未详。他为1927年2月清华大学教职员出洋者的五人之一。归国后，于1930年担任湖北教育学院乡村教育系主任，1932年升任教务长，此期开始兼任中华大学教育系课程。

上述教师，为担任教育系教育、心理类专业课程者，担任该系基础课的教师，当然不止此数。通过以上介绍可知，这批教师当时虽谈不上出类拔萃，但也绝非不学无术之辈；其中严绂莘、罗濬、张安国、余家菊、苏芗雨等人，甚至可视为后来教育学界之翘楚。中华大学教育学系的成功办理，显然与这批优良师资密不可分。

---

① 《战时青年志愿测验》，《中华周刊》第603期，1937年12月18日。

图 2-10　中华大学部分教职员合影

四、学生及其社会活动

首先须对此期的历届毕业生予以简明梳理与介绍。教育学系的成功办理与否，不仅与优良师资密切相关，还与生源质量及毕业服务的效果密不可分。

复校后教育学系的首届毕业生，为陈法礼、潘绍福、邹钟毓三人，他们的毕业时间为1928年12月。他们原本应于1927年6月毕业，因1926年夏学校停办而辍学。在1928年3月复校后，他们注册复学，补修完所余课程，因而于是时毕业。必须说明的是，在1923年入学时和其后在读的教育系学生，当然不止此数；还须得说明的是，在注册复学名单上原本为4人，即还有王亚銮（南）在册，只因注册复学后又再次选择辍学，因而毕业时仅为3人。这3人的基本情况为：

陈法礼（1896—?），湖北黄陂人。1928年12月毕业后，留校担任事务员、《中华周刊》编辑，参加驱逐时任教育厅厅长黄昌谷的活动，负责印发《驱黄特刊》。1938年未随校西迁，事教于武汉，1946年10月出任武汉市第二中学训导主任。该校校长陈直为中华大学毕业生，教师也以中华大学毕业生为主体。

潘绍福（1899—?），湖北黄陂人。其他生平事迹未详。

邹钟毓（1898—?），安徽霍邱人。毕业后任教于汉口市立第二小学，为该校体育委员会委员。其他生平事迹未详。

复校后教育学系的第二届毕业生，于1929年12月毕业，据《武昌中华大学二十周年纪念特刊》载，他们是：彭自庄，湖北潜江；陈维民，湖北黄陂；高雨田，安徽凤台。此3人究竟是1924年9月入学的新生，还是1928年3月复校后所招收的编级生，未详。

复校后教育学系的第三届毕业生，于1930年6月毕业，据《武昌中华大学二十周年纪念特刊》载，他们是：叶鸣，湖北鄂城；裴希潮，河南固始。此2人究竟是1925年9月入学的新生，还是1928年3月复校后所招收的编级生，同样未详。

复校后教育学系的第四届毕业生，于1930年12月毕业，据《武昌中华大学二十周年纪念特刊》载，他们是：刘光明，湖北嘉鱼；胡映元，湖北黄冈；胡正谊，湖北武昌；陶尧阶，湖北公安。此4人，肯定为1928年3月复校后所招收的编级生。

复校后教育学系的第五届毕业生，于1931年6月毕业，据《武昌中华大学二十周年纪念特刊》载，他们是：王谊，湖北黄陂；陈绳其，湖北武昌；明邦钟，湖北孝感；李棻，湖北武昌。此4人，也应为1928年3月复校后所招收的编级生。

复校后教育学系的第六届毕业生，于1932年6月毕业，据《武昌中华大学二十周年纪念特刊》载，他们是：王敏，湖南醴陵；程怀真，江苏溧阳；王福瀛，湖北黄冈；陈英，湖北鄂城；俞婉若，浙江杭县；王大福，湖北沔阳；周定九，河南信阳。此7人，为1928年3月复校后于9月所招收的新生无疑。

图 2-11　教育学系第八届毕业生合影

复校后教育学系的第七届毕业生，于1932年12月毕业，据《武昌中华大学二十周年纪念特刊》载，他是李荫吾，湖北黄冈人。他究竟是留级生还是编级生未详。

复校后教育学系的第八届毕业生，于 1933 年 6 月毕业，据《武昌中华大学二十周年纪念特刊》载，他们是：徐达贤，江西九江；张金光，湖北江陵；姚竹庐，湖南临湘；李竹冰，湖南芷江。此 4 人，理应为 1929 年 9 月入校的新生。

复校后教育学系的第九届毕业生，于 1934 年 6 月毕业，他们是：

> 方仲宽，陕西沔县；李世承，湖北武昌；李剑犀，江西遂川；涂亚伯，湖北黄陂；柯朝光，湖北鄂城；贺陶，湖北鄂城；陈苍麟，湖北沔阳；程锡恒，四川江津；刘秀贞，湖北汉阳；卢凤仪，湖北应山；魏祥才，湖北公安。①

此处所载录共为 11 人。

图 2-12 中华大学教育系第九届毕业生合影（1934 年）

另据《中华大学卅二届毕业同学录 · 在校肄业同学一览表》（1933 年 5 月编）所载，当时“三年级下学期在校学生”共为 13 人。其中的吴子诒（廿五岁，湖北大冶）和刘鹤群（廿七岁，湖北沔阳）并不在此毕业生名单之上，未知是转学、退学或其他变故所致。

复校后教育学系的第十届毕业生，于 1935 年 6 月毕业，他们是：

① 《中华大学三十六届毕业同学录 · 历届毕业同学名籍录》，中华大学 1935 年 7 月自刊，第 8 页。

王俊如，女，字丽珠，湖北黄梅，二六岁；尹寿民，字颐安，江西永新，二四岁；杜敦霖，字雨三，湖北黄冈，二八岁；周士鸿，字文海，江西宜春，二六岁；易俊英，女，湖北汉阳，二三岁；周智，字子芳，湖北黄冈，二六岁；胡起祥，以字行，湖北黄陂，二四岁；陈仲骧，字展其，湖北鄂城，二五岁；陶骞，字惟乾，湖北黄冈，二二岁；张振华，字曼君，湖南邵阳，二四岁；张廓清，湖北麻城，三九岁；汤巨智，字正学，湖北广济，二四岁；曾恩荣，女，湖北武昌，二五岁；刘骏民，湖北嘉鱼，二九岁；颜行，字悉达，湖北沔阳，二七岁；谭运英，女，字志鸿，湖南茶陵，二五岁；鄷道治，女，湖北浠水，二六岁。①

此处所载录共为 17 人。

图 2-13 教育学系第十届毕业生合影

据《中华大学卅二届毕业同学录》（1933 年 5 月编）所载，当时二年级下学期在校学生共为 19 人。其中未能见诸此毕业生名单者为：熊世培，二二，湖北汉口；罗秀昆，二一，湖北孝感；彭祖寿，二一，湖北黄陂；郑斌伯，二二，江苏；易芳，二六，江西萍乡；傅全信，二四，浙江诸暨。流失者共为 6 人。而毕业生中的杜敦霖、张振华、张廓清、颜行 4 人，当时并未在籍。可见当时的学生流转率甚高。

复校后教育学系的第十一届毕业生，于 1936 年 6 月毕业，依据《中华大

① 《中华大学第三十六届毕业同学录·本届毕业同学名籍录》，中华大学 1935 年 7 月自刊，第 1-2 页。

学第三十六届毕业同学录·在校同学名籍录》中所载，1935 年 5 月教育系在校三年级生为：

严明，江西浮梁；游渠，湖北黄陂；熊汉英，湖北浠水；黄上元，湖南绥宁；田万金，湖北钟祥；陈麟，湖北黄冈；曾任侠，江西宜春；吴子凤，湖北黄陂；熊曾懿，江西赣县；谌康炳，湖北武昌；甘运衡，湖北武昌；张明珍，湖北汉阳；方骏材，四川广安；顾炳章，湖北夏口；涂允隽，湖北黄陂；彭康年，湖北黄陂；谢宝珊，江西高安；张诗则，湖南桂阳。

此处所载录共为 18 人。

之所以依此三年级生视同为毕业生，是因为次年 6 月教育系毕业生恰为 18 人。佐证材料为："首由陈校长报告本届各部毕业人数，计大学各院系九十八人，内中文系十五人，外文系十四人，教育系十八人，法律系三十一人，数学系八人，经济系十五人。"① 若对照《中华大学第六十届毕业同学录·历届毕业同学一览表》，也可知此 18 人名单无误。

不过，是届毕业同学前后的变化依然较大。据《中华大学卅二届毕业同学录》（1933 年 5 月编）所载，当时"一年级下学期在校学生"共为 19 人。其中未能见诸毕业生名单者为：

史殿麟，二二，湖北武昌；刘正忠，二十，湖北武昌；叶涤凡，二二，湖北大冶；吴文清，二十，湖北宜昌；杨茀荪，二二，湖南湘乡；殷福生，二一，湖北黄冈；贺如金，二六，江西永新；徐叙贤，二五，安徽怀宁；杨撷藻，二十，江苏人。

三年之后，竟然有多达 9 人在毕业生名单上消失；即是说，在当年的 19 人名单中流失近半。至于所补加的 8 人，有 6 人是插班生，严明和涂允隽 2 人系由外国文学系转入。由此更可见当时学生的流转率之高。

复校后教育学系的第十二届毕业生，于 1937 年 6 月毕业，据《武昌中华大学文学院师范专修科第六届毕业纪念册》（1936 年 12 月）所载，教育系四

① 《第三十八届毕业典礼纪盛》，《中华周刊》第 554 期，1936 年 6 月 20 日。

年级在读生（即 1937 年 6 月毕业）的名单为：

胡协虞，23 岁，武穴吴刁茂号；方珊，女，25 岁，岳阳卫门口六号；吴寿昌，24 岁，信阳明港西邢集德兴隆；刘彩章，女，24 岁，新四城北光厚源号；李善膺，女，24 岁，河南潢川小东关一百二十八号；万濮诚，23 岁，武昌涵三宫五十四号；易子邦，25 岁，宜春土垅；许正刚，24 岁，汉口大夹街渡母巷十四号。

此处载录共为 8 人，与《中华大学第六十届毕业同学录·历届毕业同学一览表》所载一致。

而在《中华大学第三十六届毕业同学录》中，1935 年 5 月教育系在校二年级生，为吴文涛、万濮诚、杨伊灵、胡忆虞、李善膺、刘彩章、方珊、易子邦、吴寿昌、冯德浩 10 人。其中的吴文涛、杨伊灵、冯德浩已无其名，而许正刚显系插班。

图 2-14　蔡元培为毕业生题词

复校后教育学系的第十三届毕业生，于 1938 年 6 月毕业。在《中华大学第三十六届毕业同学录》中，1935 年 5 月教育系在校一年级生为：

黄承烈，湖南绥宁；邹亚兰，湖北武昌；杨超志，河南通〔郾〕城；曾能沅，江西清江；朱静波，安徽铜陵；阮冰，湖北郧〔竹〕山，贾书龙，江苏阜宁；徐慕兰，安徽怀宁；陈家瑛，安徽怀宁；龙优才，湖南石门；叶贺琼，湖北均县；李矩儒，江西宜春；徐叔璋，江西南昌。

此处所载录共计 13 人。

而在次年 12 月印行的《武昌中华大学文学院师范专修科第六届毕业纪念册》中，教育系三年级在读生为：

凌鼐，二二，江西南昌凌三盛；叶贺群，二五，武昌候补街十五号；曾能沅，二五，江西樟〔树〕镇慎余庄；黄承烈二四，湖南绥宁石溪；

司马政，二六，后补街八十九号；徐淑璋，女，二五，查家巷五号；杨超志，二二，双柏庙前街六号；龙优才，二四，湖南澧县王家厂春生永；邹亚南〔兰〕，女，二四，武昌棋盘街十号。

此处载录共计9人，即两年中已流转4人。

在1938年7月编成的《武昌中华大学第四十二届毕业同学纪念册》中，在册的毕业生为如下10人：

龙优才，字渥惠，二六，湖南石门；叶贺琼，二六，湖北均县；杨超志，字哲卿，二六，河南郾城；黄承烈，字绍先，二五，湖南绥宁；邹亚兰，女，二五，湖北武昌；舒鹏志，字宁远，二五，湖北通山；曾能沅，字庚源，二六，江西清江；凌鼎，字家葵，二五，江西九江；司马政，字葆生，二六，湖北公安；朱全纪，二〇，湖北武昌。

此时未见徐淑璋，而增加了舒鹏志、朱全纪二人。在《中华大学第六十届毕业同学录·历届毕业同学一览表》中，所载正为以上10人。

复校后教育学系的第十四届毕业生，于1939年6月毕业。此期学校始迁宜昌，再迁重庆，故流转率更大。据1936年12月印制的《武昌中华大学文学院师范专修科第六届毕业纪念册》所载，当时教育系二年级在读生为：

蒋将，二二，湖牵〔南〕都喝三五书局；陈瑞洁，女，二〇，汉口华商街一百六十一号；李矩儒，二六，大吉祥巷十号；许洪钧，二二，啸楼巷十九号；朱才谋，二三，中华旅社；廖有为，二〇，醴陵东城廖富材号；李明英，女，二五，汉口民族〔路〕终乔家横巷六号；陈道弘，二二，应城北街汪永记；袁思仰，二六，江西宜春萃丰太转；王祖望，二〇，斗级营一枝栖旅馆；李堂珠，女，二三，南昌皇殿侧五号；吴闰秀，女，二二，武昌长湖正街二十八号；汪万芬，女，二一，武昌王臣街二号；谢初伟，二二，汕头丙市逢源裕泰；钟祁，二五，老育婴堂五号；肖育华，女，二五，南京科巷二六号荫余兰喜堂三十号；杨希贤，女，二二，武昌徐家棚堤街二号；张女钦，女，二六，武昌正卫街八号；赵秉璋，二五，邓川赵家镇；胡继翰，二三，罗祖殿巷四十五号；贾书龙，二四，江苏阜宁县府前；左宗元，二四，武昌江西会馆；胡炼百，二一，汉口大夹街徽州大巷一号；阎西〔希〕文，二二，樊城德彰号；刘群，二二，大朝街中段四十九号。

此处载录共计 25 人。

然而 1939 年 6 月在重庆毕业时，据可靠资料的载录为以下 11 人：

胡炼百，安徽泾县；阎希文，湖北襄阳；王祖望，浙江海盐；袁思仰，江西宜春；吴闰秀，湖北保康；李矩儒，江西宜春；徐淑璋，江西南昌；钟祁，江西分宜；贾书龙，江苏阜宁；陈瑞洁，湖南岳阳；左宗元，江西永新。①

其中已流转者，有蒋将、许洪钧、朱才谋、廖有为、李明英、陈道弘、李堂珠、汪万芬、谢初伟、肖育华、杨希贤、张女钦、赵秉璋、胡继翰、刘群，共 15 人；原纪念册中未有，而同学录中增加者为徐淑璋，战时流失人数过半。

复校后教育学系的第十五届毕业生，于 1940 年 6 月毕业，依据《中华大学第六十届毕业同学录 · 历届毕业同学一览表》所载录，是年毕业生为如后 4 人：梁瑞麟，湖北蒲圻；汪金福，湖北武昌；艾华青，湖北云梦；洪志春，湖北鄂城。

复校后教育学系的第十六届毕业生，于 1941 年 6 月毕业，依据《中华大学第六十届毕业同学录 · 历届毕业同学一览表》所载录，是年毕业生为如后 2 人：傅为卿，湖南醴陵；汪起铨，湖北鄂城。

复校后教育学系的第十七届毕业生，于 1942 年 6 月毕业，依据《中华大学第六十届毕业同学录 · 历届毕业同学一览表》所载录，是年毕业生为如后 2 人：王子英，湖北汉阳；胡继翰，湖北松滋。

复校后教育学系的第十八届毕业生，于 1943 年 6 月毕业，依据《中华大学第六十届毕业同学录 · 历届毕业同学一览表》所载录，是年毕业生为如下 10 人：

① 《历届毕业同学一览表》，《中华大学第六十届毕业同学录》，中华大学 1948 年 7 月自刊，第 65 页。

胡宗敦，湖北鄂城；萧树静，湖北黄陂；杨泽镛，四川庆符；梅少珍，湖北黄冈；李哈拿，河北栾城；张友钦，湖北钟祥；王世矩，四川安岳；黄菊，江西宜春；李瑞英，安徽蒙城；萧学勤，江西宜春。

因1940年教育系停办，是年并未招生，故中华大学在重庆办学，1943年后再无教育系毕业生。

此期教育系的社会活动，首先是政治活动。除反映在支持北京学生的“一二·九”运动和参加“新生活运动”外，主要是参加抗日救亡运动。1931年“九一八”事变后，教育系学生与全校学生一起参加“武汉学界抗日救国总会”，组织宣传队上街宣传，踊跃参加军事训练，男生宣誓参加义勇军，女生组织救护队，焕发出高昂的爱国热情。1937年“七七”事变后，更是以实际行动参加战时服务团，开展防空、防毒宣传，并开挖防空洞，试制防毒面具；在中央军官学校、航空学校来校招收学员时踊跃报名，表现出无畏抗敌的决心。

其次是参加社会公益活动。在1931年夏武汉遭受特大洪灾时，教育系学生参加了“水灾救济会”，四处募集捐款及物资，及时发放到灾民手中；又参加“武昌学医两界临时防疫会”所组织的活动，上堤宣传防疫知识，发放必备药品，并对不洁环境进行消杀。1933年7月，又参加“青年暑期服务团”，下分城、乡两组，分赴基层开展社会服务。而每年春天孙中山逝世纪念日前后，总是响应号召，前往蛇山、洪山等地义务植树。1937年全面抗战爆发后，又积极参加“一日一分运动”，节约每一个铜板支援抗战和救济灾民。

此期最能体现教育系特色的课外活动，则是组织教育学会，定期组织学术和联谊活动，并专设教育图书室，募集和定购教育书刊，为教育系师生的学习与研究提供便利。该会还借汉口《怒潮日报》刊出《中华教育周刊》，又曾自刊《教育学会季刊》和《教育旬刊》，尽力扩大教育研究的影响。在当时中华大学各院系组织的学会中，教育学会的活动不仅经常，而且最具特色。

教育学会的筹组，是在罗濬1930年9月接任教育系主任之后。此后每年改选一次干事会干事，大体每月召开一次干事会商讨工作。其见载的章程为：

（一）定名：本会定名为中华大学教育学会。（二）宗旨：本会以研究学术、发扬教育、联络感情为宗旨。（三）会员：凡本大学教育系及师范专修科学生，均得为本会会员。（四）入会手续，会员入会，须填具登记表一纸，并缴入会费洋二角。（五）会费：凡本会会员，每学期须缴会费洋五角。（六）待遇：凡本会会员，皆得享受阅书与借书及本会所赋予之其他权利。（七）会务：本会会务，组织干事会执行之。（八）干事会之组织：本会干事会，由主任干事一人、干事若干，人事组织主任由本大学教育系系主任兼任，其余文书、出版、图书、会计、交际各干事，则由教育系及师范专科各级选充之。（九）本章程如有未尽事宜，得由会员全数三分之一以上提议，交会员大会修改之。（十）会址：本大学附设小学内。①

此章程虽后经修订，但基本内容并无大异。

为达成宗旨中"联络感情"的目的，教育学会每年春、秋两季均组织一次野宴。它虽与春游、秋游类同，但野炊增加了情趣，而且又邀请教育系教师和往届校友参加，更是扩大了增进情谊的范围。如 1936 年 10 月 31 日赴武昌卓刀泉的野宴：

本大学教育学会主办秋季野宴，订于本星期六（十一、七）上午在武昌卓刀泉举行，请陈校长、各教授及校外各校友参加，藉资联欢。闻该会此次野宴规模宏大，办理认真，参加者计八十余人之多。想届时必有一番盛况云。②

此次野宴，还专诚敬谒了黎元洪的衣冠墓。此类野宴还曾在洪山、龟山等地举行过多次。

此期由教育学会承担的主要社会服务，即为开办民众学校和识字学校。早在 1917 年 10 月，中华大学便仿照北京大学开办了平民学校。此后，中华大学更是成为湖北地区平民教育运动的排头兵。在复校之初，民众学校的办理，由"校学生事业委员会"承办；在 1930 年秋教育学会成立后，便转交教育学会办理，由教务处指导。是年 10 月底，便在中华附小开设了民众学校。此后每学年都接续开办，由教育学会会员轮流任教，并以此作为教学实习的特别机会。

---

① 《武昌中华大学教育学会章程》，《中华周刊》第 436 期，1933 年 3 月 18 日。
② 《教育学会举行野宴》，《中华周刊》第 563 期，1936 年 11 月 7 日。

1934年4月30日，在中华大学第四十四次校务会议上，秘书报告《省党部通告举办简易识字学校案》，议决结果为："交教育学会按照通告办理，由教务处指导。"① 会后，教育学会更开始紧张筹备，选定教室，推选师资，购买教材，并刊发和张贴招生广告。广告内容为：

> （一）宗旨：以推广识字运动、革新人民生活为目的。（二）资格：凡失学男女有志求学者，皆可来校受课。（三）待遇：本校除不收学费外，凡一切应用书籍、文具，皆由本校供给。（四）授课时间：除假期外，每晚自七时至九时。（五）报名日期：自即日起至五月二十日止。（六）开学日期：五月二十一日（即星期一）。（七）报名地点：粮道街中华大学附设小学内。②

不足一个月，该校便得以顺利开办。

1934年10月28日，教育学会主办的民众学校继续招生开学。此时，不再称"简易识字学校"，而是改回民众学校的旧称。此时的招生广告为：

> （一）宗旨：在救济失学的儿童或成人得有求学的机会为宗旨。（二）班次：暂设儿童与成人两班。（三）名额：每班暂定为五十人。（四）待遇：不收学费。（五）报名期限：自十月二十三日起至十月二十七日止。（六）开学日期：定于十月二十八日开学。（七）授课时间：除例假外，每日下午六时半至八时半。（八）校址：武昌粮道街中华大学附设小学内。③

这种成人补习教育，此后便得以制度化地推行。

1936年3月上旬　在本校学生救国会召开的第三次代表大会上，议决推广民众学校以普及民众教育，并作为实际救国的工作之一。会前"商得本校教育系张诗则同学为民众学校主任，林胜杰、萧希予、曾秉坤、黄上元诸同学为教员，即日发出聘书，由张主任拟定计划招收学生，即日开学"④。后因

---

① 《第四十四次校务会议纪录》，《中华周刊》第480期，1934年5月5日。

② 《简易识字学校招生》，《中华周刊》第482期，1934年5月19日。

③ 《民众夜校招生》，《中华周刊》第493期，1934年10月27日。

④ 《本会举办短期民众学校行将开学》，《中华周刊》第543期，1936年3月21日。

报名者近百名，仍须分为儿童、成人二班，特加聘徐家珍、李作鼎、项景东、高绪介、吴子凤、唐俊儒、田念祖、蔡英昀、胡慎微、王洪业诸同学为教员。该校于 3 月 26 日正式开学。

此外，中华大学教育系师生还受命组成“乡村教育视察团”，赴武汉周边指导乡村教育的开展。该视察团留有照片一帧，复制如下（如图 2-15）：

图 2-15　教育系师生合组的“乡村教育视察团”合影

五、师范专修科的办理

1929 年 12 月 26 日中华大学获准立案后，全校师生沉浸在欢乐、喜悦的气氛之中。随后，中华大学校董会议决，为着学校发展计，一须创办《中华季刊》以维系学术命脉，二须呈请开办市政、师范两专修科以充实学校实体。文学院师范专修科便在这种背景之下招生开办。

此师范专修科与教育学系实质上为一体，该科主任由教育系主任兼任，两者基本上拥有同一套师资队伍，参加教育学会的资格也视同一律；尽管两者的修业年限不同（前者为 2 年，后者为 4 年），课程设计也有简繁之别，然而合课修习、共同活动的机会实在不少。若就学生人数而言，师专生明显多于教育系本科生；若就师专生中的佼佼者考入教育系本科继续深造而言，则说明本科的塔尖地位显然。

文学院教育学系师范专修科的课程，依据相关资料可制表如下（见表 2-3）：

表 2-3　师范专修科课程分配表※

	学科	每周时数	学分数	必修或选修
第一年级	国文研习	二	四	必修
	军事训练	三	三	必修
	教育原理	三	三	选修
	学校行政	三	三	选修
	英文研习	二	四	必修
	教育概论	三	三	必修
	教育史	四	四	必修
	小学教育	二	二	必修
	中山主义	二	二	必修
	普通心理学	三	六	必修
	教育心理学	三	六	必修
	中等教育	三	三	必修
第二年级	教育行政	三	三	必修
	教育统计	三	三	选修
	军事训练	三	三	必修
	学校卫生	三	三	选修
	课程编制	三	三	必修
	教室管理	三	三	必修
	教学法	三	三	必修

※资料来源：《武昌中华大学二十周年纪念特刊》，中华大学校友总会 1933 年 7 月自刊，第 7 页。

有关师范专修科的师资，还有补充说明的必要。该科除共享教育学系和文学院的师资外，还拥有两名师专专任讲师：一为卢东生先生，师范专修科史地教员，北京师大毕业；二为陈英，字竹虚，本大学教育学士，专任师专教员。

师范专修科第一届学生，于 1930 年 3 月进校，1931 年 12 月毕业。首届毕业生为如下 22 人：

张葵阳，江西宜丰；徐文敏，江西南昌；潘信中，湖南新化；李鉴，湖南长沙；殷静慧，湖北黄冈；柯春生，湖北鄂城；刘鹤群，湖北沔阳；程隆政，湖北蕲水；但文，湖北蒲圻；欧阳煊，湖北恩施；吴子诒，湖北大冶；燕文新，湖北郧阳；李义增，湖北汉川；周礼成，湖北夏口；陈苍麟，湖北沔阳；杜敏，湖北黄陂；朱奉亚，湖北武昌；魏祥才，湖北公安；张廓清，湖北麻城；涂允福，湖北黄陂；邓生毅，湖北夏口；范叔雄，湖北天门。①

奇怪的是，在1936年编成的《武昌中华大学文学院师范专修科第六届毕业纪念册》中，却录出23人，即多出“涂润躬，湖北黄陂”一人。至于原因，在《武昌中华大学二十周年纪念特刊》中，此人载录为“二十一年六月毕业”，可能是休学一学期，或者是毕业考未能如时过关吧？

师范专修科第二届学生，于1931年3月进校，1932年12月毕业，毕业生9人名单如后：“李荫南，湖北沔阳；夏建候，四川潼南；夏克勋，湖北麻城；张星，湖南零陵；朱泽霖，湖南湘乡；磨光舫，广西宾阳；萧石之，湖南长沙；杨健，湖北郧县；何剑波，湖北郧北。”② 其他各种载录均无异。

师范专修科第三届学生，于1932年3月进校，1933年12月毕业，是届毕业生25人名单如下：

夏任厦，湖北崇阳；刘强生，湖北云梦；徐楚珩，湖北麻城；王修己，四川南江；尹明珍，湖北黄安；许明哲，湖北黄陂；胡志文，湖北黄陂；涂德笃，湖北黄陂；董达志，湖北天门；谢经武，湖北崇阳；韩昌瀚，湖北汉阳；龙智仙，湖北黄冈；文经华，江西进贤；刘耀文，江西吉安；钟鹰浩，江西瑞金；李瑞存，湖北通城；崔家瑞，湖北襄阳；赵振声，湖北荆门；李子住，广东台山；冯铎华，湖北武昌；赵希哲，湖北黄冈；叶青久，湖北蒲圻；杨煦，四川岳池；王一民，广西灌阳；

① 《专修科历届毕业学生姓名录》，《武昌中华大学二十周年纪念特刊》，中华大学1933年7月自刊，第24页。

② 《专修科历届毕业学生姓名录》，《武昌中华大学二十周年纪念特刊》，中华大学1933年7月自刊，第25页。

郭震清，湖北浠水。①

不过此数也并非确数，在1936年编成的《武昌中华大学文学院师范专修科第六届毕业纪念册》中，实录为30人，多出的4人名单为："黄乾生，湖南湘阴；邬祖钧，湖北钟祥；吴昨，湖北鄂城；佘赓，湖北公安。"具体原因不详，存此备考。

师范专修科第四届学生，于1933年3月进校，1934年12月毕业，是届毕业生25人名单如下：

鲁坚，湖北枝江；陈幼平，湖北崇阳；盛隆思，湖南长沙；汤化镕，湖北孝感；胡文敏，湖北孝感；易瑾，湖北公安；尤涤非，湖北黄冈；周方楠，湖北沔阳；杨守经，湖北房县；谈际乐，湖北孝感；黄在襄，湖北钟祥；梁克森，湖北沔阳；熊家模，湖北麻城；邹永祚，湖北公安；冯毅，湖北汉口；龚震华，湖南长沙；周恭，湖南永明；卢伯媛，湖北黄冈；刘敦彦，湖北麻城；刘驾青，湖南平江；周冰如，湖北安陆；方锡涛，湖北广济；周明波，湖北黄冈；黄中柄，湖北天门；胡时敏，湖北孝感。②

此载录与其他各种名册所录无异。

师范专修科第五届学生，于1934年3月进校，1935年12月毕业，是届毕业生在《武昌中华大学文学院师范专修科第六届毕业纪念册》中所载，全部35人名单如下：

丁芳，湖北武昌；江纪晖，湖北罗田；李世鸣，湖北谷城；李森，湖南安乡；宋训信，湖北黄陂；吴曾文，湖北黄安；金家桢，湖北沔阳；周文渊，湖南邵阳；涂达源，湖北沔阳；陈鸣佩，江西丰城；陶佩英，江苏阜宁；常模，湖北天门；张敬瑛，安徽凤台；詹敏兴，湖北恩施；杨撷藻，湖北武昌；郑国侨，湖北蒲圻；钱树人，湖北武昌；严复宇，

① 《补录二十二年十二月毕业各班姓名》，《武昌中华大学二十周年纪念特刊》，中华大学1933年7月自刊，第55页。

② 《本科历届毕业同学名籍一览》，《武昌中华大学文学院师范专修科第六届毕业纪念册》，中华大学1936年12月自刊，第2页。

湖北黄冈；王钰阶，湖北黄冈；朱朝璋，湖北钟祥；李果平，湖南宁乡；李莲影，湖北黄冈；吴善伦，湖北广济；吴德锦，湖北武昌；金瑞群，湖北崇阳；胡之平，江西高安；涂哲宣，湖北汉川；陈策，湖北黄陂；张权，湖北英山；邹育成，湖南岳阳；张泽清，湖北枣阳；杨永秀，安徽霍邱；万邦燮，湖北应城；鲁晋寿，湖北武昌；谢珈航，湖北京山。

若以此名单对照《武昌中华大学二十周年纪念特刊》所载“在读师范专修科一年级学生”名单，则有如后 15 人未能毕业：“曾和政，四川开江；万永钧，湖北沔阳；王冰若，湖北武昌；陈凤章，江西临川；李绍端，湖南衡山；黄家暄，湖北汉阳；刘筠倩，湖北沔阳；杨荫根，湖南零陵；沈少飞，江西大庾；张济永，安徽凤台；唐俊儒，广西全县；卢治安，安徽合肥；曹继曾，湖北黄陂；吕金城，湖北沔阳；李世鹏，湖北谷城。”其中或有留级、休学者，如王冰若见载于下届的毕业生名单，而唐俊儒次年仍在校活动，并见载于《中华周刊》。不过可以肯定的是，其中的大多数，当为退学或转学他去；所增加者，理当为二年级所招编级生。由此可知，当时学生流转之频仍。

师范专修科第六届学生，于 1935 年 3 月进校，1936 年 12 月毕业，是届毕业生名籍为：

王良翰，廿二，湖北襄阳；王志远，字波光，廿三岁，湖北沔阳；王冰若，女，字作则，廿四岁，湖北武昌；王春晖，女，字少芹，廿三岁，湖北黄冈；石汉涛，廿四岁，湖北孝感；朱普栋，字梅君，廿三岁，安徽泾县；阮冰，女，字德征，廿四，湖北通山；李仁杰，女，字新进，廿三岁，湖北汉川；李富祥，字载寿，廿四岁，江西吉安；李鸿生，字青昌，廿四岁，湖北汉阳；邱琢，字定夫，廿八岁，湖北黄冈；周瑾，字铁生，廿三岁，湖南永明；周国瑛，女，廿三岁，湖北荆门；唐宁生，二十岁，安徽巢县；唐清璋，字次恭，廿二岁，广西全县；夏曾回，字味畲，廿五岁，湖北广济；闵永义，字作梅，廿五岁，湖北黄陂；杨树人，字整纲，廿五岁，湖北应城；蔡泽，字润初，廿四岁，湖北黄陂；刘玉，字丹书，廿五岁，湖北襄阳；刘心炳，廿五岁，湖北随县；关为政，字德馨，廿二岁，浙江杭州；谭淡华，字明理，廿五岁，湖北夏口。①

此23人无疑为确数。

图2-16　1936年在校师范专修科和教育系学生合影

师范专修科第七届学生，于1936年3月进校，1937年12月毕业，是届毕业生30人的名籍为：

刘准，湖北应山；李志民，江西吉安；石礼门，湖北阳新；徐国瑞，湖北广济；詹光寰，江西安乐；方伟，湖北孝感；罗光国，湖北沔阳；傅思朴，湖北麻城；李桢，湖南湘阴；朱大谋，江西瑞昌；周家琼，湖北蕲春；程嗣昌，湖南长沙；欧阳诚，湖北沔阳；欧阳恺，湖南长沙；王竹文，湖南衡阳；方冀达，浙江鄞县；杜成九，湖北钟祥；毛际唐，湖北通城；景文渊，四川凉山；陈中杰，湖北大冶；程震，湖南宁乡；冉懋禄，四川巴县；马履才，安徽合肥；袁进桨，湖南武冈；刘觉，江

① 《本届毕业同学名籍通讯处一览》，《武昌中华大学文学院师范专修科第六届毕业纪念册》，中华大学1936年12月自刊，第1—2页。

西安福；郭远怀，江西莲花；税成山，湖北巴东；夏立云，湖南益阳；曾唯，湖北武昌；张祖荫，湖北黄冈。①

若对照《武昌中华大学文学院师范专修科第六届毕业纪念册》所提供的“师专一年级”名单，发现有李志民、罗光国、傅思朴、朱大谋、周家琼、欧阳恺、景文渊、税成山、曾唯、张祖荫等 10 人不在其列，他们显系二年级插入的编级生；而纪念册所刊录的 40 人，则有过半未能随班毕业。

师范专修科第八届学生，于 1937 年 3 月进校，1938 年 12 月毕业，是届毕业生 8 人的名籍为：“金济霖，湖北鄂城；罗戒吾，湖北麻城；徐良武，湖北黄冈；邓万丰，贵州印江；黄秦震，湖北松滋；黄立焜，湖北江陵；张忠铙，湖北汉阳；陶德培，湖北黄冈。”② 此时学校已西迁宜昌，并准备再迁重庆，学生的大量流失为当然之事。

师范专修科第九届学生，于 1938 年 3 月进校，1939 年 12 月毕业，进校时是在武昌，西迁宜昌时学生流失过半，随校迁至重庆并毕业者，不过寥寥 2 人，他们是孙司铎（湖北应城）和范强中（湖北黄陂）。此为此期师范专修科的最后一届毕业生。所载 2 人之数，为《中华大学第六十届毕业同学录》所载。而据中华大学档案所记，随校西迁至重庆的师专生当为 9 人；而从留存的第九届师范专修科毕业合影来看，似也以 9 人为当。

六、教育系的第二次停办

从前文所介绍的教育系和师范专修科 1937、1938 和 1939 年学生的高流转率可知，战争对于正常办学的影响几乎是致命性的。中华大学于 1938 年 10 月迁至宜昌后坪租房复课，随校迁至宜昌的师生不到一半。然而在宜昌招生、复课仅三周，又由于武汉沦陷，日机对沙市、宜昌进行频繁轰炸，加之日本陆军也开始步步进逼，于是中华大学决定再次西迁重庆。在西迁重庆的过程中，不仅师生员工再次减少，而且图书、设备等也损毁大半。

① 《历届毕业同学一览表》，《中华大学第六十届毕业同学录》，中华大学 1948 年 7 月自刊，第 63 页。

② 《历届毕业同学一览表》，《中华大学第六十届毕业同学录》，中华大学 1948 年 7 月自刊，第 65 页。

1938年12月底，中华大学终于在重庆南岸禹王庙再次复课。此处地名为下龙门浩，禹王庙坐落在涂山之下，依山而建，形势险峻，原为湖北旅川同乡会（又称两湖同乡会）会址，时得湖北旅川同乡会会长喻育之慨允，借得禹王庙之大部分作为中华大学在重庆的栖身之所。中华大学西迁前的3院13系2专修科，此时已缩编为3院7系1专修科，即中文、外文、教育、化学、数学、经济、工商管理7系和师范专修科。据1939年上学期统计，文学院3系学生总计只有29人，理学院2系学生为11人，商学院2系学生为45人；若加师范专修科学生9人，总计随校西迁至重庆的学生不过94人①。若再加上转学生、借读生，也不过百余人。

早在西迁之前，中华大学在1938年7月，即接教育部明确指令，要求师范专修科停招下届新生：

令私立武昌大学：

查我国公私立大学之设置，过去缺少一定之计划，故各校地域之分布与院系之编制，既未能普及合理，又未尽适合需要。自抗敌军兴，战区各校大都迁移后方，师生精神虽能力自振奋，但设备简陋、院系重复较前益甚，殊不足以适应战时教育之需要。本部兹根据实际需要，参酌目前情形，拟定全国公私立大学院系调整办法。自下学年起，该校师范专修科应遵照前令停止招生，仰即遵办。此令。

中华民国廿七年七月五日　部长陈立夫②

因此，随校西迁的师范专修科学生仅为1937年3月所招的一年级生。

其时，教育系三个年级随校西迁的学生不足10名，如1939年上学期，教育系二年级学生仅2名，根本难以设班上课。尽管后来收纳了若干转学生，但依然不成规模，开课甚不经济。不过，若就保存下来的课程表而论，当时教育系的设课还算是相对完备，并且多由名师授课（见表2-4、表2-5、表2-6、表2-7）。

---

① 参见《中华大学1939年第一学期旧生一览》，华中师范大学档案馆馆藏："中华大学档案"，案卷号LS13-98。

② 《教育部训令汉教字五五八九号》，华中师范大学档案馆馆藏："中华大学档案"，案卷号LS11-121。

表 2-4　中华大学教育学系第一学年课程※

科目		每周时数		教员	备考
		上学期	下学期		
必修课	三民主义	一	二	段麟郊	
	国文	三	三	龙侃	
	英文（一）	四	四	邹昌炽	
	伦理学	二	二	严绂莘	
	中国通史	三	三	龙侃	
	教育概论	三	三	张安国	
	军事训练				
	体育				
选修课	社会科学	三	三		社会、政治、经济任选一科
	自然科学	三	三		数学、物理、化学任选一科

※资料出处：华中师范大学档案馆馆藏："中华大学档案"，案卷号 LS11-130。

表 2-5　中华大学教育学系第二学年课程※

科目		每周时数		教员	备考
		上学期	下学期		
必修课	西洋通史	三	三	龙侃	注重文化
	普通心理学	三	三	余家菊	
	教育史	三	三	张安国	
	英文（二）	四	三	邹昌炽	
	教育社会学	三	三	张安国	
	法学通论	二	二	龙侃、刘雅声	
	心理及教育测验		三	方辰	
	教育统计	三		方辰	
	体育	三	三		
选修课	哲学概论	三	三	方辰	
	课程编制	二		严绂莘	

※资料出处：华中师范大学档案馆馆藏："中华大学档案"，案卷号 LS11-130。

表 2-6　中华大学教育学系第三学年课程※

科目		每周时数		教员	备考
		上学期	下学期		
必修课	教育哲学	二	二	余家菊	
	训育原理及实施		三	严绂苹	
	现代教育思潮	三	三	张安国	
	教育制度研究	四	四	张安国	
	教育行制	三	三	严绂苹	
	课程编制	二		严绂苹	与二年级合
	体育				
选修课	中国教育典籍研究	二	二	余家菊	
	第二外国语（一）德、法、日	三	三		

※资料出处：华中师范大学档案馆馆藏：“中华大学档案”，案卷号 LS11-130。

表 2-7　中华大学教育学系第四学年课程※

科目		每周时数		教员	备考
		上学期	下学期		
必修课	比较教育	三		张安国	
	教育哲学	二	二	余家菊	与三年级合
	教育制度研究	四	四	张安国	与三年级合
	教学实习	四	四	方辰	
	毕业论文				
	体育				
选修课	心理卫生		三	方辰	
	第二外国语（二）德、法、日	三	三		

※资料出处：华中师范大学档案馆馆藏：“中华大学档案”，案卷号 LS11-130。

虽说课程计划大体规整，具体实施的情况却未知其详。可以介绍的是，中华大学教育系迁渝后 1940 年毕业考试的科目和教材。

第一类为“最后一学期考试科目”，共有如后四门：（1）发展心理学（教材为何林华著、赵演译《发展心理学》，商务印书馆版）；（2）教材教学法（胡毅著《中学教学法原理》，商务印书馆版，以及自编讲义《小学各科新教学法之研究》）；（3）比较教育（张安国自编讲义）；（4）教学实习（严绂苹自编讲义）。第二类为“通考以前各年级主要科目”，共有如后三门：（1）教育行政（严绂苹、杜佐周著《教育与学校行政管理》，商务印书馆版）；（2）教育史（张安国、陈青之著《中国教育史》，商务印书馆版）；（3）教育心理学（徐儒译《教育心理学》，中华书局版）[1]。

还可补充介绍的是，1942 年的毕业考试科目和毕业考试委员会的组成。是年考试“最后一学期课程”为：（1）师范教育；（2）教育行政；（3）教学实习。“总考以前主修课程”为：（1）教育原理；（2）现代教育思潮；（3）中等教育[2]。是年组成的考试委员会的主任委员为陈时，校内委员为邹昌炽、严绂苹、单粹民、姚铁心、鲁济恒、黄超、王北辰、余家菊，秘书为汪缉熙，聘请委员为柯树屏（教育部秘书）、周焕章（重庆大学教授）。

图 2-17　资深教授邹昌炽

从对毕业考试的重视可以反推，中华大学教育系在渝的办理尚属正规，并非敷衍塞责、得过且过。尽管如此，教育系停办的命运还是难以逆转。早在 1938 年 8 月，教育部便颁发《师范学院规程》，其后相继创设了 9 所独立师范学院；该规程还规定，只有在国立综合性大学中才能分设师范学院，而私立大学中的教育系科一律不得续办。加之从 1938 年起便试行高校统一招生制度，次年又全面强化了计划性，因而教育系的办理更是难以为继。1940 年 7 月 23 日，中华大学接教育部训令，要求从下一学年度起停办教育系，并停招是届教育系新生，中华大学教育系只能遵命停办。不过，实际停办是在 1943 年 6 月最后一届毕业生离校之后。

① 参见《私立武昌中华大学二十九年度各院系毕业考试科目表》，华中师范大学档案馆馆藏：“中华大学档案”，案卷号 LS11-137。

② 参见《私立武昌中华大学三十一年度第二学期各院系毕业考试科目表》，华中师范大学档案馆馆藏：“中华大学档案”，案卷号 LS11-142。

第三节　中华大学教育系的再次复办与转轨（1947—1950）

自 1940 年教育部明令中华大学停止招生后，时任教育系主任张安国便转任四川白沙国立女子师范学院教授；心理学骨干教师方辰，也于 1942 年转任白沙国立女子师范学院副教授。自 1943 年 6 月教育系第十六届胡宗敦等 10 名同学毕业后，中华大学教育系便不复存在，再次中断了脉承关系。

一、中华大学在渝的艰难维系

中华大学教育系之所以会有第三次复办，与中华大学这个母体的存续无疑大有关系。总体说来，该校在重庆的办理不仅艰难，甚至有停办之虞，因而有必要予以简单介绍。

这种艰难，首先是由于经济来源枯竭。中华大学在首迁宜昌、再迁重庆的过程中，虽获得了教育部的若干资助，但学校的原有家底已被全部淘空；加之西迁后原有的“学田款”再无辅助，而省教育厅的定期补助也基本断绝，私家和商团的捐资助学款更是无从指靠，因而在重庆复课后，最初全仗教育部拨付的有限补助维持，学校所面临的空前难关便是经济。

为了解决办学经费的困难，首先是从紧缩学校开支做起，然后在节流的基础上四处开源。复课伊始，陈时便到处募捐。除向当地绅商陈情外，他还通过湖北同乡会，以乡谊进行感召；再就是通过校友会，尤其是那些已在政府部门中担任要职的校友，恳请他们通过多种渠道帮助学校渡过经济难关。经过一段时间的努力，学校的经济状况才略有改观。

私立学校原本依靠每学期征收的学杂费维持学校的运转。而战时的学杂费不可能定价太高，而且当时规定，只可征收川籍或非战区学生的学杂费；对于两湖及其他战区的学生，则规定免收学杂费，并且还须由政府补贴 35 斤大米的“米金”。由于战时经济环境恶化，通货膨胀严重，物价飞涨，学校开始“与米价赛跑”，不久师生便再陷窘境。有人编出令人心酸的顺口溜：“粮道街无粮，米市街无米。”顺口溜中所言“粮道街”，为中华大学在武昌的校址；而“米市街”，则是中华大学迁渝后的所在地。

为了克服这道经济难关，学校除迭报教育部增加补助费和奖学金名额外，同时极力为学生申请“贷金”，使学生的生活费不致断绝。再就是利用董事长和董事们的社会影响，向工商界的友人募款或向各大银行借贷。如1942年元旦刚过，学校已到了揭不开锅的窘境。前此，陈时曾向教育部提请改学校为国立或省立，终究无果；此时，他只得向校董事会提交辞呈，表示自己实在无力再继续维持。董事长何成濬迅即召开董事会议，发动董事紧急募款，再向教育部申请紧急补助，又向粮食部申请平价米指标。至3月中旬，共募得捐款22万元，获教育部补助15万元，并获粮食部分发给学生每人每月2斗3升平价米的配额。此后，陈时只得打消辞意，中华大学方得以继续维系。

除尽力争取外援外，中华大学还发挥主观能动性，设法多方开源。如1942年春节前，中华大学学生万国权，利用父亲万福麟将军的社会影响，在自己家中举行了一次戏剧募捐义演，用筹得的善款来助学。再如1942年5月13日，时值中华大学校庆30周年，中华大学大地合唱团、话剧社等文艺社团纷纷到重庆义演，所得款项，除资助办学外，还购得“中华大学号”滑翔机一架，捐献空军支援抗战。又如1944年9月11日，陈时致电时任重庆市市长贺耀祖，请求协助筹募1944学年度建设经费。即在本市八所剧院中，“举行联合募捐一月，期自十月一日起，每张门票附加三十元”①，同时附报计划及说明书请求批准。结果依议获批。虽然并未达到募款300万元的预期目标，但募款对于办学依旧发挥了重大作用。

除经济问题外，中华大学的艰难维系，还反映在董事会的改组和校长的变更上。1939年2月，中华大学校董会进行了迁渝后的第一次改组。由于原任校董会主席何成濬已卸去湖北省政府主席一职，调任军事委员会军法执行总监，因而一致推举居正（1876—1951）为董事会主席。居正为湖北广济（今武穴市）人，系国民党元老，长期担任司法院院长，位高权重。这次改组，还将董事名额扩增为43人。事实证明，这次改组的结果未如预期，主席年高多病，董事人浮于事，无人愿负其责；学校管理之责，均落于校长陈时一人之肩上。这也成为他后来提出辞职并最终离职的主因。

有鉴于此，中华大学校董会于1942年1月进行了迁渝后的第二次董事会改组，仍旧请回何成濬担任董事会主席，并将董事简缩为13人。正是在这届

① 周挥辉、董中锋：《中华大学在重庆》，华中师范大学出版社2020年版，第74页。

董事会的主持下，才使学校渡过了经济难关，并兴建了一批校舍，使学校规模得以逐渐扩大，原有校誉方得以维系。

然而就在抗日战争即将取得胜利的前夜，中华大学于1945年春爆发学潮，指称陈时公私不分，并列举了校务管理中的诸多漏洞；学生自治会宣布罢课，要求陈时辞职，并呈请教育部，要求将学校改为国立。陈时百口莫辩，只能引咎提交辞呈。客观说来，陈时抗战时期在重庆，因为须为学校筹募经费，所以在官场和商界活动较多，吃喝应酬之事难免。他晚年在自述中承认："当时学生的揭发，不是无的放矢的。"①

图 2-18　拟任校长刘文岛

在陈时被迫辞去校长职任后，中华大学董事会于1945年5月进行了迁渝后的第三次重大改组，仍由何成濬担任董事会主席，任命刘文岛继任中华大学校长。刘文岛（1893—1967），字尘苏，湖北广济（今武穴市）人。1909年考入保定军校，参加辛亥革命。中华民国成立后，留学日本，毕业于早稻田大学政治经济学部；再赴法国巴黎大学留学，获法学博士学位。1925年1月回国后，受聘担任中华大学教授。后历任国民革命军总政治部副主任、汉口特别市市长兼湖北省民政厅厅长、驻德兼奥公使、意大利公使等职。此继任校长事，曾获刘文岛面允，也获教育部批准；但刘文岛因种种原因实际并未接任，使中华大学数月处于群龙无首状态，致使乱象益生。

在学潮不止和经济难关阻横的乱局之中，何成濬于1945年7月6日召集部分校董开会，商筹中华大学善后问题。"以经济既困难万状，学生无理之要求太多，教育部对私立学校又丝毫不能维持，因决计停办"②。一周后，即将停办之呈文送交教育部候批。

停办消息一经传出，首先是全体学生惶恐不安，他们派出代表赴教育部请愿，上策要求改为国立，而视停办学校为下下之策，坚决不允。其次是湖北同乡会的乡亲和中华大学校友，也一致认为创办和维持实属不易，骤然停

---

① 陈时：《我的检讨》（1951年4月14日），华中师范大学档案馆馆藏："中华大学档案"，案卷号LS12-59。

② 何庆华藏、沈云龙校注：《何成濬将军战时日记》，《湖北文史资料》1987年第2辑，1987年2月印行。

办实在可惜。更为重要的是，教育部明确不主张学校停办，并视此为添乱之举，因而不予批准，此事由此陷于僵持。抗战胜利前夜的中华大学，实处于混乱无序之状。

二、中华大学的复员及请改国立风波

“八一五”的抗战胜利，为化解中华大学停办危机提供了契机。此后刘文岛被国民政府任命为“华中慰劳团团长”，参与复员接收工作，因而亟须觅得一位继任校长，便成为维系中华大学的首要工作。

董事会先后联系了王治焘、艾伟二人，均未获得他们首肯。

王治焘（1892—?），字聪彝，湖北黄陂人。早年获北京大学法学士学位，后留学法国，获巴黎大学法学博士学位。归国后，历任国民政府外交部秘书、北平大学法商学院法律系教授、中国大学政治系主任、朝阳大学教授、东北大学法学院教授，国立西北大学法律系教授，曾短暂代理校长。著有《国际劳工机关概要》等。

艾伟（1890—1955），原名华泳，字险舟，湖北江陵人。1919 年毕业于上海圣约翰大学，1921 年赴美留学，先后获哥伦比亚大学心理学硕士、华盛顿大学哲学博士。1925 年归国后，历任东南大学、大夏大学等校教授，中央大学教育系主任、教育学院院长、师范学院院长等职。著有《教育心理实验》等。

在 1945 年 9 月 8 日召开的校董会上，最终决定由王震寰接任校长，并获其允诺，随即获教育部批准，学校停办之议遂寝。

王震寰（1903—1984），字铁生，湖北武汉人。1924 年 6 月毕业于湖北外语专科学校。1926 年任善导中学校长。1929 年赴欧美留学，先后在英国伦敦大学、美国加州大学、德国柏林大学肄业，获化学博士学位，1937 年归国后，先任重庆大学教授，继任中华大学英语教授。获荐继任中华大学校长后，也曾多有革新；然而任职时间不长，便在 1948 年的学潮中去职。1949 年去台湾，任教于台湾政治大学。

王震寰接任校长后，对学校进行了改制，由王治焯担任教务长，严土佳担任总务长，梁耀炳担任训导长；中华大学仍设文、理、商 3 学院，文学院下设中文系、外文系，理学院下设数学系、化学系，商学院下设经济系、工商管理系、会计系（实际为会计专修科），共计 3 院 7 系。1945 年 10 月 23

日，中华大学召开校董会商讨复员问题，决定派出复员先遣人员回武昌接收校舍，然后主持修葺，定回迁时间为第二年暑假。所以，王震寰接手校长职任后的首要任务，便是主持中华大学的复员工作。

中华大学的复员计划，制订于 1945 年 12 月底。当时校董会开会决定，本校提前于 1946 年元月 5 日放寒假，以利教职员有时间从事复员的准备工作；复员准备工作，原计划于 1946 年 4 月中旬开始，提前放暑假后，再分期分批转送教职员工、学生、设备、图书、仪器等。人员系由公共交通工具转运，物资及教职员家属棺柩，则专购木船一艘承运。

1946 春季开学后未久，中华大学的川籍学生即发起请愿，不愿随学校复员武昌，要求转学至本省大学就读。1946 年 6 月下旬第五十八届毕业生举行毕业典礼后，川籍学生的转学手续大体完成，回迁工作随即开始。是年 9 月上旬，中华大学于武昌粮道街原址举行了新学年的开学典礼，先行开学者仅为老生。新生的开学时间推迟至 11 月 22 日，因为要待在武昌招收新生的工作完成之后才能举行新生开学典礼。

然而中华大学回迁开学后未久，便爆发“驱长风潮”，部分师生要求时任校长王震寰辞职。一说与王震寰“苛待老教授”有关，一说与前任校长陈时的“唆使”有关。由于校董会依旧支持王震寰，所以此次风潮暂时得以平息。“驱长风潮”虽经平伏，但中华大学办学的困难甚至是危机，并未得到真正解决，于是又爆发了“请改国立”风潮。

“请改国立”之议，在渝办学时便曾多次提出，当时主要是因为经费困厄，系由校长或校董会提出；而此次则是由学生们提出，且不仅仅是由于经济方面的原因，还关乎毕业生的资质及其毕业后的就业待遇。1948 年 6 月 21 日放暑假之前，中华大学学生自治会宣布罢课、罢考，并罢缴相关费用，又由各系科组成“改制委员会”，要求改制为国立。次日，签名要求改制的 750 余名学生在大礼堂举行宣誓，决心将改制运动进行到底。尽管此事闹出的声响很大，然而教育部却依旧予以驳准。

学生们提出的改制风潮虽然未能如愿，但前已平伏的“驱长风潮”却再一次涌起。在此背景之下，时任校长王震寰于 1948 年 8 月 2 日提交辞呈，并获得部分校董的集议批准。同月 7 日，成立中华大学校务委员会，由陈时出任校务委员会主任委员，暂负学校管理之责，委员有严士佳、周焕章、王治焯、陶尧阶、胡伊默、林叔青等 6 人。当时报载：“本报汉口十七日电：私立中华大学校长王震寰辞职，已经该校董事会照准，并另推陈时、严士佳等七人为校务委员。动荡数月之该校情况自此或可安定。”①

值得说明的是，时任董事长何成濬并未参与且不赞同王震寰辞职事，故在校务委员会产生后，他接受中央社记者采访，在问及中华大学“以后办法如何”时，明确回答道：

> 本人因年老多病，早已不愿担任董事长。上学期告终，当即详函各董事及校方，请另选贤能；并告以上学期所差经费五十余亿，必极力如数代为挪垫，自八月一日起，不再担负一切责任，故最近情形不甚明悉。②

这实际是将校董会中的矛盾公诸社会。

何成濬的“撂挑子”，使中华大学的合法性存在成为问题。于是在 8 月 26 日，由本校时任副董事长徐源泉出面，要求改制须“循正当途径”，应在董事会的领导下按章进行。9 月 6 日，中华大学校友总会发表《护校宣言》，赞成改制，反对毁校，承认校务委员会为临时组织，要求改组校董会，以担负起真正的领导职责。次日，校务委员会便宣布“停止办公”。在众人的劝说下，何成濬于 9 月 16 日表态说，愿继续以董事长身份勉力维持。

1948 年 9 月 19 日，中华大学董事会召开会议，议决事项有：(1) 改组董事会。新一届董事会的成员有何成濬、徐源泉、朱怀冰、李廉方、陈时、艾毓英、陶尧阶、李荐庭、甘助予、胡楚藩、万邦燮、钱立阶、杨若霞、李世承、朱贡西，共计 15 人。(2) 推选董事会领导。推选何成濬继任董事长，决定增设常务董事处理日常校务，常务董事为徐源泉、朱怀冰、陈时、艾毓英、胡楚藩 5 人。(3) 由邹昌炽博士接任中华大学校长。当时报载新闻为：

> 本报汉口二十一日专电：武昌中华大学校董会已改组就绪，推定何成濬蝉联董事长，陈时、徐源泉等 5 人为常务董事；校长一职，决定改聘前该校文学院长邹昌炽博士担任。该校前仆后继的一些风波，至此当可告一结束。③

---

① 《中华大学校委产生》，1948 年 8 月 18 日《申报》第 7 版。

② 《中华大学改制问题，何董事长发表谈话》，1948 年 8 月 22 日《武汉日报》。

③ 《武昌中华大学风潮已告平息》，1948 年 9 月 22 日《大公报》（天津）第 3 版。

会后，董事会随即联系因事滞渝的邹昌炽来校就职。

然而，邹昌炽面对这个乱摊子，犹豫再三，未久还是提出了辞职。为避免群龙无首，董事会在 1949 年 1 月 7 日再次召开会议，议决由严绂苹接任校长。此后，董事会又专设财务委员会，由陈时出任主任委员，负责筹募办学经费，以帮助学校渡过经济难关。1949 年 5 月武汉解放前夕，董事长何成濬远遁广州。为维持校务计，常务董事会推选陈时为代董事长，使学校顺利迎来武汉解放。

中华大学教育学系的呈请恢复和继续办理，就是在经济困厄、校政动荡的背景下实现的，其先天不良之性显然。

三、教育系的第三次复办

中华大学复员武昌后，为满足青年学子的求学热望，经湖北省教育厅和教育部同意，于 1946 年 9 月附设“先修班”，分文、理两组进行预备教育。开学时，招生 64 名；是年底，达 83 人。又接收还乡转学生 22 人。1947 年 2 月，又招收会计专修科新生 50 名。至当年春季开学时，中华大学学生总数已逾 900 人，恢复势头良好。

为使中华大学获得发展，1947 年 5 月 22 日，中华大学呈文教育部，请求教育部批准扩充系科。所请有三：（1）请于“文学院内，恢复教育学系，增设新闻学系，连同原有两系，共为四系”；（2）“理学院内，除化学系外，数学系改为数理系以资调节，仍为两系”；（3）“商学院内恢复法律学系，增设国际贸易学系，综计原有两系，共为四系”①。教育部于同年 7 月 1 日复电，准文学院恢复教育学系，惟不得招收师范生，准商学院增设国际贸易学系；对恢复法律学系、增设新闻学系和数学系更名的请求，则予以批驳。尽管如此，中华大学已由 3 院 6 系扩充为 3 院 8 系。1947 年夏，8 系和会计专修科招收新生数突破 500 人，使在校生总数达 1300 余人。

据《第二次中国教育年鉴》的第五编“高等教育”第二章“公私立大学概况”，中华大学 1947 学年度的师生数、经费和建筑概况为：

---

① 《中华大学呈教育部文》，华中师范大学档案馆馆藏：“中华大学档案”，案卷号 LS11-46。

四、教职员人数。三十六学年度第一学期，有教员一百五十六人，职员五十人。

五、学生人数。三十六学年度第一学期，有学生一八六五人。

六、经费。该校经费，以学生缴费及捐助款为主要收入。三十五年度经费，为国币二，三一五，七一三，五一九元。

七、建筑与设备。全校面积约二百四十余亩，校舍大小约四十所。①

由此可知，复员之初的中华大学，其实具备了良好的发展势头。

教育学院恢复后，特聘卢春荣任教育系教授兼系主任。卢春荣(1889—?)，湖北汉川人。早年就读于教会学校文华书院，暗中赞助辛亥革命，毕业后任教于文华附中，于1919年升任校长。1922年赴美留学，获哥伦比亚大学师范学院教育硕士学位。1924年归国后，历任华中大学附中校长、武汉大学教授兼注册科主任、湖北农学院教授等职。1946年9月，受聘执教于中华大学，主持了教育学系的恢复与重建工作。后升任中华大学教务长，在教育学系归并于湖北教育学院后，转任中华大学中文系教授。

此期中华大学教育学院的师资多为兼职，除校内教授跨专业兼课外，还请有武汉大学、华中大学和湖北师范学院的教师兼课。最受学生欢迎的专业课教师，还是长期任教于中华大学、此期仍兼有行政职务的严绂苹。他与学生的关系非常亲密，新生入学一个月后，他便能当面喊出每个人的名字；而老生，凡是他上过课的，均能知道每人的优长与不足。他毫无倨傲自尊的严师作风，对于犯过的学生，总是轻言细语地讲道理。正因为有了这种慈父般的教师，所以教育系的师生关系相对融洽。

1947年教育学系共录取新生70名，新生名籍具体为：

闻功九，二三，湖北英山；潘焕成，二一，湖北黄陂；席知儒，二一，湖南黔阳；吴哲，二三，湖北蕲春；李树春，二四，湖北应城；宋华荣，二〇，湖南石门；刘迈男，女，二一，湖南攸县；李成宁，一九，湖北襄阳；蔡晋生，一八，湖北浠水；耿亮，二三，河南上蔡；鲁卓群，女，二二，湖北武昌；张德先，女，二一，湖南石门；杨正凯，二〇，湖北谷城；方瑞生，一九，湖北黄冈；金达干，一九，湖北英山；刘家

① 教育部编：《第二次中国教育年鉴》，商务印书馆1948年版，第176页。

法，一九，湖南保靖；谭侃，二一，湖南安仁；程炳炳，二一，湖北阳新；李灿华，二二，湖北咸宁；罗征强，二一，湖南浏阳；黄科渊，一九，湖南常德；萧赓芝，二二，湖北松滋；余肇清，二〇，湖北松滋；刘建勋，二〇，湖南汉寿；何世琸，二〇，四川西充；梅朴，二六，湖北蕲春；许光恩，二三，河南固始；周尚文，二六，湖北黄冈；杜域芳，二六，湖北黄冈；黄遒斌，一九，湖北咸宁；欧阳惠，二〇，湖南汝城；鲁浚明，一九，湖北咸宁；田尧耕，二〇，四川黔江；张若冰，二〇，湖北枝江；方宗豪，一八，湖北长阳；杨鏸，一八，湖北襄阳；李崇士，女，一九，江苏淮阴；陈福年，女，一九，湖北应城；陈淬涓，女，一九，湖北汉口；刘怀智，女，一九，湖北汉口；田济英，女，一八，湖北江陵；刘冬荪，女，一八，湖北谷城；王云鹤，二〇，湖北襄阳；闻立琦，女，二〇，湖北浠水；吴任贤，二二，湖北远安；张铭，一九，湖北嘉鱼；李顿，一八，湖南澧县；陈胜斌，二四，湖北黄陂；李耀东，一九，河南罗山；龚子群，二二，湖北公安；段昌贤，一九，陕西韩城；汪洋砰，一八，湖北大冶；汪志仑，一八，河南固始；王兆晃，一八，湖南沅江；李铭，二二，河南信阳；黄念仪，女，一九，湖北蕲春；徐宪元，二三，河南信阳；王宗霖，二七，湖北汉川；余泽浩，二三，湖北襄阳；朱汉云，一九，湖北潜江；陈道生，二二，湖北随县；陈启厦，二〇，湖北汉阳；张柱熹，二一，湖北广济；李定荣，一八，江西临川；张茂荣，二一，湖北汉阳；张正言，女，一八，湖北浠水；甘以言，一九，湖北枝江；魏国卿，女，二〇，湖北武昌；刘善懿，女，二〇，湖北汉阳；蓝芝积，女，二〇，湖北黄陂。①

不过，在馆藏同卷的《私立武昌大学三十六学年度第一学期新生统计表》中，所载录教育学系的新生总数为 59 人（男 44 人，女 15 人）。可能此数为经过筛选后的最终上报人数。

值得注意的是，由 1947 年秋教育系进校的新生，须至 1951 年夏才能毕业，所以其间数年并无毕业生产出。而在 1948 年 6 月，师范专修科却有 2 名学生毕业。据载，文学院是届 38 名毕业生为：“中国文学系 16 名，外国文学

① 《各院系新生名册》，华中师范大学档案馆馆藏：“中华大学档案”，案卷号 LS13-134。

系20名，师范专修科2名。”[①] 师范专修科自1938年7月依教育部明令停招后，此后再未重设，何来再有毕业生呢？可能的解释是，1938年3月入校的第九届师专生，大部分未能随校西迁，他们在校修业大体一年。而在1947年9月教育系复办后，其中有少数要求恢复学籍，补修尚缺的一年课程，所以在1948年6月有了这两名特殊的毕业生。此二人，很可能就是前录的第九届毕业生孙司铎（湖北应城人）和范强中（湖北黄陂人）。

1948年中华大学的新生录取工作，由于改制风波和“驱长风潮”迭发，故延迟至当年11月5日才正式放榜。报载的录取名额为：“文学院中国文学系正取生七十五名，外国语文学系正取生八十一名，教育学系正取生四十四名；理学院数学系正取生四十八名，化学系正取生五十三名；商学院经济学系正取生八十三名，工商管理学系正取生六十一名，国际贸易学系正取生四十八名。”[②]

实际1948年中华大学教育学系所录取的新生，远不止44名之数，开学后的学生名册上的正取生名籍为：

范怿，三四，湖北黄陂；韩钧，二四，湖北襄阳；牟维智，二三，湖北当阳；周子良，二三，湖北松滋；罗齐株，二八，湖北黄冈；庞建城，二五，湖北襄阳；戴德威，二三，湖北宜城；童年，二六，湖北通城；汪觉先，三〇，湖北黄冈；胡家舜，二六，湖北沔阳；孔家骥。十九，湖北浠水；陶德梅，女，二〇，湖北黄冈；徐右延，二〇，湖北阳新；周莲，二四，湖北江陵；鲁子高，二一，湖北公安；钟国鼎，二〇，湖北汉川；郑衣锦，女，二二，湖北英山；李隐渔，二一，湖北蒲圻；丁忠贞，二〇，湖北孝感；袁文珍，女，二〇，湖北鄂城；李淑芊，二一，湖北汉川；冯长耀，二四，湖北黄冈；邓世炎，二二，湖北汉口；陶德厚，二〇，江苏南京；张治水，湖北武昌；晏章瑞，女，二一，湖北汉川；叶奎立，女，二五，江西萍乡；刘菊珍，女，二四，湖北天门；贺延和，二一，湖北武昌；李树英，二三，陕西洛川；黎政炳，二五，湖南临湘；杜昭明，二三，湖北沔阳；王家俊，二一，江西遂川；杨美

① 《私立武昌中华大学三十七学年度第二学期毕业人数统计表》，华中师范大学档案馆馆藏：“中华大学档案”，案卷号LS11-335。

② 《中华大学公布各院系录取新生数额》，1948年11月5日《武汉日报》。

龄，女，二一，湖北谷城；刘开荇，女，十九，湖南常德；彭日升，二五，湖南澧县；陈渭泉，二一，湖北大冶；喻宝善，二三；黄陈雄，十九，湖南长沙；李裔烈，十九，湖北鹤峰；瞿开华，十九，湖南永州；陈维勤，二三，湖北武昌；董慕舒，二一，湖北武昌；佘典章，二一，湖北汉川；黄文清，女，二四，湖北大冶；袁定镛，二一，湖北汉口；胡嗣勳，十八，湖北黄冈；朱显臣，二〇，湖北天门；杨慰民，二〇，湖北嘉鱼；陈善扬，二一，湖北武昌；姚声南，二一，湖北黄冈；陈理持，二三，湖北蕲春；曹震疆，二一，辽宁沈阳；童楚文，二一，湖北黄冈；吕得先，十九，湖北汉口；余汉东，二〇，湖北孝感；强学，二七，湖北监利；程忠德，二三，湖北汉阳；吴正廉，女，十九，湖北江陵；吴桂宣，女，二〇，湖北罗田；彭光炘，十九，湖北黄陂；王宝，十九，湖北黄陂；刘燕雏，女，二一，湖北监利。①

此载正取生 63 人，另有临时生 49 人，合计为 112 人。

若仅以复员后的新生录取数而言，中华大学此期发展的势头无疑可喜；然而若就学生的流失率而论，则中华大学此期的办理着实堪忧。据统计，1945 年招收正取新生 195 人，1949 年的毕业生则只有 77 人，流失率达 60% 以上；1946 年 9 月招收正取新生 364 人，1949 年 9 月仍在校就读者为 88 人，流失率竟高达 75% 以上。如此高的学生流失率，即使在社会剧烈动荡时期，也并非一个正常的数值。

四、中华大学的新生及教育系的归宿

1949 年 5 月 16 日，中国人民解放军第四野战军 118 师进驻汉口。次日，江汉军区独立一旅先后接管汉阳、武昌，武汉三镇全部解放。在此之前，中华大学师生发起护校护产运动，专门组织了安全互助团、救护组和消防队；又联络附近的华中大学、文华图书馆专科学校及文华中学，划分防区，组织巡逻队、纠察队，实行联防，粉碎了当局蓄意破坏的图谋，使学校完整地迎来了武汉解放。

---

① 《私立武昌中华大学三十七年度第一学期文学院教育系学生名册》，华中师范大学档案馆馆藏："中华大学档案"，案卷号 LS13-134。

武汉解放后，于 1949 年 5 月 22 日成立武汉市军管会，下设物质接管部、交通接管部、军政接管部和文化接管部，文化接管部下辖教育、文艺、新闻出版三处。中华大学的接管工作，便是由教育处负责，从是年 5 月 27 日开始，至 6 月 10 日基本完成。对学校的接管和改造工作，大体可分为以下三项。

其一，改组学校的领导机构。1949 年 6 月 4 日，中华大学召开第九次校务会议，决定撤销训导处，所属生活管理、课外活动两组归并教务处，体育卫生组归并总务处。未久，对校务委员会进行重组，陈时不再兼任校务委员会主任委员，改由校长严士佳担任。同年 8 月 13 日，召开中华大学董事会第二次临时全体会议，进行董事会改选，议决将已离鄂董事除名，由原候补董事夏贯中、刘年规、周智、叶少山递补，又决定将董事会扩大为 21 人，董事长仍暂由陈时代理。1949 年 9 月 17 日，校委会进行再次改组。除校长、教务处长、总务处长、秘书室主任、图书馆主任、各院院长、系科主任为当然委员外，其他委员由校办工厂厂长 1 人、教授会代表 2 人、职员会代表 1 人、助教会代表 1 人、学生会正副主席 2 人和工友会代表 1 人合并组成，校委会主任为严士佳。经历此次改组后，使学校的各项改造工作得以有领导地进行。

其二，开展对知识分子的思想改造工作。在新成立的校务委员会的领导下，于 1949 年 7 月 4 日—9 月 9 日，利用暑假组织了学习委员会，领导全校教职员工集中进行政治学习，采用自学读书、分组讨论、集中报告等形式，对知识分子改造、新民主主义建设、辩证唯物论、历史唯物论、怎样建立革命人生观、国体与政体等问题，进行了系统研讨，同时对美国政府所发表的白皮书进行了集中批判。这两个多月的集中思想改造，刷新了全体教职工的精神面貌。1950 年 2 月 1—15 日，中南军政委员会教育部与武汉市高教联又组织了寒假讲习会，组织武汉地区大专学校教职员在武汉大学进行集中政治学习，中华大学参加学习者 30 人。除这两次集中学习外，还规定了每周三、六两次开展校内学习，密切结合当时正在开展的“三大运动”进行：在土地改革运动中，除宣讲土改的意义外，还组织师生下乡参加土改；在镇压反革命的运动中，除学习阶级斗争的理论外，还动员师生揭发反革命分子；在抗美援朝运动中，除揭露美帝国主义的侵略本质外，还发起募捐以支援志愿军。

其三，确立新时期的办学方针。1949 年秋季开学后，学校讨论通过了《中华大学革新校务宣言》，其中所列新办学方针为：

中国所需要的，是反封建、反帝国主义的文化，也就是民族的、大众的、科学的文化。我们的教育方针，自当严格以此为标准，所有课程编制与教学内容，均以此为鹄的；而教学实施，则务求手脑并用、理论与实际统一。①

无疑，新民主主义教育方针的确立，使中华大学的办学方向、目的和任务均发生了深刻的变化。

1949年夏季招生，由于武汉的解放、学校的整改而稍有延误。是年共招收新生321人，教育学系的具体招生人数未详。不过从1950年春教育系在读的一年级生来看，仅有李世荣（山西荣河）、刘家骧（河北安国）、王靓萍（江苏南京）、石建华（河南上蔡）、王景康（湖北黄梅）、姚心正（江西南昌）6人②，说明此届招生情况远逊于1947和1948年两届。其中本省籍仅一人，此种情况显然不合常例。

不过也存在着这种可能，即是招生时人数不少，就读一学期后便大多流转，致使留存者无几，并且大多为外省籍在汉流转无门的学生。这种高流转率，可从此时在读的教育系二年级在读的学生名籍得以印证：

吕得先，湖北汉口；黎政柄，湖南临湘；戴得威，湖北致中〔?〕；安同勋，河南太康；宋国梁，湖北蒲圻；祝振棣，湖北武昌；朱朝信，湖北汉阳；游回之，湖北阳新；李馨，河南上蔡；王彩文，湖北武昌；王冰明，湖北沔阳。③

在1948年秋的63名正取生中，仅有吕得先一人在籍；其他10名在籍生，均未经历1948年的招考程序，此可谓前所未有之奇事！至于“湖北致中”之载录，则显系误记。

① 《中华大学革新校务宣言》，华中师范大学档案馆馆藏：“中华大学档案”，案卷号LS12-17。

② 《在校肄业同学一览表》，华中师范大学档案馆馆藏：“中华大学档案”，案卷号LS13-189。

③ 《在校肄业同学一览表》，华中师范大学档案馆馆藏：“中华大学档案”，案卷号LS13-189。

在同表中所载录的“教育系三年级”学生名单中，仅有李崇士（江苏灌阳）、鲁浚明（湖北咸宁）、吴建邦（湖北武昌）、萧惠琴（湖北沔阳）、黄倦（湖北谷城）5 人，是年的正取生为 69 名；而在此 5 人中，后 3 人均不在当年录取的新生名册中。由此可见，在社会剧烈变动之时，对学校教育的影响之巨。中华大学教育系的办理，在此趋势下已很难维持。

中华大学于 1949 年 9 月 26 日开学。除原设 8 系外，依据此前通过的《实施计划纲要草案》，首先增设了 3 个专修科：文学院增设俄文专修科，理学院增设土木专修科，商学院增设会统专修科。教育学系虽得以继续办理，然而就上述学生的流失率来看，其江河日下的颓势已然显现。

1950 年 8 月 1 日，为了适应新形势，湖北省文教厅决定，中华大学改由湖北省文教厅直接领导，除重组董事会、校委会外，又确立了“废院存系增科”的改造原则，文学院、理学院和商学院的名称随即被取消。又将原设外文系、数学系并转入武汉大学，将原设教育系、俄文专修科并转入新成立的湖北教育学院。此后，中华大学教育学系不复存在；其余脉，由湖北教育学院、华中高等师范学校和华中师范学院所顺序承袭。

中华大学教育学系自 1922 年 9 月创立后，至 1950 年 8 月撤销，共历 28 年。其间，经历了一年半中华大学的停办、7 年的教育系停招（实际仅 4 年无教育系学生），故实际办理仅有 20 余年。如果仅计算教育学系的毕业生，大体为 130 人左右，平均每年为 6 人左右，实在难与正规大学的培养规模相匹配。不过，若以 10 年间所办理的 9 届师范专修科而论，毕业生总数则达 186 人，平均每届超过 20 人，尚可称初具规模。无论如何，中华大学属首批创立教育学系的私立大学之一，这在中国高等教育发展史上仍属值得记载的一笔。

第三章

湖北省立教育学院的办理与变衍（1931—1952）

既往华中师范大学校史，均将今日华中师大的由来，溯源于文华大学（文华书院）—华中大学、中华大学、中原大学3所高校[①]。倘若细考历史，实际上还存在另一个来源，尤其对于今日的华中师范大学教育学院而言，即20世纪30年代成立的湖北省立教育学院（该校的历史名称包括湖北省立乡村师范学院、国立湖北师范学院等）。随着动荡的时代沉浮，这所高校数次更改校名，几度浴火重生；经过广大师生数代人的不懈奋斗，留下了不菲业绩。20世纪50年代初并入华中高等师范学校，从而构成了当今华中师范大学特别是华中师大教育学院的历史发展源头之一。

① 参见马敏、黄晓玫、汪文汉主编：《华中师范大学校史》，华中师范大学出版社2013年版。以下本章选用的史料、图片取自各级档案馆（包括中国第二档案馆、湖北省档案馆、华中师范大学档案馆、湖北第二师范学院档案馆、湖北大学校史馆等）；并参阅马思程所撰《湖北省教育学院研究（1931—1945）》。为避繁琐，除有特殊情况须作特别说明，不再一一标明具体出处。

第一节　湖北省立教育学院的创立及流变（1931—1944）

南京国民政府上台后，湖北地区又出现一个办理高等教育机构的小高潮。作为乡村教育思潮暨乡村教育运动的一种客观回应，湖北创立了省立乡村师范学院并很快升格为省立教育学院。该高校中途因经营困难等原因而停办，直到全面抗战时期省府迁往鄂西，为了解决师资难题而于 1941 年秋恢复办理。此为湖北省立教育学院前期。

一、湖北省立教育学院的创立

20 世纪前后，中国社会由近代向现代急剧转型。教育成为这一历史演变的路标。自两湖总督张之洞主政湖北，特别是 1893 年创办自强学堂后，湖北兴办高等教育就走在全国前列。在清末民初兴学热潮中，武昌高师、国立商科大学和医科大学、省立文科大学和法科大学等高校相继面世。

图 3-1　黄建中 学校创建人

20 世纪 20 年代末 30 年代初，随着教育救国思潮的深度振荡，一批先进知识分子将眼光投向社会底层。他们痛感国家内乱外患、农村贫弱凋敝、平民民智未开，掀起了一股兴办平民教育、乡村教育的热潮。为了顺应时代潮流，1930 年国民政府湖北省教育厅厅长黄建中，审时度势，为了改进湖北乡村社会，解决发展乡村教育及社会教育所需师资，着手筹建湖北省立乡村师范学院。是年 3 月，建校筹委会成立，厘定预算。通过商请建设厅，得到支持，划拨武昌武胜门外（徐家棚）宝积庵农场（今湖北大学校址）为筹建学校的校址。在新校舍尚未竣工之前，暂以武昌水陆街湖北省立公共科学实验馆为临时校舍。

图 3-2　湖北省立教育学院校址

（武昌宝积庵）

图 3-3　湖北省立教育学院全貌

（武昌宝积庵）

1931 年 10 月，因“湖北省立乡村师范学院”这一校名与南京国民政府颁行的《大学组织法》及《大学规程》不符，创办者乃奉教育部令，将其易名为“湖北省立教育学院”，设有 2 系 1 科（后发展为 2 系 3 科）[①]。随之在当年 11 月 2 日，学院正式开学。1932 年 1 月，宝积庵新校舍落成；2 月，学院遂由水陆街迁入新址。

学院开办初期，设院长一人综理院务，由省政府报请教育部聘任；设教务长一人，协助院长办理全院教务及学术事宜；设注册部及事务部（后增设文牍部、训育部），协助院长、教务长办理各部具体事宜；教务长，部、系、科主任，教授、讲师、助教皆由院长委任或聘任。同时还建立院务会议制度，负责审议学院重大事项，如财经预算、科系立废、课程设置及规则订立等。院务会议由全院教授推选代表若干人参加，院长任院务会议主席。

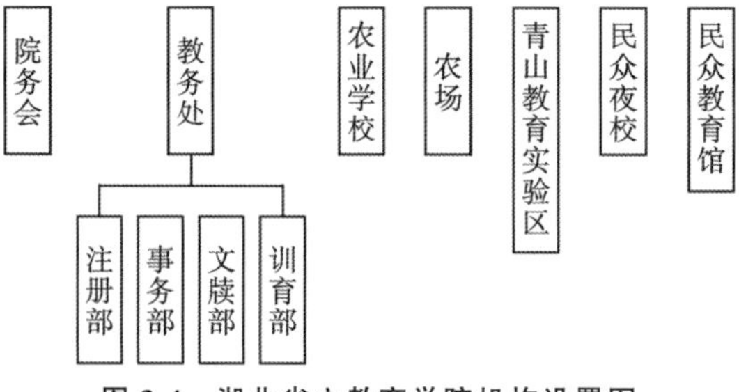

图 3-4　湖北省立教育学院机构设置图

① 1931 年 5 月学院筹备委员会成立后，拟定组织规程并呈报教育部备案。当年 10 月 3 日，教育部正式批复湖北省教育厅上呈的湖北省立师范学院组织规程和课程以及职业师资训练科的两件草案，并指令：“校名应改称湖北省立教育学院，附设之中学职业师资训练科、民众教育人员训练科，修业期只一年，与现行学制不合，应改名为训练班。”

表 3-1　湖北省立教育学院系科设置表

系科	层次	学制
农事教育系	本科	4 年
乡村教育系	本科	4 年
乡村师范专修科	专科	2 年
民众教育专修科	专科	2 年
军事教育专修科	专科	2 年
体育专修科	专科	2 年
音乐专修科	专科	2 年
数理专修科	专科	2 年
师范专修科	专科	2 年
师资专修科	专科	2 年
师资训练班	专科	2 年

湖北省立教育学院在筹建创立之初，曾拟聘请罗良铸为首任院长，但罗因故未能就职①，遂由教育厅厅长黄建中及继任沈士远兼代。1932 年 8 月，部聘院长罗濬到任视事。一年后罗濬辞职。经湖北省政府会议议决，咨教育部同意，改聘罗廷光为院长②，罗氏之后有姜琦为院长③。此二人皆为民国时期著名教育学者。

二、面向平民及社会的专业设置

《湖北省立乡村师范学院组织规章草案》"总则"第二条规定："本学院遵依总理三民主义及国民政府教育法令，以适宜的科学教育及严格的身心训练，

① 罗良铸，获德国第必宁大学哲学系博士学位。归国后先后任安徽省督学、南京市教育局科长、中央大学教授、晓庄乡村师范学校指导员。通晓国内外乡村教育。接到湖北省立教育学院院长聘请时，适逢赴外国考察，故而失之交臂。

② 罗廷光，亦名罗炳之，江西吉安人氏。1926 年毕业于东南大学，1928 年留学美国，先后入斯坦福大学及哥伦比亚大学学习教育。1931 年应聘归国任教于中央大学，1933 年任湖北教育学院院长。

③ 姜琦，字伯韩，浙江永嘉（今温州）人氏。曾留学日本，毕业于东京高等师范学院，又获明治大学政治科硕士学位，归国后先后任教于浙江省立第十师范、杭州第一师范、北京第一师范、南京高等师范学校。1922 年公派留美，入哥伦比亚大学师范学院，获教育硕士学位。1928 年春出任中国留日学生监督。1930 年归国后历任大夏大学、安徽大学文学院、湖北教育学院院长等职。

养成国民道德上、学术上俱健全的各种乡村师资及指导人员为宗旨。”据此宗旨，学院在创办之初，设农事教育系、乡村教育系和乡村师范专修科。为适应湖北省民众教育的需求，1932 年增设民众教育专修科，1935 年又增设农事教育专修科。至此，学院先后共设 2 系 3 科。2 系为四年制本科、3 科为两年制专科。

开办第一年，农事教育系、乡村教育系和乡村师范专修科各招收学生 1 个班。1932 年，以上各系、科继续招生各 1 个班，新增设的民众教育专修科招生 1 个班。1933 年未招收新生。1934 年仅农事教育系招收 1 个班。1935 年农事教育专修科、乡村师范专修科各招收 1 个班。五年中，入学学生达两百多人。学生在校期间享受公费，不缴纳学杂费、膳食费及住宿费，学校每年办学经费约 6 万元，由政府公帑支付。

学生入学，必须办理报名投考手续，并经过严格考试。按照学院规定的投考条件，凡具备相应资格者方准报名投考：报考专修科的学生，须具备高中毕业或师范学校毕业的资格；报考本科的学生，须具备大学肄业两年期满或大专毕业的资格。学生在修业年限内，应按照规定学完各门课程，得满各课规定的学分方可毕业。截至 1936 年，先后学成毕业 129 人，其中农事教育系 22 人、乡村教育系 28 人、乡村师范专修科 57 人、民众教育专修科 22 人。尚有 75 人因故未毕业（后转入他校）。

学院初办之时，聘有教员 16 人，招有学生 130 名。在随后的五年中，先后聘请专职教学人员 34 人，其中教授 25 人、讲师 9 人；此外还聘请兼职教授 12 人、特约及兼职讲师等，专兼教职人员共计 60 余名。任教教师中不乏声名卓著者，如崔思让、张宗麟、严士佳、田淑民、刘亦常等教授。

为满足教学需要和学生实习需要，学校附有农业学校、农场和青山教育实验区。为面向社会、面向平民，还在校外举办了诸如民众夜校、民众教育馆等机构。1934 年春，学院呈请省教育厅批准，在武昌新河街举办民众教育馆，下设讲演部、教学部、阅览部、陈列部、游艺部。这一创举深受民众喜爱，不失为学校与社会相结合的最早探索与尝试之一。与 20 世纪前后欧美教育革新运动中的许多做法有异曲同工之处；与中国同期教育家梁漱溟、陶行知等的平民教育实践中的许多新奇作法亦可媲美。

图 3-5　新河民众教育馆民众夜校练习国术

图 3-6　民众学校工友班合影

三、时世维艰被迫停办

在异族肆虐、国难当头的情势下，1935 年，北平学生于 12 月 9 日举行大规模游行示威。为抗日救国，响应“一二·九”运动，12 月 17 日，武汉地区各大学、中学学生代表集会，正式成立“武汉中等以上学校学生救国联合会”。湖北省立教育学院（以下简称“省教院”）推选出黄诚、金声、王贤飏等学生代表参加武汉学联。武汉学联决定，20 日武汉三镇学生汇集汉口，举行大规模的游行示威。当日游行队伍聚集达万余人。由于当局停运轮渡，学生过江受阻，学联决定游行队伍露宿街头，不恢复轮渡，决不回校。汉阳门一带的大街小巷一时挤满了游行队伍，声援学生的市民成群结队，抗日救亡的口号和歌声震撼江城。在具有强大威力的爱国运动面前，省政府被迫同意提供渡轮，供武昌学生过江到汉口游行。

世事多舛。在学潮频发中，12 月 25 日，又传来应城县发生县长下令打伤爱国学生的惨案。武汉闻讯亦宣布戒严。省教院等高校派出学生代表，无所畏惧，参加省慰问团赴应城慰问受伤学生和平民。在“一二·九”运动中，省教院学生谱写了抗日救亡、不畏强权的光辉一页。

1936 年上半年省政府决定，各级师范学校（包括同属师范系列的省教院）停发学生伙食费，并将有关经费移作举办乡政人员训练所之用。按原政策，学生在校学习期间享受公费，因此学杂费、膳食费及住宿费一律免缴，而新规的颁布将直接威胁到师范院校师生——特别是贫困学子的生存或求学。消息传开，学生群情激昂。省教院学生遂推举代表，联合其他师范学校代表，几次到省教育厅反映心声，要求省府取消这一决定。省教育厅厅长不仅不转

图 3-7 “一二·九”运动 学生游行队伍奔向省政府

呈学生意见，反而怒斥学生胡闹，目无政府。学生代表商议，准备去省府与省主席杨永泰谈判。7 月初，省教院院方匆匆宣布：奉省府指令，学院停办。翌日，学生集合去省府请愿。杨永泰避而不见。省教院学生在省府门口日夜蹲守。坚持到第三天，姜琦院长获讯后告诉学生，杨永泰已潜去南京，尚需半月才能返回。于是，学生推举代表赴南京教育部请愿。南京答复虚与委蛇：各省办高校系省拨经费，教育部无权干预。当赴宁学生代表返汉时，不料经上层密谋，学院已成解体之状。当局釜底抽薪，停聘教职员工，并停发在职教职员薪水，同时将毕业生匆匆分派了事；又将乡村师范专修科、农事教育系、农事教育专修科共 75 名未毕业的学生分别转入武汉大学、河南大学等校借读，并限定他们的报到日期。至此，抗争学生回天乏力，护院斗争终告失败，开办 5 年之久的湖北省立教育学院于 1936 年 7 月被迫停办。

四、西迁恩施复校

1937 年抗日战争全面爆发。1938 年武汉沦陷。湖北省政府被迫西迁恩施，以恩施为临时省会。1940 年 9 月，陈诚出任湖北省主席，主持湖北省政近三年。因仰慕张之洞治鄂期间的“教育鼎盛”，陈氏决心对逐年衰落乃至一蹶不振的湖北教育进行大力挽救。于是在 1941 年 4 月，陈诚主持制定了“新湖北建设计划大纲”。该大纲涉及湖北教育的规定有：从 1941 年起，在恩施建立省立教育学院（校址恩施五峰山）、省立工学院（校址恩施金子坝）、省立农学院（校址恩施金子坝）、省立医学院（校址恩施土桥坝），并优先礼聘海外留学博士、知识名流任此四所学院的院长；四所学院所招学生一律实行公费制度，毕业后由省府统一分配。当时大批流亡青年聚集恩施，上述规定不仅可解决流亡青年学生（特别是寒门学子）的就学、就业问题，同时也可大力促进恩施地区教育事业的发展。由此，湖北省立教育学院于 1941 年 7 月 1 日正式恢复，选址恩施五峰山。

图 3-8　本院复校于恩施五峰山之全貌

五峰山与恩施府城隔清江相望，因山有五峰而得名。此地山清水秀、林木繁茂，景致幽静，堪称办学胜境。应指出的是，虽然学校自然环境优美，实际生活条件极其艰苦。开始校舍是租用的百姓人家旧屋，学生住的是土房，又分散，教与学、食与宿来回跑一两里路，每个人都离不了“三宝”，即钉鞋、粑粑灯笼、斗笠帽；吃的是两掺粮（杂粮与主食掺和），而且还经常吃不饱。1942 年春陈诚到学院视察后，目睹学校窘境，心有不忍，决定拨款新建基础设施，学校条件才有所改善。

图 3-9　大礼堂（恩施五峰山）

学院校舍以原五峰山森林公司茶厂、农业专科学校等既有建筑物为基础，有了拨款后，就地取材，增添教室、大礼堂、办公室和宿舍。在捉襟见肘的战时条件下，众人胼手胝足，齐心奋斗，终有相当规模。

新湖北省立教育学院基本承袭原学院的办学宗旨和格局，除恢复开设乡村教育系外，另加设乡村师范专修科，专修科下分国文、音乐、体育 3 个教学组。在其学习年限上，仍延承乡村教育系学制 4 年、专修科学制 2 年。就在复校的当年秋，各专业均招收新生一个班，全校有学生共两百多人。

复校后，学院院长由省教育厅厅长张伯瑾兼任。1942 年，张伯瑾因公干途经昆明，往访正在西南联大任教的留美同窗陈友松教授，力请其回鄂办学。陈先生祖籍湖北京山，向存服务乡梓报效故土之心愿，二者一拍即合，遂向西南联大师范学院院长黄钰生陈情。黄钰生院长原籍湖北沔阳，同样情系家乡教育，遂准陈友松告假一年回鄂办学。湖北省教育厅当即发出特邀快件和聘书，陈友松立即走马上任。陈氏就职后，遵照国民政府颁发的《师范学院规程》，对教育学院办学体制予以大刀阔斧的改革：

其一，撤销乡村师范专修科，将其下属的国文、音乐、体育三个教学组独立提升为三个专修科；

其二，增设英语、数理、史地三个专修科；

其三，代教育部开设音乐、体育教师训练班。

由是全院办公规模陡增，所属系、科、班 10 个，共有学生 266 名。随后，学院又在恩施西门外开办附中，在城内薛家巷开办附小，既为当地基础教育服务，又为学院学生教学实习和研究实验教学方法提供了园地或平台。时值日军大举入侵，湖北大半沦陷，贤俊良才很多流寓西南地区，鄂西亦为人才汇聚地之一。陈友松精心筹谋，四处奔走，礼聘诚邀，从国立西南联大等名校和湖北各地广延名师，扩充壮大师资队伍。作为国内著名教育学者，陈友松亲自挂帅教育系。在其麾下，国学大师黄侃再传弟子舒连景、留英学者龚质彬、留日数学家李先正、著名声乐教育家喻宜萱、体坛名流周孟乔、老教育家张春霆等，分掌国文、英文、数理、音乐、体育、史地各专修科；又辅之以许湞阳、黎翔凤、金公亮、胡伊默、孔德、张万里等饱学名师。一时间，湖北教院群贤毕至、名流荟萃，为教育莘莘学子创造良好条件。

秉承西南联大爱国、民主、开放的优良传统，陈友松注重培养学生的爱国精神和民族自尊心。他曾亲自创作院歌，在五峰山上建立牌坊，上面镌刻

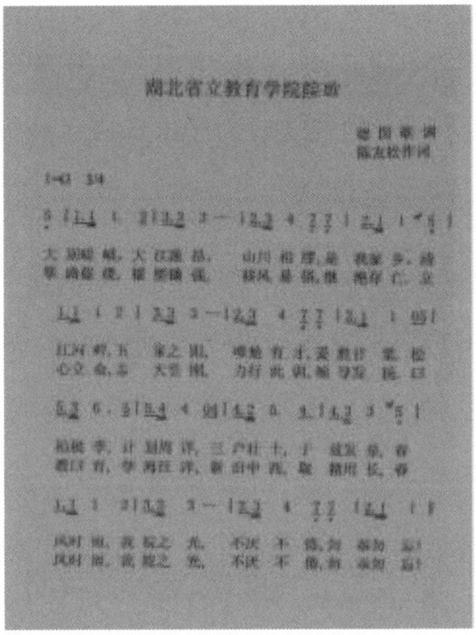

图 3-10　湖北省立教育学院院歌

十个遒劲的颜体大字：“养天地正气，法古今完人。”以此激励学生。在开学典礼上，他慷慨陈词：

> 我们是拥有五千年历史的伟大中华民族，我们的祖先千辛万苦，筚路蓝缕，胼手胼（胝）足，为我们创建开拓、惨淡经营的锦绣山河，而今遭受日寇铁骑的蹂躏，我们民族命运之存亡继绝，盛衰隆替，这取决于我们这一代。我们这一代所处地位，尤为关键，所负使命尤为重大，故我要振臂高喊：请同学们立大志！古人云：“士何事？曰尚志！志何在？曰天下兴亡，匹夫有责。”我们要忧天下之忧！①

在学风上，陈友松提倡教学与科研、实践相结合。在其影响下，教院学生除发愤读书外，还根据所学专业和个人兴趣，积极开展各种社会活动和课外活动。国文科、史地科学生成立的文史学会，自 1942 年至 1945 年在《武汉日报》主办《学风》会刊，发刊约 100 期。音乐科学生在夏之秋教授的带领下，和出访南洋回国的武汉合唱团一起组建新湖北合唱团，并由喻宜萱教授指导并领衔排练抗战歌曲、举办音乐会，声名远播。此外学生们还排演话剧、举办讲演大赛和各种文体比赛。当时的省教院虽身处国难，偏于一隅，条件简陋，生活艰

---

① 《湖北第二师范学院校史》（初稿），湖北第二师范学院学校办公室 2017 年 6 月内部发行，第 8 页。

苦，但书声朗朗、弦歌不辍，呈现出一派生机勃勃、欣欣向荣的景象。

1943 年 7 月，陈友松因自己“素性习惯于西南联大那种自由的学习空气，不满于恩施的政治气氛和严格的统治”，与张伯谨、陈诚等现时主政官员意见不合，一次冲突之后，愤而辞职。其后，复由张伯谨代理院务，继续招收国文、理化、音乐三专科学生各一个班。1943 年 11 月，湖北省政府另聘叶叔良为院长。是年，在校本、专科学生增至 317 人，全院教职工 85 人，其中教师 42 人，含教授 14 人、副教授 7 人。

第二节　国立湖北师范学院的创建与发展（1944—1949）

在全面抗战中期，国民政府教育部为了解决战时师资难题，通过新立和改建而设立了一批国立师范学院。借此时机，时在鄂西恩施的湖北省立教育学院亦借势改为国立湖北师范学院。此为湖北省立教育学院变迁发展史上之中期。

一、国立湖北师院的产生

1944 年，湖北省立教育学院又一次站在历史转折关口。陈友松先生虽辞职返回西南联大，但他关心湖北教院的热情并未稍减。在返回昆明途经抗战陪都重庆时，竭力呼吁湖北省立教院由省立改为国立，并为此四处奔走。此事得到著名鄂籍科学家李四光和国立西南联大几位老校长——特别是张伯苓先生的支持与说项。国民政府教育部采纳了各方建议，于该年 1 月下令湖北省立教育学院改名为国立湖北师范学院——成为湖北省仅有的两所国立高校之一①。湖北省立教育学院在战乱时期改为国立实属不易，也是一种殊荣；改名后隶属教育部。原院长叶叔良负责有关事宜。

湖北教院奉命改为国立后，学校内部的体制也随之变易：原设的科改为系，设立教育、国文、英语、史地、数学、理化、音乐等 7 系；后来又重建

① 另一所是国立武汉大学。

图 3-11　国立湖北师范学院

体育专修科。同年秋，教育部部长电召叶叔良到部，叶叔良辞去院长职务。教育部另从四川大学聘请汪奠基教授为院长。汪奠基系湖北鄂城人，留学法国巴黎大学，获数学及哲学双硕士；归国后，被国民政府敦请为“部聘教授”。汪赴任后，先后又聘王治孚、刁文德、尹聘伊分任教务、训导、总务主任。

当时国师的学习和研究风气甚浓。有文献记载：“图书馆、实验室常常挤满了人，就是树荫下、磐石上也见他们（学生）捧着书在那里阅读。利用课余时间，各学会召开讨论会，或是报告读书心得，彼此交换意见，切磋琢磨。”值得特别注意的是，湖北教院改组为国立湖北师范学院之时，教院曾详细拟具改组方案呈报教育部并获行政院会议通过。其中第二条规定永久院址设在武昌。其改组具体办法如下：

图 3-12　汪奠基像

一、名称：国立湖北师范学院。

二、院址：永久院址设武昌，战事未结前暂设湖北恩施。

三、科系：国文学系、英语学系、数学系、史地学系、理化学系、教育学系、音乐专修科、体育专修科。

四、经费：湖北省立教育学院三十二年度经常费为760，064元。临时费为100，000元，改国立后拟全数移往国立师范学院，如三十三年度湖北省预算数有变更，即依照三十三年度预算数编列。

五、校产：湖北省立教育学院原有一切院产均移充国立湖北师范学院，院产为国立湖北师范学院所有。

六、教职员：湖北省立教育学院原有教职员聘约未满者由国立湖北师范学院加聘。

七、学生：湖北省立教育学院原有各科各系学生均分别并入国立湖北师范学院相当学系或专修科。

八、改组时间：三十三年一月起改组成立。①

1945年夏，复校后的教育本科、英语专科第一届学生毕业。秋季，体育专科改为系。国立湖师（以下简称湖师）至此规模初具，拥有教育、国文、英语、史地、数学、理化、音乐、体育8系，专业设置基本齐全。是年各系又招收新生一个班，并接受教育部分配给国立重点大学的保送生25人。

汪奠基甫一上任，即把握学校改制机遇，理顺与教育部的关系，使学校受到教育部的支持和扶植。在学校内部，他注重增强学校的凝聚力，调动学校的活力，带领师生共克时艰、共图发展。怀着办好湖师的信心，汪奠基的办学理念是：为学与做人并重，治学重在博学与思辨。他还为学校厘定了校训：科学理知（智）的训练，道德乐群的精神，师范教育的专业，笃行服务的人生。此校训长期为学院奉为办学圭臬，直到新中国成立后才被新的校训所取代。

除上述理念外，汪奠基办学自有一整套的治校理论、方法和举措。

首先，加强师资队伍建设。他提出“唯能胜任愉快者是用”“原有教授、副教授、讲师一律续聘任教，尚有余额，则聘时下名流”。于是一批时贤名流慕名而来，如程璟、李家光、唐祖培、周光达、齐协寅、杨大钧、钟琳、李毓华等都被延揽为教授。时下教学人员多达60人，师资充沛，盛况空前。

---

① 《教育部、湖北省参议会等关于国立湖北师范学院选院址迁复相关事宜的指令、训令、函、代电》(1945年9月22日)，湖北省档案馆馆藏：“国立湖北师范学院档案”，档号LS011-001-0006-0002，第8页。

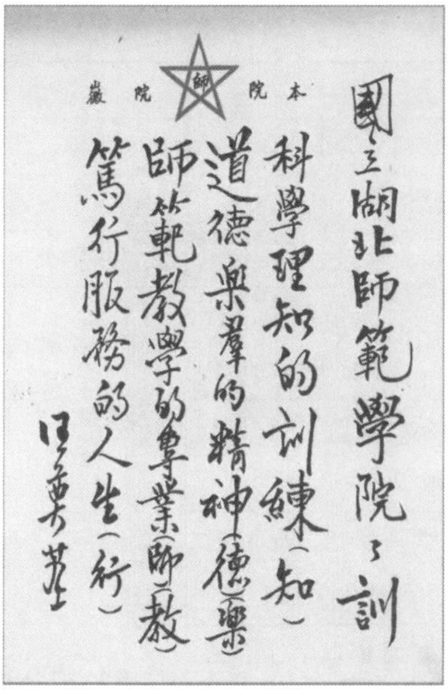

图 3-13 国立湖北师范学院院训

表 3-2 国立湖北师范学院时期部分教授一览表

系科	姓名	学历	经历
教育系	汪奠基	北京大学毕业、法国巴黎大学数学、哲学双硕士	部聘教授，先后任教于四川大学等校
	王震寰	德国柏林大学化学博士	重庆大学、河南大学等校教授
	罗澹	美国希腊古大学教育硕士	湖北省教育厅警学
	王璧如	日本东京高等师范研究院毕业	北平女师大教授、广西教育研究所研究员、教育厅警学
	朱圩	国立中央大学教育学士	东北大学、四川大学等校教授
	王骏声	法国里昂大学哲学博士	厦门大学教授、教育部全国专科上以学校学生学业竞试毕业论文评选委员会委员、教育部特约编辑
国文系	张春霆	两湖大学毕业	安徽省教育厅长、武昌师范大学校长
	鲁济恒	前清湖北存古学堂经学科	武昌中山大学、武汉大学等校教授
	闻儒生	国立清华大学研究院毕业	武昌中山大学、河南中山大学教授
史地系	杨遁夷	日本早稻田大学政经学士	北京大学教授、财政部秘书
	周光达	北京大学德文系、德国柏林大学历史系毕业	复旦大学、国立音乐学院教授
	张健	北京师范大学学士、英国爱丁堡大学硕士	北京师范大学、中央大学等校教授

续表

系科	姓名	学历	经历
数学系	贺适夷	比利时京师大学毕业	北京大学、北京师范大学教授
	齐协寅	北京大学毕业	四川大学、河南大学教授
	张迪承	法国里昂大学理学硕士	武昌中华大学、四川大学教授
	李先正	日本文理科大学毕业、教育部派留英剑桥大学二年	山东大学教授
	刘乙阁	北京大学、美国哥伦比亚大学毕业	东北大学、南昌大学教授
理化系	李家光	清华大学理学士、比利时普鲁塞尔大学化学博士	东北大学、西北大学、暨南大学等校教授
	江涛声	国产大央大学理学士、德国富米堡大学博士	重庆大学、同济大学教授
	周子文	美国哥伦比亚大学毕业	中华大学、重庆大学教授
	钟兴厚	德国柏林大学毕业	武汉大学、中华大学教授
英语系	张圣庄	美国哈佛大学博士	中央大学、重庆大学等校教授
	叶嘉慧	美国牛津大学博士	国立女子师范学院教授
	陈祖炳	德国柏林大学博士	河南大学、齐鲁大学教授
	张尧年	燕京大学文学士、美国里治大学硕士、英国伦敦大学研究员	西南联大、东北大学等校教授
	刘行骏	英国牛津大学毕业	东北大学教授
	吴雨生	英国哈佛大学硕士、英国牛津大学研究员	东南大学、武汉大学、西南联大等校教授
	李之常	北京大学毕业、美国哥伦比亚大学硕士	东南大学、中山大学、中央大学等校教授
音乐系	夏之秋	上海国立音乐专科学校	优秀抗战歌曲《歌八百壮士》《思乡曲》的曲作者，国立音乐学院等校教授
	杨大钧	河北大学毕业、欧若晋夫音乐研究班毕业	中央广播电台国乐组指挥，中央广播电台管理处音乐训练班主任、国立女子师范学院音乐系主任
	巫一舟	上海国立音乐专科学校毕业	国立音乐学院实验管弦乐团总干事，上海音乐专科学校教授

其次，推行五年学分制。凡本科学生学习年限一律由四年改为五年，在校修业四年，担任实习教学一年，期满必须撰写实习报告，及格方能毕业。按照学分制，本科生所学课程分为公修科目和专修科目两大类，并规定其课程配置和学分要求。公修科目是全院学生必学的基础知识，专修科目则因各专业而异；两者均分必修和选修，但都有学分分值要求。此外，作为师范专业的必修科目，还包括本专业的学科教材教法、教学实习和毕业论文。

再次，建立健全规章制度。在原有教学秩序的基础上，添加、改进一些强化教学和教学管理的规章制度，使事有定章、行有规范，依法治校。

此外，将校园建设按规划进行调整，将之区分为教学区、行政区、实验设备区、文娱活动区、生活服务区等，各区布局合理、功能明确。

经过一番艰苦奋斗，湖师呈现出勃勃生机。教师认真授课，学生勤奋学习，学校学习气氛浓厚。校内成立了多种学会，如教育学会、文学会、英语学会、数理化学会、史地学会等，还经常举办学术报告会；校园外则在《武汉日报》《新湖北日报》上开辟了“教育研究”“楚风”等专栏和副刊。湖师的新闻则不时见诸报端。当时的国立湖北师范学院俨然已为湖北高等教育的一大重镇及亮丽风景线。

图 3-14　国立湖师院庆全体师生合影（1946，恩施五峰山）

二、战后迁徙江陵

1945 年 8 月抗战胜利后，湖北省市各级机关、学校纷纷迁回原址。作为国立湖北师范学院前身的湖北省立教育学院，其原址本在武昌且由武汉迁出，理应返汉。孰料教育部为了平衡教育资源，突然决定，各地凡属国字号的师范学院，均需迁复到省会以外之地，并指定国立湖北师范学院须迁往江陵继续办学①。湖师院方接到教育部指令后成立迁复委员会，并在江陵、沙市设立复员迁院办事处。消息传到五峰山，湖师师生大哗。1946 年 5 月，学生们自发组织起来，刷出“反对迁往江陵”“到重庆请愿去”等大幅标语，并举行总罢课，以示抗议。院方迫于众怒，宣称“目前暂迁沙市，待武昌校舍修复后再迁武汉”。同时采取提前放暑假，破例给每个学生发路费等措施，要求学生新学期开学时前往江陵报到。

图 3-15　湖师东迁途中（1946.6，宜昌江畔）

---

① 抗战胜利后，国民政府希望对全国的教育资源进行重新调整，以改战时体制为平时体制。学校究竟该如何复员则成为教育决策者面前的一道难题。早在全国教育复员会议召开之时，“复员不是还原”即已成为共识。在此原则之下，实现教育资源的合理配置则是国民政府进行教育资源再调整的目标。就中国的高等教育资源而言，在地理布局上，战前多集中于东部核心城市，战时又多迁往西南，可谓分布极不平衡。教育部为打破这一畸形局面，用了近半年的时间反复讨论和斟酌高校的调整方案。教育部之所以违背以前对湖师的承诺（批复），执意要湖师迁往江陵即为调整结果。也有历史材料说明湖师之复员江陵与某人有重要关系。据湖师一位学生回忆：“抗战胜利后，全体师生均渴望复员武汉，不意在教育部教育复员会议上，有艾伟（艾为湖北江陵人，时以部聘教授身份被邀请出席会议）主张大学分散制，建议迁设湖北江陵，消息传来，群情激愤。”又有“在国民党政府教育部任要职的艾伟认为湖北的荆州、襄、郧、宜、施上五府比下五府文化落后，加之艾伟系江陵人，为开化乡土、培养梓里后学，经教育部内部商定，决定将国师迁置江陵城内”。又如“其时老籍江陵，在教育部任要职的教育心理学家艾伟，为了提高其故乡的文化素质，极力活动复员沙市，促使教育部下了指令。消息传开，全院哗然”。师生们愤怒于艾伟的提议，甚至认为艾伟是出于自己的私念而使然。不管事实是否如此，艾伟的提议却是符合教育部资源均衡主张的。因此，在湖师上呈长文反复强调武昌前省立教育学院为其永久院址之时，教育部在 1945 年 10 月 9 日的正式批复却指令：“关于各院校复员地点，本部正统筹计划，待决定后再行饬遵。”即透露出推翻之前文件规定，重新安排之倾向。

1946 年 6 月，学校正式搬迁。当时江陵办学条件极差，唯有龙山书院、宾兴馆两所古式破房可勉强办公。学生宿舍则被安置在童家花园（今为荆州沙市中学校址），另在城内玄帝宫及圣公会设立分部。为了安定师生情绪，不久，教育部拨款修建了一栋两层楼房用作办公楼，汪奠基题名为“习坎楼”；再翻修了一些房屋，以作教室及教师宿舍。由于学生宿舍分散，各宿舍之间相隔数里，与学院本部也相距甚远，学生学习、生活极为不便。当年 10 月开学，学生陆续到校。史地、数学、理化三系首届学生和教育系第二届学生毕业，八系循例各招收新生一个班。

图 3-16　办公楼（沙市习坎楼）和习坎碑

荆沙历来文化底蕴深厚，系文人墨客荟萃之地。但毕竟刚经过一场战争劫难，百废待兴，学校环境恶劣，办学条件落后，从而造成人心涣散。有的教授悄然自行离去，新任教授也不能及时到位，甚至连学院教务主任、训导主任也不到校理事。加之适逢国共内战愈演愈烈，学校人心浮动，难以潜心教学。在此态势下，1947 年春，湖师学生再度掀起迁归武汉的运动，“抗命请愿”斗争随之展开。院长汪奠基顺应民心，亲赴南京，向教育部呈递迁回武汉的申请书。但整整一个月，如泥牛入海，教育部未予以答复。由是火上浇油，湖师学生自治会当即发表《告社会及全国同学书》，发布罢课宣言，成立请愿指挥部，自行组织迁院总队。2 月 26 日，600 余名学生乘 6 艘木船顺江东下，一路艰辛。船到岳阳，改由陆路乘车，历时半月终于到达武昌。

鉴于情势，湖北省政府主席万耀煌出面安抚，教育部也特派次长杭立武来汉调停。湖师学生的请愿斗争得到武汉大学、中华大学等高校学生声援，也得到在汉的国民党元老张难先、孔庚、李书城等人的同情和支持。然而，国民政府授权湖北省政府宣布训令，指责学生的正义要求和行动是“武装请愿”，责令解散；还扬言“湖北适用紧急军政措施”，教育部也声称要“整饬学风，决一本严正，不稍宽假”。斗争相持到最后阶段，又出现转机，教育部督学不得不在湖北国民党元老面前保证迁校，唯要求学生“顾念政府威信，先回沙市，暑假后再迁武汉”。鉴于旷日持久的抗争影响学业，不是长久之计，故而得此官方承诺（让步）后，一场轰轰烈烈的抗命请愿斗争宣告结束。4月6日，请愿学生乘当局提供的轮船返回沙市①。

在经历了学校由恩施迁往江陵的诸多坎坷，尤其是这场抗命请愿斗争之后，汪奠基院长深感湖师前途未卜，难以维系，加之多次去南京面谒教育部部长朱家骅，以自身去留为条件与之力争，要求增加办学经费未果，身心俱疲，萌生去意，并于1947年夏正式辞去院长职务。汪氏辞职后，院长一职由原教务长王治孚继任。同年秋，国文、理化、音乐三系各有一个班，及数学、体育专业若干人毕业；体育系奉命停办，未毕业学生转入国立武昌体育专科学校，其余七系仍依例招收新生。王治孚就任院长后，一方面向学生作出迁校承诺，一方面又到江陵勘察校址筹建办公楼。此两面派作法暴露后，引发学生极大不满，他们再度罢课，以示抗议。

三、经抗争复员武汉及再度停办

1948年5月，中国人民解放军第四野战部队挺近荆襄。在此时局动荡情势之下，湖师院方顺应民心，再次奏请上级将湖师迁往武汉。这次终得正面回应。其时，院长王治孚正在南京出席国民代表大会，获得准信后发回电文：“部允迁院。”5月12日，院方公布迁院方案，校内师生一片欢腾。23日，湖师学生乘鼎新轮到达武昌，居无定所，只得暂栖武汉大学附属医院。这一学

---

① 4月6日，请愿团（学生）乘坐鄂省指派的建仁、楚安两轮船，带着复员的希望踏上了西行返沙之路。此时，早已告别寒风凛冽的严冬，迎来人间四月天。在临走之际，湖师迁院请愿团特别发表告别宣言：“我们为答谢诸父老对我们的爱护与热忱，同时为了时间与地域的周转以及迁院的成功，我们不能不暂时的返沙复课。我们都十分的明了，这是走的一段弯路，但是我们感到只要能达到我们的目的，受痛苦与走弯路，是没有多大关系的！春风在返沙途中的江水上，织起了无数的涟漪，象征着这一个求学运动中，各方面对我们的爱护和同情，使我们每个人心坎上，都掀起了无限的兴奋的波浪，我们相信关怀我们的各位父老和武汉各界首长，从今天起，以及今后短短的四五个月中，一定都能为我们担负起这迁院艰巨的任务。在未来秋风黄花时节里，我们这一群，定能负笈高歌的归来到这华中心脏，文化交流地带的武汉，我们期望着，我们默祷着，我们向往着。”

年，湖师成立后的第一届 7 个系的 199 名学生毕业①。

图 3-17　教学楼

图 3-18　实验室

湖师迁汉不久，又发生了一场学生运动。该年 7 月 13 日，学院出纳主任王公正（系院长王治孚胞弟）将学生 8 月份伙食费 30 亿元金圆券先期取走，而签发一张空头支票，致使学生生活无着，8 月 1 日全院学生断炊。部分学生前往王治孚住宅请求合理解决，王竟匿而不见。愤怒的学生难免有些过激言行。事发后王治孚向教育部诬告学生“捣毁院长官邸，殴辱眷属”“以武器威赫，高呼反政府口号”“分子复杂，行动诸多越轨”“打骂呼啸而去，无法无天”，并坚请教育部解散湖师，法办 25 名为首学生。8 月 4 日，教育部电令解散湖师。② 8 月 8 日，学生自治会在汉口新生花园举行记者招待会，报告事实真相，散发《为反对教育部无理解散湖北师范学院抗议无耻栽诬二十五位同

① 国立湖师复员风波是战后在民国教育领域出现的一场时间长久、规模盛大的学潮。战后学潮涌动，背后原因虽复杂却各异，正如蓢伯赞所言：“平心而论，这次大学潮的发生，完全是由于学生切身的利害关系所引起，并不如政府当局所云，是什么共产党的煽动，关于这一点，我们可以从学潮发生的原因看得出来。如众所周知，在学潮发生之初，各个学校提出的要求，皆不相同，如英大（指英士大学——引者注，下同）是为了迁校，交大（指交通大学）是为了护校，沪江（指沪江大学）等校是为了反对绩点制。”此外，教部在高校复员方案上的设计并不完善，其强制性的统一规划为国师的学潮埋下伏笔；而在国师学潮产生后，教育部并未及时作出积极处理，所许之承诺并未兑现，而其强令解散更是令矛盾激化。教育部自身的制度局限和应对失误，也是战后学潮产生和扩大的重要原因。

② 教育部闻院长之言后，偏听偏信，于 8 月 4 日来电解散国师。声称：“该院学生聚众捣毁院长住宅，殴打眷属，实属不法已极，该院应即明令解散，由该院王院长彻底整理，如有必要，并暂予停办，所有滋事学生，一律不得登记，并查明为首者，移送法办。除分电白总司令、张主席、何议长、王厅长予以切实协助支持外，仰其切实执行具报，并随时商同白张何诸公办理为要。”王治孚遂遵照部令宣布湖师解散，并将其所认为的滋事学生“丁初省、□家勉、陈启学、姚湮三、阮力元、唐利林、罗心敏、赵士选、陈迪凡、向时、何光绍、段在庭、李兰英、程允贤、刘兴林、王慰彬、刘建华、杨旭初、田宴、叶汉声、罗□源、胡传国、□志成、陈骇、张健生”等 25 人送往武昌地方法院。

学敬告社会人士书》[①]。8 月 17 日，武昌法院传讯被诬告同学时，武汉大专学校学生自治会在华中大学召开声援湖师学生大会，并向教育部提出四点要求：(1) 收回解散成命；(2) 不得借故牺牲师院任何同学；(3) 迅速合理解决国立湖师校址；(4) 今后再勿如此摧毁教育。

与此同时，在汉国民党元老张难先、李书城等应湖师学生之请，在武昌发起湖北各界正义大会，一致通过致电南京，反对解散湖师，希望其收回成命。

9 月 1 日，武昌法院宣布对 25 名学生不予起诉。9 月 4 日，教育部任命新院长，实则变相收回成命。不久，法院对王治孚贪污一案提起公诉，王治孚辞职，继任院长为王震寰。至此，学生运动取得胜利，国立湖师得以生存。

是年 9、10 月间，学院陆续从武昌搬迁汉口，以唐家墩市一中旧址作为临时宿舍，另租用中山大道汉光中学为临时教室。学院 7 个系各招新生一个班。此乃湖师返汉后的第一次也是最后一次招生。

学院在战乱中回迁武汉近一年，一直处于临时办学的状态，固定校址始终悬而不决。1949 年 2 月 11 日，学生组织建校协进会，与学院领导、教授会

---

① 湖师学生自治会在公开信中说："现在本院遭受这悲惨的命运，我们真是悲愤填膺，欲哭无泪了。为了国家，为了湖北教育，及本院全体同学的前途命运，我们不得（不）噙着满眶热泪，向全国父老，向社会主持正义的人士哭诉，我们想大家一定不会健忘的，自本院奉令迁赴沙市，二年来始终在动荡和不安的环境中挣扎，像一个奄奄待毙的病人……疏散来省以后，教部即视如弃儿，不加闻问，院舍无着，生活极度不安，俨然一群流落街头的叫花子……不幸至八月一日，本院院方开发空头支票（此事已由院方承认），扣发学生膳费，伙食也无法支持，以致断炊绝食，凑巧是日又发生院长私邸被捣事件，教部仍不明事实真相，骤然下令解散，并由王院长随意捏造学生名单，如此摧残教育，迫害无辜同学，有正义感的社会人士，自然清楚谁是谁非，谁是教育骗子，谁是杀害青年的刽子手。谁无父母，谁无子女，谁无兄弟姐妹，这里我们迫切地祈求社会人士，给予我们有力的支援。教部据以解散国师的理由为王院长私邸被捣，是否能构成解散负有发展华中等（地）教育使命的本院。宣布八百同学死刑的罪名是一回事，但教部对于事实的发生的经过及真相，毫无所系，又不派员调查，只听王院长一纸电文，只凭一面之词，就决定了师院的全体同学的命运，且根据院方二日启示和三日谈话，均认为是'极少学生，且是否为本院学生，尚不得而知'。王院长移送的院名单，全体同学看后，异常愤慨，该 25 人中，有一部分同学早已离院，训导处有案可查，其余同学或因公务或因私事或则病倒床榻，以上均有人证，对于院长私邸被捣事件毫无所悉，由此对于院长诬控事实，不攻自破，各被诬同学，除已依法向当地法院提出申辩外，尚祈全国记者先生们，给予舆论制裁及珍贵的同情。"发布公开信同时，学生会又派代表分访在省各元老及各界社会名流。当时他们的重点拜访对象有三位，"一是原浙江省主席、现湖北省银行董事长张难先；二是李书城，民国初他在民国政府曾短时间任过军事部长，退位后于湖北省通志馆任馆长；三是全国参政会的参议员孔庚"。张难先和李书城均极为同情国师，甚至"大骂朱家骅欺湖北太甚"。

共同行动，多次呈请华中军政长官公署长官白崇禧，请拨江汉中学为长久校址。4 月 9 日公署答复，“续军事时期解除后，该房宿决不他用，拨给国师”。4 月下旬，国民党军队溃退南逃，学院迁入江汉中学。当时，学院拥有教授 37 人、副教授 16 人、讲师 19 人、助教 12 人、职员 69 人，在校学生 749 人，其中应届毕业生 177 人，全校师生员工近千人。

图 3-19　教育系 1949 级全体同学合影

表 3-3　1949 年国立湖北师范学院规模

教　职　工		251
其中	教 授	37
	副教授	16
	讲 师	19
	助 教	12
	职 员	69
	工 人	98
在校学生		749

1949 年春，根据中共地下市委决定，湖师相继发展了两批共 13 名中共党员，另加一名从武汉大学转入的党员，成立了党支部，支部书记为杨畅东。同时发展新民主主义青年盟员 62 名和新民主主义青年团团员 15 名。中共国立湖师党支部广泛团结进步学生，及时传播党的声音，为迎接武汉解放做了大量工作。

5 月 16 日，武汉解放。6 月，湖师成立新中共党支部，配合中南军事管

图 3-20　党支部部分党员合影

制委员会文教接管部进行接管工作。7 月 16 日，中南军事管制委员会接管湖师。根据革命工作的需要和湖师无固定校舍的实际情况，文教接管部部长潘梓年决定湖师暂时停办，进行整顿。学院教师自行联系工作，或由接管部统一安排和调派。学院一部分理化、数学、外语系学生转入武汉大学学习、一部分教育、史地、国文、音乐系学生保送到中原大学学习，还有一部分学生或参加人民解放军，或参加各种干部训练班学习后分配工作。至此，湖师又一次停办。

在国立湖北师范学院存在的 5 年间，正值国难当头、内乱外患之时。虽多历颠沛流离，但该校师生仍奋发图强，不坠青云之志，为国家及社会培养出一大批人才，在学院的发展演变史上涂抹出一道亮丽色泽。

在国立湖师停办的时候，人们不曾想到，仅数月后，湖师会浴火重生，且回到原点。

第三节　湖北省教育学院的重建及归宿（1949—1952）

自改为国立高等师范院校后，国立湖北师范学院经历了抗战、内战的颠沛流离、辗转迁徙的百般艰辛，终了迎得全国解放。为了适应湖北地区教育的变革，在新旧政权交替之际，湖北省府在国立湖北师院的旧墟上重建了湖北省教育学院。此为湖北省立教育学院之后期。

一、以国立湖师为基础重建湖北省教院

1949 年 5 月武汉解放，社会各行各业百废待举，教育亦为重点之一。为适应湖北文教事业发展的需要，时任湖北省文教厅首位厅长李实提出，首要问题是着手解决教育行政干部和师资的培养，应尽快恢复像“国师”（湖师）这样的师范院校。李实的建议得到湖北省委书记、省长李先念和中南军政委员会主任陶铸等领导的大力支持。李先念对李实表示：“复办要钱，我给，要人，你去网罗。”之后，经湖北省委研究，决定在原国立湖北师范学院的基础上建立湖北省教育学院。

图 3-21　李实像

是年 8 月，在李实的领导下，建院筹备工作全面展开。学院校址暂定武昌五龙桥，征用省一女师为临时校舍。学院从原国立湖师、国立武昌体育专科学校、私立汉口艺术专科学校聘请了一批教师，接管了湖师的全部图书和仪器设备。经过紧张筹备，湖北省教育学院于当年 10 月 15 日开学上课，由省文教厅厅长李实兼任院长。

学院主旨是为培养与改造能适应新民主主义教育的中等学校师资和教育行政干部；其培养目标是要把每个学员改造成为作风朴素、思想进步、通晓马列主义文化思想、全心全意为人民服务的新型教师和干部。学校重生后，重新制定的校训是：“团结、进步、老实、朴素。”

在教学方面，学院各科一律按国家教育部颁布的高等学校的课程配置和教材内容实施。规定政治课要占全部课程总学时的 15%，政治课设有“社会发展史”“新民主主义论”“政治经济学”“文教政策与法令”等。

图 3-22　学校校址：武昌张之洞路 50 号

图 3-23　原湖北省教育学院位于武昌张之洞路

学院初创时，设有高级班，招收专科以上毕业生及曾任中学教员两年以上者；社会教育、教育、体育、艺术（分设绘画、音乐）科，则招收高中毕业生及同等学力者。其时在校学生 370 余人。由于校舍不足，为满足学校继续发展的需要，1950 年 3 月，学校迁至武昌张之洞路 50 号（今湖北省总工会所在地）。是年上学期开始，学院调整了学科专业设置：社会教育科取消，并入教育科，在教育科内分设教育、文学、数理组；艺术科内增设戏剧组；另成立俄文专修班；又成立师资轮训部，由省政府文教厅调训湖北省中小学教员和本院附师的上期毕业生。除这些调整的科组外，其他各科组同时增招插班生。全校共计 17 个班，学生 800 余人。各专修科学制两年，高级班和师训部学制均为半年。4 月中旬，高级班 91 人毕业；8 月下旬，师训部第一期 323 人毕业。全部毕业生除调训者仍回原单位外，均由省政府文教厅分配工作，从事文教事业。该年暑假，文学组改为国文科，体育科改为体育卫生科，数理组改为数理科（分设数学、物理两组）。各科组招收新生各 1 个班，教训部第二期继续招生，培训期由原来的半年改为 10 个月。这年全院在校生共计 870 人。

二、湖北省教院的进一步发展及合并

1951 年暑期后，师训部迁出学院，改为湖北省师资训练所，直接受湖北省文教厅领导。师训所招收了小学教师和失业知识分子 545 人参加学习，以充实全省小学师资队伍。此后，学院主要招收应届高中毕业生，以培养中学教师。1952 年，在校学生 753 人，暑期毕业 307 人。

在短短几年内，学院建立了一支素质较高的教师队伍。全院教师共计 126 人，占教职工总数（292 人）的 43%。其中许多教师在专业上有较高造诣，如朱希亮、王倘、李相勖、杨潜斋、陆华柏、杨立光、盛雪、臧玉琰、蒋箴予等。另有苏联籍教师若干。为了提高教学质量和学生素质，学院经常邀请一些知名学者、高层领导如李达、郑位三、赵毅敏、潘梓年、陶军等到校讲学和作报告；李实院长亲自讲授教育课；薄怀奇副院长讲授社会发展史。这些课深受学生欢迎。当时，学院师生精神面貌良好，教学质量不断提高，培养规格得到落实，学院办得有声有色。

学院当时占地面积 4 万多平方米，建筑面积 8 千余平方米。教学设备中，有图书 4 万余册，校具 200 类 6000 余件，理化仪器及生物标本 5000 余件，音乐教具 60 类 600 余件，可基本满足师生员工学习、工作的需要。学院还设有附属师范一所，另设附一小、附二小、附三小，为本院师生实习教学之用，后改为附属中学、附属小学、工人业余学校各一所。

在领导体制和机构设置方面：湖北省教育学院受国家教育部、中南军政委员会教育部、湖北省人民政府文教厅三重领导，实行院长责任制。院长由省文教厅厅长李实兼任，实际主持学院工作的是副院长薄怀奇。院长下辖院长办公室、教务长、总务长。院办主任李抚东；教务长由薄怀奇兼任，教务长直管教务处，教务处主任为吴芷英；总务长暂时空置，其直管总务处，处主任为何澄亨。教学机构中，师训部主任于盛兹，教育科主任吴芷英（兼），中国语文科主任周学根，数理科主任徐培志，体育卫生科主任范宗先，艺术科主任杨立光。

学院各科成立业务小组，从事研究改进教学工作，如教学计划、教学大纲的拟定，编印教材的审查等，全院共有 16 个教研组，对改进教学起到了积极的促进作用。同时，学院建有院务、教务、总务会议制度，还制订了有关规章，如《湖北省教育学院暂行院章》《湖北省教育学院院务委员会暂行组织规程》《湖北省教育学院师资轮训部暂行组织规程》等。

1952 年 10 月，在国内高校院系大调整的浪潮中，根据中央教育部确定的“为了使高等学校院系设置趋于合理、人力物力集中使用，各类专门人才的培养目标明确”的调整原则，湖北省委及中南区领导决定，“将原中华大学一部分、湖北省教育学院和改制中的华中大学合在一起”①。三校合并后，改名华中高等师范学校（今华中师范大学）。② 其中湖北省教育学院主要系科被纳入新校教育系。1952 年 11 月 6 日，华中高等师范学校建校委员会主任委员潘梓年、副主任委员徐懋庸、王自申联名代表华中高等师范学校建校委员会，致函湖北教育学院，通告此事：

奉中南教育部 11 月 1 日教办字 3548 号指令，为实施中央人民政府政务院《关于改革学制的决定》，有计划、有步骤地改革旧的高等教育制度、教学组织，使我国高等教育服从祖国需要，有效地培养国家建设人才，兹决定原中华大学一部分及湖北省教育学院和改制中的华中大学合在一起，另行筹建华中高等师范学校，着即由潘梓年、徐懋庸、王自申……等 29 人组成“华中高等师范学校建校委员会”并以潘梓年为主任委员、徐懋庸、王自申为副主任委员，领导建校各项筹备工作。③

由于在合并时或合并后，原华中大学（改制中及改制后）不管是体量、影响力还是人员构成上都处于优势主导地位，从名称上看也是如此（沿用“华中”之名），因此过去人们往往将这段历史称为是湖北省立教院等并入华中大学（或华中高师）。这种说法值得推敲。一个不争的事实是，湖北省立教育学院（包括国立湖北师范学院等）的早期办学史无疑是华中师范大学尤其是华中师范大学教育学院的历史渊源之一。它也是当今湖北第二师范学院及湖北大学的实际前身。

---

① 1952 年 11 月 1 日发文，发文署名为中南（军政委员会）教育部。

② 与此同时，为了能在短期内培养出德才兼备、合乎规格的中等学校教师，解决湖北省内师资极其缺乏的矛盾和适应教育事业发展的要求，湖北省委同时决定：以省教院留下的部分人员和校产、校址为基础，筹办湖北省教师进修学院。由于主体部分已划归华中高师，为了充实新学院的教师力量，省教育厅将原来从省教院分出的湖北省师资培训所全部划归教师进修学院，又汇入湖北革命大学和中华大学的部分教师，再从武汉市一些中学抽调一批骨干教师，和省教院留下人员一道组成教师进修学院的教职员工队伍。湖北教师进修学院于 1952 年 11 月 3 日正式开学。该学院一分支后改名为湖北教育学院（1979），继而发展为当今的湖北第二师范学院（2007）；另一分支后发展为当今的湖北大学。

③ “华中高等师范学校建校委员会致华中大学改制委员会函”，1952 年 12 月 6 日，选自华中师范大学档案馆馆藏照片（原件）。

第四章

中原大学教育学院的成长与演变（1948—1953）

中原大学是华中师范大学的前身之一，与文华大学—华中大学、中华大学、湖北省立教育学院共同筑成如今华中师范大学（包括教育学院）的历史基础。该校创办于解放战争的漫天烽火之中，继承了老革命根据地的办学传统，一度以培养军政干部为主要任务。尽管该校开设的时间前后只有5年，但它在中国（特别是中原或华中地区）新旧教育转轨的过程中，发挥了独特的不可取代的作用。中原大学与中原大学教育学院是主体与分支的关系，二者有因袭、继承、发展的关系，人员流动更是错综复杂。后者后来还具有相对独立性（包括20世纪50年代初单独与华中大学合并）。本章拟分两部分介绍：第一部分简要回顾中原大学发展历程，作为后来中原大学教育学院发展的背景与铺陈；第二部分具体介绍中原大学教育学院发展概况。

第一节　中原大学的创立与迁变（1948—1953）

身为解放战争时期成长起来的中原大学，在其办学过程中，不仅其学校办学处所随着战争的变化而不断搬迁，而且其人才培养类型也随着时局的变化而不断添新。后来成为华中大学的重要组成部分的教育学院，在这种发展过程中得以建立并迅速成长。

一、中原大学的筹建与成立（1948 年 7—8 月）

1946 年 6 月，国共内战爆发。经过一年的对抗，刘（伯承）邓（小平）大军于 1947 年 6 月 30 日强渡黄河，挺进中原，揭开了战略反攻的序幕。继后，陈（赓）谢（富治）兵团及陈（毅）粟（裕）兵团亦挺进豫西或进入豫皖苏平原，使中原解放区的地位日益巩固。

1947 年 5 月 15 日，晋冀鲁豫中央局召开会议，根据形势发展需要，向党中央建议再次专门组织中共中原局。翌日中央复电同意。中原局成立后，邓小平担任第一书记，刘伯承、邓子恢分别担任第二、第三书记。中原局的中心任务是创建大别山根据地，着手组编新的野战军纵队，粉碎国民党军的围攻，并为解放全中国积蓄力量。

1948 年 5 月 9 日，为了适应中国人民解放军主力转入外线作战的新形势，中央军委决定重建中原军区，由刘伯承任司令员，邓小平任政治委员。与此同时，中共中央决定改组中原局，以邓小平为第一书记，陈毅为第二书记，邓子恢为第三书记，并组成 12 人委员会，负责领导所创建的中原解放区。

1948 年 6 月 22 日，中原野战军攻克开封。开封解放后，位于当地的河南大学部分师生踊跃参加革命队伍，并随解放军共进退。6 月 29 日，河南大学嵇文甫教授等 79 名教职工抵达中原局所在地——豫西解放区宝丰县；7 月 9 日，在开封招收的两个学生大队共 287 人也抵达了宝丰县。两支人马的聚齐从而为中原大学的筹创准备了部分师资和生源。中原局随即做出决定：“以河南大学这批进步师生为基础，筹建中原解放区人民革命大学——中原大学。”①

在此期间，曾专门召开了一次研讨如何培养随军干部的会议。由于新开辟的解放区不断扩大，陕甘宁边区及各抗日根据地所培养的随军干部已供不应求，因此有必要从国统区招收进步知识青年，经过短期培训后分发任用。有鉴于此，创立一所新型大学便成为时势所使然。会上，陈毅毛遂自荐说："这里刘伯承指挥，东有粟裕指挥，我去办大学培养干部。"此议获得与会者一致赞同。

陈毅心仪教育由来已久。他早就有创办革命大学之志，以为革命培养专门人才。他曾于1942年春与中共华中局、新四军军部和中共江苏省委联合，在淮南根据地创办了一所新型大学——江淮大学。由于形势变化，该校开办未足半年便告停息。这在陈毅心中留下了遗憾。所以当革命形势好转，机遇再次来临时，陈毅又想重续办理大学之志，以弥补早年未竟的心愿。

1948年7月10日，中原局邀请已随军的河南大学教授嵇文甫、王毅斋，副教授罗绳武等人参加建校筹备会议，议定校名为"中原大学"，推选陈毅、张际春、刘子久、嵇文甫、王毅斋、张柏园、罗绳武7人组成中原大学筹备委员会；由陈毅担任筹委会主任，刘子久、嵇文甫、王毅斋担任筹委会副主任。中原大学筹委会于当日正式成立。建校方案随即报请中原局党委和中原解放区民主政府批准。由于时任中原局宣传部部长的刘子久公务在身，不能即刻分身接手筹办中原大学的工作，所以中原局临时指派中原军区宣传部副部长陈斐琴前来协助陈毅，负责学校筹创的具体工作，实际主持校务。

在中原大学筹办方案报请中共中央批准的同时，筹委会便开始进行紧锣密鼓的筹办工作。首先着手的工作是招生。除在开封已招收的两个学生大队外，还从所属军政单位中抽调出部分学员，又招收了少量青年学子。首批学员近300人。

在学校筹备过程中，对学员的入学教育便开始了，体现了只争朝夕的时代精神。1948年7月15日，陈毅前来向首批学员作了《来解放区的学习与工作问题》的专题报告。其报告生动诙谐，情真意切，给教员与学生留下了深刻印象。同月27、28日，时任中原解放区民主政府主席的邓子恢也专程来校，向全体师生作了《中国革命的性质和任务》的系列报告。这种专题报告，

① 河南大学校史修订组编：《河南大学校史》，河南大学出版社2012年版，第116～117页。

使学员获益匪浅，更加坚定了他们投身革命的信念，激发了他们为革命而教和学的热情。

当筹委会组建、动员工作完成后，最为急切的工作，便是完善组织机构和配备相应干部。经陈毅主持研究决定，校部之下分设秘书、教务、注册、总务四科。7 月 29 日，由晋察冀解放区急调南下支援的 13 名干部到校，于是选定其中的郭步云担任秘书科科长、朱明远担任教务科科长、曹建章担任总务科科长、安愚担任注册科科长，并即刻投入建校工作。

以上四人，在筹建中原大学的过程中，在承担具体工作上发挥了重要作用。从河南大学来此的诸位教授和副教授，则主要协助制定教学计划，并各自承担教学任务，同时收集相关资料，用革命理论武装自己，重新备课。

1948 年 7 月 30 日，中共中央批准创设中原大学的消息，在《豫西日报》以《中原解放区筹组中原大学》为题予以披露。8 月 2 日，刘伯承在中原军区召开的八一纪念大会上，正式宣布中原大学设立，还宣布陈毅兼任校长。这次纪念会，原定于 8 月 1 日召开，由于会场设在露天，是日天雨无法开会，故而改在 8 月 2 日举行。此后，中原大学便以 8 月 1 日作为校庆纪念日。选定与解放军建军同日自有其特殊含义。

中原大学由动议（7 月初）到开办（8 月 1 日），不到一月，这在世界大学的筹创史上，堪称是空前绝后的速度。尽管中原大学在初创阶段不宜视同于真正意义上的大学，但这种说干就干、雷厉风行的工作作风，充分体现了革命教育应济时需、务实达用的特点。

二、中原大学创办初期办学概况（1948 年 8—9 月）

宝丰县位于豫西解放区边缘，为鄂陕豫根据地的组成部分。1948 年 5 月，中共中央决定恢复设立中原局和中原军区后，中原局机关及军分区便设于宝丰县赵官营村，其附属机构分布在周边乡村。中原大学初创，将校部选在离宝丰县城约 3 公里的大白庄。办公用房为村北关帝庙内的 3 间土瓦房；各队学生，则借住在大白庄邻近村落，多以草棚、马厩为住所。

学校宣布成立后，随即按首批学员的文化程度进行编队。在首批学员中，有来自河南大学、中原工学院、焦作工学院等高校的大学生 98 人，来自农业职校、畜牧职校、开封师范、艺术师范等校的中专生 39 人；来自开封各中学的高初中学生 115 人；另有来自邮局、银行和学校等事业单位的职业青年 35

图 4-1 大白庄中原大学旧址

人。在这近 300 人中，女性学员为 96 人。

鉴于学员知识程度不同，中原大学于是从大学高年级学生中精选人员，组成研究班；再将其余人员，依文化程度、思想觉悟和性别，分编成 3 个大队。每大队人数 80 至 100 人不等。每大队还配备有辅导员 2 人、辅导助理 1 人，学员的组织管理基本完善。

1948 年 8 月 7 日，中原大学正式开始开课，采用“分大队授课制”。所开课程，以政治理论课为主；除分队授课外，还采用集中报告或上大课的形式，主要进行思想教育。如中原军区副政委邓子恢应邀作了《总路线与总政策》的报告，校领导刘子久作了《学习的性质与方针的问题》的系列讲座。刘子久不仅详细讲述了中原大学的革命性质，而且对“学什么”“怎样学”等问题进行了耐心解答。

尽管当时的教学条件极差，又缺乏系统的教材和图书资料，但学员们的学习积极性高涨。学员们除致力于理论学习外，还利用闲暇时间深入乡村，进行调查研究和宣传动员。学员中文艺骨干所组成的文工团，还经常为部队和民众演出；如《走上光明之路》《立功花鼓》等节目，曾获得空前热烈的好评。

中原大学开学后，即在学校邻近招收了一批新生。这次招收的学员并不多，仅编为一个大队，即第四大队，由郭抵担任大队长。8 月 21 日，中原大学举行迎新晚会，以联欢演出形式欢迎这批新学员来校学习。这批学员大多为初中毕业，文化程度普遍较低，在接受革命理论教育的同时，还须补习基本文化知识。

在宝丰县大白庄办理期间，中原大学的教学设施和生活条件均十分艰苦。

当年的学员有如下回忆：

> 当时没有教室，杨树荫下、打谷场上就是课堂，一块石头或砖坯是坐凳，膝盖是课桌；发的几张白油光纸，订起来就是笔记本，蓝色颜料用水泡开即墨水。农民家里让出的一间、半间房是宿舍，地上打通铺，垫些稻草就是床；吃的是“黑铁塔”或“黄金塔”（高粱粑或玉米粑窝头），外加小米粥。当时生活虽然艰苦，但学生们经受了锻炼，意志高昂。①

这种高昂的革命精神，成为战胜一切艰难险阻的法宝。

图 4-2　宝丰县的红色记忆——大白庄中原大学旧址

随着学校的不断扩大，充实干部和师资队伍，成为迫在眉睫的任务。中原大学除在中原解放区就近抽调、敦聘外，还向其他解放区求援。8 月 25 日，由华东解放区抽调来的干部朱凡等 73 人到校，从而缓解了无人可用的困窘局面。

由于干部和教师队伍不断充实，更由于新形势下对宣传工作的迫切需要，中原大学决定在短期培训的基础上，增设长线专业，并首先筹设新闻系。8 月 26 日，陈克寒受命兼任新闻系主任，负责该系的筹创工作。当时的系址，选定在宝丰县解庄；师资和学员，主要由中原大学内部选优抽调。

三、中原大学第一次迁校（1948 年 9—11 月）

开学未久，为了改善中原大学的办学条件，中原局决定，将中原大学校

---

① 秦方齐主编：《记忆中原丛书・鹰城古韵平顶山》，河南科学技术出版社 2018 年版，第 24 页。

部，由大白庄关帝庙迁至宝丰县城内的东街文庙。校部 1948 年 9 月 5 日完成搬迁，办公条件得到较大改善；各大队虽仍散布于周边的村庄，但已调整得相对集中。这样不仅便于管理，而且还有利于教学活动的开展。

图 4-3　中原大学旧址

迁至宝丰县城办学后的首要工作，便是扩大学校规模，培养更多学员以应济时需。9 月 6 日，中原大学在校本部文庙专门设立招生处，又组织了 10 个招生组，分赴中原解放区所属各县市招生。《中原大学招生广告》的主要内容为：

办学宗旨为培养中原解放区各项建设人才；学校设预科和本科；预科生学习社会进化史、群众工作等；本科设行政、财经、教育、文艺、新闻、医疗六个系，修业期限为四个月至一年；被录取学生的膳宿由学校供应；学习期满、考试合格者，学校负责介绍工作；凡不愿学校介绍工作者，允许自谋职业。①

这份招生广告，由陈毅、刘子久联合签署，除在各地广为张贴外，还刊载于 1948 年 9 月 15 日的《雪枫报》。其作用显著，进步青年闻讯趋之若鹜。9 月招进学员 70 名，10 月招进学员 482 名，11 月招进学员 1414 名，3 个月招收新生近 2 千名，学校获得迅猛发展。

同年 9 月 25—27 日，中原大学在宝丰县城召开扩大干部会议，集体研讨

① 孔力：《从中原大学到中南财经政法大学》，《党史文汇》2013 年第 2 期。

了中原大学的各项工作，重点讨论并通过了教学计划，确立了如下骨干基础课：嵇文甫教授主讲辩证唯物主义，王毅斋教授主讲社会科学概论，刘国明教授主讲中国革命的基本问题，罗绳武副教授主讲社会发展史纲。该教学计划由教务长张柏园向全校师生宣布后，9 月 29 日即按照计划安排教学，从而使办学步入正轨。在宝丰县城办学时还有一事可述，即增设中原大学图书室。通过努力搜集、购买及各方捐赠，年底中原大学图书室藏书达四千余册，为配合教学提供有力支撑。

迁校宝丰县城后最为重大的变更，便是对学校领导机构进行了调整和充实。此事还须由邓小平的求援说起。邓小平虽未参加筹创中原大学的有关会议，但他一直积极支持。据说会后，刘伯承对邓小平说："陈毅说要去办大学，子恢要去当教授，你看怎样？"邓小平沉思片刻，点点头说："我看要得。陈司令员是留法的高才生，子恢同志博学多才，先把架子搭起来，等开了张再要其他人来接手嘛。"① 正因为须有"其他人来接手"，所以邓小平后来积极向中央求援。

1948 年 9 月 8—13 日，中共中央在河北平山西柏坡召开政治局会议，制定了推翻国民党统治的具体时间表，提出了打更大规模歼灭战的现实要求。其时，陈毅要领导华东野战军准备淮海战役并组建华东军区（后任司令员），分身乏术，不可能再兼任中原大学校长；参与中原大学筹创的陈斐琴、刘子久亦有本职工作在身，不可能长久兼任，有鉴于此，在西柏坡会议期间，邓小平向中共中央宣传部部长陆定一求援，要求由中央出面，选派专职干部充实中原大学的领导机构。中共中央遂于 10 月上旬研究决定，由范文澜接任中原大学校长，潘梓年出任中原大学副校长，孟夫唐担任中原大学教务长，并由华北大学抽调一批中层干部支援中原大学的办理。

为了坚定中原大学的办学信念，《中原日报》于 1948 年 10 月 10 日，专门发表了社论《中原知识分子的出路》。稍前则发表了《人心所向——开封文化教育界名流一行到达解放区》的通讯，继而又报道了《中原解放区筹组中原大学》。这一系列宣传使中原大学的创办广为人知，且有了"只能成功，不许失败"的意味。

1948 年 10 月 17 日，刘伯承到中原大学，专门为全校师生做了形势报告，

---

① 王列平：《革命烽火中诞生的中原大学》，《文史精体》2007 年第 3 期（总第 202 期）。

指明了新形势下的办学方针。同月 29 日，刘伯承司令员和邓子恢副书记又专门接见了南下来中原大学工作的潘梓年、孟夫唐及原华北大学干部。这批由华北大学抽调来的干部中，还有刘介愚、梁维直、李光灿、林山、俞林、方衡等 14 人①。在接见中，刘伯承勉励来中原大学工作的同志，要求他们放手工作，赋予了他们较大权力，希望他们尽快为建设新中国培养急需的人才。

这批华北大学的干部到岗后，中原大学领导班子随即进行了改组，由范文澜遥领校长职衔，潘梓年出任副校长兼党总支书记，主持学校工作；教务长为张柏园，副教务长为朱凡，教务科长为朱明远，共同主持教学工作。

当时的校部之下，仅设有一部和四部。第一部名为“政治部”，主要招收中学文化程度的学员进行短期培训，部主任由刘介愚担任；第二部名为“研究部”，下设政治研究室和文艺研究室，此外还办有研究班，招收大专文化程度的学员进行短期培训。原计划创设的二部（新闻系）、三部（文艺系）两部，囿于条件而始终虚悬。

1949 年 3 月西柏坡会议后，解放军随即发动了凌厉的秋季攻势，解放区迅速扩大，对于干部的需求也骤然增加。10 月底，中原大学又录取新生 482 名，分编为第六、第七、第八、第九 4 个大队。11 月 18 日，中原大学首届研究班 24 名学员结业；同月 27 日，第一大队学员 79 人和第二大队学员 90 人同时结业，是为中原大学的首届毕业生。他们绝大部分被分配到中原和华北解放区各党政机关工作。11 月录取的新生逾千，此时全校学生数达 2194 人，共分编为 17 个大队。中原大学此期超乎常规的发展速度，为中国教育发展史上所罕见。

四、中原大学第二次迁校（1948 年 10—1949 年 6 月）

1948 年 10 月 24 日，中国人民解放军再度解放开封。中原解放区领导经研究后决定，在开封已经人去楼空的河南大学原址上开办中原大学②。

同月 29 日，中原大学开始整体迁校工作。搬迁分 4 批进行，各批均指定了具体负责人，并由校部统一印制了《行军工作要点》和《行军路线图》。由

---

① 因此时邓小平、陈毅已赴前线筹划、组织淮海战役，故未能参加这次接见。

② 在开封解放前夕，国民党当局自知开封难保，故将河南大学整体迁往苏州。所以当开封再度解放时，位于开封的河南大学原址已经空出。

于该校实行的是军事化管理，所以迁校工作进行得有条不紊，非常顺利。12 月 10 日，便完成了迁校工作，并顺利在河南大学原址复课。

迁校开封后，学校首先对教育行政管理制度进行了调整。依据民主集中制原则，正式建立了校务委员会和校务会议制度。校务委员为校务会议的当然成员。学校的重大事项，都须经过校务会议讨论决定，并须经半数以上的委员通过后方能生效。首届校务委员或校务会议由潘梓年、孟夫唐、朱凡、刘介愚等共 19 人组成。自校务委员会组建和校务会议制度确立后，中原大学的行政管理效能日益提高。校务委员会组成后，又对学校的行政机构进行了调整。

图 4-4　中原大学第一二大队毕业同学合影（1948 年 11 月 27 日）

此期学校的教学组织，由于第二、三两部并未正式设立，故只有第一部和第四部的研究班。由于第一部的学员迅速增多，原有部下所隶属的大队过多，头绪纷繁，难以有效运转，于是将一部改设为 4 个分部，每一分部之下，统辖 4 个大队；每大队除设队长一人外，另设副主任一名。当时，16 个大队学员已达两千余人。此期第四部学员，有 4 个大队共 238 人。

中原大学迁校开封后，召开了两次校务会议，这对于学校的规范办理意义重大。此外健全了党团组织，使其充分发挥效能，在学员中起到骨干作用。

随着教学条件的改善和学员的相对集中，此期不仅对课程设置进行了变更和规范，而且还充实了师资队伍，对教学提出了较高的要求。

就此期教师的总数而言，若除却原河南大学教师，中原大学自有师资仅为 17 人，师生比不足 1%。但由于当时主要采用上大课形式，加之还有领导干部兼课，并经常辅以自学讨论，所以尚可维持教学运转。在教学实践中，中原大学师生共同总结出“教导学三结合”的教学模式，重视自学、预习、答疑、辅导、讨论、小结等教学环节，从而较好地解决了理论联系实际的问题，同时也提高了教学效果。

中原大学迁至开封后，报名入学者更为踊跃。虽有严格政审和基本知识测验，但未几学生数即达 2689 人。限于校舍容量，只好暂停招生。直到 1949 年 2 月，大批学员毕业离校后，中原大学才恢复成批招收新生。

在春季毕业的 1300 余名学员中，有一半以上（约 800 名）报名参加南下大军。另外，中原大学师生还踊跃参加地方组织的植树造林、庆祝南京解放等活动，很好地贯彻了教育为革命斗争服务的办学宗旨。

1949 年 3 月 1 日，中原大学校刊《改造》创刊。副校长潘梓年在创刊号上发表《中原大学是这样一所学校》专文，他对学校的性质和办学特色作了较好的概括：

> 中原大学是适应目前的要求来办的一所大学。目前中原人民最大、最高、最迫切的需要，是把革命进行到底和迅速建设新民主主义的新中原；具体地说，就是全力支持大军南下过江，尽速恢复生产以至逐步发展生产。中原大学的教育，就要能满足这个需要。
>
> 中大所招的学生，是高中以上的青年学生（年龄是从 18 岁到 25 岁），所以是大学。创办时期中大的课程，不是一般的大学课程，而是端正认识、改造思想的课程，是政治训练的课程。①

中原大学在开封办学的时间前后计约 8 个月。其间，中国人民解放军相继取得淮海战役、平津战役的胜利，长江以北地区陆续获得解放，全中国的解放指日可待，将教育工作的重心转向城市已为势所必然。中原大学在开封办学期间，共毕业学员 10 批 42 大队，总计 3500 余人（一说 4932 人）②。可谓成绩斐然。

---

① 潘梓年：《中原大学是这样一所学校》，转见陶军主编：《中原大学校史·附篇》，华中师范大学出版社 1986 年版，第 231—232 页。

② 刘源在《解放战争时期的中原大学》（载《协商论坛》2013 年第 6 期）中认定：“中原大学在开封办学期间，共毕业学员 4932 名。”

五、中原大学第三次迁校（1949年5—1951年8月）

1949年4月21日，中国人民解放军“百万雄师过大江”，接连解放南京、武汉、上海等沿江重镇，革命形势发生了根本变化。此时，中共河南省委决定复办河南大学，要求将已迁至苏州的河南大学迁回原址开封改组复办。在此形势下，占用河南大学原址办学的中原大学决定再度迁校，在毗邻的刚解放的湖北武汉觅得新址继续办理。

1. 中原大学南迁武汉

1949年5月14日，中原大学南下工作团随军南下，参与武汉的文教接管工作，并为中原大学南迁预做准备。5月16日武汉解放，次日中原大学南下工作团进城参与接管工作。随后，潘梓年副校长率5名随员启程赶赴武汉，参与内部协调、校址选定、迁校计划的制定等工作。

潘梓年到汉后，从中原大学南下工作团中专门抽调了部分干部，着手迁校准备工作。由于中原大学党委的领导关系已由原来的中原局改隶为1949年5月12日恢复成立的华中局，行政领导关系则由原来的中原临时人民政府改隶为武汉市军管会，故须重新进行协调。总的说来，协调工作进展顺利，华中局迅速批复了中原大学的迁汉请求，武汉市军管会则为迁校工作提供了有力的支持，帮助解决了临时校舍、经费、招生等实际问题。

同年6—8月，中原大学南下干部1700余人分批抵汉。其中包括已毕业分配至湘、赣工作的学员700余人。

中原大学南下工作团在接管武昌国立体育师范专科学校后，又接收了武昌艺术专科学校。武汉市军管会指令中原大学以武昌体专校址为中原大学文艺训练班新址，并容纳原武昌艺专的师生继续在此办学。随后，潘梓年等在汉的中原大学领导研究决定，以“四部”的文艺研究室为班底，即刻组建中原大学文艺学院；在将各方（包括武昌艺专师生）整合后，调整扩充为音乐、美术、戏剧三系，暂定学制为1年，于1949年6月挂牌成立。

中原大学文艺学院成立后，在武汉招收新生256人，同时招收“文训四班”学员140人，加上武昌艺专原有的老生70余人和“文训三班”学员56人，学生人数已达500余人。文艺学院率先开课后，又陆续接收军政部门委托代培（短训）的文工团员200余人，使初办的文艺学院很快呈现出欣欣向荣的气象。

中原大学南下工作团完成接管工作后，随即为中原大学校部及各分部继续商借临时校舍。除暂借到华中大学的部分校舍外，又借得善导女中、省一女中、省二女中、高等商业专科学校、省实验中学、武昌初中、博文中学、文华中学的校舍，使其他各分部的南下师生和新招学员有了栖身和暂时办学之所。觅得临时校舍之后，各分部便于7月初招生450名，先行开课。同时开始在汉口、武昌设立招生处，继续招收新生。至7月25日，共录取学员3059名。8月16日开学时，实际报到入学学员人数是2892人。

潘梓年在抵汉后，不仅承担了接收文教机关和为迁校预做准备的工作，又受命筹组华中局文教领导机构。此时他已不可能专门致力于中原大学在汉的重建工作。1949年7月16日孟夫唐教务长抵汉后，便接过了潘梓年主持迁校的职责，开始负责各分部的选址和复课的准备工作。除修整、清扫临时校舍和寝室外，师生员工吃饭、穿衣等后勤供应更是困难重重。为此，学校开展精简节约运动，进行艰苦朴素的教育。8月1日，学校决定扩大校部机构，校部之下分设办公室、教务处、总务处和图书馆；又重新调配了各部门领导，以加强学校管理。经过紧张准备后，开学复课的条件大体具备。

2. 中原大学的转轨

1949年8月16日，中原大学在武昌举行了简朴的开学典礼。复课初期，集中进行政治学习和发动民众开展支前活动。开学后不久，武汉市军管会就为中原大学划拨了专门校址，将原武昌高中及临近的403汽车修理厂作为中原大学的固定校址①。此后，全校师生随即投入到整理校园的工作之中。在不长的时间内，修葺了旧房舍360间，基本满足了教学的需要。

中原大学迁汉开学后，对学校行政系统再次进行了调整。校长仍由范文澜挂名，副校长仍为潘梓年，教务长仍为孟夫唐；但早在1949年12月24日孟夫唐便被任命为副校长（仍兼教务长），已实际主持校务。这是因为中南军政委员会教育部成立后，潘梓年担任部长，事务繁杂，其工作重心已不可能放在学校了。校部依旧分设办公室、教务处、总务处和图书馆。办公室下辖干部科、秘书科、总务科和医院。截至1949年12月，中原大学的“干杂人员”即达800余人，其中办公室140人（包括医院108人）、总务处57人、图

① 此即现今位于武昌武珞路的中南财经政法大学和武汉市第二职业教育中心校园。

书馆 32 人[1]。行政机构的健全、干部队伍的充实和集体办公制度的实行，使中原大学的行政管理工作开始步入正轨。

1949 年 10 月 1 日中华人民共和国宣告成立后，各项工作的重心，也随之从“打天下”转变为“治天下”。为了适应形势的变化，中原大学于当年 11 月 5 日向上级领导机关呈交了变更办学体制的报告，计划停办短训班，建立文艺学院、财经学院、教育学院、政治学院四院，以逐步向正规综合性大学靠拢。中共中央华中局（后改称中南局）迅速对此报告作出批复。依此指示，中原大学迅速投入了改制工作。

1949 年 12 月 7 日，中原大学举行了 4 个分部及文训四班学员的毕业典礼。此届共毕业学员 1947 名。在此后新招学员时，相对更为重视文化基础知识，从而为“废部改院”创造了条件。

3. 中原大学的初步正规化

中原大学决定改为学院制后，确定了“紧缩校部，充实院部”的组织机构调整方针，并开始逐步放权，使各院拥有更大的人事和经费管理权；同时将直属校部的政治研究室人员分配至各院，校医院在各院设立门诊所，校图书馆在各院设立分馆。教学管理权也主要由各院自主承担，校教务处只设教务与注册两组（1951 年升格为科）进行指导和备案。为加强学校领导，1950 年 4 月，主管部门正式任命潘梓年担任中原大学校长，免去范文澜所兼校长职务。为强化管理，在原设校务委员会中遴选出常务委员，由常务委员轮值负责日常管理。

为实现规范的制度管理，中原大学增设了“制度工作条例起草委员会”，先后拟订了《中原大学组织法草案》《中原大学系、专修科工作暂行条例》《中原大学教学组织暂行条例》《中原大学各院研究室组织暂行条例》《中原大学学员守则》等草案，又拟订了《办公规则》《招待规则》《临时收发规则》《医务规则》《借书规则》《干部请假规则》《学生请假规则》等工作规则。校部通过常务委员会议、校务会议和院长会议决议本校的重大发展事项，每月还召开一次秘书主任联席会，以了解各项工作的执行情况。至于集体办公制度，则规定每周一次，由校领导与各院院长会同处理相关事务。

① 《中原大学第三次校务会议议决》（1949 年 12 月），转见陶军主编：《中原大学校史》，华中师范大学出版社 1986 年版，第 263 页。

中原大学组织管理工作的加强，还与党组织的健全与发展密不可分。1949 年秋，中共中央华中局专设直属机关党委会，中原大学相应设立党委分会（党组），直接接受直属机关党委会的领导。同年 12 月，华中局改称中南局，中原大学改制为财经、教育、政治、文艺 4 个学院，党的组织也相应进行了调整。此后，4 个学院分别建立党总支，下设的各科室和系，则视党员人数的多寡，单独或合并设立若干支部，由是党的基层组织日益健全。

1950 年 9 月 18 日，中原大学党委分会遵照上级指示，举行了公开党组织和党员身份典礼；到会的全校教职员工千余人，中南军政委员会直属党委宣传部部长赵毅敏到会祝贺并讲话。会后，校部直属党总支和各院党总支，也分别举行公开党组织和党员身份的典礼。同年 12 月 28 日，中原大学召开了首届党员代表大会，选举产生了新的党委会，由校长潘梓年兼任党委分会书记，副校长兼教务长孟夫唐兼任党委分会副书记。

中原大学分党委建立后，随即在校部设立青年团团委分会，青年团组织也随之健全起来。至 1950 年 8 月，共发展青年团员 2064 人，学员中的团员比例过半。为了更好地开展学生工作，1949 年 10 月 20 日，中原大学召开了首届学生代表大会，正式成立校学生会。后分设院学生会、系（班）学生会。1950 年 4 月 20 日，中原大学还召开了首届教育工作者代表大会，正式成立了中原大学教工会。此后，逐步健全了基层教工会组织。

中原大学校部在“废部改院”的体制改革中发挥了关键作用。除完善了党、政、工、团的组织建设外，还须重点提及的是，在确定校址、规划校园、筹措经费和组织施工等校园建设方面，校部更是发挥了不可替代的作用。经过 3 年建设，中原大学兴建了一大批教学和服务用房，营造出井然有序、绿树成荫的校园环境。另外，校部为丰富文化生活、交流有关经验，在原出校刊《改造》的基础上，于 1949 年 9 月创办了校报《中大生活》（5 日刊）。该报版面活泼，形式多样，投稿者踊跃，发挥了良好的宣传作用。

六、中原大学的调整、撤转（1951 年 8—1953 年 4 月）

中华人民共和国成立后，除旧布新，头绪万端。在教育方面，教育部于 1949 年 12 月召开了第一次全国教育会议，确立了教育改造的方针：“以老解放区新教育经验为基础，吸收旧教育有用经验，借助苏联经验，建设新民主主义教育。”[1] 1950 年 6 月，教育部在北京召开第一次全国高等教育会议，对高等教育的任务作出了明确的规定：“高等教育无论在其内容、制度、方法各方面，都必须密切地配合国家的经济、政治、国防和文化的建设，必须很好地适应国家的需要，首先适应经济建设的需要。”[2] 中原大学虽是“老解放区新教育”的旗帜，但为着“适应经济建设的需要”，也必须在改造旧教育的同时，不断地进行自我更新。

1. 中原大学办学观念的转变

中原大学创办之初，是一所“抗大”式的大学，是为政治革命和军事斗争服务的。中华人民共和国成立后，大规模的急风暴雨式的阶级斗争已经过去，尽管当时仍然面临着知识分子思想改造的重大任务，但是教育的中心任务必须转移到为经济建设服务的轨道上来。中原大学迁汉后，领导干部首先面临的便是转变办学观念的问题。

为了转变干部的办学观念，中原大学加强了内部的思想教育和理论学习，分派干部赴东北、北京等地参观，考察其他大学的办学情况；还在干部人手紧缺的情况下，忍痛抽调了一批具有相当文化理论水平的老干部和对技术科目具有较高素养的新干部，保送进入中国人民大学各研究室学习。他们学习归来后，思想观念和理论素养都得到了很大提高，迅速成为中原大学的办学骨干。

既然学校的转轨已不可逆转，那么工作的重心究竟是放在旧教育的改造上还是放在新教育的举办上，就成为人们关注的重要问题。1950 年 2 月，当中国人民大学[3]开始筹建之后，中原大学因与其性质相同，中央便要求对中原大学进行改组，并将校名更改为“中南人民大学”，以便在保留其革命性的前提下，发展其专业性。4 月 11 日，中南军政委员会批转中央人民政府教育部电文，同意将中原大学更名为中南人民大学。全校师生闻讯后，欢欣鼓舞，校方也开始仿照中国人民大学的办学方案进行筹备。但后来随着收回教育权

---

① 《中国教育年鉴（1949 年—1981 年）》，中国大百科全书出版社 1984 年版，第 684 页。

② 《中华人民共和国教育大事记（1949 年—1982 年）》，教育科学出版社 1983 年版，第 19 页。

③ 1949 年 12 月，政务院通过《关于成立中国人民大学的决定》，决定将陕北公学、华北联合大学、北方大学、华北大学联合组建为新型的中国人民大学。次年 2 月，中国人民大学开始筹建并招生，同年 10 月正式开学，吴玉章出任首届校长。

运动的发展、《关于改革学制的决定》的颁行和高校院系调整工作的深入进行，创建新型人民大学的愿望并未实现，而是又回到改造旧教育的起点上来。

2. 中原大学院系调整

中原大学办学体制的变更，发端于文艺学院单设的动议。1950 年 6 月，中南军政委员会决定，将中原大学文艺学院改归中南军政委员会文化部领导，以筹建一所独立院校，用以更好地培养文艺专才。只是此议当时并未执行。在 1951 年 1 月 19 日召开的中原大学第一次院长会议上，再次传达了中南军政委员会文教委员会的指示，并开始办理移交工作。

文艺学院的移交和单设筹备工作，前后进行了半年。1951 年 8 月 1 日，适逢中原大学建校三周年纪念日，中南文艺学院正式宣告成立。原为四院制的中原大学，由于先期已将政治学院归并于财经学院，故文艺学院单设后，只剩下财经、教育两个学院。文艺学院的单独设置，标志着对中原大学办学体制进行实质性调整的开始。

1951 年 8 月 16 日，中南军政委员会又决定，将中原大学教育学院与私立华中大学合并，改制为公立华中大学。这项决定，因事关“全面收回教育权”政策的迅速落实，故而事先未经酝酿，便立刻决定并宣布。如此改制，对于相关各方均无异于一次强烈“地震”。

若深究其因，则须从华中大学的教会性质说起。华中大学系由美国基督教圣公会、英国循道会和英国伦敦会等在武昌合办。1950 年朝鲜战争爆发后，中美关系更加恶化。次年 1 月 11 日，教育部发出《关于处理接收美国津贴的教会学校及其他教育机关的指示》，要求首先将美国传教士办理的教会学校接收，然后统一改办为公立学校；所以中南军政委员会教育部毅然决定，在新学期开学之前，立刻接办该校并进行有效改造。由于中原大学教育学院在建的校园与之毗邻，加之中原大学教育学院又有一批可靠的干部队伍，故此出台了这项接收旧华大后两校（院）合并的决定。在合并后的公立华中大学管理层，出自原中原大学的南下干部占据主导地位。新华大（公立华中大学）还确定了培养师资的主要办学方向。

其后设立的公立华中大学改制委员会，主任委员由潘梓年兼任，副主任委员为原华中大学校长韦卓民和原中原大学教育学院院长王自申。是年秋季开学后，中原大学教育学院便迁入华中大学校园，并将新建的中原大学教育学院校舍并于其中，中原大学教育学院的名称随即撤销。此后的中原大学，实际上仅剩财经学院一院。

3. 中原大学的更生与撤销

自文艺学院与教育学院分出后，中原大学校部和财经学院并未因此消沉，而是致力于自身的完善与发展。1951 年 9 月，增设了工商管理系；同时将原定 1 年的学制延长为 3 年，确立了正规化、专业化的发展方向。1951 年秋，学院招收了新生 220 余人，除工商管理系为 2 个班 100 人外，其他三系均为每班 40 人，此乃中原大学正规办学之嚆矢。

在课程设置上，财经学院严格制定了规范的教学计划，突出了专业课的核心地位；要求业务课比重须占到 80%，政治课比重只占 20%。在教学计划的实施过程中，坚持了以课堂讲授为主，自学、练习、讨论、课外阅读为辅的原则，并兼重实地考察与实习。理论与实际相结合、教育与生产劳动相结合，已成为办学实践中所奉行的准则。

财经学院除开设三年制本科专业外，还于 1951 年 9 月增设了成本会计、统计和会计三个专修科，招收学员 700 名进行分班培训，修业期限为 8 个月。与此同时，还开办了行政、劳保两个特别班，各招收学员 100 人，培训时间为 4 个月。1952 年 10 月，又调整开设为统计、会计等四个专修科，学员达 900 人。专修科的修业时间，统一规定为 8 个月；但分别制订了各科课程表，要求严格执行教学计划，使短期培训的质量明显提高。财经学院这种多系科、多层级的办学模式，即使学校得到了发展，又满足了新中国成立初期经济建设的需要，因而得到了各方面的一致好评。

1951 年 9 月，中原大学又开办了民族干部培训班。当时计划将该班扩充为中原大学民族学院。其后，依照中央民族委员会的要求，改称该院为中央民族学院中南分院。1952 年 11 月，经教育部与中南军政委员会批准，将中央民族学院中南分院改名为中南民族学院，从中原大学中独立出来。

1952 年 9 月，中南局因急需培养一批公安、政法干部，于是指示中原大学，要求在已经撤销的政治学院的基础上，重行筹建政法学院。该院于 10 月 14 日挂牌成立。此时的中原大学，又具备了财经、政法、民族（筹）三院。11 月，华中高等师范学校建校委员会成立，原来直属中原大学的中南实验工农速成中学，也改隶华中高等师范学校。次年春季开学后，中原大学校部之下，实有财经、政法两院。

1952 年底，全国高校“院系调整”工作普遍展开，中南地区的调整力度相对较大，所属各高校的变动幅度也相应较大。就在并校、合校、撤校的风云变幻中，1953年1月6日，孟夫唐根据中南局指示，在中原大学召开大会，宣布了撤销中原大学的决定；同时决定，将其拆分为中南财经学院和中南政法学院。4月3日，中南局颁发文件，正式决定成立中南财经学院和中南政法学院，撤销原办中原大学，同时将此决定公诸报端。

至此，中原大学完成了自身的历史使命，成为一座丰碑载入了中国教育史册。据粗略统计，该校经宝丰、开封和武汉的三阶段办学，从“抗大”式的干部培训学校，发展成多学科、多层级的综合性大学，后经拆分、合并，成为华中师范大学、中南财经政法大学、中南民族大学和武汉音乐学院的前身（或渊源）之一，为武汉地区高等教育发展史转型时期的重要一环。中原大学开办4年多来，共培养了1.4万名军政干部和专项人才。

第二节　中原大学教育学院的办理概况（1949—1951）

除了前节在中原大学历史回顾中涉及该校教育学院之文字，为了进一步了解中原大学教育学院的产生、发展和变迁，本节再做集中的探讨。

一、中原大学教育学院的成立及功勋元老

1949年11月上级批准中原大学的改制报告后，随即组成中原大学教育学院筹备委员会，由孟夫唐兼任主任委员，委员有王自申、朱明远、林山、陶军等人。12月5日，正式宣布成立教育学院，任命王自申为院长。

在中原大学教育学院的创办及发展过程中，有几位关键人物不可不提。当然，他们的贡献不止限于教育学院一方，对中原大学乃至中原、中南地区的教育也多有贡献。

潘梓年（1893—1972），江苏宜兴人。早年求学于大同书院、龙门师范学校，并旁听于北京大学。后在中学任教多年。1927年加入中国共产党，任宜兴特别支部宣传委员，公开身份为宜兴县教育局局长。后赴上海主编《北新》《洪荒》等左翼刊物。1928年任上海艺术大学教授。1929年参与创办华南大

学，任教务长。1930年参与发起成立“社会科学联盟”，出任左翼文化总同盟书记，为中共文化工作委员会委员，在上海从事地下工作。1933年被捕后，被判处无期徒刑。1937年6月被营救出狱后，长期担任《新华日报》社社长。1947年3月赴延安，任中共中央城市工作部研究室主任。这样一位有丰富教育与文化阅历的中共干部在当时十分难得。故1948年9月底，被上级任命为中原大学副校长，随即到校主持工作。由于名义校长范文澜始终未能到校视事，所以潘梓年实负学校一把手之责（同时兼任中原大学党总支书记）。在学校一迁开封、二迁武汉的过程中，他始终吃苦在前，注重团结知识分子，为中原大学的发展尽心尽力。1949年5月后，历任中南军政委员会文委会副主任、中南教育部部长、高教局局长等要职，其间仍然兼负中原大学的领导之责。在中原大学教育学院的专业设置、招生、迁址、并校等问题上，他都予以十分的关注，而且对有些问题的处理意见（如教育系是撤是留）都发挥着一锤定音的作用，对教育学院的发展产生长期深远的影响。

图 4-5　潘梓年像

孟夫唐（1895—1980），河北永丰人。1927年考入北京师范大学教育系，毕业后任教育系助教，后历任邢台省立第四师范学校校长、大名省立第十一中学校长。1937年参加革命，历任华北军政干部学校秘书长、冀南干部学校副校长，冀南行政主任公署文教处长等职。1942年加入中国共产党，历任冀南行署主任、冀鲁豫行署主任、北方大学教务长、华北大学二部主任等职。孟夫唐在大学学的是教育，长期从事的也是教育或教育管理，堪称当时共产党干部中不可多得的教育专家，因此1949年10月底调任中原大学教务长。在副教务长朱凡的配合下，使学校教学工作更为规范。中原大学迁汉后，升任副校长兼党委副书记。中华人民共和国成立后，历任中南文教委员会副主任、中南教育部部长、湖北大学校长、湖北省文教部部长、湖北省副省长等职。孟夫唐对中原大学教育学院的创办也有重要贡献。他不仅从校领导（副校长、中南教育部长）的角度关心教育学院的发展，值得一提的是，孟夫唐还在1949年11月中原大学酝酿成立教育学院时，担任筹备委员会主任。在其领导下，中原大学教育学院顺利创办。

潘梓年及孟夫唐都属于校级乃至省级领导。下面再看对教育学院发展作出过实实在在贡献的中原大学教育学院首任院长王自申。

王自申（1898—1954），湖南湘潭人。在湖南省立一中读书时，师从徐特立，毕业后从事教育教学。1924 年参加国民革命，1926 年出任湘潭县教育局局长。北伐战争期间，归里领导工农革命，组织了“湖南工农义勇军”。后赴上海，于 1932 年加入中国共产党，从事地下工作。抗日战争全面爆发后，在上海租界从事文教救亡工作。太平洋战争爆发后，辗转桂林等地抵渝，任重庆《新华日报》秘书、编辑办公室主任。1944 年 6 月，赴延安中共中央党校学习，结业后留校任干事。1946 年 5 月，调任北方大学文教、财经两学院工作。1948 年春，转任华北财经学院副院长。1949 年 7 月调到中原大学工作，参与负责筹建该校教育学院。是年 12 月 5 日，教育学院正式设立，为首任院长，其后兼任该院附设中南实验工农速成中学校长；1951 年后，历任华中大学改制委员会副主任委员、华中高等师范学校建校委员会副主任委员。1953 年 10 月 24 日华中师范学院成立后，出任党委书记，随之于当年 12 月 3 日改任马列主义夜校校长，后于 1954 年 2 月 25 日去世。

图 4-6　中原大学教育学院院长王自申像

章开沅在《清明细雨忆故人——怀念早期华师几位老校长》一文中，对这位“老校长”的追忆是：

> 第一任院长王自申是延安来的老革命，也是师从王学文的经济学家。他在两年多任期中主要做了三件事：（1）院、系调整以及各方人员的重新整合工作；（2）全面学习苏联，学校走上专业化道路；（3）艰苦建校，为适应学校规模的迅速扩大，动员全院师生参与桂子山新校区建设工作（包括植树、修路等，工程量都很大）。可以说，他把延安时代艰苦奋斗、自力更生的优良传统带来了，但可惜天不假年，病逝于 1954 年 2 月。

由此可见，王自申为华中师范学院及教育学院所作的奠基及开创工作理当铭记。

中原大学教育学院成立之初，暂借华中大学和圣若瑟医院的一部分作为校舍。1950 年 6 月，迁至武昌千家街原 403 汽车修理厂办学。由于抢修了 40 间房舍，校舍大体敷用。此后，教育学院便与中原大学校部连成一体。教育学院的行政组织，与文艺学院类似，由郭抵担任院办公室秘书主任。这是一个事务繁杂，考验奉献精神的重要职务。郭抵留下了不错的口碑。

郭抵（1909—1987），陕西安康人。1932 年毕业于陕西省立第七师范学校，后赴北平求学，加入“抗日民族先锋队”，赴延安就读于陕北公学。毕业后加入中国共产党，任八路军山东纵队九支队政治部干事。1940 年冬，调滨海专署从事教育工作，次年参与创设滨海中学，任该校党支部书记兼副教导主任。1943 年任沭水县抗日民主政府文教科长，1946 年任滨海建国学院指导科科长、滨海公学党总支书记兼教导主任。1948 年 11 月来中原大学工作，任大队主任。后随校迁武昌，任教育学院办公室秘书主任。1950 年 7 月，被选派到中国人民大学研究班深造。毕业归来后，参与华中师范学院的筹建，历任院办公室主任、人事处长、党委副书记兼副院长、革委会副主任、顾问等职，为湖北省教育学会会长。他在桂子山上工作和生活了 30 余年，是华中师范学院的创办者之一。

教育学院开办之初，鉴于校舍、师资不足，决定暂设政治、历史二系，政治系主任为陶军，历史系主任为方衡。1950 年 9 月，该院增设教育行政和俄文两系，教育行政系（后改为教育系）主任为常春元，俄文系主任则由陶军兼任。此四系，每系各配一个助理员（相当于行政秘书）和助教（相当于教学秘书）；政治系助教为杨宏禹，历史系助教为章开沅，教育系助教为朱辕，俄文系助教为严华。

陶军（1917—1987），安徽贵池人。1938 年考入燕京大学英语系，1940 年投笔从戎，奔赴晋察冀抗日根据地，任《晋察冀日报》编辑。1943 年经邓拓介绍加入共产党后，转任华北联大外语学院秘书。1948 年 7 月，被派赴中原大学工作，担任政治教员；中原大学迁汉后，任教育学院政治系主任兼俄文系主任。1953 年华中师范学院成立后，历任副教务长、教务长，重视师资队伍建设和学术研究。“文革”中受迫害，被开除党籍。1978 年 12 月平反，后出任华中师范学院副院长。1981 年至 1983 年，出任中国驻联合国教科文组织副代表。归国后，任华中师范学院顾问兼出版社总编辑。著有《辩证唯物论简明教程》，主编有《中原大学校史》。

方衡（1912—2008），河北乐亭人。1938 年考入燕京大学社会学系，参加革命活动，次年加入中国共产党，奔赴晋察冀抗日根据地，历任华北联大教师、《晋察冀日报》编辑、晋察冀边区政府干事。1948 年 10 月，随潘梓年来中原大学工作，为政治研究室党史组指导教师。中原大学迁汉后，担任教育学院历史系主任。1953 年中原大学撤销后，调任中共湖北省委党校教师。主编有《抗日战争大事记》（上下编）。

常春元（1918—2010），江苏泰兴人。早年就读于黄渡乡村师范学校，后在上海参加“一二·九”运动，1940 年赴苏中抗日根据地，历任泰兴抗日民主政府督学、苏皖边区二专署督学、《支前报》主编。1948 年 8 月，随朱凡等华东局干部来中原大学工作，为“文干班”主任。中原大学迁汉后，担任教育学院教育行政系（后改教育系）主任。1953 年华中师范学院成立后，任政治辅导处副主任，为院出版委员会委员。次年被选派赴莫斯科列宁师范学院留学，于 1958 年获教育学副博士学位后归国，继续担任华中师院教育系主任。“文革”中受批判。1979 年后，历任安徽师范大学教育系主任、江苏教育学院教育管理系主任。著有《新民主主义教程》《教育原理》《中国社会主义教育学》等。

朱镶（1922—?），河南镇平人。早年毕业于河南大学，参加革命后任职于中原大学。该校教育学院创设后，任教育系助教，后长期在华中师范学院教育系任教。1957 年被下放到宜昌当阳县国营草埠湖农场劳动，1959 年被抽调到宜昌，历任宜昌师范专科学校教务长、宜昌地区教研室主任。1978 年后，历任宜昌师范高等专科学校副校长、顾问，被评聘为教授，为湖北省教育史研究会副会长。撰有《学校思想教育的现实与道德的批判继承问题》等。

1950 年 1 月教育学院招收了第一批学员后，随即组成 4 个调研队，分别由郭抵、高原、于树作、常春元四人带队，分赴湖北、湖南、河南、江西及广州、桂林等地调查中等教育现状。调查归来后，由各省市调训的中学教师及行政人员也陆续到校，遂于 1950 年 3 月 15 日举行开学典礼，教育学院开始正式上课。在此四人中，郭抵、常春元等人前已介绍，在此有必要重点介绍者为高原。

高原（1920—1986），原名清政，辽宁义县人。1940 年结业于长春财务职员养成所，任职于山海关海关。1943 年赴迁校至四川的东北大学求学，次年参加革命。1945 年任冀热辽行署文化教员，后入华北联合大学学习，1946 年 4 月加入中国共产党，结业后留校任教于政法学院。1948 年 7 月底来宝丰，参与中原大学的筹建，后任大队主任兼政治教员。1949 年 12 月，调任中原大学教育学院教师。1950 年 7 月，被选派到中国人民大学研究班深造，师从成仿吾、何干之等名师。1952 年华中高等师范学校设立后，出任政治系主任。次年参与筹建华中高等师范学院，历任党委宣传部部长、党委办公室主任等职。1978 年 6 月，主持筹建科学社会主义研究室，并独立建制为研究所，兼任该所所长。其后，历任华中师范学院副院长、党委书记。主编有《科学社会主义》等。

二、中原大学教育学院的构成及开办的机构

教育学院开办之初，除开设教育系（教育行政系）外，还曾开设现在一般非教育学院专属的政治、历史、俄语等系，似乎有些突兀。但在当时形势下，一切考量都是基于革命实际的需要，没有太多条条框框。此外，教育学院还开办过一些教育机构。

1950 年 5 月，教育学院受命开办工农速成中学师资训练班（简称工师班）。工农速成中学是专为系统培训工农干部而创设的新型学校。苏联 20 世纪 30 年代曾通过类似形式培养过不少出身工农的人才。中国有关学校的创办显然受到苏联的影响。

1949 年 12 月召开的第一次全国教育会议，草拟了《工农速成中学实施方案》。1950 年 4 月 3 日，北京市率先创设了全国第一所实验工农速成中学。中南军政委员会教育部随即响应。为推广工农速成中学实验，决定首先从培训师资做起，于次月由中原大学开办"工师班"。该班学员，从广州、武汉两地优秀中小学教师中选派。第一期学员共 122 人，培训时间计划为 8 个月。前 4 个月，学习政治理论课程；后 4 个月，学习新民主主义教育、教育研究、教育方法研究等专业课程。1950 年 12 月，工师班学员提前毕业。春季开学后，工师班改办为工农干部文化补习班，简称"文师班"，旨在培训各地工农干部文化补习学校的师资。文师班的培训时间，规定为 5 个月。

1950 年 8 月初，教育学院又奉命筹办实验工农速成中学，招收参加革命工作 3 年以上的工农干部和有 3 年以上工龄的产业工人入校就读；计划以 3—4 年时间，完成中学 6 年的课程。8 月 26 日，该校举行开学典礼，全名为"中南实验工农速成中学"，简称"工中"。首届学员共计 160 人，中原大学教育学院院长王自申兼任工中校长。该校是中南地区最早开办的工农速成中学。开办之初，该校借用圣若瑟医院房舍（位于武昌候补街，现为湖北中医药大学附属医院），文师班亦在此办理。1951 年 8 月中原大学教育学院与私立华中

大学合并后，工农速成中学和文师班改隶中原大学校部，迁至武昌千家街办学，此处现为武汉市第二职教中心校址。

此后接任“工中”校长的邵达成，在此也有必要予以专门介绍。

邵达成（1919—1989），江苏靖江人。早年仅读完小学，通过自学后任教于小学，后参加革命工作，加入中国共产党。1945 年 5 月，任华中建设学院教育干事；次年 10 月，转移到山东莒南办学，后任该校南下干部队党支部书记。1948 年 8 月，调到中原大学工作，后任大队主任。中原大学迁汉后，于 1950 年 7 月，邵达成被选派至中国人民大学和北京师范大学进修，在苏联专家及国内名师的指导下研读教育学。学成归来后，历任中南实验工农速成中学校长、华中师范学院教育系主任、华中师范学院副教务长。“文革”中受冲击，被下放“五七干校”。1972 年回校，任华师京山分院临时总支书记；次年受命创设华师黄石分院，经数年经营，于 1978 年单设为黄石师范学院（现名为湖北师范大学），出任党委书记兼院长。晚年调任湖北省教育学院副院长，为湖北省教育学会副会长。

教育学院于 1950 年 9 月增设教育行政和俄文两系后，共有四系（教育、政治、俄语、历史）、一附校（工农速成中学）、一附班（师资训练班）。各系初定学制 1 年，后延展为 2 年。全院的公共必修课，为社会科学概论、新民主主义教育、时事教育、苏联介绍、思想方法。此类课程，开设得较为扎实。在各系开设的专业课程方面，由于师资、教材等原因，存在诸多问题，尤以教育行政系最为突出。因此，有人甚至提议暂时停办该系。后经院长会议讨论，潘梓年力排众议，决定继续办理该系，但改称为教育系，用以拓宽培养口径。这项决策，对其后华中师范学院（华中师范大学）教育系（教育科学学院、教育学院）的发展，具有不可低估的影响。

1951 年 7 月，中原大学校部决定为教育学院另觅新址，随即将院址选定在武昌县华林（与华中大学毗邻），计划修建教室 5 栋 56 间，学生宿舍 5 栋 96 间，学生饭厅、食堂、仓库共 36 间，另建浴室 5 间。设计完毕后，立即开工。然而新校舍动工后不久，中南军政委员会教育部便于 8 月 15 日决定：将中原大学教育学院与私立华中大学合并改组为公立华中大学，成立华中大学改制委员会。由时任中南军政委员会教育部部长、中原大学校长潘梓年为主任委员，华中大学校长韦卓民和中原大学教育学院院长王自申为副主任委员，组建公立华中大学。此后，教育学院便与中原大学脱钩，搬迁至华中大学校园办学；校舍修建工作，也由华中大学改制委员会接管。新校舍建成后，这一校一院便顺理成章地合为一体。

1952年10月，在全国高等院校院系调整的浪潮中，中南军政委员会教育部决定撤销成立不过年余的华中大学改制委员会，另由华中大学、中华大学（一部分）及湖北省立教育学院组成“华中高等师范学校建校委员会”；仍由潘梓年为主任委员，另一副主任委员韦卓民则换为徐懋庸，王自申为第二副主任委员。

经过近一年筹办，学校规模有所扩大，系科也逐步齐全，于是由中南军政委员会教育部呈请中央高等教育部：将原“华中高等师范学校”升格为“师范学院”。1953年10月24日，高教部批复，同意将“华中高等师范学校”更名为“华中师范学院”。至此，中原大学教育学院完成了向华中师范学院的合并组建。在新更名的华中师范学院中开设了教育系，原教育学院之名不复存在。

第五章

华中师范学院教育系的组建与变迁（1953—1977）

1952年11月3日，华中大学教育系、湖北教育学院教育系（包括之前并入的中华大学教育系）、中原大学教育学院教育系等合并，组建了华中高等师范学校教育系，黄溥任系主任。1953年10月20日，华中高等师范学校正式改名为华中师范学院，教育部给学校发展的定位是：“为中南地区培养中等学校师资和培训中南高等学校师资。”教育系的建设与发展进入了一个新的历史时期。

第一节　发展轨迹和基本情况

1953 年华中师范学院这一新校名正式启用后，学校先后经历了三个重要发展阶段，三个阶段分别对应着不同的时代环境与政策背景，尽管历经曲折，但教育系依旧为国家培养了大批优秀的教育学和心理学教师，也为改革开放后教育系的快速恢复和发展奠定了基础。

一、夯实基础，平稳发展（1953—1956）

华中师范学院教育系完全承袭了华中高等师范学校的师资，另有 9 位接受苏联教育专家训练的教师于 1953 年暑假从北京师范大学返校任教，师资较为雄厚。教育系主要培养师范学校教育学与心理学教师，当时只开设了学校教育专业。本科学制四年，专修科学制二年。课程设置方面，除公共必修课外，还开设教育学、教育史、普通心理学、儿童心理学、小学各科教材教法、教育专题讨论、我国教育政策及制度、教育见习与实习、逻辑学、学校卫生、生理、人体解剖等课程。系主任由哥伦比亚大学师范学院哲学博士、中等教育专家黄溥担任。

1954 年下半年，教育系下设教育学教研室和心理学教研室，分别负责对应课程的教学。当时的教育学教研室共有师资 18 名，其中教授 3 名、副教授 2 名、教员 5 名、助教 8 名，黄溥任教育系主任，邵达成任教育系副主任，周文翰任教育学教研室秘书，王倘任小学各科教材教法组长，杨葆焜任教育学组长，王道俊任教育学副组长，姜兆坤任资料室负责人。具体情形见表 5-1。

表 5-1　1954 年下半年教育学教研室教师登记表※

姓名	年龄	职称	职别	所授课程
黄溥	58	教授	教育系主任	教育学
邵达成	34	教员	教育系副主任	教育学
周文翰	29	教员	教育学教研室秘书	教育学

姓名	年龄	职称	职别	所授课程
王倘	54	教授	小学各科教材教法组长	小学各科教材教法
杨葆焜	29	教员	教育学组长	教育学
王道俊	27	助教	教育学副组长	教育学、教育见习
姜兆坤	30	助教	资料室负责人	教育学
戴本博	28	教员	教育史教研组长	教育史
宋隆任	44	教授		教育学、教育学教学法
吴再兴	42	副教授		教育学
孙继良	39	副教授		教育学
杨汉清	25	助教		教育学
瞿起桧	28	助教		教育学专题课堂讨论
罗景濂	28	教员		教育学
姜乐仁	30	助教		未开课
王慧林	23	助教		未开课
耿亮	26	助教		未开课
石明俊	29	教员		教育学
邹林	24	助教		未开课
宋岭梅	27	助教		未开课
袁伯樵	52	教授		学校卫生学
伍文	30	助教		外系教育学
任钟印	27	助教		外系教育学
严士佳	59	教授		未开课
王璧如	60	教授		未开课
李超英	45	教授		教育史

※资料来源：《华中师范学院教育教研室系科教师登记表》，华中师范大学档案馆馆藏：1954-XZ12-YZ-4-66。

根据学校建设的需要，1954 年 10 月 18 日，教育系制定并发布了《教育系情况介绍》①，全文如下：

① 《关于华中师范学院教育系的情况介绍》，华中师范大学档案馆馆藏：1954-XZ11-Y-3-10。注：由于学校档案馆馆藏档案多次整理、重新编号，所以师范学院时期及之后的档案序号按照重新整理后的案卷号标示。

教育系情况介绍（1954年）

本系的目的和任务：根据过渡时期总路线的精神，以理论与实际一致的方法培养具有马克思列宁主义基本知识和观点、共产主义道德品质、高度文化水平和教育专门知识技能的全心全意为人民教育事业服务的师范学校教育学和心理学教师。同时为本院外系科开设教育学、心理学、教育史、逻辑学、教育见习及学校卫生等课程，培养合乎规格的中等学校师资的任务。

本系的教学计划：教学计划是完全根据本系的培养目的和任务来制定的。它的内容包括4个主要部分，分别是政治理论科目、一般文化科目、专业科目及与专业有关的科目、教育见习。首先，政治理论科目，它包括4个科目，分别是中国革命史、马克思列宁主义基础、政治经济学、辩证唯物主义与历史唯物主义，政治理论科目占全部课程的15.83%。一般文化科目占全部课程的23.27%。专业科目以教育学、心理学、教育史以及小学各科教材教法为重点科目，专业科目占全部课程的43.83%。教育见习占总课程的17.07%。

教学工作的基本形式：除教育见习与实习外，本系教学工作的基本形式，为讲授、课堂讨论与辅导。讲授的任务是使学生在充分理解教材内容获得系统的与实际相关联的科学知识，并培养学生科学的世界观与思想方法。课堂讨论的目的在于帮助学生巩固和加深在听课时所获得的知识，并培养他们的组织和表达能力。这种方式是在教师的领导下，由学生根据教师拟定的题目和讲授的内容作出发言提纲，在指定时间展开讨论。讨论后，由教师总结。辅导的目的是在课外帮助学生深入了解教师所讲授的教材内容，并解决他们在学习上遇到的困难和疑难。

本系教职员：本系教职员本年度共52人，其中行政干部7人、教学干部45人，教学干部分为两个教研室，教育学教研室与心理学教研室。教育学教研室共33人，分为4个教研组，教育学、教育史、小学各科教材教法及学校卫生。心理学教研室共15人，分为两个教研组，心理学和逻辑学。这两个教研室除负责本系各种业务科目的开设外，还担任全院各系科的教育学、心理学、教育史、学校卫生、逻辑学等科目的教学工作。他们负责集体备课、编写教学大纲和讲义、主持课堂讨论、学生辅导等工作。他们的主要任务是进行教学改革，提高教学质量。

本系学生：本系学生本年度第一学期共四班174人，其中女生42

人，全系学生在院系行政领导之下，采取民主集中制原则，成立系学生会，选取正、副主席，各一人；学习股、生活股、文体股长各一人。各班在系学生会直接领导下成立班干事会，选举班干事长一人，学习干事一人或两人，生活干事和文体干事各一人，负责小组的学习生活及其他活动。此外，还成立了青年团总支。学生会与团的组织相互配合，领导全系同学展开各种活动，保证贯彻毛主席的“三好”的号召。

本系教学设备：本系为便利教师教学，设有资料室一间，内有中外文书籍5000余册，中外杂志30余种，报纸9种，专供教师教学参考之用。此外，还有心理学实验室一间，其中仪器设备逐年添置，作为心理学、人体解剖心理学及学校卫生等科学教学用具和实验之用。

同年，教育系还发布了《1954学年度教育系工作计划草案》[①]，现将部分重要内容摘录如下：

本系的目的和任务：根据过渡时期总路线的精神，以理论与实际一致的方法培养具有马克思列宁主义基本知识和观点、共产主义道德品质、高度文化水平和教育专门知识技能的全心全意为人民教育事业服务的师范学校教育学和心理学教师。同时为本院外系科开设教育学、心理学、教育史、逻辑学、教育见习及学校卫生等课程，培养合乎规格的中等学校师资的任务。

我们在1954年度要继续进行教学改革，一方面要认真学习苏联先进经验，改进教学内容，提高教学质量；另一方面培养本系师资，使能肩负本系日益繁重的工作。具体来说，我们在1954年要做的目的与任务是：

1. 继续编订外系科教育学教学大纲，及外系世界史教学大纲、逻辑学教学大纲；

2. 有计划、有步骤地培养助教，加强其政治理论和业务学习和实际锻炼，保证能够如期担任教学工作。

3. 根据马列主义夜校的计划及本系各教研组和个人的具体情况，加

① 《教育系1954学年度工作计划草案》，华中师范大学档案馆馆藏：1954-JX11.14-Y-2-9。

强教师的政治理论学习，并适当地开展科学研究工作来逐步提高教师的政治思想和科学理论的水平。

4. 通过和配合教学，有计划地对本系学生进行共产主义道德品质教育；有计划有步骤地对学生进行生活与学习纪律教育，培养学生的独立科研能力。

5. 有计划地开展本系教育见习与教育实习工作和外科系教育见习工作。

6. 有计划地对附小（包括幼儿园和工会托儿所），开始进行业务指导工作。

教学工作的目的和任务是继续有计划地有步骤地进行教学改革，进一步加强教学的目的性、计划性、科学性和思想性，提高教学质量，以求更好地完成教学任务。为此要求：一，改善集体备课工作，提高其质量。二，继续编订公共必修课、教育学和世界教育史的教学大纲，着手编写逻辑学教学大纲。三，继续编写中国近代教育史讲义，着手编写学校卫生学和小学各科教材教法的讲义。四，适当地进行观摩教学和听课。

教育见习实习的目的与任务是通过教育见习和实习，使学生了解中小学及师范学校教育方针政策与任务，教导工作的实际，特别是关于全面发展教育和思想政治的实施，以及当前教学改革工作，从中吸取优良经验，课堂所学的理论知识，并锻炼及观察分析，锻炼其中各种工作及专业实践所需的初步技能，贯彻理论与实际一致的要求。

资料室的工作与任务：收集，包括翻译和编制教育学、教育史、心理学、小学各科教材教法、学校卫生学、逻辑学等六门课程的教学和科学研究工作所需资料。保管直观教具，用于配合教学，协助提高教学质量。

1954 年是华中师范学院教育系发展的重要一年。这一年，教育系完善了系建制，确定了自己的使命，制定了工作计划，补充了师资力量，各项工作稳定开展，为学校定位为师范学院后教育系的持续发展打下了坚实基础。

从 1953 学年到 1956 学年，教育系招生数量逐年增加，教师队伍建设也较为稳定，具体情况见表 5-2：

表 5-2　教育系科在校学生及专任教师发展情况表※

	1953 学年	1954 学年	1955 学年	1956 学年
学生总数	170	177	192	198
专任教师	36	36	28	40

※资料来源：《教育系科学生及专任教师发展情况》，华中师范大学档案馆馆藏：1956-JX11. 14-Y-1-26。

教育系的课程和教学也进行了新的安排。1953 年至 1956 年 4 年间，教育系平稳发展，各项规章制度逐渐完善，人事结构日趋稳定。1956 年 9 月，教育系师生从昙华林校部全部搬入桂子山新校区，为教育系后续发展打下了良好的基础。同年，华中师范学院成立了教育科学研究室和业余教育部。12 月 10 日起，黄溥不再担任教育系主任，转任为教育科学研究室主任；邵达成不再担任教育系副主任，升任为教育系主任兼业余教育部副主任①。

经过几年的发展，到 1956 年，教育系师资达到 52 人（其中专任教师 40 人）：教育学教研组 25 人，心理学教研组 17 人，教育史教研组 7 人，小学教材教法教研组 3 人。具体教师名册可见表 5-3。

表 5-3　1956 年教育系教师名册※

姓名	年龄	级别	职别	所授课程/工作	所在科室
杨葆焜	30	讲师	副组主任	教育学	教育学教研组
宋隆任	46	教授	资料室主任	教育学	教育学教研组
罗景濂	31	讲师		编教育学讲义	教育学教研组
周文翰	30	讲师		教育学	教育学教研组
孙继良	41	副教授		教育学	教育学教研组
周铭生	31	助教		教育学	教育学教研组
贺曼华	25	助教		教育学	教育学教研组
商建中	32	助教		教育学讨论	教育学教研组
张文山	31	助教		教育学讨论及见习	教育学教研组
邹林	26	助教		教育学讨论及见习	教育学教研组
赵振中	31	助教		借出武汉师专	教育学教研组
杨汉清	27	讲师		编教育学讲义	教育学教研组

① 《华中师范学院任免通知》，华中师范大学档案馆馆藏：1956-XZ12-Y-2-5。

续表

姓名	年龄	级别	职别	所授课程/工作	所在科室
严正	26	助教		教育学讨论及见习	教育学教研组
李雍民	26	助教		教育学讨论	教育学教研组
谭辅廷	28	助教		学校卫生	教育学教研组
王道俊	32	讲师		教育学教学法	教育学教研组
董宝良	27	助教		在院进修，未开课	教育学教研组
姚建棣	24	助教		教育学讨论	教育学教研组
邵达成	37	教员	副系主任	教育学	教育学教研组
吕义声	27	助教		教育学讨论	教育学教研组
罗平章	28	助教		教育学讨论	教育学教研组
黄洪基		助教		教育学讨论	教育学教研组
黄溥	60	教授	系主任	未开课	教育学教研组
袁伯樵	54	教授		未开课	教育学教研组
郭文安	24	助教		教育学讨论	教育学教研组
韩之梓	33	讲师	副组主任	心理学	心理学教研组
周镐	33	讲师		儿童心理学	心理学教研组
王启康	33	讲师		调去北师大学习	心理学教研组
程素如	45	讲师		心理学	心理学教研组
王以爵	34	讲师		心理学	心理学教研组
张宗南	40	讲师		心理学	心理学教研组
朱希亮	55	教授	组主任	心理学	心理学教研组
汪善经	28	助教		心理学	心理学教研组
臧蔚然	31	助教		心理学	心理学教研组
李迁	26	助教		心理学	心理学教研组
何隆襄	26	助教		心理学讨论	心理学教研组
刘忠斋	27	助教		心理学讨论	心理学教研组
刘长庆	24	助教		心理学讨论	心理学教研组
危世琼	22	助教		心理学讨论	心理学教研组
王明义	27	助教		人体生理解剖	心理学教研室
李季年	29	助教		心理学讨论	心理学教研组
陈盛杰	24	助教		心理学讨论	心理学教研组
戴本博	29	讲师		世界教育史	教育史教研组

续表

姓名	年龄	级别	职别	所授课程/工作	所在科室
王璧如	69	教授		搞科研，未开课	教育史教研组
严士佳	61	教授		中国教育史	教育史教研组
朱镲	32	讲师	系主任助理	未开课	教育史教研组
任钟印	29	讲师		教育史	教育史教研组
伍文	31	助教		在院进修，未开课	教育史教研组
李超英	47	教授		未开课	教育史教研组
王倘	58	教授	组主任	小学教材教法	小学教材教法教研组
姜乐仁	33	助教		小学教材教法	小学教材教法教研组
宋岭梅	30	助教		小学教材教法	小学教材教法教研组

※资料来源：《教育系教师名册》，华中师范大学档案馆馆藏：1956-XZ12-Y-6-44。

二、调整改革，曲折前进（1957—1965）

1957年6月8日，党中央发出《关于组织力量准备反击右派分子进攻的指示》，华中师范学院教育系也开始了“反右派”斗争，部分教师被打为“右派”，教学和科研工作受到严重影响。当时教育系制定了系行政、班主任、团干部以及任课教师定期和不定期交流学生思想和学习情况的会议制度，并在工作上进行了分工。同时，为了进一步贯彻全面发展的教育方针，根据系里的实际情况，教育系除了在一年级新生中设有班主任外，在二年级中也设有班主任，同时对三、四年级也都派专人负责，并调整了三、四年级的班的编制，以简化组织，加强学生干部力量的配备。

1957年下半年，华中师范学院决定“精简机关，下放干部”，教育系师生也纷纷响应“下放劳动”的决定。教育系与政教系联合成立了专门筹备下放劳动的工作组，制定了具体方案，做好了各项准备工作。教育系师生被安排到武昌大桥乡红旗社参加兴修水利工程的劳动。为了适应下放劳动的要求，教育系学生成立了许多业余劳动小组，如理发、补衣、钉鞋等修补小组，各小组开展对应的劳动活动。为了下乡去，学生们还掀起了洗衣服、洗被褥的热潮。教育系的文体活动也为配合下乡积极地做准备，如练习下乡去唱的歌曲、准备下乡后的各种文艺节目、准备与农民兄弟欢度春节等。

为响应“教学与生产相结合、体力劳动与脑力劳动相结合”的方针，教育系于 1958 年 3 月 12 日成立了红师生产合作社，由系主任邵达成和朱运才等 9 位社委员直接领导，分别负责生产管理、财务和宣传工作。成立合作社的目的是通过劳动改造思想，替国家节省开支，并贯彻教学与生产相结合的方针。合作社负责管理的土地共有 60 亩，经营项目有大田作物、果树作物、蔬菜、瓜类作物四种。生产目标为水稻亩产一千斤、湖藕两千斤、西瓜五千斤、蔬菜单季一千五百斤。同时，为了贯彻理论联系实际的教学方针，教育系根据院领导的指示，于 1958 年上半年筹建附属小学。附属小学的位置定在桂子山第四号教学楼后面教工住宅区的中心，担负院教育系实习基地的任务。

1958 年，教育系扩大招生，学生总数达到了前所未有的高峰，共有 235 人，其中一年级学生 71 人、二年级学生 60 人、三年级学生 62 人、四年级学生 42 人。系下设办公室、党团办公室、资料室、教育学组、心理学组、教育史组、小学教材教法组等 7 个单位，共有教师 53 人，其中 6 人下放生产劳动。

同年 11 月 10 日，为响应党中央关于“贯彻党的教育方针和建设共产主义的教育”的决定，教育系党总支书记、系主任邵达成提出了七点重要措施，以改进教育系的整体工作。第一，加强生产劳动，使劳动经常化。第二，深入实际，下厂下乡。第三，办好附小、幼儿园，使全系师生掌握完整的教育体系的知识、技能和技巧。第四，把教育革命进行到底，大放“教育革命卫星”，以教育方针为纲，制定出红色的教学计划、各科教学大纲及教材，决心编出一套最合理想的中国化教育学和心理学教材。第五，大力开展科学研究，除了要求写出达到国际水平的教育学著作之外，同时还要编出《中国近百年教育史》和《学前教育学》等几部教科书。第六，大力培养师资，健全教研组，扩大教育系，增设“学前教育教研组”，并把“小学各科教材教法教研组”改为“小学教育教研组”。第七，大力开展共产主义思想教育，做到人人学习共产主义，个个宣传共产主义，在党委的领导下，成立“共产主义教研组”。

11 月 24 日，中共华中师范学院委员会向全院师生提出了《关于实施半工半读的方案（草稿）》，指出“院教育革命的形式要求我们以一个普通劳动者的姿态出现，建立平等的师生关系，向群众的冲天干劲和无穷的智慧学习”。在此要求下，教育系制定了新的教学计划，强调根据理论联系实际和学以致用的原则，恰当地安排生产劳动、政治理论、业务课和公共课；明确了半工半读的时间安排，规定教育系学生每年应下乡、下厂三个月，每周进行一天半的劳动。

1958年12月，教育系决定设立学前教育专业①，抽出7名优秀师生成立了学前教育教研组，并计划在1959年春首先开办一个150人以上的短训班，为全省各县培养学前教育干部。1959年3月24日，教育系学前教育专修班开学，专修班地址设在昙华林分部，学员都是各县抽调来的幼教干部、小学教师、教养员，共180人，学期为半年。其中上课19周，集中生产劳动2周，实习3周，复习考试鉴定2周，毕业后发结业证书回原单位工作。在上专业课之前，先对学员进行“贯彻党的教育方针”的教育，向他们作“当前形势和我们的学习任务”“学院全面情况介绍”等报告。通过这些报告，学员对教育方针有比较全面正确的认识。专修班的课程主要有政治课（包括共产主义教育和哲学）、专业课、文化课、生产劳动和教育见习实习。其中专业课包括学前教育学、幼儿心理学、幼儿卫生、幼儿各科教材教法（语言知识环境、幼儿计算、幼儿音乐、幼儿美工、幼儿游戏）等；文化课包括儿童文学和体育。授课教师为教育系专任教师，同时从校外聘请部分有实际工作经验的教师。讲课方式有系统讲授、鸣放辩论和见习实习等。

图5-1　华师教育系实习组与云梦县教师培训班全体同志合影（1959年6月）

1960年1月，为了帮助全院师生系统地学习毛主席教育思想并运用到教育实践中去，教育系成立了毛泽东教育思想研究室②。系主任、党总支书记邵达成任研究室主任，研究室成员由各教研组主任、党团及行政专职干部、党员教师及有关学生组成。同年，在师范学院向综合大学看齐的口号下，教育

---

① 《为适应形势发展的需要 教育系设立学前教育专业》，华中师范大学档案馆馆藏，1958-CB12-1-1438。

② 《教育系成立毛泽东教育思想研究室》，华中师范大学档案馆馆藏：1960-CB12-1-54。

系扩充建设了心理学专业。至此，教育系拥有学校教育、学前教育、心理学三大专业。

1961 年，教育系进行了人事和组织变革。韩之梓任教育系党支书记，常春元任系主任。教育系下属机构调整为教育学教研室、教育史教研室、学前教育教研室、心理学教研室、编译室。其中，杨葆焜任教育学教研室主任，周文翰和旷习模任副主任；戴本博任教育史教研室主任，董宝良任副主任；孙玉萍任学前教育教研室主任；周镐任心理学教研室主任，王启康、刘荣才任副主任；王倘任编译室主任。同年，华中师范学院第三次党代会上明确指出学院任务是“培养中等学校师资”和“有社会主义觉悟、有文化的劳动者”，教育系由此恢复了教育学、心理学和教材教法等课程。此外，教育系还采取措施，把教育学这门课程的主讲教师定位到所在的系，保证教育学在整个教学计划执行中的地位。同时，学院恢复了教育实习，规定时间为 6 周，强调课堂教学与班主任实习并重。

1962 年，由于教育系毕业生难于分配，教育系进行了专业调整，撤销了心理学专业和学前教育专业。原招收的学生少数转入学校教育专业，大多数转入中文、外语、政治等系。同时，湖北省高教厅决定以后教育系每隔一年招生一次，每次仅招 20 人。事实上，1962 年—1963 年两年间，华中师范学院教育系都没有招生。

1963 年，教育系下设机构调整为教育学教研室、心理学教研室、教育史教研室、编译室，共有师资 50 人（见表 5-4）。

表 5-4　1963 年教育系师资情况※

教育学教研室	常春元（系主任）、杨葆焜（室主任）、旷习模（副室主任）、王道俊、宋岭梅、孙际良、李道仁、严正、姜乐仁、谭辅廷、肖志文、罗平章、郭文安、刘芹茂、董祥智、张培珍、李宁达、杨爱华、廖哲勋、杨望友
心理学教研室	韩之梓（系党支书记、室书记）、周镐（室主任、副系主任）、刘荣才（副室主任）、王启康（副室主任）、朱希亮、臧蔚然、钱轶英、何隆襄、李雍民、刘忠斋、陈盛杰、刘先敏、张能世、古茂盛、张宗南
教育史教研室	戴本博（室主任）、董宝良（副室主任）、严士佳、任钟印、伍文、廖攸华
编译室	王倘（室主任）、王璧如、李相勖、宋隆任、孙宁、邱贵珍、洪端丽、杨明述

※资料来源：《华中师范学院教育系教师名册》，华中师范大学档案馆馆藏：1963-XZ12-Y-3-21。

学生方面，1963年暑假，教育系毕业学生共50名。这是1959年9月招收的一批学生。1964年，教育系共招生22人。1965年，教育系暂停招生。

三、“文革”风雨，艰难前行（1966—1971）

1966年“文化大革命”开始后，高等学校教学难以正常运行。华中师范学院各级组织被迫停止正常工作，学校教学秩序陷于混乱。教育系在“三大革命”斗争的口号下，更是被迫撤销停办，教学、科研一度陷入停顿，正常的教学秩序受到严重破坏。

1966年4月，教育系部分师生迁入黄石东风农场建立大冶分院。下迁师生参与劳动建校，实行半农半读。分院规模为1080人，其中本科900人，为全省全日制中等学校培养教师；专科180人，为黄石市和大冶县培养中等学校教师。大冶分院采取“社来社去”的办法招生。“文革”开始后，分院机构陷入瘫痪，师生返回总院。1970年，为支持大冶分院发展，学院再次派遣包括教育系在内的部分师生前往大冶县，并成立革命领导小组。1971年12月，湖北省革命委员会同意撤销大冶分院。1973年4月8日，经湖北省革委会同意，华中师范学院大冶分院改名为华中师范学院黄石分院，移交给黄石市，实行省、市双重领导。

1968年9月23日工人革命宣传队（简称“工宣队”）进驻华中师范学院，随即进入清理阶级队伍的阶段。教育系教师队伍遭到严重破坏。

1969年春，中共九大发出号召，“要继续高举革命大批判的旗帜”“按照毛主席的‘五·七指示’”，把全国真正办成“毛泽东思想大学校”。华中师范学院革委会按照党的九大精神，以“五·七指示”为纲，组织师生下厂、下乡参加劳动，搞社队挂钩。同时在院内大办工厂、农场，建立院内外学工、学农基地，实行“开门办学”“教学、生产、科研三结合”等。教育系在学院的组织安排下，将各科教师及学生混合编成专业连队或教育调查小分队，到农村进行“教育革命实践”。教育革命探索队前往宜昌、咸宁等地进行了为期三个月的探索和实践，听取工农兵群众的意见，着重深入若干农村中小学，和师生一同搞教育改革，最终制定了农村七年革命方案，编制了一套农村七年制学校试用教学大纲和教材。

1970年1月，教育系师生接受贫下中农再教育。同年，学院开始在校外建立教育革命基地。5 月，900 多名师生组成 25 个小分队，到孝感、黄冈等地、县举办试点班和培训班两种形式的师训班，共招收当地师训学员 3017 名；其余师生在工厂、农村共 7 个点进行各专业连队的教育革命实践。教育系师生也积极参与其中：董祥智、杨望友加入咸宁教育革命分队；陈盛杰、杨爱华加入宜昌分队；严正参与恩施函授教育短训班。

11 月 20 日，驻院工宣队指挥部和院革委会办公会议通过撤销教育系，成立教育革命调查研究组。教育革命调查研究组直属院革委会教育革命组领导，承担全院公共教育课“毛泽东教育革命思想”的教学任务。教育革命调查研究组旨在面向中、小学教育革命实际，深入持久地宣传毛泽东教育思想。其主要任务有四点：第一，协助学院和各专业连队的领导组织学员学好“毛主席教育革命思想课”，总结和交流各专业在学习毛主席教育革命思想方面的经验；第二，开展革命大批判，批判反革命修正主义教育路线，批判凯洛夫《教育学》，批判封、资、修的教育思想和教育制度，批判违反毛主席教育路线的各种错误思想和错误倾向；第三，密切联系中小学教育革命实际，采用点面结合的方法，对中小学教育革命进行调查研究，并加以试验、总结；第四，深入专区、县、公社，和当地教育部门配合，举办毛主席教育革命思想学习班、教育革命经验交流会、座谈会等，互相促进，共同提高。

在“文化大革命”的风暴之中，教育系受到严重批判和冲击。部分学术成果被践踏、教职工被批判下放、正常的教学秩序遭到破坏。1971 年教育系被撤销后，调离教师二十余名、因病死亡 6 人、年老退休 4 人，1977 年仅剩教师 25 人、资料员 5 人。虽遭受“文革”冲击和破坏，但教育系师生仍以极大的毅力顶住压力、不屈不挠，坚持在教育领域默默耕耘。其中，郭文安在被下放期间，积极对农村展开调研，了解农民疾苦和农村教育状况；杨汉清在教育系被撤销后前往华中师范大学附属小学任教六年，将教育情怀播种在基层教育一线。

第二节　教育教学与科研活动

在教学上，教育系基本上每一学年都会颁布新的教学计划，并在教学中贯通师资培养活动，逐步提升教师的教育教学能力。在科研上，教育系这段时期主要的科研活动集中在编写课程讲义上，但随着国家政策变化和时政变动，科研活动表现出较强的政治性。

一、教学计划与课程安排

1954 年 4 月，教育系根据学院安排，发布了《教育系暂行教学计划》，部分重要内容见表 5-5（1）、表 5-5（2）、表 5-5（3）、表 5-5（4）：

表 5-5（1）　教育系学校教育专业必修科目学程表※

科目	第一学年		第二学年		第三学年		第四学年		时数			
	第一学期十八周	第二学期十六周	第三学期十八周	第四学期十六周	第五学期十八周	第六学期十周	第七学期十二周	第八学期十周	总计	其中		
	每周时数									讲授	实验	实习讨论练习
中国革命史	3	3							102	76		26
马列主义基础			6	6					204	154		50
政治经济学					5	5			140	112	5	23
辩证唯物主义与历史唯物主义							5	5	110	88		22
体育	2	2	2	2					136			136
俄语	3	3	3	3					204			204
世界通史与中国通史	2	3	3	2					170	134		36
世界文学与中国文学	3	2	3	2					172	142		30
现代文选及写作	4	4							136	70		66
人体解剖心理学	4	4							136	80		56
学校卫生							3	3	66	44		22
逻辑学	3	3							102	72		30
普通心理学	5	5							170	100	34	36
儿童心理学			3	3					102	76		26

续表

科目	第一学年		第二学年		第三学年		第四学年		时数			
	第一学期十八周	第二学期十六周	第三学期十八周	第四学期十六周	第五学期十八周	第六学期十周	第七学期十二周	第八学期十周	总计	其中		
	每周时数									讲授	实验	实习讨论练习
教育学			6	4	4	2			264	176		88
教育史					4	4	4	6	220	148		72
小学各科教材及教学法				4	6	6			232	176		56
教育学教学法						2	2		44	32		12
心理学教学法					2				36	28		8
课堂讨论—教育学							6		72			72
课堂讨论—心理学					2	2			56			46
课堂讨论—教育史								4	40			40
教育见习			2	2	4	4			180			180

表 5-5（2） 教育系学校教育专业选修科目表※

序号	科目	学期	时数
1	艺术（音・歌・舞）	1—4	136
2	儿童文学	5—6	56
3	巴甫洛夫高级神经活动学说	6—7	44
4	青年团及少先队工作	7	24
5	俄语	5—8	100

表 5-5（3） 教育系实习时间分配表※

序号	实习名称	学期	时数
1	教育实习（在小学）	6	6
2	教育实习（在师范学院）	7	6
3	教育实习（在文教行政机关）	8	2

表 5-5（4） 教育系毕业考试科目表※

1	马列主义基础与中国革命史
2	心理学
3	教育学
4	教育史

※资料来源：《师范学校暂行教学计划（教育系）》，华中师范大学档案馆馆藏：1954-JX11. 14-D30-3-2。

教育系学校教育专业暂行教学计划的说明①

本专业各专业科目的设置目的和主要内容：

世界通史与中国通史：使学生掌握科学的历史知识，树立唯物的历史观点，并充实其一般文化修养，使能更好地领会和掌握教育史和教学的内容。教育内容应着重近代文化史方面。

世界文学与中国文学：目的在于使学生掌握基本的文学知识，并培养欣赏文学的能力，为将来担任教育学、心理学的教学工作奠定必要的文学修养方面的基础。世界文学与中国文学应以历史顺序精选富有人民性、思想性和艺术性的作品。在中国文学中，应着重选现代作品。在世界文学中，应着重选苏联及人民民主国家的现代作品。

现代文选及习作：目的在于通过范文的宣读、分析、研究及习作，以提高学生运用祖国语文的能力。如学生入学考试的语文成绩优异，经系主任批准，可予免修。

人体解剖心理学（学龄期）：目的在于研究人类着重儿童及青年身体各个器官的构造和机能，为学习教育学、心理学提供解剖心理学的基础知识。主要内容应包括：（1）有机体与环境的统一；（2）人体各个生理系统的构造和机能；（3）高级神经活动；（4）发育时期人体解剖生理的特点和卫生。

学校卫生：目的在于使学生掌握保护和增进儿童、少年、青年健康的科学知识，以及有关学校卫生的必要知识。其主要内容包括：（1）儿童、少年、青年身体的发育；（2）学校建筑和设备的卫生；（3）教学过程中的

① 《师范学校暂行教学计划（教育系）》，华中师范大学档案馆馆藏：1954-JX11. 14-D30-3-2。

卫生；(4) 课外、校外活动的卫生；(5) 儿童、少年、青年的疾病预防。

逻辑学：目的在于使学生掌握关于正确的思维规律、思维形式和思维方法的科学知识，并训练其逻辑的思维能力。其内容主讲形式逻辑，但要阐明形式逻辑和辩证逻辑的关系。

普通心理学：目的是根据辩证唯物主义和巴甫洛夫高级神经活动学说，阐明人类心理的发展规律，为学习教育学及将来担任教学工作提供必要的心理学知识，并在科学的心理学知识的基础上形成学生科学的世界观。

儿童心理学：目的是在普通心理学的基础上，研究儿童心理发展规律及各期的特征。其主要内容包括：(1) 儿童心理发展的规律及阶段的划分；(2) 儿童心理各发展阶段的特征；(3) 儿童心理过程及心理特征的发展。

普通心理学与儿童心理学的教学，除讲授、课堂讨论和实验外，还要进行必要的实习，并且要和师范学校心理学的教学取得密切联系。实习的内容是：在中小学或幼儿园中进行关于儿童心理的有计划、有条理的观察，以训练学生的观察方法和观察能力。

教育学：目的在于以马列主义的科学教育学武装学生，使其掌握基本的教育、教养和教学的基本规律，培养其研究教育的兴趣和能力，并巩固其为献身于人民教育事业的专业思想。教育学的教学需特别注意：(1) 把苏联先进经验和中国实际相结合，要以苏维埃教育学的理论做武器，认真系统地总结中国优良学校和教师的成功经验；(2) 面向师范学校和师范学校教育学的教学密切联系起来。有关学校教育管理与领导方面的问题，在教育学内讲授，不另设科目。

教育史：目的在于以历史唯物主义的观点阐述教育理论与实际的发展及其规律，批判各时代唯心的反动教育思想及设施，吸取历史历代进步教育家，特别是近代民主主义教育家的思想和学说，以便使学生认识教育的阶级性和历史性即教育在社会发展中的作用和意义，并培养和巩固学生的专业思想。

小学各科教材及教学法：目的在于根据教育学的原理、原则，对小学各科教材及教学法做具体的分析研究，以加深学生对教育学的理解。其时间分配约如下：总论 6 学时，语文 58 学时，算数 38 学时，自然 30 学时，历史 30 学时，地理 30 学时，音乐 12 学时，图书 12 学时，体育 16 学时。

教育学教学法：目的在于研究师范学校教育学教学原则和方法，并培养必要的技能和熟练技巧。其主要内容应包括：（1）教育学的教学原则和方法；（2）师范学校教育学教材的研究与补充教材之选择与组织；（3）如何备课，如何做教案；（4）教学直观教具之准备与应用；（5）师范生教育实习的指导。

心理学教学法：目的和内容在原则上与教育学教学法相同，但内容（5）上应改为心理学实验方法指导。

专题课堂讨论：目的在于使学生对三种主要专业科目，教育学、教育史、心理学做更深入地研究，并把理论和实际更好地结合起来，培养他们收集、分析、组织材料的能力和发表能力。由教研室和指导教师拟定题目分配给学生（或学生自选），分别进行研究，然后写成报告，在课堂上提出并进行讨论。

教育见习和教育实习：教育见习配合教育学和小学各科教材及教学法的教学来进行。目的在于使学生在学习理论的过程中，通过适当地学校实践，以增加其实际知识，并使其具有初步运用理论去分析问题的能力。其教学方式主要是参观教学、参加课外活动和团队活动，举行座谈会。教育实习集中进行，分为三次：第一次在第六学期，共六周，在小学进行实习；第二次在第七学期，共六周，在师范学校进行实习；第三次在第八学期，共两周，在文教行政楼进行实习。各次教育实习的时间一般以安排在课业结束之后、学期考试开始之前为宜，但各校应根据具体情况予以变通。

同年2月12日，教育系发布了一、二、三、四年级1953学年下学期的课程表，详情见表5-6（1）、表5-6（2）、表5-6（3）和表5-6（4）：

表5-6（1） 教育系一年级课程表※

节次	星期一	星期二	星期三	星期四	星期五	星期六
1	马列主义基础	人体解剖心理学	中国通史	中国通史	普通心理学	普通心理学
2	马列主义基础	人体解剖心理学	中国语文	中国通史	普通心理学	普通心理学
3	体育（男）	人体解剖心理学	中国语文	普通心理学	中国语文	
4	体育（男）	人体解剖心理学	中国语文	普通心理学	中国语文	
5	体育（女）					
6	体育（女）					

表 5-6（2） 教育系二年级课程表※

节次	星期一	星期二	星期三	星期四	星期五	星期六
1	儿童心理学	教育学	儿童心理学	世界通史	世界通史	俄语
2	儿童心理学	教育学	儿童心理学	世界通史		俄语
3	逻辑学	体育（男）	俄语	马列主义基础/俄语	教育学	
4	逻辑学	体育（男）	逻辑学	马列主义基础/俄语	教育学	
5		马列主义基础			教育见习	
6		马列主义基础		体育（女）	教育见习	
7				体育（女）		

表 5-6（3） 教育系三年级课程表※

节次	星期一	星期二	星期三	星期四	星期五	星期六
1	儿童心理学	教育学	儿童心理学	世界通史	世界通史	俄语
2	儿童心理学	教育学	儿童心理学	世界通史		俄语
3	政治经济学	教育史	马列主义基础	教育史	教育学	
4	政治经济学	教育史	马列主义基础	教育史	教育学	
5		俄语		马列主义基础	教育见习	
6				马列主义基础	教育见习	

表 5-6（4） 教育系四年级课程表※

节次	星期一	星期二	星期三	星期四	星期五	星期六
1	儿童心理学	中国革命史	儿童心理学	中国革命史	教育学专题课堂讨论	中国革命史
2	儿童心理学	中国革命史	儿童心理学	中国革命史	教育学专题课堂讨论	中国革命史
3	中国革命史	教育学	教育学	小学各科教材及教学法	教育学教学法	
4	中国革命史	教育学	教育学	小学各科教材及教学法	教育学教学法	
5		教育学专题课堂讨论		小学各科教材及教学法		
6		教育学专题课堂讨论				

※资料来源：《1953 学年度下学期华中师范学院课程表册（教育系）》，华中师范大学档案馆馆藏：1954-JX11. 14-D30-19-3。

1956 年 9 月 8 日，华中师范学院为了培养学生的独立工作能力，决定采取新的办学措施。其中教育史和学校卫生两门课停开，教育学减为 108 个学时，心理学减为 84 个学时；公共课课堂讨论时数占全部课时的比重减为 5 比 1（教育学包括见习在内为 4 比 1）。各系新开公共俄语选修课。关于教学过程中各种教学方式问题的处理为：除对课堂讨论减少次数外，在做法上也作适当简化；对答疑工作，教师将根据不同情况，采取各种灵活方式进行；关于考试、考查的课程、门数，考试方式包括口试和笔试等都可以灵活运用和调整。

1957 年 10 月，在“反右”风波中，教育系教育学教研组讨论“在教学中贯彻社会主义思想教育”，提出以下具体做法：一、加强集体备课，对一些较困难的，跟贯彻社会主义思想教育有关的重大问题进行集体讨论。二、加强资料工作，并使资料室的工作服从这一要求。同时教研组还安排部分教师帮助资料室工作人员收集、整理有关资料，必要时印发给教师。三、除了在课堂讲授中贯彻社会主义思想外，课堂讨论和辅导也是一种重要环节。因此在辅导时应了解学生的专业思想情况及其对我国教育事业发展上某些基本问题的看法，并帮助学生解决问题。在课堂讨论时要做到联系实际，必要时对某些重要问题，如我国教育目的、劳动教育等，可用更多的实践进行更广泛、更深入的讨论或辩论。

1958 年教育系颁布的教学计划，强调应根据院党委关于半工半读的指示，课程设置应使学生的学习、科研和生产劳动都能得到保证。教学计划规定一年级学生在校劳动和学习时间的分配是：每周“工”的时间为 20 节，其中基本生产劳动为 16 节；“读”的时间为 36 节。二、三、四年级每一学年的时间分配是：在校时间 35 周，下乡、下厂时间 13 周。课程设置上，统一开设了社会主义与共产主义教育、哲学、中国共产党历史、政治经济学四门政治理论课程。专业课设置主要有逻辑学、人体结构生理学及高级神经活动学说、心理学、儿童心理学、教育学、小学各科教材教法、世界教育史、中国教育史、学校卫生学、教育名著选读等。同时，开设生产劳动课程和文化体育课程。其中，讲授环节与学生的讨论、见习和作业等组织形式的时间比例为 3∶1。另外，教学计划强调了学生开展科学研究的可行性和必要性，指出每学年开始都必须制定出学生的科学研究计划，要求三、四年级学生每学年都能写出几篇论文，四年级学生毕业论文根据学院要求进行。

1959 年 5 月，华中师范学院党委教研部和教务处发布了《关于教学、生产劳动、科学研究三结合的具体安排》，明确指出各系一年级学生不下厂，均在校参加生产劳动，每周一天半；各系二、三、四年级同学均应安排下乡下厂。其中，要求教育系在三个学年中每学年平均下乡下厂 13 周，中间应有一半时间参加工厂或公社的生产劳动，一半时间进行社会调查、科学研究和附校工作等活动。在校学习时间 35 周，每周参加校内生产劳动一天。同时，教育系各年级各班会安排复习和辅导时间，同学们积极参加科研，积极认真查阅资料，提出问题，并展开辩论。如在 5 月左右，教育系三年级学生结合教育学的总复习，进行了生产劳动教育和综合技术教育关系问题的讨论，最后得出结论：综合技术教育与生产劳动教育不是谁包括谁，也不是谁指导谁，两者同是共产主义教育的组成部分，虽不完全一样，但存在较大共性。

1962 年 5 月，教育系试行"学习指导教师"制度。教育系为了加强教学的组织工作和思想工作，使教师管教管导，全面负责，充分发挥教师在教学中的指导作用，决定试行"学习指导教师"制度。学习指导教师的任务是：在系行政的领导下，负责对每一个班的学生进行关于学习态度、学习方法和学习纪律的教育，解决学生在学习上普遍存在的问题，研究和处理学生对教学的意见和要求。学习指导教师除了主要在教学过程中加强对学生的了解外，还经常深入学生日常生活进行调查研究，访问其他任课教师，主持或参加学生干部研究学习情况的会议，以便充分掌握学生的学习情况。

1963 年 12 月至 1964 年 1 月，教育系各年级积极开展复习组织工作。二年级在第 16 周召开了班委会，了解同学们的学习情况，并在此基础上召开干部扩大会议，向全体干部介绍班上的学习情况，以便干部能针对存在的问题深入细致地进行工作。同时，要求全体干部带头搞好复习。三年级同学为了提高复习效率，请老师讲授复习方法，并且举行复习经验交流会，要求大家以个人钻研为主，在弄清教材体系、基本理论、概念，并找出重点、难点和关键问题以后，以自愿结合的原则相互展开讨论，做到透彻理解和牢固掌握。

1970 年 1 月，教育系师生接受贫下中农再教育，宣传元旦社论中的最新指示，负责宣传节目的王道俊同志不顾手伤表演击鼓，充分展现了教育系人顽强的精神品质。

1971 年，华中师范学院认为教育系被撤销后，毛泽东思想理论课仍应作为公共理论课开设，因此开设了"毛泽东教育革命思想"的课程。

二、师资培养活动

1954年12月，华中师范学院教务处发布了《重点检查教育系培养师资工作总结》[①]，可以一窥教育系在师资培养上的主要工作，全文如下：

一、教育系助教的几种类型。教育系本学年度共有助教29人（其中在本校培养的18人，送外校培养的5人，另有6人未在培养之列），按照他们专业分工的条件和目前工作情况可以分为三种类别：第一，新开的助教。第二，参加课时、班级较多的共同课（如教育学、心理学）的助教人数较多，可以组织集体学习。第三，参加课时，班级较少的共同课（如逻辑学、教育史、小学教材教法等）助教，人数较少，不可能组织集体学习。在这三种类型中，我们选定了第二种类型的两个教学组，即教育学教研室的教育学组和心理学教研室的心理学组，作为我们此次进行培养师资工作重点检查的对象。

二、教育学、心理学两个教研组在培养教师工作的所共同具有的优点。第一，他们在系、室的带领下都非常重视这一工作，都能够正确地认识到培养师资工作是搞好我院教学改革工作的一个重要环节。因而，学期伊始，他们就都制定出了有关的比较切实可行的工作计划，比较认真地体现了学院关于这一工作的指示和要求。同时，结合该单位的具体情况，还明确地提出了"实际锻炼，系统学习，具体帮助"的方针。第二，他们对每一位助教，都首先明确了他们的培养目标，那就是将来准备讲什么课？按照助教的条件和教学的需要，还规定了他们的培养期限，那就是准备从什么时候起讲课？按照工作的可能，还制定出了他们每周的进修计划。第三，他们都重视了对助教同志的世界观与人生观的培养，共同强调了马克思列宁主义基础这一基础科学理论的学习，并且规定了每周不得少于十二小时。为此，他们都会经常结合工会和青年团，帮助助教同志们进行深入的动员。第四，他们都在不同的程度与形式上坚持了"集体领导，分工负责"和"边工作，边学习"的两个原则。教育学

---

① 《重点检查教育系培养师资情况的工作总结》，华中师范大学档案馆馆藏：1954-CB12-1-709。

组有指导教师小组，指导教师按教育学的章节进行分工，主持组织助教们的学习。心理学组，也有指导教师组的活动，一方面，按心理学的章节分工主持组织学习；另一方面，还对助教分工“包干”进行全面负责的培养。同时，助教的进修，还结合着他们所参加的教学组的一些教学活动，如实验、辅导、课堂讨论、批改作业、协助组织教育见习等。也就是说，教师的进修，是不脱离生产的。第五，指导教师与助教之间的关系，一般是正常的。指导教师一般都是认真能全面关心助教的学习、工作与生活，并且在一定程度内还能开展批评与自我批评，共同勉励前进。第六，他们从本学年开始以来，一般都获有成绩。助教们一般都明确了努力方向，梳理了信心，提高了业务水平，取得了初步的工作经验，给未来正式接受教学任务打下了比较好的基础。

三、两个教学组各自有其固特的优点：第一，教育学组的计划，除规定有目标、期限以外，还有着明确的要求与步骤。譬如他们对两年培养的助教在学习上就要求，在第一年里，政治理论学习、业务学习、时事政治学习，同时并重。而在第二年里，则提出深入地集中地钻研业务，开展对业务科学的专题研究。第二，心理教学组在培养方式上，采用了“双重分工”。即负责指导的教师不仅按心理学的章节分工，逐期有计划地主持组织助教的学习和讨论，而且还同时用“师徒关系”的形式，分工对助教“包干”负责。这后一种分工，能够使助教在分工上指导教师的全面接触下，从学习、工作到生活，得到监督、检查与及时帮助的力量。

四、两个教学组在培养师资工作中所存在的问题。第一，以“集体领导，分工负责”这一原则来说，首先，指导教师分工按章节逐期有计划地组织助教学习讨论，这之间，大都是认真负责的，但分工教师之间，对每章节的学习过程中的一些特点、要求、方法以及每一个助教在这些学习当中的一些表现，都缺乏集体的有计划地讨论、分析和解决。因而，这就不能充分地发扬集体领导的力量，在承前启后的关节上，有脱落现象，也因而对助教们的了解和帮助，就不容易全面和有系统。其次，指导教师的分工只限于按照章节组织助教学习讨论，而没有对于助教的培养全面负责的规定。因而，在具体的指导上，以及其他各方面的影响上，助教的学习，就有限于自流之处。虽然教育学组的教师负担都比较重，存在有客观上的困难，但这一问题的终未能解决，对帮助教师的进修是有缺点的。第二，以指导助教的工作而论，教育学组坚持了“边工作、边学习”的道路，但都存在有未得到解决的问题。那就是助教同志进修听课是集中听某一个主讲教师的课，以收观摩见习之效，这是没有问题的，但问题在于：首先助教分工，每人要负责两位主讲教师的辅导与课堂讨论，由于未随班听课，这就易于造成助教不能掌握主讲教师授课的精神和其实质，易于让讲授与辅导的讨论脱节，至少在助教与主讲教师间的联系上，增加了忙乱。其次，还由于某些同性质的课程教师，在执行计划中，在进度要求与布置上不免有出入，这就造成助教执行工作中的困难和加多了他们联系上的负担。在心理学组，第一，以集体领导讨论，但心理学组的指导教师没有组织起来。因而，虽然也有按读物章节分工组织助教学习的做法，但由于形式不健全，缺乏足够的制度，就也同样存在着有前一指导教师与后一指导教师缺乏联系的问题。同时，虽然有比较好的“个别帮助”的做法，但也由于指导老师缺乏应有的具体的制度，也使得“分工负责”变为“各自为政”，没有做到及时的足够的交换意见和交流经验。第二，个别助教同志有急躁情绪，单纯以争取“早日开课”为自己努力方向，因而，就比较缺乏按照全组的计划、全系的计划有步骤地虚心地在现有工作中提高自己的准备。所以作为两个教学组共同的问题，主要是在应该和可能展开集体活动的条件之下，缺乏指导教师间的联系、合作、共同研究、共同解决、共同积累经验的精神和制度。

五、教育系在培养师资工作中存在的问题。教育系在培养师资工作中，遵照我院的总的计划与安排，是做了很多的努力的。因为，这一学期以来，教育系的助教在辅导工作、组织课堂讨论、个人进修、基本理论与业务水平的提高，都是有成绩的。但同时也存在有下列个别问题。第一，教育系对已开课助教与那些不能组成集体工作和学习的助教们的工作与学习，有计划、有步骤逐级检查督促，是做得很不够的。有的教学组在这一工作上几乎完全变成自流和形式，对于助教和对于工作，都是不利的。第二，教育系在全系范围内，就培养师资工作论，缺乏应有的交流经验，和通晓计划的工作，主要负责干部对计划执行过程中的每一个角落、每一个环节都还掌握不透彻。而室间、组间都还有隔膜的现象。第三，由于学院领导存在问题，教育系在培养师资工作中对“助教与研究生不同，助教主要是做好工作，在工作中得到锻炼和提高”这一点，还不够明确，因而，从指导教师到助教同志们自己，都还多少强调了学习，而注意改进工作、提高工作质量、从工作中检查助教的进修和学校对他们的培养，都注意不够。

六、我们的意见。根据教育培养师资工作的检查，我们认为全院应该注意如下几个问题：第一，培养助教工作，是我院为了更好地开展教学改革的重要任务之一，因而，全院各系、室，特别是有关的领导干部，必须予以足够的重视，有计划、有制度、有保证地去进行。第二，必须明确：培养助教与培养研究生，有所不同。国家分配助教来我院，主要是为了让他们做好应该做的工作，逐步提高自己，得到锻炼，学习计划必须着眼于他们的工作计划。因而，对助教的培养必须是从工作到学习、生活以至于世界观、人生观和思想意识等多方面来进行。第三，我院有大量已开课的助教和不能形成集体工作与学习的助教，各系必须特别重视这一部分同志的培养。第四，助教开课问题，一般是由院系根据计划需要进行决定的。助教同志自己，不应该单纯以"早日开课"为自己的努力方向，助长某些同志的急躁、好高骛远的情绪。第五，系、室范围内，都应该有交换情况、交流经验的制度和措施。

1954 年，教育系培养师资工作计划表明确显示，已开课助教有 3 人，未开课助教有 15 人，外校培养的助教有 5 人，已开课而不能集中培养的助教有 6 人，共 29 人。刘芹茂教授回忆道：

成为教育系的助教后，组织上对我们的安排是"边工作、边学习"。上教学岗位是逐步升级的，先是担任辅助工作。经过一两年，才担任公共课系统主讲任务。再过一两年，从中择其优秀者主讲本系专业课。我本人经历这一过程还算顺利。从上岗之时起，教研室为每个青年助教都安排有老教师进行具体的业务指导，直到你能独立担任主讲教师为止。对于青年教师共同的薄弱环节（如缺乏古汉语文学知识），则安排集体补课。当时甚至把包括我在内的几个青年确定为半脱产学习，按照苏联的"副博士研究生"方案进行培养。

1956 年，教育系发布了五年内各专业课程师资需要补充的数目，其中，教育学需补充 25 人，教育史需补充 21 人，心理学需补充 15 人，学校卫生需补充 1 人，逻辑学需补充 2 人，小学教材教法需补充 2 人。

三、教育科研活动

此期教育系教师的主要科研活动就是编课程讲义和教材。1954年，罗景濂、杨汉清、黄溥、袁伯樵、王璧如等教师编写了多部教育学和相关课程的讲义。

为解决教学脱离中学实际的问题，教育系于1955年下半年设立了由系主任领导的普通教育研究组。其具体工作由教育系教师周文翰和教育厅指派的兼任本组副主任的同志共同负责①。参加研究组的成员包括：湖北省教育厅和武汉市教育局有关人士、各系教学法的教师和有关中学教导主任、教育学教研组有关教师。研究组的科研活动包括以下两方面：一是资料性质的研究，包括研究中央颁布的有关普通教育的政策、法令、方针和计划；研究湖北省教育厅和湖北省武汉市教育局结合地区实际，根据中央指示制定的关于省市普通教育的指示、规定和工作总结等；专点研究各中学的计划、制度、经验交谈等，以了解中学全部活动的规律。二是对现场活动的研究，包括参加湖北省教育厅、武汉市教育局对中学布置工作、听取中学报告和交流中学教学工作经验性质的有关会议；参加厅、局研究分析当前中学工作主要问题的会议；有专点地参加中学制定教学工作计划、总结和交流教学经验的会议。当然，研究组也根据学院各系教学活动，有计划地吸收中学教师参加，争取他们的帮助。总之，研究组一方面要学习方针、政策、法令、计划等；另一方面要研究中学教学内容和方法，和中等学校的学校管理工作。研究组的研究成果，促使教育学、心理学、教育史的教学与中学实际特别是当地中学的实际结合起来，并进一步帮助其他各系的教学工作与中学实际结合起来。

1956年12月，华中师范学院成立了教育科学研究室，黄溥任室主任。当时教育科学研究室的研究工作包括研究杜威学说和孔子教育学说，主要是针对杜威实用主义的批判研究。

1958年6月16日，教育系师生到湖北各地做教育调查，为编写中国化的教育学创造条件②。为了解湖北省教育大发展的情况，积累丰富材料，为编写中国化的高等师范院校公开课教育学教学大纲和教科书创造条件，根据中共

---

① 《我院联系中学实际的一项重要措施 教育系普通教育研究组正式成立》，华中师范大学档案馆馆藏：1955-CB12-1-748。

② 《教育系师生到湖北各地进行教育调查》，华中师范大学档案馆馆藏：1958-CB12-1-704。

湖北省委和学院党委的指示，教育系教师与四年级学生共 57 人参加了武汉市教育学会组织的教育调查团，分赴孝感、荆州、襄阳三个专区及武汉市郊区进行为时 3—4 周的调查和研究。本次调查除了了解普通中学的发展情况外，还着重调查了民办中学、农业中学以及普及中学和扫盲等问题。调查的方法是参观、访问、开座谈会、个别谈话和参加会议等。7 月 24 日，教育调查团结束调查任务返校。此次调查中师生们先后到达 15 个县（市）、24 个乡（镇）、34 个农业生产合作社、各级各类学校一百几十所，搜集相关原始资料八百余份，并就教育工作中党的领导、社会主义思想教育、贯彻党的教育路线、教学改革、勤工俭学、民办中小学及幼儿园教育等七个方面写出了七个专题报告，并在此基础上着手编写中国教育学教学大纲和有关资料。

1958 年下半年，教育系制定了《华中师院教育系 1958—1959 科学研究计划》，提出了教育系科学研究的“三大任务”和“四大原则”。其中，“三大任务”是：第一，编出崭新的中国教育学科教科书、讲义和教育书籍，包括高等师范院校使用的教育学、心理学、教育史、儿童心理学的讲义。第二，大力组织对专门教育问题的科学研究。如教育学中关于毛主席的教育方针、教育与生产劳动相结合、培养共产主义新人、半工半读、人民公社办教育、学校办工厂、农业中学、班主任工作、我国教育制度研究、教育理论联系实际的研究等问题；心理学中关于青少年各阶段的心理特征研究、培养中小学共产主义道德品质的心理学研究、个性特别是意志和性格的研究、个别儿童心理的分析与研究、成人学习心理的规律、教育心理及劳动心理的研究、巴甫洛夫学说研究等问题；教育史中关于共产党领导下的教育发展历史、当代教育思想史的研究、党对教育工作指示的重要文献……等问题。第三，大力开展学术思想批判，写批判文章。“四大原则”是：坚持党的领导，坚持群众路线，坚持具有共产主义协作精神，坚持理论联系实际和深入工作实际①。

1960 年，教育系师生在教育调查的基础上，编出《毛泽东教育原理》《普通心理学》《中国近四十年教育史》等大纲和教材，为新专业的设置和教学工作的持续推进奠定了基础。

1967 年，华中师范学院掀起活学活用马列主义、毛泽东思想的民众运动。教育系积极落实学院方针，组织毛泽东思想学习班学习毛泽东教育思想。

---

① 《关于华中师院教育系 1958—1959 科学研究计划（草案）》，华中师范大学档案馆馆藏：1958-DQ11-D30-11-13。

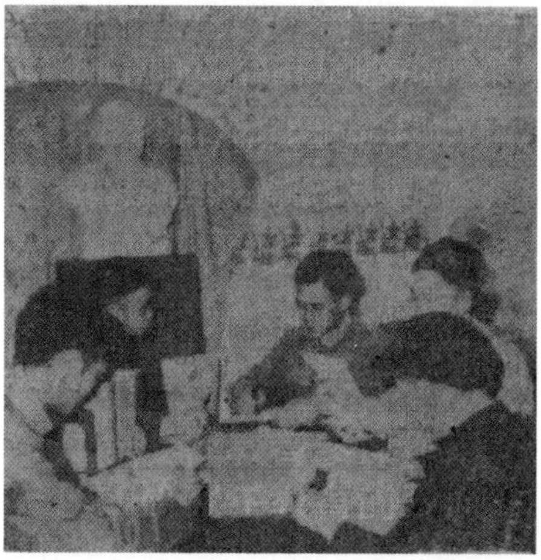

图 5-2　教育系教师以毛泽东思想为指导编写的红色教材（1960 年刊出）

在党的九届二中全会精神鼓舞下，1970 年华中师范学院开展“两个决议”四好运动。教育系等许多单位还用毛主席的哲学思想写了《高标准与低标准》《突出政治还是单纯军事观点》《主动与被动》等一批评论性小文章，深入系统地学习毛泽东思想与党的教育方针，董祥智、刘荣才被评为活学活用毛泽东思想的积极分子。

第三节　教育实习与学生生活

教育系在培养学生中格外注意联系实际，每年都会安排学生在中小学参加教育实习与见习活动，培养学生解决实际教育问题和教育教学的能力。对教育系的学生而言，课程学习主要集中在上午，下午和晚上以自习和自由安排为主，因此，学生的课余生活较为丰富，包括文娱活动、体育活动、科研活动、劳动实践等。

一、教育见习与实习

教育见习与实习是教育系学生培养中的重要一环，学院基本每年都会组织学生见习和实习 1—2 次，每一学年都会颁布本学年或本学期的教育实习计划。

图 5-3　初为人师，我校应届毕业生参加教育实习

1954 年 4 月 23 日，教育系发布了《1953 学年度下学期教育系四年级教育科三年级教育实习计划》[①]：

一、实习目的与要求：①了解中等师范学校的教育方针、任务、工作计划、内容、教导工作以及当前的问题。②体验班主任工作的意义、方式与方法，熟悉班主任工作的意义。③掌握课堂教学的理论与方法。④认识教育工作者的重要性，巩固终身为人民教育事业服务的专业思想。⑤验证我系科贯彻高等师范教育方针任务的程度及教学的质量。

二、实习学校：武汉市第一师范学校

三、实习时间：5 月 6 日—15 日

四、实习人数：共 39 人，教育系四年级 18 人，教育科三年级 21 人，其中男生 26 名，女生 13 名，指导教师 3 名。

五、实习内容：①听报告，教导工作报告、班主任工作报告、教育学心理学教研组工作报告。②阅读学校文件，包括教导表册及记录、工作计划及总结、学生作业。③参加观摩教学并举办评议会。教育学观摩教学二小时，并举办评议会，心理学观摩教学二小时，并举办评议会。④试教。教育学：试教人数为 14 人，系 7 人、科 7 人。试教时数为每人二教时。试教年级为普师二年级下学期四班、初师三年级上学期五班、初师三年级下学期五班。试教课题：普师二下——复式教学，初师三

① 《1953 年度教育系四年级教育科三年级教育实习工作总结》，华中师范大学档案馆馆藏：1954-JX11.14-D30-12-4。

上——小学儿童心理特征，初师三下——复式教学。心理学：试教人数为6人，系3人、科3人。试教时数为每人二小时，试教年级为初师二年级下学期四班，试教课题为塑造性的活动及关于个性的一般概念。⑤见习班主任工作。见习班次为普师二下及幼师二下两班。参加见习工作的人数，计系年级八人，作为一组，见习幼师二下班的班主任工作。见习工作内容：在原班主任指导下，见习下列工作，包括处理班内日常工作，组织一次集体活动，每个见习生了解一个学生的思想、学习及生活情况，并对所了解的学术进行辅导工作，处理偶发事项。

在实习过程中，教师主要负责对学生开展业务指导，包括备课指导、试教指导、经验交流与总结。如在备课指导中，教师要帮助实习生明确课题教学目的，参加实习生课堂小组的讨论，并注意把个别辅导与集体辅导结合起来。在试教指导中，教师需要详细审阅实习生的讲稿并提出宝贵意见。试教完之后，教师参加实习生的评议会，尽可能详细地分析实习生的课堂试教情况，及时做小组小结和组织实习生之间的经验交流。

12月10日，为加强各系三、四年级，和各科二年级学生的教育实习工作，华中师范学院成立了教育实习委员会，负责计划、推动、检查与总结。

1955年5月，教育系三年级结束了在小学的实习。本次实习总人数为59人，成立了实习中队，下分四个小队，每小队分三个小组，每个小组4—5人。第一、二、三小队去十六小实习，第四小队去附小实习。每一个小队有系和实习学校指导教师各一人，每一小组有实习学校指导教师1—2人，统一在中队领导下进行工作。

10月，教育系和中文系、历史系、音乐系、图书系等五个系四年级学生共191人，分别前往湖北省一师、省实验师范、市十五中和市二十五女中等四校，率先展开实习，为期两周。

1958年下半年，教育系计划开展小学实习。此次实习的目的是以毛主席的教育方针为指导思想，通过教育实习，培养出既有理论知识又有实际教学经验、符合教育系培养规格的工人阶级知识分子，成为能文能武、又红又专的中等师范教师。本年度的三年级同学（1959、1960年毕业），到小学去实习，时间为一年，分为上、下两期，每期分为两批（一批在校学习，一批到小学实习）进行轮换，每个人实际实习时间是半个学期（9周）。

全面实习分为四个阶段——准备阶段、一般实习阶段、总结性的实习阶段、总结阶段。其中一般实习阶段是按照实习任务，掌握备课和课堂教学的技能技巧，摸索出教导工作的基本规律，初步积累教导工作的经验。总结性的实习阶段是每个实习生进行公开试教、公开班会、队会等，并进行评议。同时，为加强对实习工作的领导，系成立了指导组，由系行政、系小学教材教法组全体教师和教育学、心理学教研组教师代表参加，在业务上由指导教师定期下到小学进行指导，组织教学经验交流等活动；政治思想工作由系党总支统一领导，定期或不定期专门研究实习问题，而经常性工作则由年级党团支部领导，每两周或有关重大问题召开会议或过组织生活，学习党的方针政策，参加学院及系里的政治运动。所实习的学校，由所在的教研组、学校行政组组成实习指导组，由系的指导教师、小学校长、教导主任及教研组长、实习生班上党团支部负责同志组成，同时还可聘请学校优秀教师为指导教师，具体指导每个实习生的教育教学工作，使新手逐步在教学实践中成为娴熟地掌握教学技能技巧的教师。每个实习生要完成以下实习任务：第一，到实习学校时，自始至终要坚持学校党和行政的领导，听取学校领导人情况的介绍，以及教导主任、教辅员的工作报告，阅读学校有关资料、计划、记录、教案等，通过家庭访问、个别谈话、作业等了解学生，制定本期的工作计划，确定全期教学计划。第二，适当列席实习学校的重大会议，了解学校领导人如何解决有关小学教育工作的实际问题，积极参加学校教学活动，并把当天的活动心得记在实习日记里，填写教学日记，搜集和积累资料。第三，每个实习生除了所任职务及课程外，在实习总结阶段独立进行公开的试教和组织活动，并从未教过的其他课程中选择 2—3 门，各教一节以上的课程，以达到全面实习的目的。第四，每个实习生要在实习的班上确定一个儿童为重点了解的对象，通过各种活动对该学生进行全面的了解，最后运用所学的理论知识写出了解儿童的工作报告，制定出教育特殊儿童的具体办法来。第五，实习期间，期中及期末，每个人写出全面工作总结和一个以上的专题总结。

1959 年 7 月 8 日，学前教育专修班展开教育实习，专修班所有学院分别赴南湖人民公社幼儿园、铁道部第四设计院幼儿园、华师本院幼儿园，进行为期 10 天的实习。实习主要内容是教养员全部工作和班主任全部工作，同时对个别儿童及卫生保健工作进行了解。个别学生进行行政实习。实习期间，每一位实习生都在幼儿园至少担任一天的值日班主任工作，领导孩子们开展活动，并且分别在幼儿园各班进行 1—2 节作业的教学工作。

1962 年 5 月，教育系三年级学生为了深入了解目前小学教育的实际状况，学习小学各科教学方法和班主任工作经验，教育系三年级同学在武昌实验小学和武昌铁路职工小学进行了为期一个月的教育实习。

图 5-4 教育实习经验荟萃

二、学生的学校生活

教育系学生一般上午听课，下午和晚上以自习为主，部分时间有课。据刘芹茂教授回忆：

> 当时教育系开设的课程有 27 门，包括政治理论课“中国革命史”“马列主义基础”“政治经济学”“哲学”；体育课；文化课“现代汉语文及习作”“俄语”“逻辑学”；专业基础课“解剖学”“生理学”“中国通史”“世界通史”；专业课“心理学”“儿童心理学”“心理学教学法”“教育学”“教育学教学法”“中国教育史”“世界教育史”“中外教育名著选读”“学校卫生学”“教育管理学”；教育实践课“小学参观见习”“小学实习”“中师参观见习”“中师实习”，还有最后的撰写毕业论文。

1955 年 1 月初，为使学生的文娱活动多样化，教育系合唱队利用晚饭后的休息时间举办了一次音乐唱片欣赏会，欣赏中国音乐混声合唱《阿拉木汗》、器乐组曲《陕北组曲》和京剧，并邀请音乐系的隋星桥老师出席指导，给大家做了报告。

3 月，为了更好地配合正课学习和本届教育实习，教育系三年级科学研究小组在寒假里组织了两次补充活动：请高庆赐副教务长教国语注音符号和参加了湖北省教育厅召开的“湖北省小学语文教学座谈会”。除小组同学外，班上的大部分同学也参加了。在教育学教研室的领导下和团支部、班三角的协助下，小组制定出本学期的活动计划，准备在本学期举行两次专题讨论，题目为“共产主义道德教育中坚持积极正面的教育问题”和“小学语文课的文言文和实用文的教学问题”。科学研究小组当时正在积极进行第一专题的科学研究工作。除了阅读有关资料外，学院教务处还介绍全组成员分别到武昌一中、九中、十中、附中和七女中等五个中学收集材料。他们得到了各校行政人员的热烈欢迎，工作情绪非常高。

1956 年 9 月，新学期开学后，教育系搬到桂子山校区。校区内遍布杂树、田地、野草等，学院开展了学校绿化建设活动，教育系师生都积极参加劳动，尤其是在晚上，大家一起种树、修路、平地，一起改造校园。9 月 8 日，华中师范学院就学生课外活动、学习生活制度等问题提出改进办法。规定一般学生每周不超过 2 小时的课外社会活动，学生干部不超过 5 小时。各单位不得随意找学生布置工作或召集会议；学生课外活动必须强调集体活动的做法必须纠正，同学们可以根据个人的特点、爱好去进行课外活动。关于学习生活制度上，规定除上课时间外，其他时间归属同学自己自由掌握支配，晚饭时至熄灯就寝前不得打钟，学生可以根据自己的情况安排什么时间去做什么，疲劳时也可以自己安排适当休息。在生活制度方面，只要在不影响和妨碍集体或别人的原则下，都不要求死板划一。

教育系内设有各科教学小组。如儿童心理学教学小组，在 1960 年展开了一系列行动，加强了理论联系实际，提高了教学质量，受到了学生们的欢迎。他们在教学上充分注意邀请幼儿园和小学的实际工作者参与教学工作。如改进教育见习的方法，就邀请了幼儿园的实际工作者给见习学生做报告，说明见习中应注意什么、如何去观察儿童等。此外，在备课过程中，他们还分别将教材送给幼儿园、附小的教师，请他们提意见，以便更充分地反映实际情况。同时，教育系还成立了教育学外系备课组，专门负责外系教育学课程教学的备课与检查工作。如在 1959 年 5 月，教育系教育学外系备课组在检查中发现了教学联系实际不够、学生缺乏钻研精神、教师对学生要求不严格等问题，指出要加强两个方面的工作：一是端正学生的学习态度，二是改进教学方法和备课工作。

1960 年，为推动全系的体育活动，教育系成立了运动队，有田径、体操、举重等多项，参加运动队人数达到了全系学生总人数的三分之一。队员们用实际行动响应毛主席“健康第一”“身体好、学习好、工作好”的号召，天天坚持锻炼。同时各班都安排了固定的锻炼时间，班与班之间、小组与小组之间广泛展开对手赛，极大鼓舞了学生们锻炼的积极性。教育系的文娱活动也很活跃，系三年级学生结合小学实习的准备工作，掀起了学唱儿童歌曲、跳儿童集体舞和学风琴的热潮。同年，为响应国家号召，学校逐渐下放教师和学生到工厂、建筑工地、农场等地参加劳动。

图 5-5　教育系中小学九年一贯制实验班（1960 年刊出）

第六章

华中师范学院教育系的恢复与发展（1978—1985）

党的十一届三中全会以来，湖北省采取大力整改措施，不断加快各级各类教育发展的规模和速度，提高教育质量。为培养大批适应社会发展的教育专业人才，华中师范学院在申请恢复教育系的基础上，着力建设师资队伍，从各地各单位调回了许多教师，不仅恢复了正常的办学秩序，而且短时间内在人才培养、课程教材建设、科学研究、对外交流等方面取得较大进展。1977 年，经学校批准，教育科学研究所正式成立，成为“文革”后学校最早成立的研究所，为系级建制，在学校“一所八室”科研机构中发挥重要作用。教科所早期负责人为董宝良，1982 年由杨葆焜任主任，董宝良、萧宗六为副主任。1978 年 3 月 24 日，为适应湖北省现代化建设事业发展的需要，华中师范学院对全校的系科及专业设置进行调整，湖北省革命委员会教育局批复华中师范学院，准予恢复教育系，设学校教育学专业。1981 年，学校任命周镐为教育系主任，王道俊、旷习模、瞿起桧为副系主任。1982 年，为加强高等教育研究，华中师范学院高等教育研究室成立。

第一节　恢复系科，积极拓展办学路径

为使办学秩序很快得到恢复，把工作重点迅速转到教育科研上来，学校对各系、所党政班子的组建十分重视。1978 年 3 月 24 日，华中师范学院恢复教育系，设学校教育学专业。同时，创立教育科学研究所，杨葆焜任所长。1978—1985 年的 8 年中，教育系、教育科学研究所的领导班子几经调整，不断适应改革开放以来高等教育新情况。除了重用有经验的老干部和老教师外，还充实了一批改革开放后新培养的年轻教师。后者具有较高的学历、开放的意识，有的还有留学国外的经历。

图 6-1　华中师范学院大门

一、恢复教育系

1978 年教育系刚刚复办，其时已有 1977 年招收的进修班学员 30 人，同时筹建教育科学研究所。从 1978 年起，在全校九个系开设公共教育学、心理学课程。但此时教育系仅有 23 名专业教师，难以适应学校人才培养的需要，亟须解决专业教师严重不足的问题。于是，1978 年，学校在《关于申请给我院分配一九七七年大学、中专毕业 150 名充任教师和教辅人员的报告》（华师革字〔78〕5 号）的基础上，再增留大学毕业生 10 名，其中英语 3 名、俄语 1 名、数学 2 名、物理 2 名、生物 2 名，充任学院教育系专业教师。

与此同时，教育系采用系—室两级管理体制，积极按照学校要求，围绕提高教学质量、整顿教学秩序，着重抓好以下几项工作：

坚持按照教学计划的要求组织教学活动，检查教学效果，抓好教学大纲和教材建设，不断改进教学方法，加强对学生学习方法的指导，及时召开教学经验交流会。

加强基础课的教学，把有经验的教师配备到教学第一线。

加强教研室的建设，使教研室真正成为教师进行教学研究、科学研究、进修提高的主要活动基地。

修订并贯彻教研室工作条例，注意教研室主任的配备，有条件的实行民主选举，并充分发挥其作用。

积极试行教师工作量制度，认真总结这方面的经验，解决好新出现的问题。

在评定职称的基础上，建立起教师的业务档案。

继续抓好师资培养规划的落实，对于教师任务的安排，要力求稳定，以利于明确努力方向，积累经验，提高教学水平。

制订好教研室师资培养规划，对重点培养的教师，实行院、系、教研室三级管理办法。

此外，教育系还协助两个附中配合全省中等教育改革，总结课程内容、教学方法以及领导体制方面的经验，大面积提高教育质量，发挥师院附中在中学教学改革中的试验和示范作用。

人事工作方面：（1）继续搞好教职工的工资调整、评定职称工作，做到善始善终。（2）制订实行以岗位责任制为核心的教职工管理条例，克服工作中拖拉和无人负责现象。（3）调查教职工的分配、使用情况，研究机构和编制中的问题，为全面调整机构、确定编制做好准备。（4）在调查研究的基础上建立干部、工人的考核制度。（5）积极帮助教师、干部解决夫妇分居两地的问题。（6）总结以往经验，做好招生工作。

教育系党团组织为全面贯彻党的教育方针，在学生中广泛开展了“学雷锋、创三好”“五讲四美”等活动，推动广大学生勤奋学习，刻苦锻炼，努力工作，在德智体诸方面取得了可喜的成绩。

1982年12月3日，学校公布关于表彰先进班级、三好学生标兵、优秀学生干部、三好学生和文艺、体育活动积极分子的决定；号召全院学生，要以党的十二大精神为指导，坚持德智体全面发展的方向，虚心向先进集体和先进个人学习，以人之长，补己之短，走又红又专的道路，努力把自己培养成为有理想、有道德、有文化、守纪律的新人。教育系在评奖评优方面斩获佳绩，其中：80级获得先进班集体荣誉称号，涂艳国荣获“三好学生标兵”，朱赤、邓兵、杨小微、翟天山等荣获“优秀学生干部”；赵俊峰、黄建伟、常思亮、周守珍、刘家丰、张振乾、罗成龙、李华燕、冯建华、宋移安、肖昊、李文长、陈明灿等荣获“三好学生”；尹晓慧荣获“文艺活动积极分子”；郑雄、罗筱端、曾庆虎、陆军、潘友刚等荣获“体育活动积极分子”。

二、建立教育科学研究所

1977年，经学校批准，教育科学研究所正式成立，成为“文革”结束后学校最早成立的研究所（室），在学校一所八室的科研机构中发挥着重要作用，研究所早期负责人是董宝良①。其研究方向是马恩列斯和毛主席的教育思想，完整准确地阐述毛主席的教育学说；任务是拟于1980年前写出《毛主席在湖北的教育革命实践》，并在此基础上，继续研究写成《马恩列斯毛主席教育论著选讲》。围绕教材建设的需要，除逐步编写《教育学》《心理学》《教育哲学》等教材外，争取从1982年起，开展教育心理试验，研究儿童与教育的关系，并着重研究教育规律问题，写出《班主任》等专著。教育史部分，对中国教育着重研究学制发展变化，争取在1985年写出《中国学制史》，对外国教育着重研究空想社会主义教育思想和外国先进教育科学经验。初期研究的课题为：毛主席在湖北的教育革命实践；我国建设初期的教育改革；试评1958年教育大革命；三十年来语文教学的改革；三十年来算术教学的改革；班主任工作的研究；师范教育的地位和作用；教育过程中的几个问题；关于孔子“有教无类”的教育思想；评胡适教育思想；关于超常儿童的调查和研究；编写《教育学》教材；教育方针之商榷。

1982年11月17日，关于教育科学研究所建制及干部任职的通知经研究

① 《关于华中师范学院情况简介有关院系情况》，华中师范大学档案馆馆藏：1979-XZ11-D30-2-9。

决定（华师党字1982063号）：教育科学研究所为系级建制，并任命杨葆焜同志为研究所主任；董宝良、萧宗六同志为副主任[1]。

1984年3月19日，教育科学研究所发布1984年工作计划要点，该计划根据学院1983到1984年度第二学期工作计划，认真贯彻全国科技工作会议的精神，努力做好科研工作的管理和改革：调整机构，充实人员，以建立一支比较健全的科研梯队；培养人才，多出成果，开创我所科研工作的新局面。为此，制订该年度的工作计划要点如下：

一、科研任务

（一）继续编辑《陶行知全集》。在已出版第一卷、完成第二卷交稿任务的基础上，继续完成第三到第五卷的编辑工作。要求七月份完成第三卷，九月份完成第四卷，十月份完成第五卷，按期交付出版。第六卷留待明年第一季度完成，为了总结前段工作经验，研讨下一段编辑工作有关事宜，计划三月下旬召开第二次编辑委员会全体会议。

（二）陶行知教育思想研究（专著）。由董宝良同志负责，喻本伐、周洪宇同志参加，1984年写出初稿，1985年完成。

（三）陶行知传、陶行知年谱。由夏德清同志承担，1984年写出初稿，1985年完成。

（四）论学校管理。由萧宗六同志承担，1984年完成。

（五）中小学教师的素质条件、职责、使用、培训和考核的综合研究。此题是教育部“六五”期间的重点科研项目之一，由广东省教育学院牵头，我所萧宗六同志和湖北省学校管理研究会参加，1985年10月完成。

（六）小学数学教学实验研究。由姜乐仁同志负责，胡礼和、余学锋同志参加，1984年完成实验教材资料的编写，完成特级教师教学经验选集的编写。

（七）中国古代教育史（教材）。由伍文同志承担，1984年写出大纲及部分初稿，1986年完成。

（八）中国高等教育史略。由廖平胜同志承担，1984年写出大纲及部

① 《关于教育科学研究所建制及干部任职的通知》，华中师范大学档案馆馆藏：1982-DQ11-Y-2-30。

分初稿，1986 年完成。

（九）马克思、列宁、毛泽东论教育（教材）。此项目是由教育部下达的任务，我院教科所与东北师大教育系协作，由刘芹茂、吴昌运同志承担，在 1983 年写出大纲基础上，经组织讨论和修改后，编写出教材书稿，1985 年完成。

（十）高等学校教学工作的重要环节（翻译）。由范先佐同志承担，1984 年完成。

（十一）教育经济学资料汇编。由杨葆焜同志承担，刘汉青同志参加，1985 年完成。

（十二）湖北省教育志。由萧宗六、何雄志同志负责，黄瑞彩、黄炽明同志参加，熊贤君同志参加上半年工作。具体计划另定。

二、教学工作

中国教育史。教育系四年级、高干班，董宝良；三年级，伍文。

学校管理。教育系三年级，萧宗六。

马列论教育。教育系，吴昌运；高干班，刘芹茂。

小学教材教法。教育系三年级，姜乐仁、胡礼和。

教育经济学。教育系四年级，杨葆焜、刘汉青。

电化教学。教育系学前专业，陈夫义。

三、师资培养

根据教育部有关文件精神，本年度内抓紧青年教师的培养、提高工作。在完成所承担的科研任务的前提下，有计划、有步骤的培训青年教师，以适应今后科研和教学工作的需要，本年内既有：

选送外出培养进修（北京师范大学）：喻本伐。

院内外语脱产进修：李红梅、蔡靖芳、胡晓芳。

院内业余进修教育课程：廖平胜、范先佐。

为了使青年教师在 3—5 年内能达到硕士研究生毕业的水平，鼓励青年教师努力学习并创造一定条件并适当减轻工作负担，从 1984 年起，通过多种形式培养、提高、支持青年教师报考研究生。

四、研究生工作

从本年度起，我所有研究生的培养任务。上半年有两名研究生肖昊、陈孝大由教育系转来我所培养。下半年招收两名教育学原理专业研究生，由杨葆焜、萧宗六同志任指导教师。根据研究生课程学习的需要，建立任课教师小组，分别承担一定课程的指导任务，具体培养计划另定。

五、机构调整

根据我院工作计划精神，本年度内将对我院组织机构进行调整，为了适应我所今后科研工作的开展和培养研究生的需要，各研究室有进行调整和充实的必要。

（一）建立教育理论研究室。贯彻理论联系实际的原则，开展对教育基本理论和重大实际问题的研究，同时承担教育基本原理专业培养研究生的任务，1984 年内成立。

（二）建立学校管理研究室。本年内做好必要的准备，1985 年内成立。

（三）调整高等教育研究室。根据学院有关会议研究的精神。提高我院高等教育的研究力量，将采取集中优势、统一管理的方法。我所现有的高教研究室有必要进行适应的调整，具体方案经学院研究决定后另行制定。

（四）充实教学法研究室。目前教学法研究室人员过少，不能适应开展教学实验和研究的需要，将报请院人事处，本年内适当增加研究人员。

六、思想政治教育

本年内以继续学习《邓小平文选》、学习胡乔木同志《关于人道主义和异化问题》为基本内容，贯彻党委政治理论学习计划要求，具体计划由党支部另定。

七、资料室工作

本年内继续完成全部图书资料的清理和登记工作，对主要报刊资料进行分类编目，作出索引卡片，以充分发挥图书资料的使用效率。建立专业资料柜，研究生专业书籍资料柜，由研究室派专人负责。拟请人事处增加资料员 1 到 2 人。

八、办公室工作

清理所内资产作出财产登记卡集中管理。清算 1983 年财务开支账目，对财务实行民主监督，每年向全所报告财务开支情况一次。积极做好后勤工作，协助教师解决工作和生活中的问题。协助所长监督各项规章制度的执行情况。

为了保证计划的贯彻执行，全所同志必须增强纪律性，遵守各自所承担的任务，兢兢业业努力完成计划的要求。要求每个成员认真执行请假制度，因事离开学校，三天内需向所在研究室主任请假，三天以上需向所领导请假，半月以上需报请院批准。要求每个成员爱护集体资产，凡借用公务必须履行手续，按期归还，如有损坏照价赔偿。①

三、健全党政领导班子

1979 年 10 月，杨清栋任教育系总支书记，刘凤池任系总支副书记，萧宗六任系副主任，罗绍南为系办公室主任，欧阳珊、洪端丽、陈茂吾、伍容川、周代润为资料员，杜俊英、李汉生为办事员，谭林菊为指导员②。

所有教学人员均为大学以上学历。其中，教授 1 人，为王倘；副教授 2 人，分别为孙际良、杨葆焜；讲师 21 人，分别为周镐、王道俊、王启康、任钟印、戴本博、程兰如、董宝良、严正、李道仁、杨汉清、宋岭梅、姜乐仁、伍文、旷习模、董祥智、刘荣才、郭文安、何隆襄、刘芹茂、廖哲勋、刘静娴；教员 5 人，分别为杜小鸣、鲍碧君、陈沛霖、陈立华、夏德清；助教 7 人，分别为陈盛杰、杨爱华、孙玉萍、李宁达、杨望友、杨再隋、吴昌运。另有青年教师 2 人，分别为肖幼平、凌娟。

1979 年 5 月 2 日，华中师范学院成立爱国卫生运动委员会，刘丙一任主任，教育系罗绍南同志是委员之一③。1980 年经临时党委批准调整换届后，由朗郡诗任主任，教育系熊德福任委员④。

1980 年 5 月 25 日，学校任命熊德福为教育系办公室副主任。

1980 年的部分教育系教师名单显示，教师有高教 7 级：杨葆焜；高教 8 级：王启康、任钟印；高教 9 级：董宝良、严正、姜乐仁、李道仁、杨汉清、伍文；高教 11 级：旷习模、董祥智、郭文安、刘芹茂、陈盛杰、孙玉萍、刘荣才、何隆襄；高教 12 级：陈沛霖、陈立华、李宁达、廖哲勋；高教 17 级：杨再隋。

---

① 《关于教育科学研究所 1984 年工作计划要点》，华中师范大学档案馆馆藏：1984-JX15．11-D30-5-2。

② 《教职工名单》，华中师范大学档案馆馆藏：1979-XZ12-D30-34-30。

③ 《关于院爱国卫生运动委员会成员名单（附表）》，华中师范大学档案馆馆藏：1979-XZ12-Y-3-5。

④ 《关于院爱卫会成员名单》，华中师范大学档案馆馆藏：1980-XZ15-D10-5-5。

干部有政府 20 级：刘凤池；政府 21 级：欧阳珊；政府 22 级：陈茂吾；政府 24 级：谭林菊。

1981 年 7 月 7 日，学院召开工作会议，讨论教育系、教科所的体制、科研方向等问题。会议由陶军主持，晏章万、黄锦汉、邓宗琦、杨友富、教育系和教科所的负责人及有关人员与会①。会议认真讨论了教育系和教育科学研究所的体制关系问题，并对教育系各研究室的科研和教学情况进行梳理，明确了任务要点和发展方向。同时，教科所负责人介绍了所里的主要研究方向及目前的研究任务，院领导则针对目前研究存在的问题提出了一些意见。本次会议明晰了教育系、教育科学研究所的体制与研究方向问题，对学校教育科学研究与教学起到了重要作用。

1981 年 10 月 12 日下午与 10 月 17 日下午，校领导组织召开座谈会，讨论座谈涣散软弱与工作上的问题。参与座谈会的有教育系系党政负责人、老中青党员教师代表共 10 人左右，学生党、团、学生会干部 10 人左右，校领导郭抵、计财处、工会负责人也参与了此会议。

1984 年 11 月，学校任命熊德福同志为教育系办公室主任②。1985 年 5 月 4 日，学校爱国卫生运动委员会换届，教育系熊德福任委员。

四、试行系主任负责制

改革开放后，教育系根据学校要求实行系主任负责制。同时，为加强对教学和科研的领导，1979 年，教育系成立了学术委员会，作为党总支和系主任在学术问题上的咨询机构。

1981 年 12 月，在学校期中教学质量检查工作中，教育系较好地完成了教学任务，教学质量有所提高，突出表现在：教育系新选出的领导班子本期加强了教学的领导，教研室紧抓教研工作；教学第一线的力量有所加强。教师一心扑在教学上，普遍受到学生欢迎。许多教师既管教又管导，既教书又育人，针对学生思想实际，寓教育于教学之中，收到了较好的效果。主讲教师们能听取学生的意见，不断改进教学方法。教育系狠抓 81 级学生自学能力的

① 《1981 至 1982 学年度上学期会议活动安排表》，华中师范大学档案馆馆藏：1981-XZ11-D30-1-2。

② 《任命熊德福为办公室主任》，华中师范大学档案馆馆藏：1984-XZ12-D30-5-12。

培养和79级学生科学研究能力的初步训练。开展学生培养的情况分析研究，并搜集了教育本质等四个专题约三十多万字的资料。经过期中教学质量检查，教育系在领导班子的带领下对学生能力培养进一步采取了一些措施。如加强对学生自学能力及动手能力的培养；加强基础理论、基本知识、基本技能的训练；增开选修课及选修实验；开展学术讲座；加强社会调查、实验实习、毕业论文等实践性教学环节；改革课堂教学的内容与教学方法；对各年级实行班主任制度等。

同年，为加强和改善党的领导，健全领导体制，贯彻院长领导下的系主任负责制，实行党政分工，充分发挥系行政的作用。学校进行了系一级领导体制的改革，实行民主选举制度。教育系通过民主投票，选举了正、副系主任。学校任命周镐为教育系系主任，王道俊、旷习模、瞿起检为教育系副系主任①。

五、补充并调整师资队伍

截至1978年底，教育系共有32名教师，其中副教授1人、讲师18人、教员3人、助教10人。

1978年12月23日，中共湖北省委宣传部致函华中师范学院临时党委，同意伍容川同志恢复工作，回到原工作单位，即教育系教育教研室工作②。

1979年3月30日，教育系党总支向学校申请调进“业务归队教师”，提到教育系1978年正式恢复后，当时的突出问题就是各门课程教师严重不足。经党总支深入了解，申请李拥民、虞冲琪、罗亦超、陶树华归队成为心理学专任教师。

到1979年9月新学期开始时，教育系共有教职工38人，其中教授1人、副教授1人、讲师20人、教员6人、助教6人、未定员3人。在专职教师27人中，副教授1人、讲师14人、教员6人、助教6人。在专职科研教师5人中，教授1人、讲师4人。教学科研兼而有之的教师2人，均为讲师。未进行教学科研工作者4人，其中进修3人、其他1人。

① 《关于有关正、副系主任任职的通知》，华中师范大学档案馆馆藏：1981-XZ12-Y-1-3。

② 《教育系原工作人员》，华中师范大学档案馆馆藏：1978-XZ12-D30-14-6。

1981年，教育系由王道俊等起草向院人事处再次申请调进人员，补充教育系师资队伍及教育科学研究所研究工作队伍。他们是汤振兰、沈立明、姚绍禹、卢承业、谭佛佑、黄家澍、喻荆宜、黄圣周、曾炎宣、卢航龙、黄炽明、杨守希。其中姚绍禹、卢承业、谭佛佑、黄家澍、喻荆宜、黄圣周是重点调进人员，尤其是姚绍禹同志，作为华师教育系56届毕业生，毕业后先后在教育部办公厅方针政策研究室和《新疆教育》编辑部工作，时任《新疆教育》汉文版编辑部主任。由于学校科研处已经同意教育系办科学研究刊物《教育研究与实验》，急需调进该同志任该刊主编，并兼任教学科研工作。

同年6月15日。中央教育科学研究所致函华中师范学院人事处，介绍夏德清同志等回到原单位工作，请求华中师范学院接洽。

1980年7月12日，教育系呈请省大中专毕业生分配办公室，由于教育系恢复以及经教育部批准成立“教育科学研究所”，科研教学任务较重，师资力量不足，且现有教师年龄较大，青黄不接现象严重。为加强师资力量，适应教学科研工作的需要，拟从教育系应届毕业生中选留5名留校工作。

1983和1984年先后有周玫、傅玲、李晓燕来教育系任教，谢小庆到心理系任教。

教育系在不断充实教师队伍的同时，还对师资队伍的结构进行不断地调整，借以提高教师队伍质量。改革开放后，教育系师资队伍结构趋于老化。截至1981年，虽已补充数名“文革”后毕业的青年教师，但年龄结构仍然不合理。教师中最高年龄为81岁，45岁以上的35人占全系教师人数的71.4%；30岁以下者仅有2人；1985年时，到退休年龄（60岁）的17人占全系教师人数的34.69%。

为了发挥老教师的专长和传、帮、带的作用，除落实知识分子政策外，还为了在专业上可以接上他们的班，采取了老带新、配助手、配班子的措施。如以杨葆焜、董宝良为首成立了教育科学研究所，配了老中青三结合的班子。让他们指导青年教师，带研究生、进修生，开展学术研究，著书立说，充分发挥老教授的作用。

教育系还进一步采取措施，加强师资队伍建设。如全面落实《华中师范学院1980—1985年师资培养规划（试行）》，要求各教研室都有相应的规划，并加以实施：进一步抓好老教师配班子、配助手工作，使老教师发挥专长和传帮带作用，使各研究方向形成有阶梯的师资力量。进一步抓好教师外语培训，并提出教师外语过关要求；采取过关考试的方式，以期教育系教师外语水平能进一步提高，争取在较短时间内使更多的教师掌握外语这一工具，从而提高教学科研水平，进一步采取措施争取多派一些教师出国进修或访学，选派中青年教师到全国重点大学和一般兄弟院校进修以提高业务水平。进一步抓好重点室、学科师资建设工作，配合建立教学科研中心，做好师资力量配备。进一步调整、整顿师资队伍，充实其数量，提高其质量；调整不适应工作者：年老多病长期不能坚持工作的，办理离休、退休手续；不适应大学教学、科研工作的，一部分调出去从事其他工作，一部分转搞行政、教辅工作；择留优秀研究生、毕业生，补充新鲜血液，或校外调进骨干教师，充实师资队伍。进一步加强师资管理的工作，实行教师工作量制度，克服劳逸不均或“吃大锅饭”现象，调动一切积极因素。同时，实行定职定位定向定编，建立教师业务档案制度，严格业务考核制度；协助有关部门抓好教师生活福利，解决教师具体困难。

对中青年教师的培养提高是师资工作的重点。教育系采取定职、定位、定向，在教学、科研实践中锻炼提高的措施。同时，适当安排各种形式的进修，坚持以业余为主、校内为主、自学为主的“三个为主”进修原则。在校内还办了读书班、讨论班、专业基础学习班、青年教师教育科学业余学习班，等等。同时，选派中青年教师到国外进修。此外，为了适应教育形势发展的需要，教育系开办了以英语为主的日、德、法、俄各种语种学习班，取得显著成效。

1979 年，在学校拟提教授、副教授送审名单中，教育系有 7 人拟提为副教授，分别是任钟印、王启康、戴本博、王道俊、周镐、姜乐仁、董宝良。到 1980 年底，教育系有专任教师 45 人，其中教授 1 人、副教授 7 人、讲师 26 人、教员 5 人、助教 6 人。按教研室分，小学教学教法教研室 5 人，教育史教研室 7 人，马、列、毛主席教育思想教研室 2 人，心理学教研室 14 人，教育学教研室 15 人，翻译 2 人。

1980 年，教育系刘静娴、吴昌运、陈盛杰、孙玉萍、杨再隋、陈沛霖、杨爱华、李宁达、杨望友、鲍碧君、陈立华等 11 人被提升为讲师。

1981 年，经学院审查批准，教育系姜乐仁、伍文拟被确定提升为副教授；萧宗六、贺曼华、林蔚、杜小鸣、瞿起桧、洪端丽、陶树华提升为讲师；肖幼平、凌娟提升为助教，谭林菊、吴金林二人提升为德育助教；钟海云、欧阳珊、陈茂吾、周代润提升为馆员；伍容川提升为助理馆员；

截至 1984 年 9 月 30 日，教育系共有教师 59 人，其中教授 2 人，副教授 11 人，讲师 22 人，教员 2 人，助教 22 人。下设教育学教研室、心理学教研室、教育史教研室、学前教育教研室、小学教学法教研室、人体解剖教研室、比较教育教研室。教育学教研室有教师 18 人，副教授 4 人，讲师 8 人，助教 6 人。心理学教研室有教师 15 人，其教授 1 人、副教授 3 人、讲师 6 人、助教 5 人。教育史教研室有教师 5 人，其中副教授 2 人、讲师 1 人、助教 2 人。学前教育教研室有教师 10 人，其中讲师 5 人、教员 1 人、助教 4 人。小学教学法教研室有教师 5 人，其中教授 1 人、副教授 1 人、讲师 1 人、助教 2 人。人体解剖教研室有教师 3 人，其中讲师 1 人、教员 1 人、助教 1 人。比较教育教研室有教师 3 人，其中副教授 1 人、助教 2 人。

1984 年，教育系共派出两人外出进修，一人至华东师大，一人至南开大学，两人均为助教。教科所派出助教一人往北师大进修。

六、开展丰富多彩的学生活动

1981 年 5 月 8 日，学校运动会开幕，在组织委员会委员萧宗六的呼吁下，教育系积极动员师生参与比赛，师生共计 52 人参与其中，占比较高。

在党的十一届三中全会和党的十二大精神的指引下。华中师范学院开展了“五讲四美”为人师表的活动。1982 年 6 月 4—5 日，院党委、院行政召开了全院“五讲四美”积极分子、先进集体表彰大会。

其中，教育系资料室、教育系 80 级、教育系 81 级 25 号寝室、75 号寝室(混合)，以及教育科学研究所教育志编写组，均获得“五讲四美先进集体”荣誉称号。教育系宋岭梅、严正、朱赤、邓兵、陈明灿、熊德福、许邦官、王合意等同学获得了“五讲四美积极分子”荣誉称号。他们共同倡议在我院深入持久地开展“五讲四美”活动：一是树立长期作战的思想，发扬成绩乘胜前进。二是用共产主义思想道德武装自己，做有理想、有道德、有文化、守纪律的人。三是要把“五讲四美”活动具体落实到各个岗位和日常的实际行动之中，使之经常化、制度化。四是继续抓紧治理“脏、乱、差”问题，既治标更治本。五是建章建制，巩固和发展“文明礼貌月”建立起来的各种好形式。

1982 年，教育系师生再接再厉，在建设社会主义精神文明方面，在教学、科研以及其他各项工作中取得了可喜的成绩，涌现了一批先进集体和先进个人。1983 年 3 月 18 日，学院召开 1982 年“五讲四美”为人师表先进集体和个人表彰大会。经院党委研究批准，学校表彰“五讲四美”为人师表先进集体和先进个人：教育系德育教研组、学前教育教研室2个单位为“五讲四美”为人师表先进集体；教育系林蔚、严正、陈立华、陈盛杰、何隆襄、洪端丽、杨再隋、贺曼华、杨望友、杨汉麟、余志强和教育科学研究所李红梅、蔡靖方、喻本伐等14位同志为“五讲四美”为人师表先进个人。

1984年运动会，教育系学生男子组21人参赛总分第六，学生女子组12人参赛总分第四，教工组男子28人参赛、女子23人参赛总分第八，精神文明奖总分第一。

1985年运动会，教育系学生男子获得第三名，学生女子获得第五名，教工组第十名，精神文明奖第一名。

七、改善教学基础设施

1981年8月20日，学校六号教学楼建成交付使用。因教育系教学办公用房极度紧缺，学校适当调整和分配。当月24日，学校召开会议讨论教学楼用房调整方案，中文、教育、数学、地理、体育等系负责人，院务处、教务处负责人和刘若曾院长出席会议，会议由王秋来主持。最终，学校在保证六号楼原定给数学系用房的基础上，调剂出部分用房（1964.34平方米），明确分给用房最为紧张的教育系、体育系、中文系和数学系。用房分配和调剂的顺序是：教室、实验室（包括急需必备的附属用房，如准备室、仪器室等）、教研室、研究室、资料室、系办公室用房（主要指系办公室、系主任办公室和党团办公室）及其他用房等。调整前，教育系用房有7间268.48平方米，与体育系同为全校用房面积最少的系。调整后教育系有用房16间437.5663平方米，净增9间169.0863平方米。

此外，学校还通过积极筹建教师公寓，帮助教师安心教学科研工作，如1979年12月，学校建成教职工住房214套。这批房子的分配原则是：（1）要体现以教学科研为中心，教学科研约占分配人数的60%；（2）要腾出至少一栋半的学生宿舍；（3）要充分发扬民主，坚持民主分房。院房调工作组经过多次研究，决定既要据工作年限，又要考虑工作需要和现有住房条件。在此基础上，北二村第18栋建好后给教育系教师周镐分配住房一套。此外，还给教育系教师戴本博、董宝良、严正、李道仁、萧宗六、罗绍南、刘荣才、林蔚等教师分配了住房。正、副教授则另行分房。

1985年，学校申请将教育部部属武汉教学仪器厂划归华中师院。武汉教学仪器厂以中小学所需要的各类教具、模型、标本为主要产品。如果该厂能划归华师领导，则学校理科各专业可以为工厂提供比较充足稳定的技术力量；该厂作为学校教学仪器研究所和学生的实验实习基地，将能更好地发挥现有技术和设备的作用，而且有利于促进生产的发展，并使该厂办得更有活力。同时实行厂系挂钩，学校教育系、教育科学研究所和理科各系可以结合科研为工厂研究新的产品。这也将大大提升教育学科发展的潜力，为我校教育学科发展提供基本设备的支撑。

图 6-2　1977 年恢复高考制度后的首届学生教育实习动员大会

第二节　恢复招生，建立多层次培养体系

自 1977 年教育系开始招收一年制教育进修班学生，到 1978 年招收两年制专修科，再到 1979 年学校教育专业首批本科招生 32 人，并于 1979 年开始研究生教育，由是，教育系建立了多层次的人才培养体系。

一、教育系第一届进修班及专修科

1977 年，教育系恢复后首先招收一年制教育进修班学生，共计 30 人，

1979 年 1 月毕业。1979 年招生计划中已取消招收进修班学生，故此进修班仅此一期。该班学生毕业后，相继被分配到湖北各地、市教育局、师范学校，及时地为湖北教育事业的发展补充了新鲜血液。他们之中虽没有人直接到中小学一线任教，但在改革开放初期的时代背景下，为基层教育系统培养一批管理者，是更为紧迫的任务。

图 6-3　华中师范学院教育系进修班毕业留影（1978 年 3 月—1979 年 1 月）

1978 年，教育系开设两年制教育专修班，并于秋季首批招生 32 人。首批学生中有共产党员 5 人、共青团员 8 人，女生有 4 人。1980 年 3 月，教育系按照人事处要求，在对第一批专修班学生的思想、业务和健康状况进行调查的基础上，做好专修班毕业的准备工作：制订毕业生工作计划，对毕业生进行服从国家分配的思想教育，搞好毕业生信息收集，配合院务处做好派遣工作。

为了保证首届专修班的教学质量，华中师范学院教育系认真制订出 1978 级专修班教学计划：

一、培养目标：根据我院担负的任务，我系专修班为我省中师培养教育学科教师。具体要求按学院制定的方案执行。

二、学制：二年。

三、课程设置：

（一）政治课：

1. 哲学：100学时左右。

2. 政治经济学：100学时左右。

（二）体育课和外语课：

体育：70学时左右。

外语：200学时左右。

（三）专业课：

1. 教育学：200学时左右。

2. 人体解剖学：110学时左右。

3. 普通心理学：100学时左右。

4. 儿童、教育心理学：90学时左右。

5. 中国教育史：80学时左右。

6. 世界教育史：80学时左右。

7. 小学教材教法：100学时左右。

8. 马、列、毛教育论著选读：90学时左右。

9. 外国教育专题讲座：20学时左右。

10. 教育实习：四周。

四、时间安排：

表6-1　华中师范学院教育系专修班教学计划

课程	一年级		二年级	
	上（18周）	下（16·5周）	上（18周）	下（16·5周）
教育学	6	6		
人体解剖学	6			
普通心理学		6		
儿教心理学			5	
中国教育史				5
世界教育史			5	
小学教材教法			3	3
哲学	3	3		

续表

课程	一年级		二年级	
	上（18 周）	下（16·5 周）	上（18 周）	下（16·5 周）
政治经济学			3	3
外语	3	3	3	3
体育	2	2		
马、列、毛教育论著选读			2	3
外国教育专题讲座				1
教育实习				四周

五、学生阅读书目

马克思、恩格斯论教育（上海师大编）

列宁论教育（上海师大编）

毛泽东同志论教育工作（人民教育出版社）

教育学（待编）

教育学（华师等五院合编）

教育学（苏联 1977 年教育部重定教科书）

教育学（苏·凯洛夫 1948 年版）

中师教育学（华师编）

学校行动管理与领导（华师编）

中国古代教育史资料（孟宪承）

中国古代教育家语录类编（顾树森）

中国近代教育史资料（舒新城）

老解放区教育史资料选编

中国现代反动教育思想资料选（华师编）

中国教育史（广东师院）

外国教育史（曹孚）

外国教育史发展资料（上海师大编）

大教学论（夸美纽斯）

教育漫话（洛克）

爱弥尔（卢梭）

杜威教育论著选（上海师大编）

普通心理学（曹日昌）

儿童心理学（朱智贤）

教育心理学（待编）[1]

二、学校教育专业恢复招生

1979年2月20日，华中师范学院发布1979年普通班招生计划。教育系学校教育专业首次开始招生，学制四年，计划在中南五省招生30人，其中湖北20人、河南3人、湖南2人、广东2人、广西3人。教育系从4月开始进行招生的准备工作[2]。建立招生工作班子，抽调高考阅卷教师，组织有经验的同志参加选拔录取新生工作，仅用时两天便完成了录取工作，共录取32人，超额完成招生计划，所招收学生平均总分为324分，居全校第一，赢得了良好开局。录取工作结束后，教育系努力做好新生入学的准备工作。

同时，根据华中师范学院1978—1985年规划，学校教育专业将逐步扩招，1980—1985年每年招收60名学生，计划到1985年在校本科生要达到240人[3]。1980年，学校教育专业招生41人。本批学生于1984年7月毕业。毕业时有40人，6人为党员、34人为团员。毕业去向中，考取研究生9人，中央部委1人，留校2人，湖北省直单位6人，河南6人，湖南3人，广西5人，省内各地市（含武汉）8人。

1983年实际招生48人。1984年实际招生37人，其中女生8人；湖北23人、河南3人、湖南3人、广东2人、广西2人，预科转本科4人。1984年新生成绩无论是学前教育专业还是学校教育专业均为全校第一。1984年学校情况统计显示，学校教育专业一年级37人，二年级46人，三年级59人，四年级60人。1984年，教育系还首次招收了两年制教师本科班7人。其中女生

① 《关于华中师范学院教育系1978级专修班教学计划》，华中师范大学档案馆馆藏：1978-JX11.14-Y-4-11。

② 《华中师范学院1979年普通班进修班各专业招生计划》，华中师范大学档案馆馆藏：1979-XZ12-Y-1-6。

③ 《呈报关于华中师范学院1978—1985年规划》，华中师范大学档案馆馆藏：1980-XZ11-Y-1-7。

1 人，湖北、湖南、河南均 2 人，广西 1 人；党员 2 人，团员 2 人，均为城镇生源。

1984 年 12 月，学校对 84 届本科毕业生的思想情况进行了一次初步调查。调查显示本届学生经过几年的大学学习，在政治思想和学业上都取得了显著进步，愿意为“四化”大业贡献自己的聪明才智。尤其是通过对党的十二大文件的学习，以及“五讲四美三热爱”“做合格共青团员”、学习《邓小平文选》和“清除精神污染”等活动，政治思想觉悟有较大提高，集体主义观念得到增强，德智体全面发展的同学很多，多数同学学业成绩都在优良以上。教育系优秀的有 4 人，占 10%；良好的 23 人，占 58%；一般的有 13 人，占 32%。教育系报考研究生的人数超过了总人数的半数，有 21 人报考，占比 52.5%，其中 9 人顺利考上研究生。

华师行字（1984）254 号文件显示，教育系学校教育专业深造率较高，是全校文科中唯一深造率超过 20%的系。

表 6-2　华中师范学院 1983 年毕业生深造率情况※

	毕业生人数	预录研究生	比例
合　计	1008	141	14.0%
政治系政治教育专业	89	16	18.0%
历史系历史学专业	60	10	16.7%
教育系学校教育专业	60	16	26.7%
中文系汉语言文学专业	172	20	11.6%
外语系英语言文学专业	86	10	11.6%
外语系俄语言文学专业	13	2	15.4%
数字系数学专业	177	15	8.5%
物理系物理学专业	93	10	10.8%
化学系化学专业	82	12	14.6%
生物系生物学专业	63	18	28.5%
地理系地理学专业	58	6	10.3%
体育系体育专业	55	6	10.9%

※资料来源：《关于呈报我院 1985 年预计录取研究生人数（附人数表）》，华中师范大学档案馆馆藏：1984-XZ12-D30-11-12。

三、教育系学前教育专业恢复之路

教育系学前教育专业创办于 1958 年。1958 年底、1959 年初在湖北黄石、广济两地办幼儿教育短训班。1959 年受湖北省教育厅委托，办学前教育进修班，培训幼儿教育行政管理人员。1960、1961 年学前教育专业两届共招收普通班本科学生 60 名。1962 年学前专业被撤销。

学前教育是整个教育事业的第一环，发展幼儿教育是关乎“四化”建设中多出人才、早出人才的大问题。恢复高考招生后，湖北省教育局曾建议华中师范学院恢复学前教育专业，根据全国师范教育会议精神，1980 年 10 月 15 日下午 2:30，学校召开会议集中讨论筹建新专业问题。院长、副院长以及教育系、物理系、教务处、人事处、基建办的负责人参加会议。会议首次在学校层面重点讨论了教育系学前教育专业的筹建问题。随后于当年 11 月 13 日，学校由哈经雄主持，申请拟恢复学前教育专业，从 1981 年起招收新生 20 名。当时学前教育专业有教师 8 人（原有 5 人，商调 3 人)，且有多年幼儿教育人才培养与理论研究工作基础，但要恢复学前教育专业招生，仍需增添教师和设备。因此，教育系拟建音乐室、美术室、实验室，并购买必要图书资料；逐年增加教师 15 人，并补充部分年轻教师。

1982 年，为了提高中南地区幼教师资水平，学校举办了幼教师资培训班。该班招生 50 人，培养时间为一年（1982. 2—1983. 1)，招生对象为具有高中毕业文化程度，并有幼教工作经验的在职幼师以及省市县厂幼教干部和重点幼儿园园长。经过培训后，有关省市对这批学员的培训质量反应良好，多数学员被作为骨干使用。因此，中南各省市一再希望华中师院续办学前教育专业。教育系行政领导、党总支负责同志和学前教育教研室全体教师进行了反复认真讨论，一致认为，近几年来，该系在协助武汉市武昌区等有关单位举行多期幼师班，特别是上年在中南五省招生 57 人，举办了一年制的学前教育教师进修班，初步积累了经验。通过几年的筹备工作和教学实践，该专业现有的师资力量及设备条件也基本具备。由是在 1983 年 4 月 8 日，学校及教育系再三研究，呈请当年度增设学前教育专业，并于当年秋季正式招收本科生 20 名，学制定为四年。

经教育部批准，华中师范学院恢复学前教育专业，并于 1983 年开始招收两年制专科学生 20 名：张少龙、谷燕兵、曾晚力、殷永松、孙民从、彭本峰、黄昌敬、沈琼、王绍武、徐俊文、彭珺、汪菊姣、刘运芳、周臻、李炳芝、尤兴娥、傅卓、曾祥兰、刘允琴、刘纯姣。他们拟于 1985 年夏季毕业。由于学制偏短，招生人数偏少，与形势发展的需要及全国普通教育会议关于要积极有计划地发展幼儿教育的要求不相适应。在教育部召开的有关联合国儿童基金委员会援款问题会议上，教育部有关负责人根据我院的有关情况和条件，建议华师学前教育专业从 1984 年起，为适应教育事业的发展，充分发挥联合国儿童基金委员会的援款作用，应由专科改为四年制本科，并适当扩大招生规模，以便为中南地区培养更多合格的幼教师资。为此，1984 年 2 月 21 日，学院特申报从 1984 年起，学前教育专业招收本科生 40 人。在学校 1984 年教育事业计划内调剂，另随文报送教育系学前教育专业四年制本科教学计划：

华中师范学院教育系学前教育专业四年制本科教学计划（初稿）

一、培养目标

本专业培养幼儿师范学校的教育学教师，具体要求是：热爱中国共产党，热爱社会主义，努力学习马列主义、毛泽东思想的基本原理；逐步树立辩证唯物主义和历史唯物主义观点；具有爱国主义、国际主义精神和共产主义道德品质；坚决执行党的教育方针政策，忠诚党的教育事业，自觉地为社会主义现代化建设服务。掌握本专业所必需的基本知识、基础理论和基本技能，受到幼儿教育科学研究的初步训练，具有一定的分析问题和解决问题的能力，具有从事幼儿师范有关学科的教学工作能力和专业课教学工作能力，以及幼儿教育行政管理工作能力，能用一种外国语阅读本专业的外文书刊。具有健全的体魄。

二、课程设置

（一）必修课

1. 政治理论课

中国共产党历史

哲学

政治经济学

科学社会主义

2. 专业基础课及专业课

大学语文

高等数学

人体解剖生理学

教育概论

普通心理学

逻辑学

教育统计学

外国教育史

中国教育史

马克思、列宁、毛泽东教育思想

幼儿心理学

幼儿卫生学

儿童文学

学前教育学

幼儿教育行政

三岁前婴幼儿集体教养

幼儿教育史

幼儿园各科教育法

电化教育

3. 其他课程

基础外语

体育

（二）选修课

音乐

钢琴

美工

专业外语

心理测验

实验心理学

营养学

外国幼教动态

教育经济学

教育哲学

幼教论著选读

家庭教育

幼儿园各科教学法研究

各课程教学时间分配、课程教学时间计划、选修课科目表见附件。

三、教育实习与教育调查

教育实习是对学生进行专业思想教育锻炼和提高他们从事教育教学工作能力的重要途径。教育实习共十周。其中幼儿园实习四周，安排于第六学期进行；幼儿师范学校实习六周，安排于第七学期进行；教育调查不单独安排，结合幼师实习进行。

四、科学研究学年论文与毕业论文

学生参加科学研究，目的是对学生进行综合的专业训练和科研方法的初步训练。低年级学生主要结合课程教学进行，不单独安排科研时间。高年级科学研究时间八周，其中三年级两周，每周平均约一学时，亦可集中安排，以幼儿园各科教学法研究为主，结合学年论文进行。第八学期六周，结合毕业论文进行，两周分散安排，四周集中使用。

五、时间分配

四年总计 208 周，寒暑假 44 周、教育时间 164 周。其中，教学 151 周，生产劳动与军事训练六周，其他七周。具体分配见附件一《教育时间按周分配表》。[1]

1984 年 8 月 17 日，华中师范学院就学前教育专业两年制专科 83 级 20 名学生转为四年制本科向教育部请示（见华师行字〔1984〕212 号文）。不久，教育部有关同志电话告知同意。随即学校向学生宣布了修订后的教学计划，并决定开学后按照新的本科教学计划进行教学。改动不久，又接到教育部有关同志来电，称此事仍按专科办学。后该专业学生再次要求向教育部请示准予改专科为本科。经学院反复研究，认为改为本科更为有利，原因有四：一是学生入学是按本科生分数线标准录取的，然而毕业待遇却不同；二是国际儿童基金委员会希望我院为中国培养高级的幼教师资；三是当前我国特别是湖北省幼教师资极其缺乏，尤其是缺乏一批合格的并具有较高质量的骨干教

① 《关于我院学前教育专业招收本科生的报告（一）》，华中师范大学档案馆馆藏：1984-JX11.14-Y-3-4。

师队伍；四是本校学前教育专业本身也需提前选留优秀本科生，以充实师资队伍。鉴于以上原因，学院于 1984 年 12 月 4 日再次申请将学前教育专业 83 级两年制专科转为四年制本科，请教育部批示。

1984 年，学前教育专业首次招收普通本科班学生，首批招生 41 人，其中女生 24 人；团员 40 人；湖北 20 人、河南 7 人、湖南 7 人、广东 3 人、广西 3 人；预科转本科 1 人。1984 年学前教育新生成绩，平均总分为 508.3，在全校各专业中仅次于学校教育专业。

四、研究生教育的开展

1978 年，学校开始招收研究生，共计 16 人，其中政治系 4 人、中文系 5 人、物理系 2 人、化学系 3 人、生物系 2 人。此时教育系尚未招生，但正在积极谋划开展研究生教育。

1979 年 2 月 20 日，学校发布 1979 年普通班招生计划，教育系计划面向全国招收教育学研究生 8 人，学制 2 年，由杨葆焜、戴本博担任导师和导师组组长①。同时，根据学院 1978—1985 年发展规划，截止到 1985 年，教育系研究生计划 59 人，均为两年制研究生班。最终，教育系在 1979 年招收 1 名教育学基本原理专业研究生——罗亦超，由杨葆焜和王道俊共同指导。1980 年，教育系继续招收 2 名教育学基本原理研究生：肖远、李国庆，学制两年，均由杨葆焜和王道俊共同指导。同时，作为学院重要的科研机构，教育科学研究所招收教育基本理论 2 人，分别是肖昊与陈孝大。

1981 年，教育系未招收研究生，但积极协调指导教师力量，为三年制研究生招生做好准备工作。

1982 年，教育系招收 3 名教育学基本原理专业硕士研究生，他们是三年制研究生，1985 年毕业，由王道俊、郭文安共同指导。

1983 年，教育系开始招收外国教育史专业研究生，首次招收 3 人；教育基本理论专业招生 5 人，实际入读者有孙绵涛、翟天山、杨小微等 3 人。1984 年，教育系开始招收普通心理学专业研究生，首次招生 1 人——彭运石。该年指导教师人数上升为 4 人；教育基本理论专业招生 5 人，指导教师人数

① 《关于华中师范学院 1979 年普通班进修班招生计划》，华中师范大学档案馆馆藏：1979-XZ12-Y-1-4。

5 人；外教史专业招生 4 人，指导教师人数 2 人。1985 年教育基本理论专业招生 5 人。普通心理学专业招生 4 人。不过，从实际入校就读的研究生来看，自 1983 年到 1985 年的三年间，计划招生人数与入校读研人数有一定的出入。现将“华中师范学院时期”教育学科硕士研究生招录情况列表示下（见表 6-3）：

表 6-3　华中师范学院教育学研究生招生情况（1979—1985）※

招生年度	姓名	专业方向	指导教师	备注
1979	罗亦超	教育学基本原理	杨葆焜、王道俊	
1980	肖远	教育学基本原理	杨葆焜、王道俊	
1980	李国庆	教育学基本原理	杨葆焜、王道俊	
1982	黄欣祥	教育学基本原理	王道俊、杨汉青	
1982	扈中平	教育学基本原理	王道俊、郭文安	
1982	杨彬	教育学基本原理	王道俊、郭文安	
1983	陈孝大	教育基本原理	杨葆焜、萧宗六	
1983	肖昊	教育基本原理	杨葆焜、萧宗六	
1983	钟晓云	外国教育史	任钟印	
1983	邹海燕	外国教育史	任钟印	
1983	杨孔炽	外国教育史	任钟印	
1983	孙绵涛	教育基本理论	王道俊、郭文安	
1983	翟天山	教育基本理论	王道俊、李道仁	
1983	杨小微	教育基本理论	王道俊、旷习模、郭文安	
1984	杨明	教育基本理论	杨葆焜	
1984	彭运石	普通心理学	王启康、陈沛霖	
1984	涂艳国	教育基本理论	王道俊、郭文安	
1984	许邦官	教育基本理论	王道俊、郭文安	
1984	董泽芳	教育基本理论	王道俊、郭文安	
1984	钟朝义	外国教育史	任钟印	
1984	李文鹏	外国教育史	任钟印	
1984	杨汉麟	外国教育史	任钟印	
1984	陈利民	外国教育史	杨汉清	
1984	方彤	外国教育史	杨汉清	
1985	范先佐	教育基本理论	杨葆焜	

续表

招生年度	姓名	专业方向	指导教师	备注
1985	熊贤军	中国教育史	伍文、董宝良	
1985	周洪宇	中国教育史	董宝良、伍文	
1985	郭志斌	教育基本理论	杨葆焜	
1985	王丽	教育基本理论	杨葆焜	
1985	王振兴	教育基本理论	王道俊、郭文安	
1985	胡晓芳	教育基本理论	严正	
1985	陈夫义	教育基本理论	姜乐仁	
1985	陈宁	教育基本理论	王道俊、郭文安	
1985	邓银城	教育基本理论	王道俊、郭文安	
1985	王坤庆	教育基本理论	王道俊、郭文安	
1985	孙俊三	教育基本理论	王道俊、郭文安	
1985	段元福	普通心理学	刘荣才	
1985	朱赤	普通心理学	陈沛霖	
1985	胡朝阳	普通心理学	王启康	
1985	余聪	普通心理学	周镐	

※资料来源：根据华中师范大学档案馆馆藏各有关年份研究生招生名册整理而成。

五、各类教师进修班及干训班的举办

1982年，华中师范学院首次招收高校干部培训班，为中南五省培养优秀的高等教育管理人员。干训班的学习主要是高等教育理论和高校管理学知识两个大的单元，时间从3月25日至5月27日，基本上按原定教学活动安排表进行，圆满地完成了这阶段的教学任务。

高等教育理论的学习，首先由华师教育系副教授任钟印讲授“马克思、列宁论教育”。任老师的教学内容充实，对学员很有启发。特别是列宁“青年团任务”这一讲，学员反映很好。“毛泽东教育思想的形成和发展”课由教育系教师刘芹茂主讲，共讲了三次，学员认为这样系统地听“毛泽东同志的教育思想”课还是第一次，认为内容很丰富。这两门课程给学员在教育理论与教育方针学习上奠定了较好的思想和理论基础，学员认为收获不小。

4月6—12日，我国著名高等教育学专家、厦门大学副校长潘懋元教授来到华师，为干部培训班讲授“高等教育学中的若干问题”。潘教授的讲课共分四个专题：高等教育学引论、教育基本规律及其对高等学校教育的作用、教学基本规律和若干教学原则、课堂讲授。之后，根据学员提出的问题，潘教授又专门做了一次集体答疑和辅导。

4 月 13—23 日，教育系心理学教师陈沛霖讲了四次“心理学基础知识”课程，其中对“青年心理”这一讲，学员普遍反映很好。

4 月 23、24 日，教育系副主任旷习模讲授了“教学论的产生和发展”和“教学过程与教学水平”专题课，介绍了信息论、控制论与系统论等最新科学成就运用于教学的情况。学员了解了 20 世纪 80 年代教育教学的新成就新动向，开阔了眼界，启发很大。

“中国高等教育史”课由华中工学院党委宣传部部长蔡克勇同志主讲，共讲了三次，对我国高等教育从古代至当代的发展作了概括性讲述。课前教育系印发了蔡克勇同志所编写的讲义，学员普遍认为这是当前国内唯一较系统的，内容相当丰富的中国高等教育史讲义。

“外国高等教育概况”课由教育系讲师杨汉清主讲，共讲四次，对战后主要的六个国家的高等教育进行了分析比较，并着重就同我国当前高等教育关系较密切的几个问题进行了讲授。

4 月 30 日，湖北省教育局副局长潘任之给学员讲“当前高校教育工作中的若干问题”，就新中国成立三十二年来高等教育的理论和实践进行了较为全面的论述，并为全面贯彻党的教育方针和加强教育经济效果等问题进行了阐释。

从 5 月 11 日起，便进入高校管理学课的教学环节，先由华中工学院张碧辉老师讲“管理学概况”，共讲两次，主要是讲授管理学的一般发展概况和介绍有关这门学科研究的原理和方法。随后，武汉地区四所院校的负责同志作了五次讲课：第一讲由华中工学院党委书记、院长朱九思主讲高等学校管理科学化及领导体制问题，题目是“效益与效率”，着重讲述树立良好的精神状态，研究新情况，解决新问题，树立优良的校风等。第二讲由武汉大学副校长童懋林同志主讲“高校当前教学中存在的几个问题”，着重讲述对学生进行马克思主义的教育，加强学生基础训练，注重教学内容更新、理论联系实际等。第三讲由武汉大学校长刘道玉讲授“高校科研和管理”，着重讲述高等学校科学研究的地位与作用、科研的方向与任务、科研管理与队伍的建设等。第四讲由武汉水运工程学院副院长许启荣讲高等学校的后勤管理问题，题目是“后勤工作必须讲究效率”，着重讲述食堂实行半企业化、学院服务公司的经营管理与房产管理、财务管理等方面的工作经验。第五讲由华师党委书记刘介愚讲授“高等学校思想政治工作的科学化”，着重讲述思想政治工作是一门科学，要用科学的态度对待思想政治工作，要用科学的方法和科技新成就做好思想政治工作。最后，由教育系教师严正讲述“当前大学生的思想特点及教育问题”。

听课者除进修班全体学员及湖北省高等学校政工干部进修班的学员外，还有武汉地区 20 多所兄弟院校的同志。西南师院高校干部进修班的西南地区 60 余所院校的 70 多名学员也都参加听讲。来班讲课的这些院校领导同志和省教育局领导同志，教学态度都十分认真，备课充分，内容丰富，既有科学理论又有亲身经验，根据高校实际，讲授了高等教育理论和高校管理科学中一些极为重要的问题，这样系统而集中地讲授高等教育理论课，在武汉地区是空前的，不仅让听课者深受启发和教育，而且对高等学校的工作也起着重大的推动作用。

在管理学讲授期间，进修班还与西南地区高校干部进修班一同前往华中工学院、武汉大学、华中师范学院三所院校参观学习四天，这三所院校主管政工、教学、科研、后勤部门的领导分别向进修班的学员介绍了经验，然后又对口进行座谈。学员普遍感到提高了认识，开阔了眼界，全面学习了许多行之有效的管理经验，收获很大。以上经验被抄呈教育部，并分送给中南五省高教局文教部以供学习。

1984 年干训班第五期学员招生 40 人，湖北、河南各 10 人，广东、湖南各 9 人，广西 2 人。其中综合大学 4 人、工科大学 11 人、师范院校 5 人、农医院校 8 人、专科院校 7 人、其他院校 5 人。

1984 年干训班第六期学员招生 91 人，计湖北 20 人、河南 23 人、广东 18 人、湖南 19 人、广西 11 人。其中综合大学 9 人、工科大学 13 人、师范院校 8 人、农医院校 21 人、专科院校 20 人、其他院校 20 人；内有校级校长、书记 7 人。

第三节　积极引导，科学研究蓬勃开展

改革开放以后，教育科学研究进入新局面，教育系积极引导师生参与教

育科研，形成了具有华中特色的教育科学研究领域，在马克思主义教育、教育基本理论、陶行知研究、学校管理研究、教育经济学、心理学研究等方面积聚了研究力量，形成了大批研究成果。

一、马克思、列宁、毛泽东教育思想研究

教育系重视马、列、毛教育思想的研究，在全国范围内产生了很大影响。如首次全国毛泽东教育思想学术讨论会就于5月29日至6月3日在武汉举行。讨论会以《决议》为指导思想，就毛泽东教育思想的基本内容、理论和实践意义进行了探讨，对毛泽东同志新中国成立以来有关教育方面的论述进行了评价。

会议认为，毛泽东教育思想是毛泽东思想的重要组成部分，是马列主义的基本教育原理在中国的运用和发展，是被实践证明了的、正确的教育理论，是我国教育工作的根本指导思想。毛泽东教育思想是以毛泽东为代表的中国共产党人集体智慧的结晶，毛泽东同志为推进我国社会主义教育事业的发展做出过重大贡献，必须把毛泽东教育思想和毛泽东同志的个别不正确论述区别开来。

会议指出，当前学习研究毛泽东教育思想，对于统一广大教育工作者的思想认识和教育实践，对于更好地探索社会主义教育的客观规律，促进文化教育的发展具有重要意义。

这次讨论会，由中国教育学会、全国马克思主义教育思想研究会和华中师范学院联合举办，全国21省、自治区、直辖市的50多名代表与会。会议收到学术论文46篇。会议期间，代表们还瞻仰了毛泽东同志主办的武昌中央农民运动讲习所和毛泽东同志旧居。

二、开展陶行知研究

陶行知是我国近现代教育史上产生重大影响的人民教育家，也是杰出的民主战士和著名的大众诗人。毛泽东、周恩来、宋庆龄、朱德、董必武、林伯渠、徐特立、吴玉章、邓颖超、李维汉、史良、周建人、胡乔木、陆定一、胡愈之、张劲夫等，都曾对陶行知给予高度的评价。陶行知从事教育工作30年，他的教育理论和实践，不仅对我国近代教育有着重大影响，而且对印度、墨西哥、加拿大、美国、日本、朝鲜等国的教育也曾发生过一定的影响。

20 世纪 80 年代以来，全国不少省、市、县还专门成立了陶行知教育思想的学术研究机构和陶行知纪念馆，研究和总结陶行知教育理论与实践对我国近现代教育史和教育科学的建立发展有着极为重要的意义，对团结国内外进步人士，开展统一战线，也有一定的作用。

1981 年，陶行知 90 周年诞辰纪念。周建人、胡愈之、楚图南等还专门为华中师院陶行知先生诞辰 90 周年纪念专辑亲笔题词。国内外专家学者、文艺工作者还来函来人向学校索取陶行知研究的资料，倡议在华师开展陶行知学术讨论会和成立陶行知研究会。为了保存教育文献，适应国内外广大教育工作者学习和研究陶行知教育理论的需要，教育科学研究所编辑出版了《陶行知全集》。

三、组织编写《教育学》教材

1978 年，教育系编写了中师用的《教育学》教材 ，完成了高等师范院校公共课《教育学》教材部分初稿编写任务，写出了《董必武同志大革命时期在湖北的教育革命实践调查报告》。高师教材《教育学》，共 28 万字，由教育系和开封师院等五院合编，人民教育出版社 1979 年拟出版；中师教材《教育学》，共 30 万字，由教育系编，湖北人民出版社 1979 年出版。

四、学校管理研究

教育系还组织编写了《学校行政管理与领导》，用作学生的教材。该书共 83 万字，系统介绍了学校行政的方方面面。

1982 年 9 月 1 日，为了推动学校的高等教育研究，促进学校管理和教育科学研究工作的开展，学校经研究决定成立高等教育研究室，属教育科学研究所领导。熊映飞任主任，刘芹茂任副主任。高等教育研究室专职人员内定为 8—10 人。教务处主办的高教研究编辑组人员，除留一人外，其余二人转入高等教育研究室。研究室尚缺的人员在一年内配齐。

高等教育研究室的主要任务是：

1. 结合我院实际情况，学习研究马列主义毛泽东教育思想，研究高等教育特别是高等师范教育中的一些根本问题，探求高等教育的发展规律。

2. 逐步担任干训班的部分教学任务。

3. 编写干训班教材《马克思主义教育原理》，由刘芹茂同志负责此项工作。

4. 翻译有关国家，主要是苏联高等教育的资料，收集、整理、介绍国内外有关高等教育研究的情况。①

五、心理学研究

1978年心理系恢复后，教育系心理学教师迅速归队，开展教学科研工作。其中，周镐作为一名老教师，心理学基本理论功底扎实，曾参加过北师大公共课的《普通心理学》教材编辑工作，写出“心理的实质”一章。他经常指导青年教师的儿童心理学教学工作，指导青年教师参加全国协作的重点研究项目——儿童数概念的调查研究工作，帮助青年教师整理出《3—7岁儿童数概念发展的调查报告》，该报告还在全国心理学会上进行交流。1980年初还翻译了《皮亚杰发展心理学》导言和《学习心理学》第一章，共约二万余字。

1985年10月31日，学校举行会议，研究同意教育系成立心理咨询保健所，促进心理专业的研究与实践工作。

第四节 立足华中，服务教育事业发展

长期以来，华中师范学院主要立足于中南五省，为中南五省尤其是湖北地区教育事业发展培养了大批人才，充分发挥了高等院校的社会服务功能。改革开放以来，华中师范学院作为中南五省唯一的部属师范院校，为中南地区，特别是湖北地区培养了大批优秀教师。教育系作为师范院校的首要学科，在全校教师教育方面作出了突出贡献。

① 《关于成立高等教育研究室的决定》，华中师范大学档案馆馆藏：1982-XZ11-D30-1-6。

一、与联合国儿童基金会合作，促进幼教事业发展

教育系学前教育专业自1980年复建以后，有较强的师资队伍和较丰富的办学经验，曾为湖北省和中南地区培养过幼儿师范学校的教师及幼儿教育行政干部。自1983年后，又开始招收二年制学前教育专修科，对此，前文已述。随着教育事业和科学技术的发展，争取外援来引进智力，提高师资、增添图书，购置设备就显得十分必要。

1984年1月28日，学院特向教育部申请联合国儿童基金会基金50万美元的拨款，以加强学前教育事业。华中师范学院向教育部提交申请并接受援款的有关情况和设计报告如下：

一、我院教育系学前教育专业现有专业课的任课教师12人（基础课除外）。其中教育系学前教育教研室10人，中文系教师1人，艺术教研室1人；12人中副教授1人，讲师6人，教员1人，助教4人。学前教育专业毕业的6人：学校教育专业毕业经过学前专业进修的2人，中文系毕业的2人（其中1人经过教育专业进修），医学院卫生系毕业的1人，师范学院音乐系毕业的1人；77年后大学毕业生4人，其余8人均为五十年代大学毕业生。现列名单于后：

杜小鸣，女，讲师，53岁。

杨爱华，女，讲师，49岁。

洪端丽，女，讲师，47岁。

沈立明，女，教员，52岁。

孙玉萍，女，讲师，49岁。

李宁达，女，讲师，48岁。

李昭芳，男，助教，28岁。

元琳，女，助教，28岁。

傅玲，女，22岁。

陕道杯，女，副教授，49岁。

李映明，男，50岁。

二、为了提高师资水平，我院与联合国儿童基金会合作，于1985—1989年内派5人外出进修，每年派出进修教师1人。

三、学前教育专业对外合作将配备如下人员：

1. 学前教育教研室将增加12人

(1) 本科、专修科教学10人。

(2) 电视、广播、夜大学教学2人。

来源：

(1) 北师大、南京师院、西南师院学前专业毕业生分配来院。

(2) 本系学校教育专业毕业生中选留、送外校（北师大、南京师院）或本专业进修。

2. 学前教育研究室6人（其中翻译人员3人）

3. 学前教育实验室5人

(1) 电教工程师1人。

(2) 计算机工程师1人。

(3) 实验员3人。

4. 学前教育资料室2人

5. 实验幼儿园实验人员2人

四、关于实验幼儿园：

我院现有的幼儿园建立于1952年，有30多年的历史。过去曾是学前教育专业的实习和实验基地。现收托0—6岁儿童330人。全园工作人员57人，其中教养员8人，医务人员2人，对外合作后准备加强领导，增加教养员，并添置设备。先将部分班改为实验班，以后逐步将幼儿园全面改造为实验幼儿园。

五、关于专家办公室、实验室、资料室、琴房等用房问题

1. 专家办公室由院外办在专家楼安排。

2. 拟于85年初动工新1800平方米学前教育楼（建筑面积），84年内完成动工前的设计准备工作，85年底完工交付使用。

3. 84年初先将约500平方米的原电影放映室（二层），交学前教育专业使用。

六、关于经费问题

由日常教育经费及外事经费中开支。①

① 《关于申请联合国儿童基金会基金的报告》，华中师范大学档案馆馆藏：1984-XZ11-D30-8-2。

1985 年，经教育部批准，学校制定了促进学前教育学科发展的方案，总目标是使华中师范学院教育系学前教育专业逐步成为中南地区幼儿教育中心。同时培训未受过专业训练的幼儿教师约 10 万人，使受益儿童可达 300 万人，受益幼儿家长约 1000 万人。该计划设执行主任 1 人，为王庆生；副主任 2 人，为王道俊、杨爱华；联络员为李宁达。

二、发挥教育参谋作用

1983 年 4 月，在湖北省第六届人民代表大会第一次会议上，教育科学研究所杨葆焜副教授当选为第六届全国人民代表大会代表。5 月 30 日下午，学校党委召开座谈会，欢送杨葆焜教授赴京，并就以下问题提出了建议：关于制定法律一定要符合国情，执法一定要严的问题；关于切实解决学校教职工住房问题；关于进一步明确知识分子概念及全面贯彻落实知识分子政策的问题；关于学校办社会、社会办学校问题；关于严格控制物价问题；关于升学率问题；关于劳动教育问题；关于学校基建问题；关于地方政府支持教育问题。座谈会上，杨葆焜表示，一定不负大家的希望，把大家的要求和建议带到人民代表大会上去。

同时，教育系积极对学校发展建言献策，提出有益意见。1984 年 6 月 14 日，校教务处印发各系对学院管理工作的意见和建议，教育系对学院提出 16 条建议，在提建议的各系所中占比最多，涉及教学、科研、人事、后勤、图书馆等多项工作，对学校提升管理水平有所帮助。

1985 年，华中师范学院关于贯彻《中共中央关于教育体制改革的决定》的意见指出，要根据“有步骤地实行九年制义务教育”的要求，采取多种措施培养基础教育的师资，各系特别是教育系、教育科学研究所，要研究基础教育的现状，搞好基础教育实验，努力完成这一关系民族素质提高和国家兴旺发达的历史性任务。这也是教育系、教育科学研究所自恢复重建以来所坚持的事业。

为进一步提高教师专业教学能力，使其具备教学科研所必需的业务基础，教育系一直坚持为学校文科各系举办青年教师教育科学学习班，有效提升了全院青年教师的教育教学水平。

三、助力学校办好附校

华中师范学院附属学校，从幼儿园、小学到中学，形成一条龙式的囊括学前教育、普通教育和职业技术教育的教育体系，是高等师范教育的试验和实习基地。幼儿园是教育学科学前教育专业的教学、科研的试验基地，附小、附中是各专业和教科所的教学、科研、实习和实验的场所。因此，附校是学校重要的组成部分，它的各方面建设均被纳入学校暨教育学科的整体规划。

教育系承担着学校教育科学研究与教育实验的重任，自成立起便与附校紧密合作，指导附校教学改革，提升附校办学质量，使附校成为学校教学、科研、教育实习的基地，为高一级学校输送合乎规格的毕业生和向社会培养输送初级、中级职业技术工人、职业技术管现人员，为我院广大教职工解除后顾之忧。

1985 年 5 月 7 日，学校附校工作委员会召开第一次全体委员会，教育系充分结合教学科研实际，发挥好对附校的领导和管理职能。幼儿园的全体教职工工作兢兢业业：在管理上主要完善规章制度，在教学上注意培养小朋友的能力及文明行为，并及时做好幼儿保健工作，注意饭食的营养，为全校教职工解除后顾之忧。在教育系的支持与协助下，该园还开办了英语口语、绘画、早期识字等试验班，并已取得初步成效。为开发幼儿早期智力，幼儿园贯彻党的教育方针，把“三个面向”作为办园的指导思想，在教育系刘荣才副教授等老师的指导下，办起了两岁孩子试验班。经过一个多月时间的试办，老师和家长们都反映说孩子们进步很大，各方面的能力都得到了一定的培养和提高，为入学学外语打下了良好基础。其他各班，都在积极投入教学改革的行列中，改革幼儿园的教学内容、教学形式和方法，以适应人才开发需要，为“四化”建设培养多种类型的人才。

1985 年 6 月 22 日，学校发布关于办好学校附校的方案指出，关于附校的办学模式和体创，具体构想如下：（一）幼儿园：改为华中师范学院附属实验幼儿园，变福利性为教育实验性，隶属教育系领导；将托儿所从幼儿园拉出来，分家属区设点，收三岁以前的儿童入托，仍由总务处管理和领导。（二）小学：改为华中师范学院附属实验学校，设小学部和中学部，小学部隶属教育系领导，以招收本校职工子女为主，适当兼收附近单位少数学龄儿童入学；中学部隶属一附中领导（两块牌子，一套人马），在一附中办学，只收本校教工子女入学（或初中在附小设班，高中在一附中设子弟班，均不收校外子弟）。（三）二附中：分设普通教育部、职业技术教育部、中专部，面向社会招生，择优录取新生；本校职工子女达到二附中各部录取分数线者，可以优先录取。（四）一附中：按原计划办学，同时要领导并管理好本校附属实验学校中学部（即子弟班）。为此，学校积极采取措施，改善附校办学条件，教育系紧密配合，提升附校办学能力。

第七章

华中师范大学教育系、所的分立与开办（1985—1993）

党的十一届三中全会以后，国家工作的重心转移到经济建设上来。教育体制改革为高等教育的发展和繁荣创造了前所未有的宽松环境和条件，也为学校的发展提供了良好的机遇。以校名更改为契机，教育系和教育科学研究所不断推进各项事业的发展。通过加强领导班子建设，为系、所发展提供有力保障；通过加强师资队伍建设，提升教学质量与科研水平；通过重视基层党组织建设，增强党的战斗力。所有这些，共同推动教育系和教育科学研究所的各项工作步入快车道。

第一节　事业发展步入快车道

在华中师范大学的发展历史上，系、所分离可谓是一件大事，这就在学科的发展过程中，名义上将重视教学与注重科研分作两途。然而在事实上，这种“分家”并未真正做到彻底的工作和事业上的分离，其时教育系与教科所在教学和科研上都是互相渗透和互为支撑地携手共进。

一、以校名更改为契机，推动事业发展

为了有利于委属高等师范学校名称统一，有利于提升高等师范教育的地位，有利于开展国际、校际的学术交流和协作，学校于 1985 年 7 月 14 日向国家教委呈报《关于要求将我院改名为“华中师范大学”的请示》，要求将校名改为“华中师范大学”，以适应形势发展和学校工作的需要。8 月 5 日，国家教委下发了《关于同意华中、西南两所师范学院更改校名的批复》：“根据两院目前学科（专业）设置和学生规模的实际情况，为了有利于学校的进一步发展和建设，有利于开展国际、校际间的学术交流和协作，经研究，同意将华中师范学院改名为华中师范大学。”① 学院改为大学，是华师校史上的一件大事，是学校事业发展的新里程碑，更为教育学科发展提供了新的历史契机。

（一）教育系事业迈上新台阶

共和国成立后，教育系各项事业都逐步走上正轨，为改革开放后各项事业发展奠定了历史基础。1952 年至“文革”前夕，教育系历任领导班子集中精力抓了课程建设和教学质量。为本系本科开出的专业必修课程有“普通心理学”“儿童心理学”“教育心理学”“解剖生理学”“学校卫生学”“教育学”“小学各科教材教法”“中国教育史”“世界教育史”“教育专题讨论”“逻辑

① 《关于同意华中、西南两所师范学院更改校名的批复》，华中师范大学档案馆馆藏：1985-DQ13RMY-1-1。

学”等10多门课。为拓宽知识基础，还为本科生开设了大量的基础文化课程，如“中国通史”“文学”“文学史”“文选与习作”等。为保证教学质量，教育系组织教师编写教学计划、教学大纲、各种教科书和教学参考资料等。在科研方面，教育系邀请了国内外教育学专家学者参加学术研讨会，组织学术骨干开展科学研究。

20世纪80年代中后期，为适应现代化建设事业发展的需要，教育系先后设有学校教育、教育管理、普通心理、学前教育和特殊教育等多个本科专业，开设各专业共修主干课22门、专业方向课（含选修课）113门，为全校开设“教育学基础”“心理学基础”公共基础课2门。1993年秋季，教育系还增设了学校教育专业小学教育方向。同时，教育系增设企业管理和应用心理两个非师范专业。随着专业的扩增，教育系开设课程总数进一步扩大。在研究生教育方面，教育系相继成立各学科研究室，从1979年起开始招收硕士研究生，提高了人才培养层次。教育系设有12个教研室，即教育基本理论教研室、基础教育教研室、公共教育学教研室、心理学基本理论教研室、教育与发展心理学教研室、公共心理学教研室、教育管理教研室、中外教育史教研室、比较教育教研室、学前教育教研室、特殊教育教研室、学科教学论教研室。此外还设有解剖生理实验室、心理学实验室、电化教育实验室、图书资料室、心理咨询与保健所、四达教育科技开发中心及《教育研究与实验》编辑部。

在1985年前后，教育系在编教职工（含返聘人员）有89人，其中教授10人，副教授和相当职务26人，讲师和相关职务38人，助教9人。在校生有462人，其中研究生47人、本科生415人，教管和学前两个专业函授在读生有406人，其中本科182人、专科224人。系资料室用房面积近百平方米，藏书量已达2万册，合订期刊5100册，合订报纸15种，其中外文图书1728册，外文期刊526册。从1985年至1993年7月，教育系已为国家培养了全日制本科毕业生1135人、专科毕业生157人；从1979年至1993年7月，已毕业研究生105人，硕士学位课程班结业40人；函授毕业生998人，其中本科758人、专科240人，为国家输送了一批教育理论教学、科研和教育行政管理的高级专门人才。他们已成为中南地区各级师范院校和地方部门中教育理论教学和科研的中坚力量，不少校友还挑起了高校或地方党政领导工作的重担。

教育系在科研方面也取得不菲成就，从1985年以来，获得了国家社会科学研究基金资助项目2项，国家教委社科基金资助项目2项，全国教育科学八五规划项目 6 项，国家教委基础教育研究基金资助项目 3 项，国际合作研究项目 2 项（学前和特殊教育专业各 1 项），获国家教委资助的推荐教材主编、副主编项目 5 项，省级社科基金项目 7 项。至 1992 年 12 月，全系教师共取得科研成果 496 项，其中，公开出版专著、译著、教材 36 种（担任教材主编、副主编的有 7 种），正式发表论文 460 篇。其中，获国家级奖 5 项，省级奖 35 项，省级学会奖 48 项，校级奖 15 项。

（二）教育科学研究所欣欣向荣

教育科学研究所是我校最早经教育部批准正式设置的一所学术研究机构，成立于 1978 年 9 月。该所根据党的教育方针和“三个面向”的要求，研究普通教育理论及实践中存在的问题，批判继承教育历史遗产，探索受教育者在德、智、体、美、劳等几方面都能得到发展的规律，为促进教育体制改革和教学改革服务。

教育科学研究所是综合性的教育科学研究机构，设有教育基本原理研究室、学校管理研究室、教育史暨陶行知研究室、教学法研究室、地方志研究室、考试学研究室和《湖北省教育志》编辑部与《教育与经济》编辑部，以及陶行知资料与研究中心、华中师大人力资源与经济发展研究中心、华中师大考试科学研究开发中心。教科所主要研究方向为教育经济学、中国教育史、普通中小学教育改革的理论和实践。同时，教科所还是全国教育经济学研究会、湖北省教育史研究会、湖北省陶行知研究会的挂靠依托单位。在 20 世纪 90 年代初期，教育科学研究所共有 25 人，其中教授 3 人、副教授 8 人、讲师 8 人、助教 1 人、教辅 2 人、行政 3 人。在硬件方面，教科所有办公室、资料室各 2 间，会议室、编辑室、文印室各 1 间，总面积 254 平方米，藏有中文图书 3500 册，外文图书 250 册，各种中外报纸杂志 850 份，并配置了微机、复印机、打字机等文印设备，基本满足教学科研需要。

教育科学研究所是国内特别是华中地区颇有影响的教育科学研究机构。建所以来，在全所人员的共同努力下，科研工作发展很快，成绩斐然。“七五”期间，承担国家各类科研课题 10 项。其中，国家级课题 1 项，教委级课题 4 项，其他课题 5 项。“八五”期间，科研工作又跃上一个新台阶，承担国家各类科研课题 40 项。其中，国家级课题 4 项，教委级课题 16 项，省级课题 6 项，其他课题 14 项。从 1985 至 1992 年间，公开出版学术专著、译著、教材 32 种，正式发表论文、译文及其他各类文章约 600 篇；有 19 项成果获

图 7-1　《华师学报》《教育与经济》《高等函授学报》《高教与人才》等杂志

省部级以上奖励。

总体来看，教科所在这一时期的发展体现出以下特色：一是以科研为主，教学、科研相结合。着重从师范教学中发现科研课题，又将最新的科研成果引进教学，促进了学科建设。二是基本理论研究与应用开发相结合。姜乐仁教授研究的启发式教学取得了丰硕成果，编撰的《小学数学实验教材》在全国发行 500 多万套。三是重视科研队伍的建设。充分发挥老教师的作用，重视中青年的培养，形成了一支梯队合理、实力雄厚的科研队伍。四是以专业研究人员为主，聘请兼职研究人员，实行专兼结合。

二、加强领导班子建设

为使办学秩序很快得到恢复，把工作重点迅速转到教学科研上来，学校对各系、所党政班子的组建十分重视。1985—1993 年，教育系、教育科学研究所的领导班子几经调整，除了有经验的老干部和老教师外，还充实了一批改革开放后新培养的年轻教师，他们具有较高的学历、开放的意识、开阔的视野，有的还有留学国外的经历。系、所领导班子建设得以加强。

党的十一届三中全会以来，教育系由恢复重建到发展壮大，各项事业取得新的成就。在周镐主持下，教育系克服重重困难，使教学走上正轨，科研开始起步。王道俊出任系主任后，全力抓了专业建设，使教育系由一个专业发展为 4 个专业，并形成硕士研究生、本科生，全日制、函授俱全的多规格多层次办学格局。同时，系领导非常重视教师队伍建设尤其是中青年教师的培养，改善了教师队伍的年龄结构和知识结构。1984 年，学校任命旷习模为教育系主任，刘华山、彭爱华为教育系副主任。这一届行政领导班子承先启后，进一步加强了专业、学科、教学建设，明确提出青年教师能力发展的系列要求，即一年过外语关，三年过教学关，五年过科研关，七年达到副教授水平。1988 年 7 月，学校任命孙绵涛为教育系主任，杨竹生、翟天山、吴金林为教育系副主任。新一届行政班子在前任奠定的良好基础上，顺应形势发展，确立了开放办系的思路。此外，在教育教学上面向社会需求，调整培养目标、改革课程计划，强化学生专业能力培养，拓宽学生专业适应面；在教育科学研究上，打破了单纯学科研究的封闭格局，建立了“以学科研究为基础、以课题研究为中心、参与决策、参与实践”的开放型科研体系，办学实力显著增加，影响日益扩大。

教育科学研究所成立初期附设于教育系，是“一套人马，两块牌子”，由教育系主管科研工作的副系主任兼管。1982 年 2 月，经学校党委研究决定，将其从教育系分离出来，单独建制。以教育系部分学有专长的教师为骨干，并从高考制度恢复后的首届大学毕业生中吸收了教育、中文、历史、地理等专业的青年同志组成研究队伍。由杨葆焜任所长，董宝良、萧宗六任副所长，杨健任直属党支部书记。1987 年 3 月，学校任命刘芹茂任副所长，免去董宝良副所长职务。1988 年 6 月，学校任命杨葆焜为所长、刘芹茂为副所长。

1991 年下半年，学校领导体制由校长负责制转为党委领导下的校长负责制。为完善这一领导体制，学校党委认真履行党中央《关于加强高校党的建设的通知》中规定的主要职责，集中精力抓学校改革和建设中的大事，研究工作中的重要方针、政策，加强党的建设和思想政治工作，以确立学校党组织的领导和政治核心地位，并注重抓好校系领导班子的思想作风建设。教育系和教育科学研究所在学校党委统一领导下开展各项工作。

为了尽快建立正常的教学秩序，教育系和教育科学研究所提出从严治系（所）、建设优质系（所）风和学风的要求。在切实进行教学改革的同时，积极而稳妥地抓好教学管理和各项规章制度的贯彻落实。首先落实系主任负责制和所长负责制，较好地发挥了两个单位行政负责人的领导作用。针对提升科学研究水平的需要，争取改变科研成果数量少、层次不高、外来经费少的现状，系（所）主任们要求学术委员会重新审订已获批的科研项目，主要讨论：①科研课题的理论意义和实际意义；②课题的设想与方案的科学性；③课题的方案及现行条件的可行性。如上述条件能通过，系所领导则提供必要的条件和措施保证课题的实施。同时，每年进行一次全系（所）中青年教师的科研评奖，将系（所）中青年教师一年中发表的专著、论文提交系（所）学术委员会审查，其目的是提高科研成果的质量，促使中青年教师早日成才，从而为今后的中青年教师提职、聘用打好基础。

除了在研究的课题给予大力支持外，系（所）主任们多方联系，争取上级部门和社会各界对教育类课题的经费支持。如教育系曾组织力量承担国家教委立法处关于教育立法的课题；协助汉正街个体户办学；承担校内各系的教育质量评估的任务。为了更好地了解学术动态，教育系和教育科学研究所鼓励教师参加各类学术活动，同时要求任何一位教师外出参加会议的论文必须先交系（所）学术委员会审查通过；回系（所）后必须汇报会议情况，以及其他兄弟院校相关教育学科研究的发展状况，以此获得最大的信息效率。

教育系和教育科学研究所着重落实学校制定的各项规章制度，加强内部管理。例如，为规范对学生的管理，学校先后制定和修订了一系列规章制度，颁发了《学生学籍管理暂行规定》，印发了《学生守则》《学生证件管理规定》《学生学业成绩考核暂行规定（细则）》《学生考试规则》《学生课堂规则》《实验室规则》《学生借阅图书规则》等。教育学系和教育科学研究所对以上规章制度的实施予以高度重视，曾对任意旷课、违反校纪校规的学生做出严肃处理，以促进良好系（所）风和学风的形成。

三、加强师资队伍建设

为提高教学质量，开展科研建设，教育系和教育科学研究所都把加快教师队伍建设，特别是青年教师培养视为至关重要的大事，努力建设一支坚持社会主义方向的数量足够、素质精良、比例适当、结构合理，既有良好师德，又能教书育人，具有较高教学水平和雄厚科研实力，能适应社会主义现代化建设需要的师资队伍。

一是注重学术带头人培养及其对中青年教师的扶持。教育系和教育科学研究所注重加强学术梯队建设和学术带头人的选拔培养，确立一批重点学科带头人，从人、财、物等方面实行优惠政策，并为资深的老教授配备助手；选拔一批德才兼备有发展前途的优秀中青年骨干，依托教研室的组织效应，按学科组建老、中、青结合的学术梯队，逐步提高中青年骨干教师在教授、副教授中所占的比例。1992 年，学校确定了第一批 50 岁以下中青年学术带头人和 45 岁以下骨干教师人选，50 岁以下学术带头人共 17 名，教育系有教育学原理与教育管理学的孙绵涛、王坤庆、杨小微、翟天山等人入选。同年 11 月翟天山获得霍英东教育基金会第四届高等院校青年教师奖。这批学者作为学校教育学科的中坚力量，系（所）对他们的教学及科研都予以大力扶持。

二是鼓励新教师及年轻学者参与教学研究项目及教材编写。为调动教师参加教学改革的积极性，学校每年拨款资助教育研究项目和出版优秀教材。教育系和教育科学研究所组织力量，积极承担这些任务，并有意识地吸纳年轻教师参与其中。如在 1992 年，教育系王道俊主编《教育学》教材时，就吸纳了董泽芳、王坤庆、扈中平、涂艳国、郭元祥等大批年轻教师加入编撰群体。在实际的科学研究中，提高中青年教师的业务素养，确立了中青年教师的研究方向，培养了教育学科师资的后备力量。例如，董泽芳以教育社会学为研究方向，王坤庆着重教育哲学研究，扈中平和涂艳国以教育基本理论研究为主，郭元祥则从事课程论研究。1993 年 6 月，在国家普通高校优秀教学成果评选中，教育系郭文安、扈中平、董泽芳等人的教学成果荣获二等奖。

三是采取各种举措，扩大教师队伍规模。教育系和教育科学研究所挑选优秀本科生、研究生留系、所任教，充实师资力量；鼓励青年教师在职攻读研究生；吸收外系、外校毕业的研究生（包括硕士生和博士生）到系、所任教；通过公派或校际交流等途径选派青年教师到美、英、德等国家及地区的高校进修学习，时间多为一年及数年不等。例如，20 世纪 90 年代初，教育系就选派杨汉麟赴英国留学，进行特殊教育专业学习。

四是始终坚持以学科研究为基础、以教学研究为中心，提高师资队伍质量。教育系和教育科学研究所有计划地选派教师攻读博士、硕士学位、第二学士学位或参加助教进修班，逐年增加硕士研究生毕业以上学历的教师，特别重视增加教师队伍中博士学位研究生的比重，并充分发挥研究生在教学科研中的作用，鼓励他们脱颖而出，选好苗子，着力培养，

通过上述办法，一批素质好、学历高、能力强的青年人挑起了教学、科研的重担，使教师队伍青黄不接的状况，很快得到好转。到 90 年代初，教育系和教育科学研究所教师队伍进一步扩大，结构日益趋于合理，其中教育系有教授 8 人、副教授 16 人、讲师 16 人；教育科学研究所有教授 6 人、副教授 2 人、讲师 8 人。根据湖北省教育厅有关成立学科评议组的相关规定，1986 年 5 月，学校成立教育学学科评议组，评议组由教育系、教科所、体育系联合组成，评议组成员名单如下：杨葆焜任组长，王道俊、魏大鸿任副组长；

成员有王启康、任钟印、董宝良、杨汉清、曾子忱、周镐等人，总支书记列席参加学科评议组会议。1990年，学校对教育学学科评议组进行了调整。组长仍是杨葆焜，副组长为孙绵涛，成员包括王道俊、杨汉清、刘华山、董宝良、刘芹茂和龙云瑞。

经过系统的培训和在岗锻炼，青年教师的学历水平和实际能力普遍提高，大多数专业已形成了年龄、职称和专业方向上结构合理的学术梯队。在老一代教师的精心培育下，中青年教师迅速成长，涌现了刘华山、董泽芳、扈中平、杨小微、王坤庆、翟天山等一大批骨干教师，他们不仅在教学上勤于钻研，而且在科研上表现出较强的实力，著有全国教育学术界有一定影响的个人专著，大多数还是全国教育科研八五规划课题的项目主持人。

四、增强党的战斗力

为加强和改善党对教育工作的领导，学校注重加强基层党组织建设。在此期间，教育系总支委员会和教育科学研究所直属党支部委员会经过数次调整。1987年5月，学校批准教育系党总支委员会和教育科学研究所直属党支部委员会名单。教育系党总支委员会由刘凤池、叶长明、旷习模、彭爱华、孙绵涛、杨汉清、李宁达等七位同志组成，刘凤池任书记、叶长明任副书记。教育科学研究所直属党支部委员会由李图书、刘合松、黄瑞彩、刘芹茂、廖平胜等五位同志组成，李图书任书记。1988年9月，学校改任彭爱华为中共教育系总支书记。1989年，教育科学研究所直属支部委员会改选，由刘合松、廖平胜、袁持平、熊贤君、黄瑞彩等五位同志组成，刘合松任书记。1991年1月，学校改任叶长明任教育系总支书记，吴金林同志任教育系党总支副书记，免去后者系副主任职务。同年7月，学校批准教育系党总支委员会改选结果，由叶长明、吴金林、杨汉清、李宁达、孙绵涛、刘华山、杨小微等七位同志组成。叶长明任总支书记，吴金林任总支副书记。1992年3月，学校批准教育科学研究所直属党支部委员会由刘合松、廖平胜、袁持平、熊贤君、黄瑞彩等五位同志组成，刘合松任书记。

教育系党总支及教科所直属党支部重视加强党的思想建设，着力改进思想政治工作。两个基层党组织注重用中国特色社会主义理论武装广大党员、干部和师生员工，坚定理想信念，解放思想，更新观念，为深化改革，提高教育质量和科研水平，培养合格人才，打下良好的思想基础。1986年7月，全校有3个基层党支部、6名共产党员被评为湖北省科教系统的先进党支部和优秀共产党员，其中就包括教科所直属党支部。

为了加强党的民主建设和作风建设，加强决策过程的民主化、科学化的同时，两个党组织注重加强工作过程的规范化管理，做到各负其责，各司其职，并采取具体措施，深入开展群众调查研究，把主要精力放在抓教学、科研和改革大事上去。

第二节　多层次人才培养

20世纪80年代以来，随着时代进步及社会发展的需要，高等教育亟须拓宽办学思路，多层次多形式培养高等人才，在原有的本科教育基础上，努力发展成人学历教育，深化研究生教育。教育系和教育科学研究所在课程设置、培养方法、教学手段等方面采取了诸多措施，以拓宽人才培养形式、提高人才培养层次和提升人才培养质量。

一、建立人才培养机制

恢复高考以来，随着国家高等教育朝着正规、正常的发展道路迈进，在高等教育层次上面也开始不断走向国际化。尤其学位制度确立后，在既有本科教育基础上，各有关高校根据并利用自身条件，积极发展研究生层次教育。在此教育变革发展的形势下，教育系和教育科学研究所的人才培养也不断地发生着变化。

（一）加强本科教育

强化本科教学，坚持本科为本。师范院校是培养师资的重要基地，教育系科更是师范院校培养师资的基础。改革师范教育，首先必须明确办学指导思想，更好地为基础教育服务。教育系和教育科学研究所把握师范教育特点，联系基础教育实际，坚持本科为本的办学思想，并结合《中共中央关于教育体制改革的决定》和《中华人民共和国义务教育法》的贯彻落实，强调为基础教育服务的办学理念。改革开放之前，教育系设有学校教育、心理学等本科专业，为师范院校培养教育学、心理学师资。改革开放后，随着社会经济和教育事业的迅猛发展，这种培养教育学、心理学教师的单一的专业结构与时代需求不相适应的矛盾日益突出。因而，教育系充分利用办系历史长、师资力量强和科研水平高的有利条件，开始进行专业调整和建设：一方面深化已有专业的发展与改革，以适应新的社会需要；另一方面增添学前教育、教育管理等新的专业以适应社会发展需求。1988 年 6 月，教育系还创办特殊教育专业，成为国内最早开设该专业的高等院校之一。

关于设置特殊教育专业的请示①

国家教育委员会师范司：

自中共中央《关于教育体制改革的决定》提出“要发展盲、聋、哑、残人和弱智儿童的特殊教育”后，我国特殊教育开始受到重视。三年来，特殊教育发展较快。仅就湖北省而言，已有盲聋哑学校 12 所，聋童早期康复教育中心（班）5 个，学生入学率逐步提高。按照现在拟定的规划，1990 年校生将比现在翻 3.5 倍（达到 4000 人），一九九五年则翻 5 倍多（达到 6000 多人）这样，特殊教育的师资就成为急需解决的突出问题。目前我国尚无一所专门培养特殊教育师资的高等师范学校，设有特殊教育专业的高师仅一所。因此，为培养合格的特殊教育师资，设立此类专业是完全必要的。

我校教育系创办较早，师资及其他办学条件均有良好基础，目前已有专人从事特殊教育方面的研究与教学工作。按照特殊教育专业教学计划，必修课程均可顺利开出，现有其他办学条件大部分均已具备。所缺专用设备亦可在较短期内补充解决。预计经一年的准备，到一九八九年完全可以开始招生。

鉴于上述情况，我校拟申请设置特殊教育专业（本科）。

妥否，请批示

华中师范大学

一九八八年六月二十六日

---

① 《关于设置特殊教育专业的请示》，华中师范大学档案馆馆藏：1988-JX11.14（2）-Y-1。

除招收本科生以外，教育系还首次开办特殊教育干部培训班，其学员来自全国部分省市的特殊学校。学校特教专业老师给他们讲授现代特教学校的创办、管理经验，以及今后特教所面临的问题及解决的办法。这种培训，培养了不少特教的优秀人才，多数成为当地特教的骨干教师。1993 年秋季，教育系还增设了学校教育专业小学教育方向，增设企业管理和应用心理两个非师范专业，人才培养专业进一步扩增，更好地满足社会对各类人才的需求。

从 1985 年起，学校改学年制为学分制，这是教学制度的一项重大改革。为了试行学分制，在教务处的统一领导下，教育系和教育科学研究所修订了学校教育、学前教育、心理学和教育管理等专业的学分制教学计划，并按照学分制《教学指导书》组织教学工作，推进学分制教学改革稳步进行。为加强教学第一线的力量，调动教师从事本科教学的积极性，学校实行了主讲教师审批制度，明确要求各系（所）在教学第一线的教授、副教授应占教师总数的三分之一。教育系和教育科学研究所严格执行此项制度，对每学期任课主讲教师进行审批，鼓励知名教授为本科生授课，把实行和完善教师职称评聘、教学质量评估、教学评奖作为引导教师乐于本科教学的指挥棒，鼓励教师在教学上进行公开、公平、合理的竞争，强化教师教学责任感和事业心。1987 年上半年，教务处对全校担任本科生教学任务的教师进行教学质量评估，教育系和教育科学研究所教师的任课受到师生的好评。

教学研究也受到了重视，并获得了系列奖项。孙绵涛和旷习模主持的“高师系一级教学管理配套改革的新探索”，获湖北省优秀教学成果奖二等奖。杨爱华主持的“联系实际教学的探索”、扈中平主持的“高速度、大容量教学的尝试”、周采主持的“比较方法在《教育史》教学中的运用”、翟天山主持的“加强教学的示范性和启发性——高师教学的特点和原则初探”和陈立华主持的“在研究与编写教参中拓宽《生理学》教学内容”等，获得 1987—1989 学年度优秀教学成果奖校级优秀奖。

教材编写取得了重要成绩。教育系和教育科学研究所十分重视教育学科的基本建设——教材建设，形成了良好的传统。“文化大革命”结束以后不久，王道俊就带领团队率先组织华中师范学院等五所高校的教育学教师，编写出《教育学》教材，于 1980 年由人民教育出版社出版。此后，王道俊教授一方面致力于对《教育学》教材的修改与完善，另一方面注重运用马克思主义的立场、观点和方法，分析传统教育理论及其在教育实践中普遍造成的忽视学生和教育的主体性的弊病。他与郭文安教授率先提出并形成新的理念——

主体教育思想。这一思想不仅对中国教育学理论的构建产生了重要影响，而且对教育科学、高校课程教材建设作出了卓越贡献。1989 年版《教育学（新编本)》就是尝试以主体教育思想为指导进行编写的，该书自问世后，在教育学界引起了很好反响。在我国编写出版的教育学教材中，这本《教育学》的印数最多、发行最广。该书先后获得优秀哲学社会科学学术著作奖、第二届吴玉章奖金优秀奖（1992 年)、全国高等学校优秀教材奖、全国优秀畅销书奖(文教类)、全国十大畅销书（文教类）等奖项。此外，萧宗六主编的《学校管理学》《教育行政学》列入国家高等院校文科教材，获国家教育委员会优秀教材奖；孙绵涛编撰了《教育行政学》和《教育组织行为学》，其中后者被列为国家高等院校文科教学参考书；廖平胜出版了《考试学》（与梁其健、何雄智合著）和《考试管理学》；杨葆焜主编了国内第一本《教育经济学》教材；杨汉清主编高校文科教材《比较教育学》和《比较高等教育概论》等。孙锦涛《教育行政学概论》、喻本伐《中国教育史》和陈盛杰《心理学》等教材，被列入学校教材出版计划。这些教材的出版，为丰富教学资源，提升学科建设，奠定了坚实基础。

图 7-2　王道俊教授

（二）重视研究生教育

教育系和教育科学研究所落实研究生教育校系（所）分级管理、系（所）

为基础的管理体制，在校长的直接领导下，系（所）主任全面负责研究生教育工作。同时，学校要求各培养单位建立健全研究生工作领导小组，明确工作职责，该领导小组为各系（所）研究生工作的领导机构，由系（所）主任任组长，党总支书记、副系（所）主任、研究生导师、研究生秘书等人组成，全面负责本单位研究生的政治思想教育、专业培养和行政管理等工作，严格执行《华中师范大学研究生工作试行条例》，确保高层次人才培养质量。教育系和教育科学研究所实行中期分流，把淘汰制引入研究生教育，以淘汰制带动其他工作。为了加强导师队伍的建设，实行硕士导师遴选制，选择一批思想素质高、业务能力强的教师做研究生导师。同时，为了保证培养方案和学位课程的科学性，避免课程开设的主观随意性，教育系和教育科学研究所以评估为手段，加强课程建设，使培养方案尤其是学位课程逐步规范化。

1979 年，教育基本理论专业开始招收硕士研究生，1982 年获硕士学位授予权。1986 年以后，心理学、教学论、德育论、外国教育史、教材教法研究、中国教育史等专业开始先后招收硕士研究生。教育系主要集中在教育基本原理、教育管理原理、幼儿教育理论与实践、近现代外国教育史、现代外国教育、心理学基础理论、心理与教育统计、儿童心理发展与教育、儿童早期教育理论、高等学校思想政治教育、德育原理、青少年教育、教学原理、小学语文教材教法研究以及近现代中国教育史等研究方向。教育科学研究所主要涉及教育行政与学校管理、教育经济学和中外教育史及陶行知教育思想研究，以及中小学数学教学法等，主要招收培养中国教育史、教育基本理论及教材教法研究三个专业的硕士学位研究生，研究方向分别为古代教育史、近现代中国教育史（陶行知教育思想研究）、教育与经济关系、学校管理、数学教育学等，具有教育基本理论和中国教育史硕士学位授予权。

为使研究生能多维度、多层次地了解国内外教育研究的最新进展，教育系和教育科学研究所为硕士研究生开设了教育基本理论、普通心理学、教育经济学、西方教育经济学流派、教育经济计量学、教育财政学、马克思主义教育思想研究、中国古代教育史、中国教育学史专题研究、先秦至汉朝时期教育研究、洋务运动至民国时期教育研究、老解放区至新中国成立初期教育研究、中国教育管理史、中国文化与教育、考试学、标准化考试的理论与实践、中国考试发展史、教育评价学、数学教育学、新中国考试管理学、管理心理学、领导学、教学教育研究与实验等 30 余门学位课程。到 1993 年 7 月为止，两个培养单位的毕业硕士研究生超过 130 余人；教科所还单独举办过一届中国教育史硕士学位课程进修班，结业 13 人；接受国外研修生 1 人。这些毕业的研究生，多数已成为各单位教学、科研骨干，有的还在中央有关部门担任领导职务。

二、坚持深化教学改革

人才培养质量是衡量一所学校教学水平的重要因素。为提高人才培养质量，教育系和教育科学研究所从规章制度、课程教学、学生活动、实习实践等方面入手，在德、智、体、美、劳等方面提升人才培养质量。

（一）健全教学管理制度

为提高本科生人才培养质量，教育系主要采取了两项主要措施。第一，优秀生选拔措施。一、二年级注意考察，三年级进行评选。根据学生来校前的高考成绩和在校平时、期末成绩、课外活动中的表现和创造才能，由任课老师提议，经辅导员、学生推荐，评出优秀生。系里派导师进行专门指导。对优秀学生，推荐研究生时优先考虑。第二，根据成才规律和学生要求，经双方教师和领导同意，允许学生同一门课在不同的班级串堂听讲，允许学生跨系听课，考试成绩予以认可，鼓励培养创新型人才。教育系多次就本科生的培养计划进行讨论。1985 年 5 月，《中共中央关于教育体制改革的决定》颁发后，全系教师根据“打好基础、加强实践、培养能力”的方针，就修订教学计划、调整课程设置、改革教学内容和方法等展开了热烈的讨论。1992 年 12 月，教育系组织教师重新讨论修订各专业的课程设置和教学计划。为增强适应社会需求变化的灵活性，大家决定较大幅度地削减必修课的门数和课时，增加选修课的门数和课时，提倡跨专业、跨学科选修，既更新了教学内容，又能适合学生不同的学习要求，满足学生个性化发展需要。

为确保研究生的培养质量，学校修订了《硕士研究生指导教师工作条例》，进一步明确硕士生导师任职资格条件及职责；对全校各学位点导师队伍现状进行一次全面调研，并重新认定资格，建立和健全硕士生导师档案，加强研究生导师队伍建设。根据学校这一规定，教育系和教育科学研究所加强了导师队伍建设，密切了导师与研究生之间的联系。

（二）重视教育教学实践

教育教学实践是各类专业学生将理论知识与实践融通的重要环节。为使学生更好地掌握并运用学过的理论知识，教育系和教育科学研究所各专业开展了丰富多样的教学实践。为保证学生教育实习有稳定的基地，通过多种途径（如承担科研项目、承办实验学校、培训教师等）先后与湖北省保育院、华师附属小学、湖北省实验中学等学校，签订了长期接受学生教育实习的协议；同时与本省各主要中等师范学校和众多的中小学建立了各种形式的合作关系，从而使学生教育实践这一环节取得较好的成效，为培养既懂教育理论又有教学实践技能的学生打下了良好的基础。例如，1986 年，教育系学前教育专业开展了最早的本科生教育实习。就读于学前教育专业的本科生 20 人，其中男生 8 人，他们分两队赴湖北省第三保育院和华中工学院幼儿园实习。在实习中，男生表现尤为突出，他们勤学好问，带班实习成绩显著，打破了世俗“男生不能当幼儿园阿姨”的偏见，受到了所在实习园的高度赞扬。此外，为使学前教育学子能在真实教育情景中锻炼教学技能，在普通心理学老师古茂盛指导下，他们参观聋哑学校，与华师幼儿园、武汉测绘大学及武汉工学院幼儿园取得联系，每周带队深入幼儿园去就一定专题进行观察。

除了教育实习，教育系还充分重视学生的社会实践。为了把专业知识运用于社会，向社会推销自己，了解民情国情，锻炼自己的能力，1990 年 4 月 8 日，教育系 87 级心理、学校教育、学前教育三个专业的学生开赴工厂、学校、商场，进行为期一个月的社会调查。完成调查后，学生们深感走出象牙塔后才知道外面的世界很大，更好地了解了社会，也认识了自己，提升了全方位的素养。

（三）开展丰富的文娱活动

教育系和教育科学研究所在注重教育改革、提高教学质量的同时，积极开展各种文体活动，努力使学生在德、智、体诸方面得到全面发展。

教育系心理学专业的学生发起成立“学生心理协会”，旨在传播心理知识，改变人们对心理咨询的偏见，变过去学生被动接受宣传教育为主动获取心理卫生知识，预防心理疾患，提高心理素质；为充分丰富校园文化生活，组织学生参与“心理沙龙”“心理游园”“自信心工厂”“心理剧表演”“心理卫生板报评比”“心情驿站”“健康你我他”“心理大观园”等活动，发挥了“随风潜入夜，润物细无声”的教化作用。

此外，学生自行发起的组织及活动也极为丰富。例如教育系 86 级同学自愿组织了“小沙龙”。他们常常在学习之余十几人或几十人围在一起，围绕某一专业问题或大学生自身的爱情、生活问题或社会现象问题展开讨论，各抒己见，激烈辩论。再如教育系88级同学集体举行了“二十岁生日晚会”，晚会形式生动活泼，内容丰富多彩，系领导孙绵涛、杨竹生等应邀致辞并表演了精彩节目。在学习之余，教育系师生在生活方面也十分注重发挥学子的主观能动性和积极性。如教育系联合英语系和历史系学生会曾就宿舍管理问题进行了“六栋公共卫生和治保问题”的座谈会，讨论了西区六栋的公共卫生联合治理及联合治保工作，决定联合草拟、实行《六栋公民公约》。会上，三系学生会主席交流了各自的工作计划和工作经验，并针对六栋公共卫生和治保工作“各扫门前雪”、未落到实处的现状，通过了三系联合评选“十佳”文明寝室，草拟公布《六栋公民公约》，并实行联合监督的提议。随后还选举正、副栋长，对六栋进行卫生和治保的统一管理和监督，并规定相应的奖惩制度。

第三节　重视科学研究

高等教育领域，一向离不开科学研究的进行。对于高等教育的发展，科研与教学，犹如鸟之双翼、车之两轮，互助互促、相辅相成。搞好教学工作有利于科研的推进和深入，多出科研成果有助于教学的丰富和提升。

一、深化教育理论研究

“七五”至“八五”期间，是学校教育科学的重要发展时期。为了适应教育改革和教育理论研究的需要，完成从单一教学模式向科学研究模式的转轨，学校从整体规划和学科建设等方面，加强教育科学的发展。1988年1月，学校共评出11个重点学科，教育基本理论位列其中。1991年上半年，按照国家教委要求，结合学校实际情况，学校组织制定《华中师范大学“八五”计划和十年规划纲要》，经过多方讨论，十易其稿，年底制订出正式计划。计划中确定了“八五”期间的12项主要任务，其中明确提出把教育科学研究放在突出地位，以研究社会主义教育思想为主体，在幼儿教育、中等教育、高等教育、成人教育、师范教育以及学科教育诸方面形成相互关联的教育改革实验与研究网络，力争推出一批有学术价值和推广意义的成果。这些重要举措对加强教育学科科学研究起到了积极推动作用。

（一）教育基础理论的研究

在教育基本理论和基础教育研究方面，教育系和教育科学研究所进行了较为深入的研究，取得的成绩比较显著。其中突出者如王道俊、郭文安等人率先提出的“主体教育理论”，并以此理论为基础，开展了系列教育基本原理研究，取得了丰硕的成果。

王道俊以主体论教育思想为指导，主编的《教育学》教材，满足了我国师范院校教育学的教学需要，促进了我国教育科学的普及和发展。在教育基本理论问题的探索上，他针对传统教育理论和我国教育实践中普遍存在的忽视学生和教育的主体性的弊病，在全国率先提出并研究主体教育论，试图从肯定人在社会历史发展中的主体地位与人在自身发展中的主体地位出发，探讨和阐明教育的主体性，以便充分发挥教育在促进人的全面发展与社会的全面进步中的积极能动作用。为此，他相继发表《让学生真正成为教育的主体》《试论教育的主体性》《关于主体教育思想的思考》《关于教育的主体性问题》等系列论文，主编了体现主体教育思想的专著《主体教育论》《教育学原理》。他主编的《教育学》教材之所以能够独树一帜，长盛不衰，成为经典，正是因为其内容与时俱进，其观念保持先进，特别是有主体教育思想作为教材编写的指导思想和理论基础。

（二）教育史研究

教育史研究是我校教育科学研究的重要方向之一，形成了以任钟印、董宝良、喻本伐、熊贤君、周洪宇、余子侠、周采、杨汉麟等为主要成员的、研究实力较强的学术团队，在中国教育史及外国教育史两方面展开了深入研究，在全国形成了较好的学术影响力。

中国教育史研究方面，在进行学科基础建设的同时，逐渐形成了以陶行知教育思想、近代教育思潮与流派为重要内容的研究领域，在学科前沿性研究中取得了丰硕的成果，先后承担了“马克思主义教育理论在中国的传播与发展”“中国现代化进程中教育与经济关系研究”“生活教育流派研究”“中国近现代教育思潮及流派”“中国教育现代化研究”“湖北地方教育史研究”等国家、省部级课题。在教育通史、教育专题史研究方面，出版了《中国教育史纲（近代部分）》（董宝良著）、《中国女子教育史》（雷良波、陈阳凤、熊贤君合著)、《中国教育发展史》(喻本伐、熊贤君著)、《中国教育管理史》(熊贤君著)、《中国近现代教育思潮与流派》(董宝良、周洪宇主编)、《中国教育行政史》(熊贤君主编)、《从湖北看中国教育近代化》(董宝良、熊贤君主编)等著作。在教育家研究方面，出版了6卷本《杨贤江全集》以及《晏阳初教育思想研究》《俞庆棠教育思想研究》等著作。在外国教育史和比较教育研究方面，注重系统整理并保存有价值的教育理论文献，为科学研究和学科建设奠定坚实基础。任钟印主译和主编了高等学校文科教学参考书《外国教育史料》《世界教育名著通览》《昆体良教育论著选》等，为外国教育研究工作者提供了重要资料文献；杨汉麟、周采出版了《外国幼儿教育史》和《外国学前教育史》；杨孔炽、徐宜安出版了《美国公立中学发展研究》；杨汉清主编了高等学校文科教材《比较教育学》等。

教育史研究人员还积极参与全国教育史学术交流，1987年，全国教育史研究会会员代表大会暨学术讨论会在我校召开，人民教育出版社、北京师范大学等单位有关人士参加了会议。中国教育学会副会长张建、湖北省教委副主任张叙之出席了开幕式并作了讲话。章开沅校长在开幕式上致辞。会议期间，代表们展开了热烈的学术讨论，通过了新的章程，还选举了第三届理事会成员。教育史教研室主任钟印教授被选为本届理事会常务理事。

（三）教学论研究

我校教育科学研究所形成了以旷习模为首的研究团队，注重对教学理论及教育实际问题的研究，在教学论及中小学教育改革研究方面取得了不菲的成绩。研究团队的主要代表性著作有《小学教育整体改革》《教育实验》《普通教育改革的新探索》等，曾在《教育研究》《课程·教材·教法》等学术刊物上发表论文50多篇。特别是在80年代初期，旷习模身为系主任，带领部分教育理论工作者，开始从事中小学教育的整体改革实验工作，申报并承担了国家教委、省教委下达的相关课题研究任务。此项研究工作在国内起步早、得到了国家教委及湖北、湖南省教委等教育行政部门的积极支持，也得到了33所实验学校的积极合作，历时8年，其研究成果显著，于1990年获得湖北省优秀教育科研成果一等奖。旷习模也因研究成果显著，被国家教委基础教育司聘为义务教育课程计划修订专家组组长，为修订义务教育的新课程计划作出了较大的贡献。

二、开创新研究领域

学术研究，贵在坚持、贵在开新、贵在发展，教育系和教育科学研究所在既往的基础上，通过努力探索，在此期开辟了不少新的研究领域，并取得了较好的研究成果。

（一）考试学研究

随着我国改革开放的发展，现行考试制度已不适应社会变革发展的需要，中国的考试问题研究就被时代推上了历史的舞台。教科所抓住时代及教育需求，以廖平胜为主的科研队伍，积极开展考试学相关研究，为考试学的研究作出了贡献。

1982 年 12 月，教育部召开“高校招生考试制度研讨会”，廖平胜作为代表参加了会议。1984 年，他发表的题为《试论高考中送才与选才的衔接》的论文，被许多报刊转摘，在全国引起强烈的反响，这更加坚定了他研究考试学的信念。他向当时的教科所领导申请成立考试学研究室，后经学校将学科论述报告上报教育部，并得到批准。

1992 年 11 月，根据科学研究、人才培训、社会服务等工作的实际需要，经学校研究决定成立“华中师范大学考试科学研究开发中心”，廖平胜任中心主任，考试科学研究开发中心由教育科学研究所统一领导。此时成立考试研究中心时，廖平胜规划了两个十年计划。在第一个十年计划的实现过程中，即从 1982 年到 1992 年的“破荒定基”过程中，作为考试学领域的拓荒人，廖平胜以“光杆司令”身份，首先做的事就是寻找资料，为研究奠定基础。1985 年，他拿着中组部、人事部、教育部联合开的介绍信，用 45 天跑了全国 15 个省，收集了 500 多份资料。经过近十年的刻苦钻研，廖平胜最终实现了“四个一”的初步目标：提出一个考试科学的理论体系；开出一套考试学课程；建立一个有一定科目和人才的基地；带出一支考试学研究队伍。1992 年，考试研究中心成为全国第一家招收考试学研究生的单位，招收研究生 30 人。在研究成果方面，他承担了“中国考试发展史研究”“中小学德育目标与学生品德考评的一体化研究”等研究课题，主编、主笔著作 20 余部，发表学术论文 50 多篇，填补了国内考试学领域理论体系建设、考试学课程、高层次人才培养的空白。

（二）率先开展陶行知研究

我校作为陶行知研究的重要基地，20 世纪 80 年代中期以来，以撰写相关学术著作、举办学术会议、发表“陶研”系列学术论文为主要研究形式，从事陶行知研究，推动了全国陶行知研究事业的发展。

这一时期内，学校主持开办了一系列陶行知研究相关会议。1986 年 5 月 8 日至 15 日，《陶行知全集》编委会第三次会议暨学术讨论会在华师举行。参加会议的有《陶行知全集》编委会和全国各地陶行知研究会专家学者三十余人。陶行知的亲属吴树琴、陶晓光、陶城及中国陶行知研究会常务理事、秘书长丁丁等人士也应邀出席了会议。会议由中国陶行知研究会顾问、《陶行知全集》名誉主编、我校顾问刘若曾主持，校长章开沅致开幕词，副校长邓宗琦介绍了《陶行知全集》的具体情况和意义。教科所所长杨葆焜作了关于编辑《陶行知全集》的学术报告。会议主要就“如何评价陶行知的一生”“关于陶行知的教育思想体系和哲学思想”以及“怎样研究陶行知”等一系列问题进行了热烈的讨论和争鸣。此外，大家还对教科所出版的长达三百七十万言的六卷本巨著《陶行知全集》给予了很高的评价。代表们一致认为，它的出版，不仅说明了我校有眼光、有魄力、抓得准，完成了中国教育史上的一项巨大工程，而且也树起了陶行知研究的里程碑，具有深远的历史意义。最后，与会者们希望华师继续发挥优势，充分利用天时地利，努力办成全国“陶行知研究”工作的基地资料中心，并且尽早开办“陶行知研究”研究生班、助教进修班，为全国培养输送陶行知研究的专门人才。

图 7-3　湖北省陶行知研究会成立暨首次学术讨论会

1987年5月30日至6月1日，湖北省陶行知研究会成立暨首届学术讨论会在我校举行。来自省内外的60名代表出席了这次会议，中国陶行知研究会主要负责人、前教育部领导张健以及江苏等省陶行知研究会的代表均专程赶来赴会。我校邓宗琦副校长主持开幕式，章开沅校长致开幕词并指出："陶行知先生是半殖民地半封建社会中国爱国知识分子由教育救国走上民族民主革命道路的一个典范，也是人民教师的典范。"与会代表对陶行知的思想进行了广泛的讨论，重点放在改革和发展人民的教育事业上。在成立大会上章开沅校长被推选为湖北省陶行知研究会会长。

1987年12月4日，国家教委教育科学规划办公室在教育科学研究所召开"陶行知系列研究"课题会议。该课题由国家教委委托章开沅校长牵头。参加该课题研究的单位有北京、江苏、安徽、四川等省市和华中师大的陶研单位。会议制定了"七五"期间陶行知系列研究项目方案。根据国家教委教育科学规划办公室的意见，经过充分讨论，制订出既有地方特色又有统一领导的合理分工协作的项目方案。这项方案的完成，对弘扬光大陶行知教育思想，学习研究实践陶行知的教育思想，促进教育改革，有着很大的推动意义。我校在会议上得到认可的陶行知研究项目有："陶行知传"（由章开沅教授等承担）、"陶行知教育学说"（由董宝良教授、邓宗琦教授承担）、"研究陶行知教育思想，加快城市中学改革"（由邓宗琦教授承担）等。为保证这些课题顺利完成，会议决定将华中师大作为一个联络点，并创办陶研工作简报，检查、督促课题研究的开展工作，审定陶研成果。

1991年11月24日，湖北省纪念陶行知一百周年诞辰大会暨学术会议在华中师大举行。省陶研会副会长邓宗琦副校长致开幕词。王庆生校长及省政协、省民盟等领导分别作了讲话。来自全省各地的20余名专家、学者参加了会议。与会代表参观了我省陶行知研究成果展览会，高度评价了专家学者们在陶研领域的辛勤耕耘和丰硕成果，充分肯定了教科所对我省陶研活动的推动作用。会议期间代表们进行了各种形式的学术研讨活动，省人大常委会副主任梁淑芬在给大会的贺信中强调了在师范院校中开展陶行知研究的重要性。

经过多年的系统研究，教育科学研究所出版了一系列关于陶行知的研究成果。其中最具代表性的成果属华中师范大学教育科学研究所编，湖南教育出版社于1992年10月出版的《陶行知全集》。该全集是学术界公认的一部理论和实际结合，既有历史价值又有科学价值的教育文献，是中国近代教育史上的一份宝贵遗产。

（三）教育经济学研究

我国研究教育经济学的时间较短，具有科学体系结构的教材和专著也很少。20 世纪 80 年代以来，在国内比较有影响力并形成一定科学体系结构的研究团体，一是北京大学经济系，二是本校教科所杨葆焜牵头的队伍。在此期间，杨葆焜等人在教育经济学学科挖掘深耕，编纂了《教育经济学概论》一书，成立了湖北省教育经济学研究会，此外还创办了《教育与经济》期刊。

《教育经济学概论》，由七大部分十一章构成。它是从三个原则考虑学科体系结构的。第一，整个学科体系结构必须以马克思主义的经济学说和教育理论为理论基础和指导思想。第二，把教育过程与物质生产过程看成既有联系又有区别的两个不同过程，作为整个学科体系出发点，把教育资源投入—教育资源利用—提高劳动力素质和发展科学技术—创造社会财富和促进经济增长，作为整个系统来建立学科体系结构。第三，紧密联系和结合中国经济与教育实际，力求确立适合我国社会主义现代化建设需要的教育经济学体系结构。

1990 年 5 月，由教育科学研究所主办的湖北省教育经济学研究会在华中师大宣告成立。杨葆焜被选为顾问，省教委副主任袁继凤为会长。10 年来，该会共召开了 5 次全国性学术讨论会，共收到论文 400 余篇。会员中出版专著和教材 20 多本，论文集 10 本，译著 10 余本，学术论文数以千计，其中许多著作、译著、论文为研究会直接组织撰写。此外，还编印了《教育经济学资料》10 期。在搞好科研的同时，他们还为普及教育经济学知识举办 5 次全国性普及培训班，共培训 500 多人次。

《教育与经济》季刊，创刊于 1985 年，是由教育部主管、中国教育经济学研究会和华中师范大学联合主办的我国唯一的教育经济学专业学术性期刊。老一辈教育家董纯才，经济学家于光远、千家驹，历史学家章开沅为创刊号题词，王铁致发刊词。首任编委会，由经济学家厉以宁教授领衔。最早主编为中国教育经济学研究会第二届理事长、华中师范大学教科所所长杨葆琨教授。该刊及时反映国内外教育经济理论与现实问题研究的新成果、新观点和新动态，已经成为各级教育行政部门、各级各类学校和各位教育经济学者探讨教育经济理论，研究教育经济现实问题的必备刊物，同时也是国外教育经济学界了解我国教育经济学研究现状的唯一刊物，并被教育学术界誉为中国的教育经济学权威刊物。

三、重视教育实验研究

在这一时期，教育系和教育科学研究所开展了一系列教育实验，研究工作者立足于教育理论及教育实际问题，联系市内或省内中小学作为实验基地，对于构建教育理论或解决教育实践问题起到了良好作用。

（一）“小学生主体性品质培养实验”

在教育系等单位的指导下，湖北荆门市象山小学开展了“小学生主体性品质培养实验”。该实验的理论依据是：所谓人的主体性，是人作为主体而在一切对象性活动中与客体相互作用而表现和发展起来的功能特性。个体的人的整体发展，其实质在于个体主体性的发展。人在实践活动中表现出来的主动性、自主性及创造性等品质，既受制于个体自身素质的现实状况，又对其素质发展的方向和质量产生重要影响。因此，培养学生的主体性并致力于学生主体性品质的形成，是促进个体发展的核心任务。该实验以开放型的教学体系、自主型活动体系和民主型班级管理模式为自变量，重点培育学生的自主性（包括自主选择意识、主动参与意识）、自律性（包括学习的自我规划与监督、道德言行的自我控制、校规校纪的自觉遵守、日常生活的自我管理）、适应性（包括自尊自信、交往、竞争与协作、承受挫折和克服困难的意志）、创造性（包括求新求异、思路开阔和想象力丰富、敢作敢为、聪慧和知识面广）、效率感（包括成就动机、计划性、紧迫感），从而使他们学会选择、学会参与、学会自律。“小学生主体性品质培养实验”的主要措施是：（1）实施开放型教学策略，构建开放型教学模式，在课堂主渠道培养学生的主体性。（2）实施“自主选择、主动参与”策略，构建自主型活动课教学模式，充分利用活动课教学灵活开放的优势，体现、巩固和发展学生的主体性。（3）实行“民主型班级管理”，实现“自理、自主、自治”目标，充分利用班级活动主阵地培养学生的主体性。

（二）“主体性教育区域改革实验研究”

人的主体性主要指人在一切对象性活动中与客体相互作用而表现和发展起来的一种自觉能动的类特性。它是人区别于其他动物的标志，包括独立自主性、自觉能动性和积极创造性三个基本的本质特征。主体性教育实验的特征是：以马克思主义关于人的全面发展学说和我国的教育方针为指导，从分析学生主体性的本质特征和基本结构入手，把影响或优化学生主体性发展的各种因素和途径作为实验自变量，从整体上来探讨学生主体性的发展规律，以期能够探索出一条促进学生主体性发展的有效途径和措施，并在此基础上来构建主体性教育的理论体系和基本框架。

“主体性教育区域改革实验研究”由教育系与湖南长沙市开福区教育局联合开展。这种实验研究以培育小学生主体性素质为主要目标，通过确立主体教育思想，建构“主体性教育目标—主体性教育课程结构—主体性教育教学活动—主体性教育管理和评价”等一体化的小学教育模式，优化学校多方面育人因素和学生家庭育人环境，协调学校教育力量与家庭教育力量的关系，力图促成小学生主体性素质的主动建构，实现他们生动活泼健康地发展，使之成为学习活动的主体以及个体生活和社会活动的主体，为他们未来的发展奠定主体人格、主体意识、主体能力等方面的素质基础。为了优化影响小学生主体性素质发展的因素，建构学校主体性教育模式的基本框架，他们以建立学校主体性教育的目标体系和评价指标体系、探索主体性教育的课程结构、构建主体性教学活动体系、实施主体性教育评价和管理为实验的基本内容，围绕“培养小学生的主体性素质”这一主题进行了多方面的实验探索。

（三）小学整体结构改革实验

教育系旷习模等于 1983 年至 1988 年在 16 所学校开展小学整体结构改革实验，于 1988 年秋又在 20 所学校（含第一轮的 16 所）开展第二轮实验。该实验的总体构思以全面贯彻国家教育方针、全面提高教育质量、为学生打下全面发展基础为实验指导思想，遵循整体优化、以学生为主体、在活动中发展和因材施教这四条原则，实施“以纵带横”的基本策略。即有重点地开展在纵向上以小学生身心发展过程中经历从幼儿园到小学、从小学低年级到高年级、从小学到中学这三个过渡阶段为实验主轴，组织在横向上以课堂教学、课外活动、学校社会家庭“高效教育场”为实验等 8 个子项目，实现德、智、体、美、劳五育的有机结合，探求一个小学整体结构优化的教育模式。

实验项目的实施情况：（1）学生发展过渡期的衔接。这项实验探索了“幼—小”过渡、“低—高”过渡、“小—中”过渡，形成了系统的经验。

(2) 学制和课程设置的调整：实行“五四”学制。课程的调整主要内容是：①减少语、数课时；②从小学一年级起开设自然课；③增加户外活动时间。(3) 思想品德教育及常规训练。在三个过渡阶段，分别以生活常规、道德判断、自控自治能力的培养为重点。教育和训练的具体方式注意符合儿童年龄特征，收到明显效果。(4) 课堂：教学结构及方法的改革。依照儿童发展的年龄阶段特征，并结合教学内容调整，研究了教学方法的优化选择及合理组合；在调整教学内容、改革教学方法的同时，还致力于课堂教学结构的优化。(5) 课外活动及课内外结合。基本思路是，课内打基础，课外求发展，课内课外结合育人才。注意课外活动的年段重点，逐步形成活动系列。(6) 学校、家庭、社会“高效教育场”建设。建立了学校—家长联系卡；开办家长学校；吸收部分家长参与实验活动：加强与社会的广泛联系。(7) 考试制度和方法的改革。一律取消期中考试，实验班不参加学校突击性考试，代之以单元后随堂测验，每学期末由实验指导组统一命题考试。(8) 后进生的转化教育、针对后进生形成的不同原因，采取不同的转化手段。对他们优先提问、优先演板、优先批改、优先辅导，并使他们处于受尊重、信任的气氛中，班主任、学校领导、家长三结合形成转化后进生网络。实验学校领导和教师普遍认为这项实验指明了小学教育改革的方向和途径。实验由原来的两所学校发展到湖北、湖南两省 8 个地市 24 所学校的 62 个班，参加实验的教师达 380 人，学生为 3800 多人。几年来，他们积累、总结了不少经验和大量的资料，编辑出版了《普通教育改革的新探索》《小学教育整体改革》两部论文集，并在省外刊物上发表了 12 篇论文、3 个实验报告。湖北省小学整体结构改革实验报告指导组曾分别对第一轮第一批试验点的两个实验班学生进行检验评定，检查结果表明，实验班学生质量普遍高于普通班，并且其智商平均高于 100。国家教委、省教委多次肯定这项改革的方向和所取得的成效。

学前教育专业的杨爱华、李宁达、沈立明在华中师大附属幼儿园、街道口幼儿园、珞珈幼儿园等进行幼儿园整体综合课程改革，打破科目教学的惯习，坚持幼儿园健康、语言、社会、科学和艺术五领域整合，以游戏为基本活动，研发系列教材和幼儿玩教具材料，在湖北、江西、河南等中部地区乃至全国产生了深远影响，引领并激发了我国幼儿园课程的综合改革。这项实验起步较早，范围较广，时间较长，影响较大。

（四）小学数学启发式教学实验

教科所姜乐仁长期从事小学数学教学法的教学和研究工作。1979 年，他在充分研究中外教育史和总结教学实践经验的基础上，得出一个结论：启发式绝不是一种单一的教学方法，而首先是一种教学论思想，是一切行之有效的教学方法共同具有的因素和特征。若将启发式的精神实质贯穿于教学内容和教学过程中，肯定能比注入式教学取得更满意的教学效果，更有利于儿童身心健康发展。于是，从 1980 年开始，他以现行小学教学计划、数学教学大纲为依据，以启发式教学论思想为核心，采用系统科学的研究方法，进行了“小学数学启发式教学实验”。其基本内容和做法如下：

第一，编写实验教材《实验数学》。此教材有以下几个特点。一是教材教法、学法融于一体。教材包含小学数学教学内容，也包含教这些内容的方法。课本的内容结构不仅反映数学知识的逻辑结构和儿童的认知结构，而且也反映教学的基本结构，在编排上采用了以下做法：按课时、小节、单元编排教材，标明小课题，指出教和学的基本要求、方式和方法，安排好准备性知识，为教学新课提供恰当的铺垫；阐明教材，利用边注、旁注；教材编排反映教学程序和方法，如试一试、想一想、议一议等。二是必学内容与选学内容融为一体。必学内容指教学大纲规定的每个学生都要掌握的各项教学内容。选学内容是供条件好的学校和学有余力的学生在达到大纲基本要求下学习的内容。每章后都辟有一块“数学园地”，介绍与课堂教学内容相关的理论、数学知识、数学家故事及趣味数学等。三是按学生认知规律配置系列习题。一般有 5 种类型：准备题、标准题、复现题、变式题、综合题。四是统一要求，适当提高，具有弹性。教材为少数接受能力较强、智力潜力较大的学生，提供了一些横向发展的学习材料。五是一本多用、功能齐全。《实验数学》既是教材，又是学材，还是练习册、课外读物。

第二，改革教学方法。主要是三为主、两结合、一核心。三为主即以学生为主体，以教师为主导，以教材为教和学的主要依据。两结合即面向全体与因材施教相结合，课内为主与课外为辅相结合，一核心即以启发式教学为核心。重点培养学生的学习能力、操作能力和思维素质。

第三，设计了新的课堂教学结构。其新的课堂教学结构包括 5 个环节：一是准备。让学生为学习做好思想上、知识上的准备。可通过预习、自学、动手试做准备题等方式进行。二是诱发。通过诱导，让学生提出，或由教师根据教材，针对学生实际提出问题。三是释疑。针对提出的主要问题进行点拨。四是转化，可以通过各种形式的“复现题”和变式练习，促使知识内化，纳入已有知识结构。五是应用。把所学知识用于分析和解决实际问题，它既是学习的目的，又是学习的重要手段。

小学数学启发式教学实验从 1979 年设计，1980 年开始。到 1986 年，姜乐仁带领团队完成并出版了六年制小学试用教材《实验数学》1—12 册，出版了与五年制小学数学配套的《小学数学课外读本》1—10 册。另外还出版了《启发式教学原理》与实践丛书《实验数学》。他们的实验研究成果除西藏、台湾外，在全国各地得到了广泛的应用，受到同行专家的好评及学生、家长、教师、学校的欢迎。1988 年，他们向 12 个省、自治区的 200 余个实验班进行问卷调查。有 97.7%的教师认为实验对培养学生的数学思维效果很好或比较好；96.55%的教师认为《实验数学》有利于或很有利于教师教、学生学，89.65%的学生喜欢或非常喜欢《实验数学》；74.75%的家长表示欢迎这项实验。《实验数学》经国家教委中小学教材审查委员会审查，肯定了教材的优点，要求继续实验。他们的实验报告也荣获华中师大优秀科研成果奖。

四、教育科研成果丰硕

教育研究成果的数量和质量是衡量一个地区教育研究水平高低的重要标志。改革开放以来，教育系和教育科学研究所广大教育研究工作者推出了一批有价值、影响较大的研究成果。有关教师承担国家教委、省部委级课题 6 项，即“新时期我国教育功能及调节机制”“陶行知教育思想系列研究”“考试基础理论与考试史”“公务员考试基本理论与实际应用研究”“中小学考试制度及方法手段改革研究”和“农村中小学数学教育的理论与实践研究”。1986—1990 年，正式发表论文、报告 151 篇。同时，推出了一批学术性较强的教育理论著作，包括杨葆焜教授的《教育经济学》、萧宗六教授的《学校管理学》、姜乐仁教授的《实验数学》等近 40 本（部）。其中有 10 项分别被国家有关部委和湖北省评为优秀成果奖、优秀著作奖、优秀论文奖。经过多年的发展，华中师范大学形成文科、理科、教育学科科学研究协调发展的格局，科研的整体水平显著提高，形成了教育学科的鲜明特色和优势。如在华中师范大学 1991—1992 学年度获批的 63 个文科科研项目中，教育科学研究所获批 6 个课题、教育系获批 10 个课题，共占学校文科课题总数的 25%，凸显了教育学科科学研究的比较优势。

学校遵照国家教委的有关精神，结合教育科学研究的基础和特色，组织申报了基础教育改革项目。经国家教委有关司（局）及直属师范大学咨询委员会的严格审议，有 6 个项目榜上有名：王道俊主持的“国民素质现状调查和基础教育改革研究”；王秋来、陈吉昆和杨汉清等主持的“我国中部地区中小学教师素质结构与师范院校课程结构改革专业研究”；旷习模主持的“农村九年义务教学专业育学校整体结构改革实验”；孙绵涛等主持的“地方教育管理与中小学内部运行机制研究”；廖平胜主持的“高考考试制度方法手段改革研究”；邓宗琦、姜乐仁主持的“农村中小学数学教育的理论与实践研究”。

在 1986—1990 年湖北省历届社会科学科研优秀成果奖获奖方面：熊贤君《中国教育管理史》获得二等奖；严正、王赤勋和王蓬《老师、母亲、家长》，董宝良、邓宗琦和熊贤君《陶行知研究》，严正《认清有利条件改善家庭教育》，王启康《学习毛泽东关于矛盾运动的理论探讨心理学的理论问题》，谢小庆《现代心理学研究成果的认识论意义》，杨再隋、旷习模、陈友才和刘友谨《语文教学探新》，郭文安《职工教育学》，刘荣才《小学教育心理学》和《孩子聪明的秘诀》，扈中平《人的全面发展——历史现实与未来》和王道俊、郭文安《让学生成为教育的主体》等成果，获得三等奖。

在湖北省首届教育科学优秀成果评选中，我校有八项成果获奖，其中一等奖一项（占一等奖获奖总数的 1/3）；二等奖五项（占二等奖获奖总数的 71.4%）；三等奖二项（占三等奖获奖总数的 9.5%）。获奖的成果名称是：旷习模《小学整体结构改革实验》获一等奖；任钟印《昆体良教育论著选》、杨汉清《发达国家师范教育改革和发展的基本经验和趋势》、廖平胜《考试学》、刘荣才《儿童早期教育理论与实践》和教科所课题组《论我国教育投资之短缺之存因与出路》获二等奖；李宁达《湖北农村学前班的调查与探讨》和廖哲勋《〈五四制〉小学初中课堂总体设计方案》获三等奖。

在陶行知研究方面也取得了丰硕的成果，《陶行知全集》（1—6 卷）获 1986 年“全国优秀畅销书奖”和 1990 年中国陶行知研究会首届优秀成果编著奖第 1 名；邓宗琦、熊贤君《陶行知教育实验思想系列研究》获 1990 年中国陶行知研究会首届优秀成果一等奖；董宝良《陶行知生活教育的中国特色》和周洪宇《陶行知研究的方法论问题》获1990年中国陶行知研究会首届优秀成果二等奖。在教育经济与管理及考试学方面也有多项获奖，杨葆焜主编《教育经济学》获中国教育经济学研究会1980—1990年优秀论著奖；刘芹茂《现代化进程与教育的社会功能》、刘汉清《合理的教育投资理论探索》、袁持平《教育供给失度的原因及出路》获中国教育经济学研究会1980—1990年优秀论文奖。

总之，这一时期在学术研究上表现出以下特点：一是鉴于长期以来尤其是十年“文革”极左思想的影响，注重基本理论方面的探究，以达到正本清源的目的；二是鉴于学科研究基础薄弱的状况，注重基础研究，包括收集、整理史料和编写教材；三是重视拓展新研究领域，丰富研究内容；四是走出学校，面向中小学，开展教育实验。

第四节　强化开放办学

改革开放以来，学校办学的思路更广，社会服务的意识也更强。教育系和教育科学研究所在搞好教学、科研的同时，不仅利用师生所拥有的专业知识为社会提供服务，而且以开放的心态走出国门，与国际社会进行更多的接触、交流和合作。

一、广泛开展教育合作

随着学校科学研究的开展，如何使科研成果转化为生产力，为社会主义经济建设服务就显得十分突出。为此，学校经过研究，在全国较早地提出了“校—市”“校—县”科技教育合作模式，发挥学校学科优势，促进地方经济建设发展。教育系和教育科学研究所本着服务社会的宗旨，发挥教育学科优势，积极面向社会，加强与政府有关职能部门及中小学的合作，采取多种形式联合办班，广泛开展教育合作，拓宽办学空间，取得显著的成绩。

1990年9月，学校与第二汽车制造厂（在十堰市）签订《合作培训师资

队伍提高教学质量 共同构建厂校联合办学的新模式》协议书。教育系和教育科学研究所协助二汽开辟博采众长、自成一家的师资培训新途径，建立并完善培训、教研、科研三位一体的培训体系，建立了一支“结构合理、学科配套、素质合格、胜任教学”的师资队伍；二汽为华师拓宽教育科研试验基地，改善办学条件，完善教学、科研、生产三结合的办学体系，提供积极有效的支持。

1991 年 12 月 21 日，为探索内地与沿海经济特区合作的新路子，开创高等院校与地方政府、生产企业挂钩合作的新局面，学校与珠海市香洲区达成教育、科技全面合作的协议。根据协议，学校充分发挥教育学科的优势，选派教育专业人员，为香洲区的教育提供一条龙服务，即包括从幼儿教育到成人教育等全方位的服务，并在该地区设函授站，多层次地开展学历教育和非学历教育，为该地区培养各方面的人才。借助我校教育优势，进一步提高教育质量，为地方培养“永久型”人才。1993 年上半年，双方又就联合开办小学达成一致意见，为特区举办了小学校长培训班，把基础教育的服务直接送到了改革开放最前沿地区。

二、拓展社会服务途径与内容

高校社会服务是指高校通过培养人才、发展科学技术以及直接为社会服务等形式满足社会的有关需求。教育系和教育科学研究所充分发挥其教育及科研资源，为武汉市及其周边省市提供社会服务，产生了较好的社会效益。

首先，多途径培训社会人才。这一举措多以开设培训班的方式进行。例如，教育系王伟老师组织学前教育、特殊教育、教育管理等五个专业的 14 位专家教授推出了“小太阳教育工程”，以满足广大家庭科学育儿的需要，培养身心健康、全面发展、具有竞争能力的人。该工程实施以来，收到全国 20 多个省份近千名家长的参与申请。为配合这项工程的实施，他们编写了《人生序曲——优生与胎教》《婴幼儿智力基础与才能训练》《健康人格的培养》等八册训练资料，对儿童实行寓教于玩于乐的教育方式。他们还建立早期教育档案，设立专家咨询室、咨询热线电话，提供咨询服务。专家小组还进行个别心理测查和巡回指导。1987 年，教科所为小学教师举办暑假讲习班，受到来自新疆、内蒙古、广西等 13 个省、自治区的近两百名小学教师的欢迎。

其次，指导学校开展教学与实验。教育系旷习模及杨再隋多次利用寒暑假、节假日和外出途经株洲的机会，不顾严寒酷暑和旅途的疲劳，经常亲临学校听课、评课，主办实验教育讲座，并和实验教师一道研究实验的方案，确定实验的内容、方法和途经，检查实验结果。这种义务指导而分文不取的可贵精神，实验求真的科学态度和任劳任怨、精益求精的工作作风，给株洲市实验小学广大师生留下了深刻的印象。1988 年，教育系帮助武汉市私立汉正街个体工商户学校提供办学指导。该校是我国第一所私立个体工商户学校，设有职业教育班、扫盲班，学员全部为个体户。刚成立不久，办学经验欠缺，旷习模为他们提供了办学目标、课程设置、价值评估等方面的指导，同时将一块“龙凤呈祥”的匾牌赠送给该校，并赠送了《教育研究与实验》《创造性人才与教育》《普及教育改革的探索》等书籍、杂志。

再是，设置专门机构开展社会服务。1980 年以来，教科所教师严正用个人掌握的教育学、心理学、社会学、伦理学等专业知识，在全省乃至全国较早地开展青少年心理咨询工作。他曾先后回复青年来信数千封，接待登门求教的青年数以千计，有的咨询对象与他交往长达 20 余年。有少数青年由于各种原因悲观绝望、厌世轻生，在他热情真诚的开导和帮助下，重新扬起了生活的风帆。他的工作得到了社会的充分肯定。国家、省市级的十几家报刊、电台、电视台对其事迹予以报道。1990 年 6 月 8 日，《中国青年报》以“许身青年终不悔”为题，对他的青少年教育工作在头版作了长篇报道。1994 年 4 月 4 日《长江日报》以“希望的播种者”为题，报道了他的事迹，“编者按”指出：“这是一首园丁的颂歌，也是一首精神文明建设的赞歌。”又如 1990 年特教专业开通了残疾儿童家长心理咨询热线，为残疾儿的父母排忧解难，答疑解惑，此热线使一个个原本沉闷的家庭出现了欢快的气氛。同时，将遗传与优生的知识通过热线逐渐传播四方，大大降低了残疾儿的出生率。1991 年，特教教研室协助湖北省教委进行了残疾人的普查工作，1992 年又帮武昌区教委对残疾儿成功地进行了视力检测和听力检测，此外还资助过一些家庭特别困难的残疾儿，并和省残联一起为解决残疾人的就业问题多方奔走。对湖北特教委员会《特教天地》刊物的编辑、发行，也做了大量的工作。

改革开放以后，教育系和教育科学研究所均注重对外交流和合作，一方面通过参加并举办国际会议，加强与世界各国及中国港澳台地区的学术交流；另一方面采用请进来、派出去的办法，达到开阔视野、提升学术水平的目的。积极邀请国外专家来访。1985 年以来，美国、英国、德国、日本等国的高等学校和研究机构纷纷派著名教授、学者来系、所访问、讲学或开展合作研究。在邀请境外专家来访的同时，系、所还派遣青年教师到境外去进修或访学。

图 7-4　对外交流

第八章

华中师范大学教育科学学院的成立与办理（1993—2005）

20世纪90年代初期，随着《中华人民共和国国民经济十年规划和第八个五年计划纲要》提出要“有重点地办好一批大学”，建设重点大学和重点学科受到国家的高度重视。为了整合高教资源，提升高等院校办学的综合实力，高校合并浪潮在全国掀起。在此背景下，国家高等教育“211工程”计划酝酿诞生。为推动华中师范大学进入国家“211工程”项目的建设行列，提升学校办学层次，学校很快组织准备申请工作，包括推进学校教学改革、专业建设、学科建设，优化整合各方教育资源等系列改革举措。按照学校综合体制改革的需要，将教育系和教育科学研究所合组办理，教育科学学院应运产生。教育科学学院抢抓机遇、乘势而上，办学实力进一步增强，学科竞争力进一步凸显，在人才培养、科学研究、学科建设和社会服务等方面为学校建设教师教育特色鲜明的综合性研究型大学作出了很大贡献。

第一节　教育科学学院的组建

20 世纪 90 年代，国家高等教育“211 工程”在“高校合并、资源整合”的趋势中诞生，国家实施“211 工程”的根本目的，是要把我国高等学校推向世界高等教育竞争的大环境，促使全国各高校上质量、上水平、争一流，最终实现在教育质量、科学研究和管理方面达到世界先进水平。根据国家教委的要求，华中师大党政领导认真分析和研究了学校进入国家“211 工程”的现实基础、有利条件和奋斗目标，规划了学校整体发展的宏伟蓝图。

根据“优化教育结构，加快高等教育管理体制改革步伐，合理配置教育资源，提高教育质量和办学效益”的组建精神，1993 年 3 月 31 日，学校研究决定成立教育科学学院，王庆生校长任教育科学学院筹备组长。同年 11 月 12 日，校党委研究决定，由教育系和教育科学研究所组成华中师范大学教育科学学院。学院教学科研单位设有教育学系、心理学系和教育科学研究所；学院的职能部门设有院办公室、教学办公室和科研办公室。教育科学学院建立党总支，原教育系党总支和教育科学研究所直属党支部同时撤销。新成立的教育科学学院（以下简称“教科院”）干部任职如下：

教育科学学院院长：王庆生（兼）；副院长：孙绵涛（常务）、刘华山、范先佐。

党总支书记：叶长明；党总支副书记：刘合松、郭方。

教育学系主任：孙绵涛（兼）；副主任：徐宜安、王坤庆（兼）。

心理学系主任：刘华山（兼）；副主任：龙立荣。

教育科学研究所名誉所长：杨葆焜；所长：范先佐（兼）；副所长：黄瑞彩。

院办公室主任：刘合松（兼）；副主任：徐宜安（兼）、李汉生（正科级）。

教学办公室主任：王坤庆。

科研办公室主任：杨小微。①

① 《关于成立华中师范大学教育科学学院及干部任职的通知》，华中师范大学档案馆馆藏：1993-DQ13RMY-1-31。

教科院组建之初有在编教职工 114 人，在教师系列中，教授 10 名，副教授 28 名，讲师 30 人，助教 18 名。根据工作需要，经研究决定，1996 年 1 月，学校决定撤销教科院教学办公室和科研办公室，其工作归并到院办公室。同时，学校对学院领导班子进行了调整，孙绵涛任院长，免去王庆生教科院院长职务；王坤庆、范先佐、杨小微任副院长；刘华山任学院党总支书记，免去副院长职务；刘合松任学院党总支副书记，免去院办公室主任职务；郭方任学院党总支副书记；吴金林任学院办公室主任；黄瑞彩任学院调研员。

教科院重组后，学院领导从办学层次、规模、形式、特色、条件和队伍建设等方面，对各项事业在新世纪的发展进行了规划。在办学层次和办学规模方面，学院在稳固本专科层次和已有办学规模上，适量扩大研究生的办学规模，在原有的八个硕士专业基础上增加三到四个硕士专业，同时办好博士教育。在办学形式方面，学院以适应办学层次为前提，立足于在校本、专科生教育，办好已有的硕士生教育，稳定和扩大已有的函授、自修等成人教育规模，并在已有的成人教育基础上扩大成人教育形式，如高校教师资格证培训、自费研究生的办学等，同时为争取另外几个硕士专业做准备。在办学特色方面，学院要求全院教师须有自己所承担的课题、研究方向和研究成果，在此基础上形成自己的学术特色；各学科教研室应在每个教师的学术特色基础上，形成自己学科教研的“拳头产品”和“科室特色”，要在华师体现出自己的学科特色和学术优势，进而形成教科院办学的总体特色和总体方向。在办学条件方面，经过多方努力学院的办学条件是自 1979 年教育系恢复建制以来最好的时期。为了办出特色，学院尽力改善办学条件，选送青年骨干教师外出学习，同时开办英语和微机两个培训班，并积极筹建微机中心，为教师进行科研提供网络化服务。在队伍建设方面，学院从师资队伍和管理队伍两方面对队伍建设做出规划，计划五年内，学院每位教师应系统读书，包括哲学书籍和专业原著；应本着负责的态度潜下心来多研究些问题，并认真地做学问。学院对认真做学问的教师进行大力扶助和培养，力争在 20 世纪末推出 10—15 名全国知名的教授和学者，在学院营造名人效应，为青年骨干教师成名创造条件，其他人员也应为他们成名创造和提供条件。同时，学院还规划培养高质量的管理人才，管理队伍建设和管理制度建设也被提上议事日程。发展规划的制订，不仅为新组建的教科院探清了未来的发展方向，更为各项事业发展奠定了坚实的基础。

2000 年 8 月，教育科学学院行政班子换届，范先佐任教育科学学院院长，涂艳国、周洪宇、杜时忠任学院副院长。因工作需要，从 2002 年 12 月起周宗奎任学院副院长。

教科院自重新整合组建以来，经过不断的融合和机制改革，逐步理顺了学院及各系所之间的关系。截至 2003 年底，教育科学学院下辖教育学系、心理学系、教育科学研究所和高等教育研究所。具体教学科研机构包括：教育基本理论教研室、教育经济与管理教研室、教育史教研室、学前教育教研室、课程与教学教研室、特殊教育教研室、现代教育技术教研室、基础心理学教研室、发展与教育心理教研室。

第二节　人才培养工作的改革

成立教育科学学院后，为了提高人才培养质量，学院明确了本科生和研究生的培养课程结构和重点：培养本科生的课程结构突出师范性；培养硕士、博士的课程结构则注重学术性，强调理论与实践结合的重要性。与此同时，注重加强进行师范院校教育理论类课程改革与教学改革，深入开展师范大学教育科学学院的功能与体制改革，并积极探索新型教师培养的有效教学方式。

一、重视本科生教学建设

本科生的培养工作是学院人才培养工作的重中之重，学院把本科人才培养密切相关的教学工作放在重要位置。在专业建设、课程建设、教材建设和教学研究等方面下大功夫，深化改革；不断强化教学意识，提升全院师生员工以教学为基础、以提高教学质量为核心的责任感和认同度。通过各项改革措施，学院不仅人才培养规模逐步扩大，而且人才培养质量稳步提升。

一是加强教学管理队伍建设。1994 年 12 月，学校成立第三届校级和院（系）级教学委员会，以加强对教学工作的领导和管理。教学委员会由长期从事本、专科教学工作，学术水平较高、教学经验丰富、政策水平较高的教育管理专家和有较高教育理论造诣的教师代表组成，教科院刘华山教授成为学校教学委员会成员兼文科教学组组长。教科院教学委员会由刘华山、杨竹生、王坤庆、陈立华、廖哲勋、董泽芳、喻本伐等人组成，教学委员会的成立为加强本科教学工作奠定了基础。

二是加强专业建设。根据社会经济发展以及教育事业发展对人才的需求，学院相继开设教育学、学前教育、特殊教育、小学教育、心理学以及公共事业管理（教育管理）等多个本科专业，采取“二二分段”的培养模式，即本科前两年不分专业，重在打下宽厚基础，后两年主攻专业方向课程，强化学生的专业基础，加宽学生的专业适应面，注重学生的专业能力培养。1997 年，应全校学生的要求，学院还面向全校学生开设了公共事业管理（教育管理方向）、教育学、心理学等三个辅修专业。

三是加强课程建设。学院 6 个本科专业共开出专业共修主干课 30 余门，专业方向课（含选修课）150 余门，为全校开出“教育学基础”“心理学基础”2 门公共基础课。各专业主干课程设置如下：

教育学专业：普通心理学、教育心理学、中国教育史、外国教育史、教育概论、教学论、德育论、教育社会学、教育统计测量评价、教育研究方法、教育管理学、教育经济学、教育哲学、小学语文与数学教学法、课程理论；

学前教育专业：普通心理学、人体解剖生理学、教育统计与测量、中国教育史、外国教育史、教育心理学、学前教育学、发展心理学、幼儿卫生学、幼儿园课程、幼儿教育科研方法、幼儿游戏理论、幼儿园教育活动设计与指导、幼儿玩具设计与制作、幼儿音乐舞蹈创编与技法；

特殊教育专业：特殊教育概论、盲文基础、手语基础、盲童心理与教育、聋童心理与教育、弱智儿童心理与教育、超常儿童心理与教育、残疾儿童生理与病理、残疾儿童康复、儿童行为与矫正、特殊教育技术；

小学教育专业：普通心理学、人体解剖生理学、中国教育史、外国教育史、教育概论、发展与教育心理学、小学语文教学论、小学数学教学论、小学科学教学论、课程论、大学语文、小学班主任、课堂教学技能、音乐基础、美术基础；

公共事业管理（教育管理）专业：管理学原理、教育行政学、学校管理学、人力资源开发、教育政策法规、教育督导、教育经济学、教育科学研究方法、公共关系学、信息管理、教育概论、中外教育史、教育哲学、教育统计与测量；

心理学专业：普通心理学、实验心理学、心理统计、生理心理学、认知心理学、发展心理学、教育心理学、管理心理学、心理学史、心理咨询与治疗、学校心理辅导、社会心理学、心理学研究方法。

学院着力以课程优化为平台助推教学发展，积极争取精品课程和重点课程建设，鼓励教师借助各种平台开展多种形式的课程建设，提升课程建设质量。郭文安、涂艳国等主讲的“教育概论”一直是教育学专业本科教学的基础课程，与时俱进、推陈出新，1994 年入选湖北省优质课程。学院利用资源优势，加强郭元祥、杨小微主讲的“教学论”课程建设。该门课程在 1997 年被湖北省教委确定为省级优质课程。除了省级优质课程外，还有喻本伐、熊贤君主讲的“中国教育史”，刘华山、周宗奎主讲的“发展与教育心理学”和孙锦涛主讲的“教育管理学”等课程被立项为校级优质课程建设。

四是加强教材建设。教材建设也是我院着力人才培养的重要工作，并且取得了相当显著的成绩。王道俊、郭文安主编《教育学》（新编版）获“九五”普通高等教育国家级重点教材立项选题。孙绵涛主编的《教育管理学》获普通高等教育“十五”国家级教材规划选题。1996 年，廖哲勋主编的《课程论》获国家教委第三届优秀教材二等奖。范先佐主编的《教育经济学》（人民教育出版社 1999 年版）被学术界认为是一部具有中国特色的教育经济学教材。该书出版后立即在社会上引起了较大的反响，全国不少高校纷纷将其作为教育学科和公共管理学科本科生和研究生的教材，台湾地区的一些高校也将其作为学生的参考书籍或培训教材，人民教育出版社几乎每年重印一次。该书先后荣获全国普通高等学校第三届优秀教材一等奖、第六届国家图书奖和第三届全国教育图书一等奖。此外，喻本伐、熊贤君合著的《中国教育发展史》，杨汉麟和周采合著的《外国幼儿教育史》，吴侃和杨汉清合编的《比较教育学》等教材，都产生了较大的社会影响。

五是注重教学研究。学院非常强调教学与科研的相互结合、相互渗透、相互影响、相互促进，从教学实践中发掘科研的资源，以研究成果提高教学的质量，注重理论与实际的结合，取得了一系列重要成果。1993 年，郭文安等主讲的“主体性教学思想及实践研究”获国家优秀教学成果奖二等奖、湖北省教学成果一等奖。1994 年，刘华山主持的“关于心理学科教学密切结合中小学实际的研究”和郭文安主持的“教学过程中学生能力培养研究”获得学校教学研究立项。1995 年，杜时忠主持的“师范院校开展人才素质教育的理论与实践研究”和范先佐主持的“关于提高我国在职教师管理人员学历层次问题的研究”获得学校教学研究立项。1997 年，刘华山、龙立荣、江光荣等完成的“高师心理学教学改革途径的新探索：学校心理辅导”获学校

1994—1997 年优秀教学成果一等奖；杨汉麟、熊贤君、余子侠等完成的“教育史学科体系与教学内容的更新与拓展”获得优秀教学成果二等奖。1998 年，郑晓边主持的“师范生心理健康调查教学干预研究”获批学校教学研究项目。2000 年，郭元祥主持的“文科‘研究性学习’教学模式的研究与实验”获批湖北省教学研究重点项目。2001 年，但武刚主持的“公共教育学教学中的案例教学法研究”获批湖北省教学研究项目。王道俊、王坤庆、但武刚、董英、卢子洲等人共同完成的“师范院校公共教育学课程体系及教学改革研究”获国家优秀教学成果奖二等奖、湖北省优秀教学成果奖一等奖。2003 年，佐斌主持的“高校师生互动教学模式的研究与实践”获学校教学研究项目。

二、提高研究生培养质量

教科院成立后，争取研究生教育规模扩张的同时，坚持数量扩张与质量提高并举，在学位课程建设、教学管理、导师队伍建设等方面，致力于提高培养质量，努力实现创新人才的培养目标。教学论、德育原理、外国教育史、教育心理学、教育学原理、教育管理和中国教育史等专业招收研究生，每年招收规模整体维持在 20 人左右。从 2001 年起，教科院的研究生招生就超过了本科生，到 2003 年研究生的比例与本科生的比例进一步扩大，完成以培养本科生为主向以培养研究生为主的转化。学院是全校第一个实现了培养高层次人才为主的院系。各类研究生专业课程设置如下：

教育学硕士专业主干课程：

教育学原理专业：马列主义经典著作选读、科学社会主义理论与实践、教育学原理、心理学基本问题研究、教育科学研究方法、教育历史名著选读、当代中国教育问题研究；

课程与教学论专业：马列主义经典著作选读、科学社会主义理论与实践、教育学原理、学与教的原理、教育科学研究方法、学科教学论（物理、语文、数学、化学、地理）、当代中国教育问题研究；

教育史专业：马列主义经典著作选读、科学社会主义理论与实践、教育学原理、当代中国教育问题研究、中外教育制度史、中外教育思想史、中外教育名著选读；

教育经济与管理专业：马列主义经典著作选读、科学社会主义理论与实践、教育学原理、教育管理原理、教育经济学、管理思想与流派；

比较教育专业：马列主义经典著作选读、科学社会主义理论与实践、教育学原理、当代各国教育研究、比较教育理论与方法、当代中国教育问题研究；

基础心理学专业：马列主义经典著作选读、科学社会主义理论与实践、心理学基本问题研究、心理学研究方法、高级统计及其在心理学研究中的应用；

发展与教育心理学专业：自然辩证法概论、科学社会主义理论与实践、心理学基本问题研究、心理学研究方法、高级统计及其在心理学研究中的应用。

教育硕士专业主干课程：

马列主义经典著作选读、科学社会主义理论与实践、教育学原理、心理学基本问题研究、教育科学研究方法、教育历史名著选读、当代中国教育问题研究、教育经济与管理、课程与教学论、青少年心理学。

博士专业主干课程：

教育学原理专业：马克思主义与当代社会思潮、教育学原理研究、当代中国教育问题研究、教育经济原理、教育管理原理；

教育史专业：教育史学方法研究、中国教育制度史、中国教育思想史、中外教育交流史、外国教育思想史；

发展与教育心理学专业：心理学研究方法、发展心理学基本问题、教育心理学研究、社会性与人格发展、心理辅导与教育研究、学习与动机研究。

教育学原理博士点从 1997 年开始招收博士研究生，至 2005 年共招收 9 届近百人（其中留学生 10 人），已获得博士学位的 53 人（其中留学生 2 人）。他们之中有不少人已经成为所在单位的学术骨干和业务领导。例如，2001 年获得博士学位的康永久，任北京师范大学教育学原理专业教授，其博士论文《教育制度的生成与变革——新制度教育学论纲》被评为湖北省优秀博士学位论文、全国优秀博士学位论文提名论文。2002 年获得博士学位的何齐宗曾任江西师范大学教育学院院长、教育学教授，教育学原理专业的学科带头人，享受国务院特殊津贴。他的博士论文《审美人格教育论》2004 年由人民教育出版社出版。

学院注重研究生研究能力的培养，强调学术规范，鼓励研究生在读期间发表学术论文，使勤奋、钻研、探究真理的务实精神蔚然成风。学院开设各类学术活动，扩大研究生学术视野，培养研究兴趣，提高培养质量。例如，

“教苑论坛”是一个以教师为指导、以研究生为主体、以促进学术发展为根本宗旨的非营利性的开放性学术组织。它以研讨教育问题为中心，并广泛涉及相关领域和学科问题。由于其坚持高起点、高标准、高层次、高效率、多样性，体现开放性、前瞻性、学术性、互动性，不求一致，但求多元，吸引了不少师生踊跃报名参加。该论坛由教科院博士生主持，基本对象为该院师生，同时面向校内外广大师生。

三、探索学生工作新思路

学院学生工作始终坚持以生为本，结合大学生的身心特点与学院实际，丰富思想教育内容，创新思想教育形式，努力构建多层次开放性的人才培养平台，积极探索学生思政工作新思路和新方法，并且在学生思想政治工作方面取得了较为丰富的经验，创设了一种新型“参与式”的思想政治教育方式。“参与式”思想政治教育方法将思想政治工作同解决实际问题紧密结合，从无到有，越走越宽，该方式最突出的特点就是教师的直接参与。教科院成立“华师心理咨询中心”，由一批知名心理学专家亲自坐诊，每周六天轮流为全校学生提供免费的心理健康咨询。针对同学们实际生活中的人际关系问题、情感问题和学习方面的问题，给予耐心细致的解答和指导，及时消除部分学生心理上过度的人际焦虑和迷惘情绪，并适时开展心理知识讲座，深受广大同学们的欢迎。

此外，教科院还定期举行“名人名家谈人生”系列讲坛。一批教授、学者相继走上讲台与学生们面对面谈价值、谈人生。学院还结合专业知识，让学生们在实践中受教育。特殊教育专业的同学长期深入武汉市第一聋哑学校、第二聋哑学校、武汉盲校、武昌区培智中心等多家特教单位，用爱心和智慧去帮助这些特殊的孩子们树立自信，学会自强。心理学专业的学生们与院青年志愿者协会联手共创“阿心服务工程”。此工程以心理咨询中心为后盾，开通热线，创办报纸并设立信箱，在实践中，学生们学会了关心他人，关心集体，增强了对社会的责任感和使命感。

四、改善教学条件与设施

教学条件与设施的改善和更新，是提高教学质量的重要物质保障。为适应人才培养和教育现代化需要，适应学院在办学层次上，发展本科生及研究生的办学规模，以满足基础教育、高师教育及高校科研单位对教育科学人才的需要，加强硬件建设便被提到议事日程。其时，学校规划建设教育科学学院大楼，预算投资人民币 1900 万元。关于建设经费的来源问题，主要为三部分：一是香港著名企业家田家炳先生的捐赠。1996 年 7 月 9 日，田家炳先生来函同意捐资人民币 800 万元，兴建华中师范大学教育科学学院田家炳教育大楼。二是由学校向国家教委申请提供了一定的配套资金。三是不足经费由学校自筹解决。

图 8-1　参加 1996 年田家炳三十三项工程庆典活动嘉宾在嘉应教育学院合影

1996 年 10 月 31 日，田家炳教育书院大楼奠基，田家炳先生及省、市领导李大强、韩南鹏、韩忠学等出席了奠基典礼。学校授予田家炳先生荣誉教授和教育科学学院荣誉院长。典礼上，李大强副省长发表讲话，指出田家炳先生几十年苦心经营，创下家业，却不忘祖国的发展，牵挂教育的兴衰，以振兴祖国的教育为己任，实乃可钦可敬。华中师范大学将借此东风，加快改革步伐，发挥优势，把田家炳教育科学学院办好，并以此带动其他学科发展，把学校建设成为国内一流、国际有一定影响的师范大学。校长王庆生阐明田家炳教育科学学院大楼建设的重要意义，认为田家炳教育科学学院大楼的奠基为落实科教兴国战略，充分发挥我校的教育、科研优势创造了良好的条件。

我们将使田家炳教育科学学院大楼成为教育科学的研究中心、实验中心、基础教育人才的培训中心。

1997 年 5 月 23 日，田家炳教育书院正式开工。1998 年 10 月 2 日，时值学校隆重举行 95 周年校庆之际，学校邀请了田家炳先生、湖北省、武汉市以及兄弟院校代表和各届院友，参加了田家炳教育书院落成剪彩仪式。田家炳教育书院的建成和投入使用，为教育科学院的发展注入了新的动力，良好的学习环境和教学条件为学院人才培养和科学研究创设了极佳的平台和空间，田家炳教育书院从此成为教科院发展的新篇章和新起点。

图 8-2　校园鸟瞰老图书馆田家炳教育学院

除教学楼的建设之外，学院在不断改善其他硬件条件。自“八五”以来，在办学条件上有较大改进，如在资料信息储备、学科研究和现代化手段、实验基地建设、科研管理等方面均有了良好的基础，为科研提供了良好条件。在资料与信息储备上，学院资料与信息中心藏有国内外图书 10 万余册，订有国内外学术期刊 600 多种，其中有国外最新版本图书资料近 8000 册。在现代化研究手段上，学院拥有计算机中心，建立了区域性计算机网络和教学网络，并连通互联网。学院还为本院每位教师配备了家庭办公电脑。此外，还拥有摄像机、幻灯机、投影仪等设备，固定资产总额达 500 余万元。在实验室建设上，注重理论研究与实验应用相结合，现今实验室已成为学院教学研究和教育科研的重要基地。如心理学实验室拥有实验教师及专职实验技术人员 13 人，其中教授 5 人。实验室面积 326 平方米，仪器设备 327 台（件）。该实验室主要研究方向有：教学中的心理物理学实验研究（实验内容主要涉及基础心理学和实验心理学中的各种心理活动及其现象）、生理心理研究（实验内容主要是心理的物质基础，包括人类大脑及其神经系统的研究，以及借助动物的心理实验研究以提示人类的某些心理现象)、儿童心理发展规律的行为观察研究（包括幼儿心理实验、小学儿童心理实验、观察儿童的日常行为及学习活动，以揭示其心理发展规律)。

第三节　学科建设的方向与成效

科学研究是高等教育发展的使命和责任，同样也是高等教育发展的立身之本，教科院不断创设人才发展空间和条件，坚守在教育研究领域的使命和担当。自教科院新组建以来，一方面始终坚持发扬学院传统学科诸如教育学原理、教育史等的已有优势和基础；另一方面又不断寻求创新与突破，在学前教育和特殊教育领域内开辟新的天地。从 1993 年到 2005 年，教科院在学科建设中不断进取，发挥优势，开拓创新，经过全院教职员工的努力取得了丰硕成果。

一、明确各专业主攻方向

作为部属师范大学，教育学科是学校的特色学科和优势学科，教科院经过十几年的发展逐渐形成了自身独特的研究特色，逐渐确定自身教育研究特质和主攻方向。在“三级师范向二级师范转变带来的冲击”“开放性的师范教育体系带来的冲击”“地区文化和经济差异带来的冲击”三层困境之下，教科院在学科建设和人才培养方面所采取的应对措施，以“本科调整，重心上移”八字为准，向高层次、研究型学科体系进军，坚持“分类指导、分层发展、分步实施、突出重点、兼顾一般”的指导思想，形成自身的教学特色和研究特质。教科院逐渐形成了以教育学原理和教育史两个原有的博士点为基础，以教育学原理为重点学科和龙头，带动和发展课程教学论、高等教育、教育经济学、职业技术教育，兼顾特殊教育、学前教育的发展，逐渐朝向教育学学科群发展，包括教育学原理、教育管理、中外教育史、学科教学论、比较教育、教育经济、心理学、教育技术等学科。学院利用教育学学科优势为三峡地区、沿海特区、湖北和武汉的城区、乡镇社区的基础教育以及中等、高等教育师资培养提供服务，寻求可持续发展之径。主要学科的基本情况如下：

教育学原理专业是教育科学的基础专业，是体现华师办学特色的一个重要专业，是湖北省重点建设的学科专业。1979年开始招收教育基本理论硕士生，1982年建立教育基本理论硕士点，后在此基础上建立教学论、德育论硕士点。1996年建立教育学原理博士点，涵盖教育基本理论、教育经济与管理原理、课程与教学原理三个博士生培养方向，该博士点是我国中南地区第一个教育学原理博士点，是学校5个按“211工程”重点学科要求立项建设的学科之一，担负着培养高层次教育人才的重任。该专业在王道俊、郭文安等学科带头人带领下，主要研究方向有四个：教育基本理论、教育哲学、德育原理、教育社会学。该专业在主体性教育思想、国民素质与基础教育改革、新时期德育的社会适应性、德育本质、教育分流、社会转型期教师角色冲突的理论与实践等研究领域取得了丰硕的成果。

教育史专业是教育科学学院重点建设的学科专业之一。1985年开始招收教育史硕士生，次年获得中外教育史硕士学位授予权，2000年获得教育史博士学位授予权。多年来，在董宝良、任钟印等教授的带领下，经过长期的辛勤耕耘，该专业已逐渐形成了自己的学科特色和优势，在陶行知研究、中外近现代教育思潮与流派史、中国教育行政管理史、学前教育史、中外教育实验史、中外教育交流史等领域有丰富的研究成果。该专业主要研究方向有四个：中国教育思想史、中国教育制度史、中外教育交流史、外国教育思想史。在现有基础上，该专业突出以下特色：（1）致力于中外近现代教育史研究，尤其是陶行知研究、中外近现代教育思潮与流派研究、中外近现代教育交流史研究和中外学前教育史研究等；（2）注重史料建设；（3）开拓新的研究领域，填补学科研究中的空白；（4）注重研究成果更好地服务于当代教育改革的实践。

课程与教学论专业是教育科学学院重点建设的学科专业。“八五”以来，该专业在理论研究和实验研究上已具相当的规模和成绩，并形成了学科优势和特色。在旷习模、廖哲勋等教授带领下，该专业进行了20多年的中小学整体改革实验研究，提出了促进学生身心素质全面发展的实验目标和在教育过程中发展学生主体性的实验观点，经反复研究确立了“以学生为主体”“在活动中发展”“师生关系民主化”等教育原理和策略，并在教育实验方法论方面取得了不少成果。该专业先后在全国近10个城市开展课程与教学改革实验研究，建立了实验基地、实验学校200多所。在“九五”期间承担的科研项目共 12 项，研究经费达 110.5 万元。课程与教学论专业主要研究方向有四个：教学原理、课程原理、中小学语文课程教学论、中小学科学教育论。该专业注重基础教育课程与教学原理研究，关注我国基础教育改革发展的现实问题和国外基础教育课程与教学的改革与发展新趋势，注重课程与教学的实验研究，探索具有中国特色的现代化的基础教育课程与教学体系，注重为基础教育服务，积极参与国家基础教育课程与教学改革，发挥本专业对中小学课程与教学改革的指导作用。

教育经济与管理是一个综合性的理论和应用研究专业。多年来，在杨葆焜、萧宗六等教授的带领下，该专业在学科建设方面取得了突出成绩，在国内占有重要地位。包括以下三个研究方向：教育经济学、教育管理学、考试学。“八五”以来，该专业注重教育经济基本理论问题的研究，开展了“社会主义市场经济条件下教育供求的矛盾运动及其调节机制”“现代教育的经济价值”“教育投资的微观经济效益”“教育投资体制改革的若干理论问题与实践问题研究”等国家级科研项目的研究，并在教育与人力资源开发、教育与经济发展、教育投资与教育资源配置等领域提出了系统的观点，对于正确认识教育在经济建设发展中的作用并更好地适应经济和社会发展具有重要的理论意义和实践价值；该专业一直注重教育管理原理与方法研究，探讨教育管理哲学，进而提出了主体教育管理的见解，在教育政策、教育体制等方面提出了系统的看法；该专业同时致力于有关考试理论、制度、方法、历史等研究，并紧密联系实际，为国家及地方的考试录用人才和管理工作作出了贡献。

发展与教育心理学是心理学学科的重要专业，也是教科院重点建设的学科，2003 年获得博士学位授予权。主要包括三个研究方向：心理辅导与教育、学习与动机研究、社会性与人格发展研究。该专业较早涉及心理辅导与教育研究领域，在该领域的研究方面居国内先进水平，因此学校被教育部确定为开展学校心理健康研究的重点高校之一。曾先后三次承办全国心理辅导教师培训班，获得国内同行的一致好评。研究特色与重点包括：心理辅导的理论基础；学校心理辅导模式；学生生活压力事件及其应对与心理健康的关系；职业辅导的测验与策略。研究成果有《学校心理辅导》《教育观念的更新是有效心理辅导的前提》《心理咨询与治疗》《中国大陆中学生应激生活事件调查》等。在学与教的理论研究领域，注重分析、评价国外有影响的学习理论及本国的学习理论，从中提炼出适合我国学校教育实际的学习观点与动机整合模式。研究成果有《学与教的历史轨迹：20 世纪的教育心理学》《动机论》等。

在人格社会性发展与教育研究领域，特别注重儿童社会性发展的研究，取得的研究成果有《儿童社会化》等。在认知发展与教育研究领域，注重认知发展规律的研究并将其与教学实际相结合，特别是对皮亚杰儿童认知理论的研究有独到的见解，研究成果有《皮亚杰哲学导论》等著作。

基础心理学是教院的传统研究方向，多年来，在王启康、陈沛霖等教授的带领下，取得不少成果。其主要研究方向有：心理活动脑机制的生理心理研究、人格与社会心理学研究、理论心理学与心理学史研究。取得的成果有《中国人的脸与面子》、《西方心理学名著提要》、《心理学史》（第4卷）、《沙利文精神医学的人际理论》、《弗洛姆的人本精神分析》、《思辨研究与实证研究的区别与联系》、《职业兴趣自我测验的职业搜寻表研制及效应研究》、《大学生非智力因素测量研究》等。

学前教育学科研究方向有：学前教育原理、学前教育史、学前儿童心理发展与教育。该专业主要的研究特色包括：学前教育史的研究方面处于国内领先地位，产生了较大影响；在学前教育基本理论和学前教育课程研究方面注重理论联系实际，研究的“幼儿园整体课程模式”在国内具有特色和影响；注重农村幼儿教育理论的研究；注重婴幼儿心理与教育、婴幼儿心理卫生的研究。本学科“九五”期间承担的主要科研项目有国家级重点课题“中部地区农村幼儿教育研究”、省级重点课题“学前儿童道德启蒙研究”“学前儿童社会性发展研究”“家园教育一体化研究”等。

特殊教育学科研究方向有：听觉障碍儿童的心理与教育、视觉障碍儿童的心理与教育、智力障碍儿童的心理与教育。该专业编译出版了《睿智父母之爱》等著作，承担了国家“九五”规划重点课题“特殊儿童家庭教育研究”，并承担了多项国际合作项目。

二、重点学科建设成效显著

1996年是华中师范大学建设发展的重要一年，是从“八五”走向“九五”的转折之年。进入1996年以后，原国家教委先后和武汉市、湖北省人民政府签订了共建华中师范大学协议书，通过共建，为学校发展创造了更好的环境和条件。在此期间，湖北省、武汉市政府和学校以不同方式多次向国家提出申请将华中师范大学列入“211工程”部门预审。1996年12月，武汉市人民政府正式向国家教委递交了《武汉市人民政府关于对华中师范大学进行“211

工程”部门预审的函》（武政函〔1996〕56号）。为使学校加快发展的步伐，国家教委设专项经费支持，要求学校按“211工程”标准进行重点学科建设。重点学科的建设是学校步入“九五”以来的工作重点，是“211工程”建设的核心。教院教育学原理进入学校重点学科建设行列。

经过近二十年的建设，教育学原理由原有教育学传统体系，发展成为以主体性教育理论为主题的教育学原理重点学科。1994年5月，教育基本理论被学校确立为第二批重点学科。1996年被国家批准建立教育学原理博士点，拥有教育基本理论、基础教育课程与教学、教育管理原理、教育与经济等博士生培养方向。1997年，教育学原理获批湖北省重点学科。同年11月4—6日，经国家教委同意，湖北省人民政府组织国内有关学科知名专家审定了学校重点学科建设规划，专家组成员一致建议国家教委、国家计委把华中师大通过审定的五个重点学科纳入“211工程”建设项目立项。教育部于1999年1月以教发〔1999〕3号文（《关于同意华中师范大学进行重点学科建设的批复》）同意学校五个重点学科立项建设。“九五”期间学校重点学科建设的项目主要包括：中国近现代史、理论物理、科学社会主义、汉语言文字学、教育学原理等5个学科。

教育学原理学科具备良好的学科基础和较强的学术优势，涉及的研究领域相当广泛。从20世纪80年代中期以来，王道俊、郭文安教授等就一直倡导主体性教育思想，主张教育要注重培养与发展人的主体性素质。一批学者分别从主体性教育、教学实验、基础教育管理、市场经济与人的主体性发展、学生主体性素质培育的心理学基础、主体性教育思想的发展历史等角度，探讨了主体性教育的理论与实践问题。可以说，教育学原理学科已初步形成了主体教育论的理论研究特色。该学科涵盖了教育基本理论、基础教育课程与教学理论、基础教育管理原理、基础教育与市场经济、中小学生心理辅导、近现代教育思潮研究等研究方向。学院从多学科的角度研究教育学原理，围绕主体教育论与基础教育改革这一主题，建设教育学原理学科，充分发挥重点科学的带动辐射作用。1997年，教育学原理通过了重点学科审定立项，在“九五”建设期间完满完成学科建设目标，在学科建设、人才培养、科学研究和学术交流等方面都取得了很大进步，为此后的发展奠定坚实的基础。学校聘请华东师范大学的叶澜、北京师范大学的王炳照和南京师范大学的班华任评审专家。通过审定、观览、座谈，专家组于1997年11月6日对教育学原理重点学科的评审意见如下：

一、华中师大教育学原理学科是我国较早获得硕士学位授予权的学科之一，是华中师大和湖北省的重点学科，有较好的基础，并于1996年获得博士学位授予权。该学科点有一支老中青结合、结构合理、富有后劲的学术梯队；有明确、稳定，富有特色的研究方向。该学科通过教育学科的教学、科学研究和参与基础教育改革的实践，形成了本学科理论与实践紧密联系的优良学风和鲜明特色，特别是在教育学教材建设、主体性教育思想研究和为基础教育改革服务方面成绩突出，在教学、科研、人才培养上取得了较丰硕的成果，在国内尤其在中南地区有较大的影响。

二、近年来，该学科除努力改革教学、提高教学质量外，还承担了多项国家和省部级科研项目，主持、参与了教育决策咨询与改革实验，积极为基础教育服务，发表和出版了一批具有较高水平的教材和学术著作，荣获了多项国家级和省部级奖励，培养了一些素质较高的专门人才，并在学科建设、队伍建设以及国内外学术交流等方面不断取得新的成绩和进展。该学科目前发展势头良好，富有活力，正向新的建设目标奋进。华中师大教育学原理学科提出的进一步发展的学科建设规划，确定的发展总体目标和围绕这一目标提出的相应措施实事求是，基本可行；对学科基础和发展能力所作的自我评估也是符合实际的。规划所提的到2000年将学科建设成为国家重点学科，经过努力是能够实现的。

三、按照学科提出的总体建设目标，结合学科现有条件，对学科的建设规划提出如下建议：

1. 学科建设规划要进一步突出学科的理论建设，充分发挥教育学原理在师范教育建设中的重要作用，体现高等师范教育特色。

2. 学科建设规划在队伍建设方面要进一步强化学术核心和梯队建设，研究方向要注意与专业目标的调整相适。

3. 规划中的某些具体指标、要求和措施及其文字表述，还需进一步斟酌、修改，以便使规划更为切实可行。

专家组一致通过教育学原理学科建设规划，建议国家教委立项建设。①

① 《1997年关于申请对华中师范大学进行重点学科建设规划审定的报告、批复、审定意见等材料》，华中师范大学档案馆馆藏：1997-XZ11-D30-9。

1997 年，教育学原理通过重点学科审定之后，学校在 1998 年进行了“211 工程”重点学科建设项目论证报告，进一步明确了重点学科建设的工作重心与发展要点。教育学原理学科点主要承担“现代教育原理与基础教育改革”的建设项目，涉及教科院的教育史、教育经济与管理、发展与教育心理学等相关学科专业。该项目旨在建设一个以教育学原理为龙头的、既有综合优势又有自身特色的、全国一流的教育学科群，并通过现代教育原理的研究，为推动基础教育改革和现代化建设提供理论指导，以开创中南地区基础教育改革与实验研究的新局面。该项目在已有学科优势下继续在科学研究、人才培养和学术梯队建设等方面持续发力。1999 年 1 月，现代教育原理与基础教育改革同学校其他五个学科一起被教育部批准设立“211 工程”重点学科项目。学院在学校的统筹安排下，通过确立重点学科的龙头地位，进一步加大建设力度，改善科研条件，提高科研水平；学科规模不断扩大、综合实力显著增强，形成富有特色的研究方向。以重点学科为龙头的学院各二级学科积极承担重大科研项目，取得了相应的科研成果；加强国内外学术交流，进一步扩大了学术影响；培养高素质创新人才，切实增强自身发展能力。

2001 年 9 月，学校组织专家对“现代教育原理与基础教育改革”项目进行验收，专家组由华东师范大学的叶澜、金一鸣，北京师范大学的王炳照，南京师范大学的班华和华中科技大学的刘献君等 5 人组成。他们作出了“现代教育原理与基础教育改革”评审决议：

> 华中师范大学重点学科建设项目“现代教育原理与基础教育改革”验收专家在听取了项目负责人总报告、审阅了有关资料和作了实地考察后，经过认真讨论一致认为：该项目通过近四年努力建设，在各方面都取得显著进步，按期并超额完成了预期指标。其成绩突出表现在如下几个方面：
>
> 1. 以“教育原理与基础教育改革”为学科发展核心，带动了其他相关学科建设，显著增加了华中师范大学教育学科的整体实力。
>
> 2. 积极争取并认真完成科学研究项目，使科研项目和获奖成果的数量大幅度提高，出版了四套系列丛书，主动开展校际和海内外多种形式的学术交流，为教育理论和教育实践作出了积极贡献，有效提高了华中

师范大学教育学科的整体影响力，成为我国教育科研中的重要和活跃的力量。

3. 中青年学术骨干队伍在学科建设中迅速成长，并取得了值得关注和令人欣喜的成绩，为该学科今后进一步发展创造了重要的基础性条件。

评审组专家一致认为，华中师范大学教育学科已经取得了许多成就，且拥有很大的发展潜力。相信他们今后在加强主干学科、形成优势特色和学术创新上会作出更多成绩。建议学校领导继续加强和加大对该项目及其相关学科的支持，保证和促进其在更高水平上实现发展。

评审组专家一致通过该项目验收。①

教育学原理涉及的研究领域相当广泛，涵盖了教育基本理论、基础教育课程与教学理论、基础教育管理原理、基础教育与市场经济、中小学生心理辅导、近现代教育思潮研究等研究方向。

（一）教育基本理论

本研究方向是教育学原理学科的主干研究方向，在发展过程中形成了鲜明的特色：①坚持抓好教材建设，促进教育基本理论研究。由王道俊教授联合五高校合编并多次修订的《教育学》（人民教育出版社）发行近三百万册，由王道俊教授等主编的高等学校文科教材《教育学》（新编本）多次再版，发行近六十万册，获国家级奖励。通过教材建设，推动了教育基本理论问题的研究，培养了学术队伍，获得了国内教育学界的好评。②紧扣学科前沿问题，把握时代脉搏，弘扬主体性教育思想。80 年代中期，一批教师对“主体性教育思想”进行了较系统的理论研究，同时进行了主体性教育（德育、教学、课程等）的实验研究，其中由郭文安教授等承担的“主体性教学思想实践研究”获得国家优秀教学成果二等奖。③重视国民素质研究，致力于基础教育改革。联系国情，对我国国民素质现状进行了较大范围的调查研究，从中国特色的社会主义建设的实际出发，构建现代国民的基本素质，并运用于基础教育的改革实践中本方向教师发表有关学术论文 50 篇，出版了《国民素质建构与基础教育改革》《现代教育哲学》等著作。

---

① 《华中师范大学重点学科建设子项目专家组验收意见汇编》，华中师范大学档案馆馆藏：2001-XZ11-D30-11。

（二）基础教育课程与教学理论

基础教育课程与教学理论是本学科的重要研究方向。“八五”以来，该方向在理论研究和实验研究上已有相当的规模，形成了一定的特色：①超越经验或纯思辨的教育研究模式，坚持开展了实验研究。旷习模教授、杨小微教授等进行了16年的中小学整体改革实验研究，提出了促进学生身心素质全面发展的实验目标和在教育过程中发展学生主体性的实验假说，经反复研究确立了“以学生为主体”“在活动中发展”“师生关系民主化”等教育原理和策略，并在教育实验方法论等方面取得了一定的成果。整体改革实验成果得到湖北省教委发文推广，首批实验学校达千余所，重点联系学校百余所。90年代以来，这项实验已由单班单项实验发展到区域性实验。②密切联系实际，研究基础教育课程和教学理论与实践的重点、难点、弱点问题。在基础教育课程问题上，廖哲勋教授等研究了中小学课程整体结构问题、农村九年制义务教育课程改革问题、活动课程问题等。在基础教育教学问题上，姜乐仁教授主持的小学数学启发式教学实验研究，探讨了在微观教育过程领域如何改革传统小学数学教材；杨小微教授则研究了中小学教学模式等问题，并组织我校各学科教学论的力量，加强了中小学各科教材教法改革的研究与实验。在为基础教育服务方面，旷习模教授、廖哲勋教授、雷实副教授等多次为国家教委提供有关咨询报告，并参与了课程计划的修订和实施效果的调查。在此基础上，该方向教师出版了《中小学教学模式研究》《中小学教育整体改革》《课程学》等著作多部，发表学术论文60多篇，其中，旷习模、杨小微、翟天山进行的“中小学整体结构改革实验”研究获得国家教委首届全国高校人文社会科学研究优秀成果二等奖。

（三）基础教育管理原理

基础教育管理原理是教育学原理的一个综合性应用研究方向。在基础教育管理原理这一领域，萧宗六教授等辛勤耕耘几十年，在教育方针、中小学管理体制等方面进行了较系统的研究，出版了专著《学校管理学》《教育行政学》。孙绵涛教授十多年来一直从事教育管理原理与方法的研究，探讨教育管理哲学，进而提出了主体教育管理的见解。在教育政策、法规和教育体制等宏观教育管理研究方面，孙绵涛教授等参与了国家有关教育政策和法规的调研起草工作。在教育政策的含义、本质及功能、国家教育政策的范围、教育法分类的方法论、教育法的体系与结构、教育体制的含义及其改革的基本内容等方面提出了较为系统的观点。董祥智教授在中小学教育管理领域、李晓燕副教授等在教育法领域中对教师的权利和义务展开了较深入的研究。这些研究使基础教育管理原理方向形成了如下特色：①注重教育管理思想的研究，初步探讨了主体教育管理活动的原理、教育管理机制的原理、教育管理体制的原理等，提出了主体教育管理理论的构想。②重视教育政策、教育法的研究，并积极参与国家、地方教育政策的制定。③加强基础教育管理理论的建构，结合中国社会主义初级阶段的国情，探讨了教育管理学的理论范畴、方法和体系。

（四）基础教育与市场经济

在以经济建设为中心，建设我国社会主义现代化的社会背景下，基础教育与市场经济是本学科研究的新课题。该研究方向已初步形成了下述主要特色：①起步早，基础较好。在老一辈学术带头人杨葆焜教授的带领下，先后出版了全国第一部教育经济学《教育经济学概论》和第一本《教育经济学》教材，较早创办了《教育与经济》杂志。②注重研究教育经济的基本理论问题。“八五”以来，范先佐教授、刘芹茂教授等开展了5项有关教育经济学方面的课题研究，如“教育与市场经济的关系”“教育的经济功能及其运行机制研究”“教育投资的微观经济学研究”等，并在教育和人力资源开发与经济发展、教育供求、教育投资与教育资源配置等领域提出了较系统的观点。基础教育与市场经济这一研究方向，对于社会正确认识教育在经济建设发展中的作用，教育更好地适应经济和社会发展，为社会主义建设培养更多的人才都具有重要的理论意义和实践价值。该方向主要的研究内容是包括两个方面：一是市场经济与人的发展关系研究；二是基础教育投资保障体制研究。

（五）中小学生心理辅导

实施主体性教育，客观地要求研究主体性教育的心理学基础。该方向教师多年来在这一方面做了许多基础性研究工作。王启康教授、陈沛霖教授围绕人的自我意识、人的主动性与受动性、道德自我等问题发表了一系列论文，从心理学的角度探讨了人的主体性的心理学基础。本方向还较早开设了教育与心理辅导这个专业。近些年来，刘华山、龙立荣、江光荣等一直深入中小学，积极开展中小学教育与心理辅导的研究与实验，把学校教育与心理辅导作为实施中小学主体性教育的重要途径加以系统的探讨，并取得了大量的研究成果。刘华山、周宗奎、江光荣等出版了《学校心理辅导》《儿童的社会化》《心理咨询与治疗队》《儿童行为障碍与治疗》等著作10部，发表了专题研究论文30多篇，并牵头组建了全国中小学心理辅导研究专业委员会，举办了全国中小学教育与心理辅导研讨班，推动了我国中小学教育与心理辅导的广泛开展，为进一步研究基础教育中的心理辅导问题奠定了基础。

（六）近现代教育思潮研究

该方向注重教育的历史与逻辑的结合，研究近现代教育思潮，总结历史经验，是我国教育改革与发展的需要，又是追溯主体性教育思想等教育学原理历史渊源的内在要求。我校从事教育思想史研究的老一辈学者任钟印、董宝良教授，以及一批中青年学者致力于近现代教育思潮的研究，在陶行知教育思想、中国近现代教育思潮研究等方面取得了一定的成果。出版了《陶行知教育学说》、《晏阳初教育思想研究》、《俞庆棠教育思想研究》、《中国教育思想通史》第七卷、《中国近现代教育思潮与流派》等著作16部，出版教育思想史料《陶行知全集》《杨贤江全集》等共18部，在《教育研究》《历史研究》等刊物上发表学术论文50篇，其中《陶行知教育学说》获得全国高校首届人文社会科学研究优秀成果一等奖。《陶行知全集》获首届国家图书奖，《中国教育思想通史（第7卷）》1995年获国家图书奖提名奖。

学院重点学科建设特色，重视教育基本理论研究，以主体教育论的研究为核心，以国民素质建构与基础教育改革的研究为重点，深入探索现代教育原理的若干前沿问题，力求三个结合：现代教育原理研究与教育实践相结合；教育管理研究与参与决策相结合；课程研究与教改实验相结合。

通过教育学原理重点学科建设，带动了相关学科发展，整体提升学院教育学科实力。首先，通过教育原理学科建设，带动教育学科整体建设。以教育原理学科建设为龙头，推动教育史、比较教育、发展与教育心理学等相关学科的学科建设。重点学科建设前，学院仅有教育学原理1个博士点，2000年教育史专业申请博士点成功，2001年开始招生；在此基础上，2002年申报课程与教学论、教育经济与管理、发展与教育心理学等3个二级学科博士点以及教育学一级学科博士授予权。在建设过程中，增加了教育技术学、比较教育学、高等教育学、发展与教育心理学、学前教育学等6个二级学科硕士点。

2003 年，教育学获得博士后科研流动站。其次，以建设学科为主干，成立了以研究基础教育课程改革为主的“教育部基础教育课程研究中心”，承担了“九年义务教育语文课程标准研制”“综合实践指导纲要的研制”“教材开发编制研究”等多个教育部基础教育课程改革项目任务。扩展了心理学实验室、生理心理实验室、特殊教育实验室、教育技术实验室等 5 个可用于研究生培养的专业实验室，其面积合计 680 平方米，仪器设备值达 500 万元左右。在重点学科项目“现代教育原理与基础教育改革”建设带动下，教育科学学科整体研究能力增强。教育科学学院自 1997 年以来，承担了省部级以上科研课题 39 项，经费达近 200 余万元。

第四节　学术研究的开展及成果

自重组以来，教科院非常重视科学研究工作，科研实力迅速提升。学院不仅形成了明确稳定且有鲜明特色的研究方向，而且在国家人文社科研究成果奖、湖北省教育科学优秀成果奖等奖项中收获颇丰。

一、注重理论创新，发挥科研先导作用

学院注重以马克思主义为指导、坚持为社会主义教育服务的方向，注重理论研究。老一辈的教育学科教授大都来自中原大学教育学院，深受马克思主义毛泽东思想熏陶，在教学与科研中，自觉坚持马克思主义思想指导，理论联系实际，从各自所从事的学科特点出发，为基础教育的改革与建设服务。如教育学原理研究我国现代国民素质建构，课程论、教学论研究课程和教学改革，德育原理研究中小学生的思想品德现状与对策，心理学侧重研究学生心理辅导等问题。这些研究有力地促进中国特色的教育理论研究与教育实践模式的建立与发展。

学院在国内率先倡导主体性教育思想。受到“培养青年们在德、智、体诸方面生动活泼地主动地得到发展”的教育思想和《实践论》《矛盾论》等哲学著作的启迪，王道俊等人从“文革”前就开始探索“主体教育论”。20 世纪 80 年代中期，一批教育专家从不同侧面研究这一命题。青年教师扈中平 1988

年出版专著《人的全面发展——历史现实与未来》，并在《教育研究》上发表论文《人是教育的出发点》，王坤庆 1990 年出版《现代教育价值探》等专著，均与“主体性教育思想”密切相关。王道俊、郭文安教授共同撰文《关于主体教育思想的思考》发表在《教育研究》1992 年第 11 期上，是国内较早论述主体性教育思想的文字。随后又发表了“主体教育论”系列论文，并以“国民素质现状与基础教育改革”为题对主体教育论作实证性研究。旷习模、杨小微、翟天山等教授所主持的“中小学教育整体改革实验研究”也逐渐转向以主体教育论为中心的实验研究 。由王道俊主编的全国师范院校通用教材《教育学》，累计发行 340 余万册。其新编本指导思想之一，就是要“充分肯定受教育者在教育活动中的主体地位，注重受教育者独立个性的发展和现代人才素质的培养，克服把受教育者看作消极对象的机械论观点”。主体性教育思想不仅丰富了我国教育基本理论的研究，而且对当代中国基础教育改革起到了一定的引领和促进作用。人民教育出版社 2005 年出版王道俊、郭文安主编的《主体教育论》，比较系统地收录了我校教师有关主体教育思想研究的理论成果，并对中南地区主体教育实验作了反思性的回顾和小结。在我国基础教育改革中，许多中小学以“主体性教育”为基本教育理念，深化学校改革。在此期间，教科院教师承担国家、省部级科研项目 66 项，获得国家和省部级奖 26 项，并推及于教育实践，充分发挥了教育科研的先导作用。

二、强化实践引领，推动基础教育改革发展

多年来，学院始终把为基础教育服务作为立院之本，在培养和培训高质量师资的同时，坚持开展基础教育改革的理论研究与实践。早在 20 世纪 80 年代初，学院组织一批专家、学者针对片面追求升学率给中小学教育带来的直接危害，中小学教育重智育轻德育、重课内轻课外、重书本轻实践的错误倾向，以及中小学课程结构单一、僵化，教学内容、方法陈旧等问题，开展中小学整体改革、课程及教学内容、方法改革等课题的实验研究。学校领导和有关职能部门一直重视和支持这项工作，在人力、物力、经费上给予了大力扶持这批课题的实验。研究时间长、规模大、影响面宽，在指导基础教育改革方面真正起到了先导作用，形成了华中师大服务基础教育的一大特色。学院的基础教育实验发展到全国 20 多个省市，近 2000 所中小学校，取得了

一批有较高水平的成果。如“农村中小学整体改革实验”“中小学数学教育实验”均获全国首届高校人文社会科学优秀成果二等奖“中小学课程结构优化实验”课题提出的中小学课程制订计划及四种中学课程模式被国家教委采纳，并在全国中小学推广。

针对基础教育改革这项复杂的系统工程，学院采取了整体规划、分层实施、长期坚持、相互配合的方法，主要从以下三个层次开展教改实验与研究：在宏观层次上，对基础教育改革与发展的目标、体制保障与理论基础等进行比较广泛深入的探讨，研究和实验的项目有“国民素质状况调查和基础教育改革研究”“中等教育结构改革研究”“教育管理模式改革与学校内部运行机制研究”等；在中观层次上，从不同侧面探索基础教育的某些框架结构及其典型范例，研究和实验的项目有“中小学教育整体结构改革实验”“初中课程改革的研究与试验”等；在微观层次上，具体探讨有关中小学课程教学内容、方法改革的理论与实践课题，研究和实验的项目有“中小学教学模式研究”“中小学数学启发式教学改革实验”等。

（一）坚持中小学整体改革实验研究。旷习模教授为首的课题组自 1983 年初开始进行这一实验。该课题由学校自筹经费，组织专业队伍，成立实验指导组并由学校领导担任组长。第一期实验历经 10 年，实验学校跨越鄂、湘两省，形成重点实验学校 33 所，省级挂牌学校 100 所，县级实验学校 1000 所的规模。自 1993 年起，实验进入第二期，课题组更明确地提出将素质教育的思想渗透到学校整体改革实践之中的目标，其中心内容是“以学生三个过渡期为主轴，优化结构，全面推进，探索全面发展模式的素质教育新体系”。经过多年的实验，推出了湖北省荆门象山小学、红安县实验小学、湖南省岳阳三中等一批享有盛誉的示范学校，为中小学大面积实施素质教育积累了经验。该项实验成果荣获全国 1995 年首届全国高校人文社科成果二等奖。“八五”期间，杨小微主持了“中小学教学模式的优化研究”，提出了以发展学生主体性素质为目的、加强教学过程中的活动性教学模式研究，以主体性行为促进学生素质发展的改革思路，并从实践中探索出了一套能保证学生主动参与教学过程，保证师生充分交往的教学策略体系。教学模式优化课题成果于 1995 年 12 月通过国家教委鉴定，得到专家组的一致好评。杨小微带领的“整体教育改革实验”注重研究成果的实践操作性，实现了最广大范围的教育理论与实践的结合。

（二）坚持中小学数学教育实验研究。姜乐仁教授为首的课题组自 1980 年就开始这一实验。该课题也是由学校自筹经费，组织有关专家参加。这项实验着眼于 21 世纪人才的素质培养，旨在以发展学生思维能力为核心全面促进学生智力提高。其中心内容是以启发式教学论为宏观导向，多层次、多方位地进行教学体系范畴的改革实验。这一启发式教学体系可概括为“三为主”（以学生为主体，教师为主导，教材为教与学的主要依据）、“两结合”（面向全体学生与因材施教结合，课内为主课外为辅、课内外结合）、“一核心”（以启迪思维，培养发展智能，提高学生素质为核心）。同时，在多年实验的基础上编著了小学一至六年级《实验数学》教材。这项实验启动早、发展快、应用面广、效果显著。这一实验的研究成果也于 1995 年荣获首届全国高校人文社科成果二等奖。实验的基本内容和做法是：第一，编写实验教材《实验数学》。第二，改革教学方法。第三，设计了新的课堂教学结构。“启发式教学实验”从 1980 年到 1986 年完成并出版了六年制小学试用教材《实验数学》1—12 册，出版了与五年制小学数学配套的《小学数学课外读本》1—10 册，另外还出版了 2 集启发式教学原理与实践丛书《〈实验数学〉教学文选》。研究成果在全国各地得到了广泛的应用，受到同行专家的好评及学生、家长、教师、学校的欢迎。

（三）坚持中小学课程结构优化实验研究。开展中小学课程结构、体系优化研究，指导中小学课程改革是廖哲勋教授为首的课题组自 1985 年以来实验研究的主攻方向。此后，课题组又承担了国家教委和湖北省下达的省部级课题 5 项。该课题组首先进行了大规模的调查研究，在湖北省的 21 个县市、全国的 11 个省市进行了调查，撰写调查报告 200 余篇；在此基础上提出了小学、初中课程计划修订方案，确立了“以学科课程为主体，加大活动课程力度，全面优化小学、初中课程结构”的改革思路。这一改革思路被国家教委肯定，反映在 1992 年新修订的课程计划中。为了探索实施活动课程的模式，课题组先后在湖北潜江、应城两市进行实验，经过实验，他们提出了“升学预备教育模式”“升学、就业预备教育相结合模式”“特色高中课程模式”“两级一体化高中课程模式”，其中前三种课程模式被国家教委采纳，并在全国中小学推广。学院相关教师坚持跟踪基础教育改革的新动向，注重研究基础教育改革中不断出现的新理论和实践问题，用科学的理论和方法不失时机地指导教改实践，形成了华中师大教育科研为先导，服务基础教育的又一特色。

（四）积极参与基础教育课程改革。自 20 世纪 80 年代始，西方一些国家就着手面向21世纪的基础教育课程改革，大力提高教育质量，以确保自己国家在激烈的国际竞争中占据有利地位。此时，我国的基础教育仍处于动乱之后的恢复期，加之激烈的“应试竞争”，不论是课程观还是课程内容都明显地落后于现代课程的发展。1998年，我国的基础教育课程改革计划正式启动。教科院先是参与课程改革纲要的研制，然后接受了“九年义务教育语文课程标准”的研制任务，2000年《九年义务教育语文课程标准（实验稿）》正式公布后，随即参与新教材的审查工作。2001年9月，语文新标准和新教材开始在实验区试行。这期间，雷实、谭邦和、方彤等教授组成华中工作组做了大量的问卷调查，翻译了近百万字的国外母语课程标准、评价案例和教材案例，为语文标准的研制提供了基础性支持，也为教材建设提供新思路。2001年，教科院接受了“中小学写字教学改进调查研究”课题，为教育部起草了“关于在中小学加强写字教学的若干意见”，已于2002年5月下发。2002年，学院又接受了《高中语文课程标准（实验稿）》的研制工作。教科院同样也参与了两个课程标准（实验稿）的修订工作和教材建设研究任务。从1998年到2004年近7年的课程改革工作，教科院充分发挥自身在教育理论领域的专业优势，积极参与基础教育课程改革的各项工作中，为教育改革建言献策，做出奉献。

（五）编写《心理教育》课程教材。2001年2月，教科院申请组织编写湖北省中小学《心理教育》课程教材。中小学开展心理教育，既是学生自身健康成长的需要，也是我国社会发展对人的素质的要求。针对湖北省中小学开展心理健康教育的实际，为了使湖北省的中小学心理教育得到落实，教科院特向湖北省教育厅申请由教育部国家基础教育课程改革专家组成员、教育科学学院心理学佐斌教授组织湖北省部分心理学、教育学专业工作者和从事学生心理健康教育的中小学优秀教师，编写一套湖北省中小学心理健康教育课程教材《心理教育》。全套教材从小学一年级至高中三年级共24册（每学期1册），并计划从2001年秋季开始，逐步在湖北省中小学开展“心理教育”课程的实验。小学“心理教育”计划每学年教学课时不少于18（节），一学年有36个教学周，平均每周0.5课时，占湖北省地方和学校课程课时的1/8；中学“心理教育”（初中和高中）计划每学年教学课时不少于36（节），一学年有36个教学周，平均每周1课时，占湖北省地方和学校课程课时1/4。由于“心理教育”是一门活动课程，学校在实施该课程时，要结合实际，灵活运用，建议小学每两周上课1节、中学每周上课1节。

三、搭建科研平台，产出丰硕成果

这一时期，学院新增了特殊教育研究中心、基础教育课程研究中心等科研组织，成为学院开展学术研究工作的重要组织和阵地，为相关学科的发展做出了重要的贡献。不仅如此，学院还打破了单纯学科研究的封闭格局，建立了“以学科研究为基础、以课题研究为中心、参与决策、指导实践”的开放型科研体系，注重走精品化道路，为教育科学研究的成果产出做出支撑。

（一）科研机构的筹建

科研机构的创建与发展是提升科研成果的组织基础。学院根据学科发展需要，积极整合资源，成立科研机构，为科学研究提供平台。

一是特殊教育研究中心的创设。1988 年，在美国亚洲教育联合董事会的资助下，华中师大成立了“特殊教育研究中心”。当年就开办特殊教育干部培训班，为来自全国部分省市的特殊教育学校的学员讲授现代特教学校的创办、管理经验，以及特殊教育行业所面临的问题及解决的办法。培训旨在培养特殊教育行业的管理人员和骨干教师，对基层特教具有良好的指导和建设意义。该中心自成立以来，承担了国家的一系列相关课题。特教教研室深入武汉聋校、二聋、盲校、武昌培智学校及周围邻近县市的残疾儿家庭进行问卷调查和家访记录，竭力收集第一手资料。在教育科学学院发展阶段，特教专业已在盲校定向行走教材编制、聋生的语言训练、听力康复、智力落后儿童的早期预防、早期干预等方面的研究取得一系列成果，已发表了数十篇较有影响的科研论文。1990 年特教专业开通了残疾儿童家长心理咨询热线，为残疾儿的父母排忧解难，答疑解惑，此热线使一个个原本沉闷的家庭出现了欢快的气氛，遗传与优生的知识通过热线逐渐传播四方，大大降低了残疾儿的出生率。1991 年，特教教研室协助湖北省教委进行了残疾人的普查工作，1992 年又帮助武昌区教委对残疾儿童成功地进行了视力检测和听力检测，并于 1997 年购置具有国际先进水平的纯音测听计，帮助聋人检测听力。此外还资助过一些家庭特别困难的残疾儿童，并和省残联一起为解决残疾人的就业问题多方奔走。对湖北特教委员会《特教天地》刊物的编辑、发行，也做了大量的工作。从 1993 年起，罗亦超、邓猛、卢子洲等特教教师团结合作，大胆地进行了一系列教学、科研改革：结合中国的国情，开展“随班就读”课题的研究；注重对专业学生的计算机、外语以及心理学、医学知识的学习，还将眼光转向国外，长期与“亚洲基督教高校青年联合会”保持密切来往，选派老师到美国学习访问。先后邀请过日本东京大学、香港中文大学的特教专家来校讲学，并将中国特教和华中地区的特教情况用英文向国外介绍。他们还利用网络进行教学，在教法上多让学生到聋校、盲校和培智学校去切身体验，将学到的理论知识与实践结合起来，进一步培养复合型人才。

二是基础教育课程研究中心的增设。2000 年 5 月 23 日，华中师范大学基础教育课程研究中心成立，挂靠教育科学学院，李以章任主任。该中心是教育部基础教育司、教育部课程教材发展中心在全国建立的首批 6 个课程研究中心之一，承担着为国家、地方基础教育课程改革服务和加强学科教学论、课程论的研究，推动本校高师课程改革三大主要任务。中心成立以来，在教育部基础教育司和学校主管校长的直接领导下，联合省内外中小学骨干教研和教学人员积极参与到国家和地方各级基础教育改革中，积极参与课程标准研制、教材建设、中小学教师培训和校本研究活动。首任常务副主任雷实教授承担了义务教育和普通高中语文课程标准的研制课题；郭元祥教授作为课程改革专家组核心成员主持了国家基础教育“综合实践活动”课程标准的研制，在“综合实践活动课程建设和实践研究”方面取得了突出的成果，并作为核心专家参与《国家基础教育课程改革纲要》的制定工作；崔鸿教授、李家清教授作为核心专家参与了中学科学课程标准的研制工作，并主持编写了义务教育新课程标准教材、教参等；刘永红教授承担了义务教育和普通高中阶段俄语课程标准的研究项目；陈佑清教授积极开展学习方式变革研究，并取得了系列化的研究成果。该中心在全国建立实验学校近 1000 所，在语文、数学、生物、化学、英语、历史、思想品德、综合实践活动课程等学科积极开展研究，围绕教学质量、学习方式变革、教学评价、教师专业发展等问题，开展了大量的理论与实证研究，取得了丰富的研究成果。中心致力于教育理论与实践研究，积极参与基础教育课程改革，深入教学前线沟通理论与实践的联结，丰富了理论研究，促进了应用开发，既参与了上层决策，又服务了基层实践，受到了各级主管部门和教改实验区的充分肯定，产生了良好的社会效益。

（二）研究成果的产出

“八五”期间，学院共承担国家哲学社会科学基金、全国教育科学规划办、国家教委社科司、基础教育司、师范司以及湖北省科研课题共计 68 项，其中，国家社科和国家教委重点项目 13 项，国家教委一般课题 15 项，国家教委青年项目 16 项，省部级项目 24 项，科研经费总计 87.4 万元；发表学术论文共 1029 篇，其中，在国外学术刊物上发表 18 篇；出版专著、教材、工具书共 52 部；各类成果获奖 29 项。“九五”期间，共承担家级科研项目 24 项，省部级科研项目 59 项，总科研经费达 412 余万元；发表论文 500 余篇，出版专著、教材 67 部，科研成果获省部级以上奖励 33 项。其间，在 1998 至 2001 年的四年间，学院获得学校投入和各类科研项目经费总额达到 200 万元；承担科研课题 18 项，其中教育部重点课 7 项，教育部一般课题 6 项，全国教育科学规划“九五”重点课题 1 项；在国家核心期刊及其他院校学报发表论文 96 篇，其中《教育研究》13 篇，有 67 篇被《新华文摘》《人大复印报刊资料》《高等学校文科学报文摘》转载；获得全国高校人文社会科学奖二、三等 2 项，第二届全国教育科研优秀成果奖 8 项，湖北省第三届教育科研优秀成果奖 6 项，其中等奖 3 项，湖北省首届社会科学优秀成果奖 8 项，其中一等奖 1 项、二等奖 2 项、三等奖 5 项。

在此十余年间，在国家社科基金项目、省部级重大项目以及国际合作项目方面都有了历史性的突破，科研成果获奖档次大幅度提高，现将教育部人文社会科学奖、湖北省社会科学优秀成果奖等重要奖项列表（见表 8-1）如下：

表 8-1　1993—2005 年教育科学学院重大科研成果一览表※

奖项名称	获奖成果名称	奖励级别	获奖人员	获奖年份
中国教育学会优秀科研成果奖	关于主体教育思想的思考	一等奖	王道俊、郭文安	1994 年
全国高等学校首届人文社会科学研究优秀成果奖	陶行知教育学说	一等奖	董宝良、周洪宇等	1995 年
	中小学整体结构改革实验研究报告	二等奖	旷习模、杨小微、翟天山	1995 年
	小学数学启发式教学改革实验报告	二等奖	姜乐仁	1995 年
湖北省社会科学优秀成果首届省级奖	教育分流的理论与实践研究	三等奖	董泽芳	1995 年

续表

奖项名称	获奖成果名称	奖励级别	获奖人员	获奖年份
全国高等学校第二届人文社会科学研究优秀成果	近代教育思潮与流派	二等奖	董宝良、周洪宇等	1998年
	教育经济学新论	三等奖	杨葆焜、范先佐	1998年
全国师范院校基础教育改革实验研究成果奖	建立特区基础教育改革实验基地的探索与实践	二等奖	邓宗琦	1998年
	九年义务教育活动课程研究和实验	二等奖	廖哲勋	1998年
	以发展学生主体性为主题的第三轮中小学整体改革实验	二等奖	杨小微	1998年
	网络和多媒体在辅助素质教育方面的应用	二等奖	胡礼和	1998年
全国第二届教育科学研究优秀成果奖	科学教育与人文教育	二等奖	杜时忠	1999年
	儿童社会化	二等奖	周宗奎	1999年
	从湖北看中国教育近代化	二等奖	董宝良、熊贤君等	1999年
	教育管理哲学——现代教育管理观引论	二等奖	孙绵涛	1999年
	考试管理学	二等奖	廖平胜	1999年
	国民素质建构与基础教育改革	二等奖	郭文安	1999年
第三届中国高校人文社会科学研究优秀成果奖	优化学校教育活动体系、促进学生主体性发展	二等奖	杨小微、翟天山、龙立荣	2003年
	筹资兴教——教育投资体制改革的理论与实践问题研究	三等奖	范先佐	2003年
	教育管理研究	三等奖	萧宗六	2003年
	百川归海——教育分流研究与国民教育意向调查	三等奖	董泽芳	2003年
湖北省第三届社会科学优秀成果奖	现代教育的经济价值	二等奖	刘芹茂	2003年
	20世纪学习心理研究的回顾与展望	二等奖	张爱卿	2003年

续表

奖项名称	获奖成果名称	奖励级别	获奖人员	获奖年份
湖北省第四届社会科学优秀成果奖	精神与教育——一种教育哲学视角的当代教育反思与建构	二等奖	王坤庆	2004 年
	学生发展问题研究	二等奖	陈佑清	2004 年
	教育的低效率与教育产权分析	三等奖	范先佐	2004 年
	走进新世纪的高校德育教育	三等奖	龚海泉、刘欣	2004 年

※资料来源：此表根据各项奖项的实际证书证件进行统计而成。

此外，在学院上下的共同努力下，一系列具有标志性意义学术著作的出版，标志着学院在科研实力提升方面取得了显著性成效。现择其代表性成果简介如下：

郭文安教授等著《国民素质建构与基础教育改革》（人民教育出版社 1997 年版，全书 16 万字），是我国最早对国民素养进行系统研究的专著。该书以马克思主义为指导，从理论上界定与分析了国民素质教育的概念，在大量实证调查研究的基础上概括地描述了中国当代国民素质和基础教育的现状，提出了我国现代国民素质建构的指标体系，并作了使其落实到基础教育改革上的思考。该书于 1999 年获得全国第二届教育科学优秀成果二等奖，同年被教育部选定为全国中小学教师继续教育学习参考书。之后，郭文安教授又继续组织力量纵深研究这一问题，撰写了《现代国民素质建构与基础教育改革的理论对策研究》，作为全国教育科学“九五”规划课题的最终成果。该书对现代国民素质的概念、特征、结构、价值作了全面阐述，并通过跨文化比较研究，对我国现代国民素质的特点与价值取向等问题做了纵深探索，并联系基础教育改革，多层面、多视角地进行了深入分析，总结了历史经验，提出了建设性的意见与建议。

董泽芳教授等著《百川归海——教育分流研究与国民教育意向调查》（华中师范大学出版社 1997 年版，全书约 30 万字），是教育部人文社会科学研究规划项目“教育分流的理论与实践研究”的最终成果。该书较系统而深入地阐述了教育分流、教育分流结构等概念，提出了优化我国教育分流模式的构想与建议，首次就我国国民教育意向问题进行大规模的调查和实证分析，论述了我国教育分流的理想模式应具有的特征和未来的趋势。一些概念和观点被多家报刊转载与引用，受到教育理论界的重视。该书于2000年获湖北省第三届教育科研优秀成果一等奖，于2001年获第二届全国优秀教育图书二等奖。

杨小微教授、旷习模教授编著《中小学整体改革实验》（四川教育出版社1997年版，全书约25万字），首先对中小学整体改革实验的缘起及发展脉络、立意假说、变量设计及操作以及实验类型和地区分布做了简要介绍，并总结了学校整体改革的基本经验；继而深入探讨了这场改革产生的时代背景，论述了这一改革在理论和实践上的主要建树；最后检讨了改革实验的问题与不足，并对其发展前景作了展望。该书被收入《中小学教育改革与实验丛书》。该丛书系全国哲学社会科学“八五”规划重点课题“1979—1993年我国普通中小学教育改革与实验发展状况的调查与评价研究”的结项成果。

刘华山教授主编《学校心理辅导》（安徽人民出版社1998年版，全书约28万字），是全国教育科学“九五”规划重点课题“中小学生心理健康状况的评估与教育对策的研究”的主要成果。该书阐述了心理辅导的实质、内容、原则、途径和方法及其在学校教育中的地位，探讨了学生学习、生活、职业等领域以及自我意识、情绪等心理生活方面的辅导，介绍并评析了心理测验、心理辅导、个别会谈、个案分析、学生心理档案建立的方法与技术。该书被北京、山东、湖北、四川、浙江、重庆等10多个省市高校与地方教育厅用作教材，印刷达3万余册，获华东地区优秀图书一等奖。

范先佐教授著《教育经济学》（人民教育出版社1999年版，全书36万余字），系华东师范大学瞿葆奎教授主编的教育科学分支学科丛书之一，属于教育部“九五”规划重点图书。该书以社会主义市场经济体制的建立与发展为主线，从经济理性角度全面分析和论述了中国教育经济问题，对我国教育改革和发展具有较强的指导意义。该书的每一章节均在出版前便以论文形式在杂志上发表，并先后被《北京师范大学学报》《人大复印报刊资料》等10多家权威报刊转载。该书获湖北省第三届教育科学优秀成果一等奖，其中第七章以论文形式发表后，获湖北省人民政府首届（1994—1998）社会科学优秀成果一等奖。

孙绵涛教授主编《教育管理哲学——现代教育管理观引论》（武汉工业大学出版社1997年版，全书约28万字），是国家教委人文社会科学研究“八五”规划重点项目的最终成果。该书从教育学和管理学的视角研究教育管理的基本理论问题，运用历史与逻辑相统一的方法探讨了教育管理的现象范畴与理论范畴，认为教育管理现象是由教育管理活动、管理体制、管理机制、管理观念四个范畴所组成的一个结构体系，主张主体教育观，即把受教育所培养成为教育活动的主体和社会生活的主体的教育观理论，对教育管理理论建设富有意义。该书于 1999 年获全国第二届教育科学优秀成果二等奖。

董宝良教授、周洪宇教授主编《中国近现代教育思潮与流派》（人民教育出版社 1997 年版，全书 43.3 万字）是教育部人文社会科学研究“八五”规划项目的终期成果。该书深入研究了中国近现代教育思潮与流派，根据性质与作用的不同，将百年来教育思潮分为主潮与支潮两类，并分上、下两篇分列论述，对于认识和把握中国近现代教育思想史的演变，乃至当代教育思想的由来，具有十分重要的意义。该书于 1998 年获教育部第二届人文社会科学研究优秀成果二等奖，其中第十八章以论文形式发表后，获湖北省人民政府首届（1994—1998）社会科学优秀成果二等奖。

四、增强师资力量，壮大学术队伍

决定学院各项事业发展的主要因素是师资力量，高等教育兼顾人才培养和科学研究的重要使命，教师队伍既是教育者，更是研究者。高校教师队伍不仅是育人的关键力量，更是科学研究水平提升的重要推动力。学院历来重视师资队伍建设工作，将其视为各项工作的重中之重。

在 1993 年组建初期，学院不仅培养全日制学生的数量较大，而且类型较全，贯通硕、本、专各个层次。各系各学科跨度大，教学对象及侧重点也不同；师资学历层次参差不齐。师资队伍建设问题一直是学院关注的重心，也是学院发展的重点与难点。学院组建后，在改善师资队伍、优化结构、引进人才方面，做了大量工作，形成了加强师资队伍建设的三条路径：一是坚持自力更生、自我培养为主，重视提高现有教师的素质，尤其注重培养学科点各方向的学术带头人、学术骨干；二是重视青年教师培养，从培养的学生中挑选优秀的博士生留校，充实师资力量，注重青年教师的学历提升与结构优化，给他们定目标、压担子，让他们在教学科研中迅速提升各方面素养，成长为学术骨干力量；三是从校外引进优秀人才，特别注重吸引出色的中青年学者，优化师资结构。学院积极创造教师专业发展的一切有利条件，例如，为教师提供条件赴海外知名高校学习进修、参加国内外各类学术活动；鼓励教师申报和承担各级各类课题；配合学校的奖励机制，奖励在核心刊物发表文章的教师等。

1993 年 12 月，学校公布的第一批 50 岁以下中青年学术带头人和 45 岁以下骨干教师名单中，孙绵涛、王坤庆、杨小微、翟天山等人入选。1995 年 5 月，公布第二批 50 岁以下中青年学术带头人和 45 岁以下骨干教师名单中，刘华山、廖平胜、范先佐、周宗奎、佐斌、龙立荣、熊贤君、周洪宇等人入选。学院入选人数在全校各单位中位居前列，在某种程度上，说明学院重视教师队伍建设取得的成绩。1996 年 12 月 10 日，郭文安教授获得由香港柏宁顿（中国）教育基金会颁发的第二届“孺子牛全球奖”。此奖由香港柏宁顿（中国）教育基金会和国家教委港澳台办公室联合聘请国内德高望重的著名教育专家组成的评审委员会评出。从 1995 年起每年颁发一次，奖励对中国教育事业有超卓贡献的教育工作者。杨汉清、刘华山、王坤庆、董泽芳等，在 1993 年和 1997 年分别获曾宪梓教育基金会高等师范院校优秀教师奖三等奖；1994 年，翟天山获霍英东教育基金会高校青年教师教学类三等奖。1998 年 3 月，范先佐教授入选教育部首届人文社会科学“跨世纪优秀人才培养计划”。范先佐、周洪宇入选“享受政府特殊津贴和有突出贡献的中青年专家人选”。1998 年，王坤庆、杨小微、涂艳国、周洪宇、熊贤君、周宗奎、张爱卿等人评为湖北省跨世纪学科带头人；杜时忠、佐斌、龙立荣等人评为湖北省跨世纪学术骨干。范先佐、孙绵涛、刘华山、周洪宇、翟天山等人被聘为全国教育科学规划领导小组相关学科组成员。

21 世纪初年，学院师资队伍建设初现成效，有在职教学和科研人员 71 人，其中教授 12 人、副教授 24 人；教授中有博士生导师 2 人、跨世纪培养人才 1 人、享受国家津贴 12 人。在教师队伍中，产生一批学术带头人，在全国教育界较知名的老一辈学术带头人有王道俊、任钟印、萧宗六、董宝良、杨汉清、姜乐仁、王启康、郭文安、廖哲勋等教授，有孙绵涛、杨小微、王坤庆、范先佐、刘华山、周洪宇、廖哲勋、杨再隋、董泽芳、廖平胜、熊贤君、喻本伐、杨汉麟、余子侠、雷实、翟天山等一批优秀的学术骨干，还有涂艳国、杜时忠、郭元祥、李晓燕、陈佑清、龙立荣、周宗奎、佐斌、罗亦超、苏永华等一批优秀的研究学者成长壮大并充实着学术队伍，还有雷万鹏、蔡迎旗、邓猛、王建梁、雷江华等一大批青年教师和学术后备力量。

全院学术队伍有下述主要特点：1. 马列主义理论素养和思想品德修养较高，敬业精神很强，中共党员占有较大的比例。2. 教学与科研能力很强，著述甚丰，在中青年教师中有一批具有一定学术实力的多产学者。3. 年龄结构合理，形成了老中青相结合的梯队。在现有梯队组成中，50 岁以上的教师占极少数，大多数是 30—40 多岁的青年教师，他们基础扎实、业务娴熟、思想敏锐，富有科研潜能与后劲、创造性与开拓精神。4. 学术队伍的学历与素质日趋提高，结构布局更加合理。他们科研方向明确、稳定、有特色、成果显著。在教学与科研中，他们自觉坚持马克思主义思想指导，理论联系实际，从各自所从事的学科特点出发，为基础教育的改革与建设服务。

第五节　学术交流与社会服务

教科院始终在坚持自身发展的基础上向外寻求更广阔的发展平台与交流渠道，积极寻求多方合作，开展高层次、多方位的学术交流与互动。学院基于自身在教育原理和教育史方向的专业和优势，借助“陶行知研究”等学术组织与海内外学者开展深层次对话，一方面利用本院研究优势助推学术研究的深入；另一方面也从交流与合作中汲取各方长处，提升自身。教科院的发展也离不开与社会的紧密联系与沟通。学院自成立以来，不仅借助科学研究为基础教育改革与发展提供理论指导，而且努力搭建学生与社会联系的桥梁，以志愿服务、人才供给等方式服务社会。

一、学术交流与合作

在国际学术交流方面，学院已与包括美国、加拿大、澳大利亚、英国、俄国、日本、新西兰、新加坡等国家及中国香港、台湾地区的学术组织和大学建立了比较稳定的学术联系。“八五”期间，学院教师出国讲学、访问、进修达 28 人次；主办了国际学术会议 1 次，参加国际学术会议共 32 人次；在国际学术刊物上发表论文 18 篇；邀请美国、英国、澳大利亚、日本、俄国、中国香港等地学者来校讲学 34 人次；参与国际合作研究项目 9 项。“九五”期间，共举办国际学术会议 5 次，教师参加国际学术会议 37 人次，在国外著名大学讲学或在重要的国际学术会议上作报告 12 人次，接受国外学者访学、讲学 15 人次。“十五”期间，仅教育学原理学科点就有超过 20 余人出国出境进行学术访问或参加国际会议，涂艳国、杜时忠等还在国际会议上做特邀报告或大会发言。同时，每年约有 10 名外国教育学专家来学院进行学术访问或专题讲座。

在举办国际学术会议方面，1996 年 10 月，“陶行知研究国际学术研讨会”在华中师范大学召开。李鹏、李岚清、李铁映、钱伟长、雷洁琼等党和国家领导人为研讨会题词。湖北省省长蒋祝平、陶行知原夫人吴树琴、陶行知四子陶城以及晓庄师范首届学生李楚材等给大会发来贺电、贺信。中、日、美等国家的 70 余名学者出席了会议。大会收到“陶研”论文近 50 篇。与会者们从理论与实践、历史与现实相结合的角度，围绕着“陶行知与中外文化教育及其贡献”“陶行知教育思想及其当代价值与实践意义”两大中心议题，展开了内容广泛的讨论。大会接收的论文为陶行知研究的深入开展提供了丰富的材料。国家教委、湖北省人民政府、省教委均派代表参加了开幕式，学校前任校长、著名历史学家章开沅教授担任研讨会主席。此次学术研讨会，不仅突破了既往理论研究与实践探索的脱节，而且也突破了国内与海外的界限，呈现出一种历史研究与现实借鉴、理论探讨与实践总结有机结合、互补共进的“陶研”新局面。这次国际学术会议，为中国教育的改革进步乃至世界教育新潮流的涌起，作出富有价值的贡献。

在踊跃参与国际学术研讨会方面，1998 年 4 月，中美高等教育行政管理学术报告会在学校科学会堂举行。来自武汉大学等 15 所院校的教务处长、高教研究所研究人员以及学校有关领导和教育科学学院学员共约 200 人参加了这次报告会。富布莱特专家汤卜生博士做了题为“美国高等教育面临的问题和趋势”的报告，针对“经济发展与大学的关系”“课程设置”“发展留学生教育”等专题做了一番精彩的论述。董泽芳做了题为“中国高等教育的背景、特点和趋势”的报告，深刻分析中国高等教育发展现状。孙绵涛做了题为“美国高等教育体制的现状和趋势及其对中国高等教育改革的启示”的报告，汇报了自己对两国高等教育研究的新成果。

2000 年 7 月，美国中美精神心理研究所与北京大学中文系、岳麓书院、华中师范大学教科院联合在武汉市召开“心理辅导与中西文化”首届国际学术研讨会，讨论的主要问题：（1）人本主义心理学与儒家思想的比较；（2）荣格心理学与中国文化；（3）西方人本主义心理学与超个人心理学的新发展；（4）道家学说对西方人本心理学和超个人心理学的影响；（5）禅学与精神分析；（6）释梦：东方对西方；（7）儒、释、道的心理基础；（8）心理辅导：自律与他律；（9）心理治疗抑或精神治疗；（10）儒道互补与中国传统人格结构；（11）心理治疗的文化特性与本土化问题；（12）儒家人性观与价值观对于心理治疗的意义；（13）道家思想及养生方法对于心理治疗的意义；（14）中医的心理治疗。

此外，为加强区域交流与合作，1996 年学校应香港专业进修学校要求，在香港地区招收数学、教育管理两个专业专科升本科的函授生。学院十分重视教育管理专业在香港的招生与培养工作。一方面制定和执行教育管理专业的教学计划，选派有经验、水平高的教师担任课程主讲任务，并保证教学质量；另一方面进行学籍管理、毕业证书的管理等各项工作，保证教科院在香港地区的函授教育有条不紊地进行，为促进大陆同香港地区的交流做出努力。

通过互相访学、留学等形式，学院的一些教师与外国相关学校的一些教师进行了多项科研合作项目。其中包括“当代西方价值教育与精神教育”“英国青少年欧洲认同感的社会心理学研究”“‘班级为本’的学校辅导模式在华人学校体制中的适应性研究”等。

在国内学术交流方面，学院教师积极参与教育基本理论、教学论、教育管理、教育经济、比较教育、教育史、学前教育、特殊教育、教育哲学、中小学教育与心理辅导等各种学术组织的学术活动。“八五”至“九五”期间，学院教师共参加学术会议近千余人次；在全国性学术团体担任理事长或主任、副理事长或副主任等重要职务 30 人次；同时加强与兄弟院校的学术交流，担任兄弟单位的客座教授、研究员 30 人次；接受湖南师范大学、广西师范大学等单位的访问学者共 50 余人次。“十五”期间，学术交流活动更为频繁。以教育学原理专业为例，该学科点积极参与国内学术活动，王坤庆、涂艳国、杜时忠、董泽芳等学科带头人分别在全国教育哲学、教育基本理论、德育论和教育社会学等专业委员会担任副主任，并带领青年教师和研究生积极参加专业委员会的学术活动。据不完全统计，该学科点共有 200 余人次参加各种学术活动，同期还主办了多次全国性学术会议，如课程改革与素质教育研讨会（2002 年 3 月）、综合实践活动与创新能力培养研讨会（2003 年 10 月）、主体教育思想研讨会（2005 年 10 月），等等。此外，每年有 10 余名的国内教育学专家来院讲学，同时学院也有不少教师应邀前往兄弟院校进行学术交流。

二、社会实践与服务

社会服务作为高校的主要任务之一，学院始终将其视为应尽的责任。建院以来，学院在社会服务方面的工作主要是发展继续教育，为地方各级各类教育培养人才，为教育行政部门提供决策咨询，合作开展教育改革创新，同时还调动学生参与社会服务，利用社会实践与服务的大平台，增强大学生社会责任感，提高大学生社会实践技能。

首先，学生积极参加社会调研和服务活动。学院关心并支持本院学生积极参与社会实践和服务类活动，发挥本专业所习得的技能和知识，做到理论与实践相统一。其如，1993 年 11 月 18 日，教科院 92 级学校教育专业一行 17 人赴湖北省嘉鱼县烟墩乡进行了一次为期 3 天的教育调查活动。调查期间，同学们深入数所基层中小学校，考察学校校舍、听课、与民办教师进行座谈等。通过调查，同学们清醒地认识到了我国农村中小学的教育现状，加深了作为一个师范生的历史使命感。心理学系的学生则运用他们所学的心理学专业知识，开展心理咨询类活动。1995 年 5 月 20 日下午，应洪山区关山中学校团委的邀请，教科院心理学系 93 级同学冒雨前往关山中学对该校团校的百余名初中生进行了心理咨询。

教科院青年志愿者协会是学院学生参加社会服务活动的社团组织。“立足校内，从我做起，爱心奉献”是教科院青年志愿者协会开展活动的宗旨，他们以“锻炼自己；服务别人”为目标，开展了大量创新活动服务全校师生。“阿心热线”是教科院青年志愿者协会在 1995 年 9 月开通的一条心理咨询热线。围绕“阿心热线”，教科院的志愿者们还开办了“阿心信箱”，设置在图书馆门前，接收同学们的咨询函件，并及时反馈。同时，他们还创办了《心理保健》报，刊登“心理保健与学习心理”“生活健康小常识”“待人处事”等与广大师生生活工作学习密切相关的文章。他们还制作了“国际老人年特刊”，就生活中老年人常遇到的健康知识予以详细说明。此外，教科院青年志愿者协会还和校医院合作，开展共建活动，与学校西区居委会开展共建活动，为广大老师的生活提供方便服务。“志愿送发信件”是他们同校收发室的共建活动，解决了大量因地址不详而难以投递的难题。

其次，学院师生通过开展教育研究、开办自考专业、基础教育合作办学等一系列举措，推进学院发展与社会需要相契合、教育研究成果与国家建设相吻合。其一，服务教育行政部门政策出台需要。自 1998 年我国基础教育课程改革以来，教科院积极参与教育改革活动。参与课程改革纲要、“九年义务教育语文课程标准”的研制工作，承担“中小学写字教学改进调查研究”课题，起草了“关于在中小学加强写字教学的若干意见”，同时参与多个课程标准和教材的修订与建设研究。2004 年 7 月，教科院受教育部基础教育司委托，围绕“武汉市进城务工农民子女义务教育问题”进入深入调查。当年 10 月以政策咨询报告形式递交教育部基础教育司。其如孙绵涛教授致力于教育管理学的教学和研究工作，在 1985—1993 年参与了《中华人民共和国教育法》的起草工作，1989—1991 年参与起草《中华人民共和国地方教育管理条例》，真正做到了教育研究为社会主义教育事业服务。学院并与 500 多所中小学及地方教育研究和教育行政部门建立了长期的咨询服务和合作关系。

其二，服务民办教育事业发展。1996 年，学校民办教育研究中心成立大会在学校三号教学楼举行。大会由民办教育研究中心主任孙绵涛主持。副校长蔡勖出席了会议并讲了话，科研处、附校委员会和教科院的部分教师纷纷列席。到会并祝贺的单位有武汉市教委、武汉市私立光华学校、私立高龙学校、新世纪学校、金桥学校、帅英学校等。该中心是全国第一家民办教育研究机构，为我国民办教育理论与实践搭起一座桥梁。

开展合作办学是推动民办事业发展的又一举措。1996 年 6 月 23 日，教育科学学院和湖北坤志企业联合召开新闻发布会，宣布合作开办湖北私立坤志外语学校。坤志外语学校依靠教育科学学院的师资和管理，坤志企业则每年给教育科学学院 30 万元的资助。教育科学学院在对坤志外语学校实施教学和管理的同时，也把该校作为学院进行民办教育研究的实验学校，力争把坤志外语学校办成湖北省乃至全国高质量、高效益、有特色、示范性的寄宿制私立基础教育学校，更好地促进民办教育的健康发展。

其三，帮助在职教师或社会青年提升学历。学院开设高教自考学前教育专业（专科），作为湖北省高教自考学前教育专业（专科）的主考学院，拥有雄厚的师资力量和丰富的教学经验，先后在湖北省招收三届幼儿园教师近 600 人参加学习，得到了湖北省自考办和学员的好评。1994 年 4 月，教科院与深圳市自学考试委员会合作，在深圳市开办高教自考学前教育专业（专科）助学班，招收深圳市各幼儿园教师和少量高考落选待业青年参加学习，利用寒暑假授课。深圳市教科所负责学员的日常管理工作，教育科学学院选派专家、教授授课。学员在深圳市参加湖北省高教自考学前教育专业（专科）的统一考试，按规定各门课程考试合格，颁发由湖北省自考委和华中师范大学联合签署验印的正式专科文凭。

1995 年，潜江市教育局印发《关于进一步加强中小学在职教师学历培训工作的几点意见》，提出“九五”期间在尽快完成合格学历培训的基础上实施高学历培训，小学教师完成专科以上学历培训 200 人，初中教师完成本科学历培训 100 人，高中教师要启动研究生培训。当年，该市师范培训部与教科院签订协议，开办小学教育自考封闭班，有 380 名中小学教师参加学习，到 1997 年计有 324 名学员获得专科毕业证书。

值得一提的是，2003 年“非典”疫情肆虐中华大地，教科院全院上下齐心协力，统筹安排，共抗“非典”。根据学校预防“非典”领导小组统一部署，教科院结合实际，采取“硬办法”“死办法”，严防死守，党员干部勇作表率，全力抗击“非典”。根据学校要求，学院迅速成立了由党总支书记刘华山牵头的预防“非典”领导小组，多次召开院党政联席会议、研究生会议、本科生干部党员会议和教职工会议，发布六号通告，全面有序地部署预防工作。除认真贯彻执行学校有关决策和措施外，学院还出资 12000 余元，派专人专车赴外地为师生员工购买了板蓝根、消毒液、喷雾器等防治药物和消毒器材，并对院内用房、学生宿舍等公共场所进行了消毒处理。此外，学院还建立了统一指挥、分工合作的组织管理制度，本科生实行“寝室长—班长—年级学生会主席—院学生会主席—院学生工作领导小组”层层负责体制，研究生实行“学生会—导师—院科研办—主管科研副院长”的管理模式，做到每天查铺、自测体温并予以登记，严禁学生随意外出和回家。

为充分发挥学生党员的先锋、模范作用，学院向全院党员转发了“教育部党组致教育系统全体共产党员的一封信”，要求他们关注学生安危，解决实际困难，并在全院 38 名学生党员（包括预备党员）中实行“党员联系监督岗”制度，每一名学生党员负责 2—3 间学生寝室，配合院预防“非典”领导小组做好各个方面工作。疫情期间，院党总支以不同的方式对处在隔离观察时期的 3 位教师和 4 位学生进行了慰问，邀请心理专家及时与其保持思想上的沟通，稳定其情绪，解除后顾之忧。全院党员均作出承诺，将坚守岗位，努力工作，好好学习，带领和引导全院师生员工度过一个学习型、教育型、活泼型的“抗‘非典’特殊期”。

教育科学学院的组建，既是顺应国家新形势发展要求而做出的决策部署，也是整合校内优势资源的战略举措。这一时期，从人才培养工作的全面改革，到办学条件与设施的整体改善；从学科建设的特色化发展，到重点学科建设的高质化建设；从教育科学研究工作的深入开展，到学术师资队伍的建设成型；从立足于社会实践与服务，到加强境外的交流与合作，促进了学院在教学、科研、服务、交流等诸多领域的协调性发展，不仅提升了学院的整体实力，更为学校迈进“211 工程”建设行列贡献了学院的力量。

第九章

华中师范大学教育学院的创建与发展（2005—2022）

为推进教师教育特色鲜明的综合性研究型大学建设，进一步优化教育结构，加快高等教育管理体制改革步伐，合理配置教育资源，提高教育质量和办学效益，根据教育学科发展的需要，学校对教育学科相关院系、研究院所进行了调整，组建教育学院，使得学科结构更加合理、学科布局更加完善。教育学院在坚持“发展促进融合”的指导思想下，综合各学科和各部门的优势，不仅在教学科研、学科建设和社会服务方面取得较大进展，而且在建设教师教育领先的一流大学方面发挥了更大的作用。

第一节　教育学院的组建

教育学院的组建是学校教育学科调整的重要举措，适应了学科资源优化、调整、融合的发展需要，使得具有百年学脉的教育学科获得新的发展机遇。学校不仅举行了隆重的揭牌仪式，而且注重从学校事业发展大局中谋划教育学院的发展，注重学院领导班子建设和资源匹配。学院整合学科资源，加强系科融合，构架学院组织体系，为各项事业可持续发展奠定坚实的基础。

一、举行隆重的揭牌仪式

2005 年 5 月，学校发布《关于成立教育学院、心理学院和教育学院党总支、心理学院党总支及干部职务任免的通知》，通知指出："为了进一步理顺学科关系，合理配置教育资源，加强学科建设，积极推进教师职前与职后教育一体化进程，经校党委常委会研究决定：心理学系从教育科学学院分离出来，单独建制，成立心理学院；教育科学学院下设的教育学系、教育科学研究所、高等教育研究所和教育部华中师范大学基础教育课程研究中心、教育部中南高师师资培训中心、华中师范大学教育评估中心、湖北省普通话培训测试中心组建成立教育学院。"随后，教育学院和心理学院分别成立，这是学校调整学科结构，建设教师教育特色鲜明的综合性研究型大学的一项重大举措。新组建的教育学院，将作为专门从事教师教育的新型办学单位和教师培养模式改革实验基地，承担教师教育类学士及教育硕士学位教育及教师资格培训等任务，积极探索将教师职前教育和职后教育有机结合、着力提高教师教育专业化水平的有效途径，从而成为教师教育的教学中心、研究中心和中小学教育教学改革的联系与指导中心。

2005 年 10 月 28 日上午 8 时，教育学院成立大会在校科学会堂隆重举行。中国教育学会副会长、国务院学位委员会教育学学科评议组召集人、华东师范大学终身教授叶澜，湖北省教育厅副厅长陈安丽，华中师大副校长蔡勖，北京师范大学教育学院院长张斌贤，湖北省教育厅教师处处长张杰等出席成立大会。

副校长蔡勖为大会致辞，指出教育学院的成立是在优势互补、合理配置和充分利用教育资源基础上的联合；既是顺应中国教育发展的历史大趋势，也是百年学府与时俱进的发展结果；是学校凸现教师教育特色、实现教师教育一体化的重大举措，必将为学校实现新的辉煌、进一步发挥教育学科综合优势，带动相关学科的建设和发展作出重大贡献。同时希望并鼓励教育学院要善于整合校内资源，完善学科布局；要实现优势互补、强强联合；要以创新的精神，为把学校建设成为教师教育特色鲜明的综合性研究型大学而努力奋斗。

湖北省教育厅副厅长陈安丽，代表省教育厅对教育学院的成立表示祝贺，并希望华中师范大学能进一步发挥教师教育特色，对已培养的教师进行跟踪培养，强化培训效果，也希望更多的老师和学生重视、理解“农村教师素质提高工程”，为湖北教育事业作出应有贡献。华东师范大学叶澜教授、北京师范大学张斌贤教授也对教育学院的成立表示了热烈祝贺。教育学院院长涂艳国表示新成立的教育学院将会以高水平人才培养为根本任务，争取把学院建设成为国内一流、特色鲜明，具有一定国际知名度的研究型学院，和国家最重要的教师教育基地之一。

二、机构组建和人员调整

教育学院成立时，设有教育学系、课程与教学系、教育经济与管理系、学前和特殊教育系、教育史与比较教育研究所、高等教育研究所、师资培训中心、普通话测试中心、农村基础教育研究中心、教师教育研究中心等教学科研机构，拥有现代教育技术实验室、特殊教育实验室、教育科学资料中心和计算机中心等教学科研设施，主办有《教育研究和实验》《教育与经济》两种全国教育类中文核心期刊。学院设有教育学、学前教育和特殊教育三个本科专业，拥有教育学一级学科博士、硕士学位授权点和教育学博士后科研流动站。教育学院组建时有教职工 70 人，其中教授 14 人、副教授 21 人、讲师 7 人。在校本科生 180 人，硕士研究生 500 人（其中教育专业硕士研究生 400 人），博士研究生 71 人，博士后 4 人。

2005 年至 2021 年，按照学校工作需要和总体安排以及学院自身发展需求，学院班子和管理干部进行过一定的变动和调整。根据学校整体部署，学院领导班子建设和内部机构设置进一步完善。其基本情况如下：

教育学院成立时，涂艳国任院长，杜时忠、李玲、邓猛任副院长。教育学院建立党总支，由吴伦敦任书记，陈迪明任副书记。2006 年 3 月，学校组织部批准中共华中师范大学教育学院总支部委员会，由吴伦敦、涂艳国、陈迪明、余子侠、杜时忠、周东明、李玲等七位同志组成。2008 年 6 月，副书记陈迪明调离教育学院，出任党委组织部副部长，谭菁华接任教育学院副书记。2010 年 1 月，吴伦敦出任教师教育学院分党委书记；卢治平任教育学院党委书记。9 月，副院长李玲调离教育学院，出任校医院党总支书记。2011 年 1 月，教育学院行政换届。涂艳国任院长，雷万鹏、邓猛任副院长。10 月，李静任教育学院分党委副书记。12 月，邓猛调离学校，蔡迎旗任分管教学工作副院长。2014 年 12 月，学校组织部批准中共华中师范大学教育学院委员会，由王俊、卢治平、李静、但武刚、陈佑清、涂艳国、雷江华等七位同志组成。卢治平任书记，李静任副书记。

2016 年 1 月，教育学院行政换届，雷万鹏任教育学院院长，蔡迎旗、申国昌任教育学院副院长。2018 年 11 月，李玲出任教育学院党委书记。2019 年 1 月，张扬任教育学院党委副书记。2019 年 3 月，学校批准中共华中师范大学教育学院委员会由马英、申国昌、田友谊、李玲、张扬、陈佑清、雷万鹏、雷江华、蔡迎旗等九位同志组成；李玲任书记，雷万鹏、张扬任副书记。5 月，黄玉新出任教育学院党委副书记。2022 年 1 月，教育学院行政换届。雷万鹏任院长，田友谊、雷江华任副院长。3 月，张扬调离教育学院，任发展规划处副处长。同月，苏春艳任教育学院党委副书记。

在学院组成结构多样化的情况下，进一步理顺院、系（部所室中心）两级管理体制和机制，努力提高领导学院各项事业科学发展的能力，是学院科学发展的重要基础。学院根据工作的需要，进行了一系列部门的调整组合，进一步完善内部机构建设，优化院系治理结构。2006 年 10 月，高等教育研究所挂靠教育学院。2007 年 12 月，华中师范大学考试研究院从政治学研究院分离转并到教育学院，其学科建设、教学科研、人员编制、学生招生管理等方面纳入教育学院整体发展规划和统一管理。2010 年 1 月，华中师范大学成立教师教育学院。教育部中南高师师资培训中心、湖北省普通话培训测试中心从教育学院剥离，划归到教师教育学院。2011 年 4 月，教育学院机构设置改变为“三系四所”，分别为教育学系、学前教育系、特殊教育系、课程与教学研究所、教育经济与管理研究所、高等教育研究所、教育史与比较教育研究所。教育学院、系所设置基本定型。为实现学校建设教师教育领先的一流大学的奋斗目标，学院成立了教师教育研究所。同时，为充分发挥学科优势，学院整合相关资源，还相继成立融合教育学院、早期教育学院和家庭教育学院。

第二节 制订学院发展规划

世纪之交，中国高等教育进入了快速发展时期，在提高规模效益的同时，十分注重提高教育教学质量。为了实现现代化，建设若干所具有世界先进水平的一流大学，1998 年 12 月，教育部制订了《面向 21 世纪教育振兴行动计划》，明确提出要“创建若干所具有世界先进水平的一流大学和一批一流学科”。其总体思路是集中资源，突出重点，体现特色，发挥优势，坚持跨越式发展，走有中国特色的建设世界一流大学之路。进入新时代，我国高等教育进入全面深化综合改革的攻坚时期，在社会主义现代化建设中战略性、基础性地位进一步突出。学院把握高等教育重要战略机遇期，通过制订发展规划，推动各项事业迈上新台阶。

一、“十一五”和“十二五”规划的实施

自学校相继进入“211 工程”和“985 工程”优势学科创新平台，学校各项事业迎来新的发展契机。新组建的教育学院进一步明确学科建设重点，制订中长期发展规划，集中精力抓好各项工作，从而使教育改革和事业发展再上新台阶，为实现新世纪的奋斗目标奠定基础。

根据学校建设教师教育特色鲜明的综合性研究型高水平大学的办学目标，学院在“十一五”期间各项事业取得了一些标志性成果，为学校教育学科持续发展奠定了坚实的基础。首先，在学科建设、教学科研、人才培养等方面的总体水平在全国居于先进行列，教育学科在整体实力上跻身全国前四位；其次，在办学规模、办学条件、培养质量、教学成果等方面迈上新的台阶；其三，课程体系更加符合创新人才的培养要求，本科生的培养质量不断提高，研究生教育的规模稳步扩大；其四，通过各种形式和渠道，使人才类型及实际能力和水平符合社会发展的需要，为学校建设教师教育特色鲜明综合性研

究型高水平大学贡献力量；其五，充分发挥学校教师教育学科优势，加强教育学科与其他人文学科及自然学科、工程技术学科的交叉、渗透和互补，集中组织研究力量，承接国家级和省部级课题，加强与国际学术界的交流和合作，基本实现了“建设成为国内一流的研究型学院”的总体目标。

“十二五”是我国经济社会发生巨大转型的时期，教育学院的发展面临重大机遇和挑战。从国家战略看，2010 年全国教育工作会议胜利召开和《国家中长期教育改革和发展规划纲要（2010—2020 年)》（以下简称《规划纲要》）的颁布，为中国教育发展指明了方向，也为学院发展提供了前所未有的机遇。《规划纲要》是党中央、国务院着眼于全面建成小康社会和现代化建设全局作出的战略决策，是对中国未来十年的教育事业发展进行全面谋划和前瞻性部署。能否把握国家战略导向，顺应教育改革潮流，找准自身定位，寻求更卓越发展，这对教育学院来说是机遇更是挑战。从区域发展看，“中部崛起”战略实施，“两圈一带”（武汉城市圈、鄂西生态文化旅游圈、长江经济带）的协同发展，武汉城市圈教育综合改革试验区、东湖国家自主创新示范区建设不断深化，为学院发展提供了前所未有的战略机遇，教育学院必须立足本土，回应社会需求，在人才培养、科学研究和社会服务等方面寻求更大突破。从学校发展看，“教师教育特色鲜明的研究型大学”是学校办学目标。根据这一目标，教育学院在“十二五”发展规划中确立的总体目标为：提高人才培养、科学研究和社会服务的质量，切实促进学术水平和管理水平上台阶，把教育学院建设成国内一流的高水平研究型学院。为此提出在未来五年力争在以下核心指标上取得新的突破：争取有一个学科新增为国家重点学科；力争获得全国人文社会科学重点研究基地；一级学科排名保持全国前列；成功申报 3 项国家重大课题，提交一系列有重大影响力的教育政策咨询报告。

“十二五”建设期间，教育学院领导和广大教职工解放思想，凝聚共识，形成合力，共同推进教育学院向国内一流、高水平研究型学院发展。学院以文化建设为依托建构舒适的工作环境，提升教职工的团体意识、归属意识；依托党委、工会、团委等组织和网站等平台，努力营造团结向上、积极进取、自由探索、兼容并包的文化氛围，增强学院的凝聚力和号召力，把教育学院建设成为充满生机与活力的和谐学院。学院倡导制度创新、责任共担，充分调动全体教职工积极性，探索良好的学院治理结构，形成权责明晰、分工协作的长效发展机制。学院加强组织领导，把规划中重大战略举措的落实和实施摆在重要的议事日程，纳入绩效评估范畴。加快学院内部管理体制改革，按照制度化、规范化和人性化的要求，规范学院的办学行为；采取有效的激励措施，充分调动各系、所积极性，使之成为功能全面、机制灵活的教学、科研和社会服务机构。学院成立教授委员会，探索民主、高效的学院治理结构，充分发挥教授委员会在学科建设、人才培养、科学研究、社会服务、人事管理等方面的决策咨询作用。学院重视完善人才招聘、劳务分配、财产管理等制度规范，以体制机制创新，促进学院可持续发展。经过全院师生的共同努力，学院较好地完成了“十二五”建设期间的各项任务。

二、“十三五”和“十四五”规划的实施

“十三五”是国家全面深化高等教育领域综合改革的攻坚时期，是学校建设教师教育特色鲜明高水平大学的重要阶段，也是教育学院建设“国际知名、国内一流”高水平研究型学院的关键时期。学院对“十二五”学院发展情况进行了全面总结和反思，在此基础上提出“十三五”期间学院发展的总体思路、主要目标、实施策略和保障措施。

2015 年，国务院颁布的《统筹推进世界一流大学和一流学科建设总体方案》(以下简称“《方案》”)，为中国高校的未来教育发展指明了方向。《方案》要求“坚持以中国特色、世界一流为核心，以立德树人为根本，以支撑创新驱动发展战略、服务经济社会发展为导向，加快建成一批世界一流大学和一流学科，提升我国高等教育综合实力和国际竞争力”。随着教育领域综合改革的全面深化和“中部崛起”战略的深度推进，武汉城市圈教育综合改革试验区、东湖国家自主创新示范区建设不断深化，作为国家推动中部崛起战略支点的湖北迎来大有可为的黄金机遇期。随着“一带一路”和长江经济带战略的实施，为教育学院的开放办学与改革发展提供了前所未有的战略机遇。学校“十三五”规划明确提出培育不少于 5 个“一流学科”，教育学院是学校在全国学科评估中排名前五的学院之一，有很好的建设基础。随着学校在大力推进信息技术与教育深度融合的过程中，学校重点支持建设国家级教育信息化协同创新中心和省级信息化与基础教育均衡发展协同创新中心，以及建立教育大科学研究中心。教育学院作为协同创新中心的主要牵头单位，在推进学校教育信息化的过程中能够有所作为。学校强调“建设教师教育特色鲜明的综合性研究型高水平大学”的发展目标，为教育学院争当学科发展排头兵提供了良好机遇。

面对新形势、新挑战，学院“十三五”发展总体目标是建设“国际知名、国内一流”的高水平研究型学院。秉持“以人为本、追求卓越”的指导思想，落实学校“一体两翼”的办学理念，力争将学院建设成教师教育特色鲜明的“国际知名、国内一流”的具有深厚人文底蕴的教育学院。“以人为本”即以学生为本、教师为本、职工为本；“追求卓越”即以质量和品质提升为根本要义，在人才培养、科学研究、队伍建设、学科发展、组织文化等方面不断创新，使教育学院真正成为师生的学园和家园。

结合实际，学院提出“开放、合作、共享”的发展思路，实现以国际化促开放，以跨界合作促发展，以共享促公平的发展策略。坚持创新发展，将创新摆在学院发展的优先地位，贯穿于学院的各项工作当中。坚持协调发展，推动党的建设与学科建设、人才培养与科学研究协调发展，确保优势学科与薄弱学科、传统学科与新型学科协调发展。合理规划，准确定位，找准振兴学院的发力点和学科增长点。坚持开放发展，坚持实施国际化战略，以国际化引领学院发展；坚持合作发展。以跨界合作促进团队建设。打破专业壁垒，形成老中青相结合的结构合理的新型研究团队。坚持共享发展，以共享促公平，发展的成果应为师生共享，增强教职工凝聚力。

“十四五”时期是中国建设高等教育强国的关键时期，是学校全面推进教师教育领先的一流大学建设的重要阶段，也是教育学院建设中国特色一流学科的关键时期。为贯彻落实建设教育强国，推动教育现代化，推进乡村振兴，实现共同富裕、构建人类命运共同体等重大战略，教育必须坚定社会主义方向，深化教育改革，落实立德树人根本任务。在国家层面，贯彻《深化新时代教育评价改革总体方案》《中国教育现代化 2035》《中华人民共和国国民经济和社会发展第十四个五年规划和 2035 年远景目标纲要》等文件精神，“把提升国民素质放在突出重要位置，构建高质量的教育体系”；在社会层面，创新驱动产业升级、助推经济高质量发展，培养学生的创新精神和能力；在学校层面，根据《华中师范大学“十四五”事业发展规划》要求推进新文科战略，建设新时代高质量教师教育体系，促进“人工智能＋教育”创新发展。

“十四五”期间，学院的发展目标是充分发挥教育学龙头作用，推进多学科交叉融合，以育人为本，以技术为基，以服务为重，推动面向信息化时代的主体教育理论创新；建立深度融合信息技术的教育数据库，为政府提供高质量政策咨询，推动教育智库转型升级；深化教师教育拔尖创新人才培养，助力中国特色世界一流的教育学科及教师教育领先的世界一流大学建设。学院坚持“一体两翼”的发展战略，重点推进乡村教育振兴、基础教育高质量发展、教育信息化等三大战略，依托主体教育改革实验区、智能教育创新平台、教育智库平台、教师发展协同创新平台等四大平台，围绕教育理论创新、教育政策与治理、信息化教学变革与应用、教育信息技术创新、教师教育创新等五大领域进行理论研究与实践探索，建设中国特色世界一流教育学科。

第三节　加强党的全面领导

加强党对教育工作的全面领导，是办好教育的根本保证。在各级党组织的坚强领导下，教育学院党委按照新时代党的建设总要求，围绕落实立德树人根本任务，以政治建设为统领，以质量攻坚为动力，以提升组织力为重点，以推动事业发展为落脚点，以培育“时代新人”为目标，立足“一流目标”和“教师教育领先”，从“政治建设领航、思想建设铸魂、组织建设强基、一流建设赋能”四个方面，不断提升党建工作质量，营造风清气正的政治生态，为学院高质量内涵式发展，提供坚强的思想、政治和组织保证。2022 年 3 月，华中师范大学教育学院党委获评第三批“全国党建工作标杆院系”培育创建单位。

一、政治建设领航，加强党对学院事业的全面领导

（一）始终把政治建设摆在首位，增强政治领导力

1. 旗帜鲜明讲政治

学院党委坚决拥护“两个确立”、增强“四个意识”、坚定“四个自信”、做到“两个维护”，推动党中央和教育部党组、湖北省委和学校党委决策部署在学院落地生根。坚持社会主义办学方向，全面贯彻党的教育方针，把培养时代新人作为不变的初心和使命。加强学院班子建设，严格执行新形势下党内政治生活若干准则，健全党建工作机制，提高党内政治生活质量，严明政治纪律和政治规矩，建设积极健康的党内文化，营造风清气正的政治生态。

2. 配齐建强学院党委领导班子。配备党委书记 1 名，专职党委副书记

2 名（1 人兼纪检委员），院长兼任党委副书记，组织员 1 名，党委委员 9 人。成员各司其职，分工明确，工作落实到人，组织作用发挥到位。

3. 健全管理制度和议事规则。不断修改完善“党政联席会议议事规则”“党委会议事规则”“关于执行‘三重一大’制度的实施办法”“绩效分配办法”“学生奖助金评定办法”“研究生命题考核办法”等系列规章制度，用制度管人管事，依规依法治院水平不断提升。学院坚持每月 1 次党委会、1 次党员大会和 1 次教职工政治理论学习，每周 1 次党政联席会。

（二）履行全面从严治党主体责任，增强组织战斗力

1. 落实党风廉政建设责任制，明确工作责任。一是学院党委书记作为党风廉政建设第一责任人，始终把党风廉政建设紧紧抓在手上，扛在肩上。二是实行“一岗双责”，做到“五个一”：对分管范围的党风廉政建设和反腐败工作进行一次安排部署、进行一次廉政谈话、进行一次调研并提出解决措施、讲一次廉政教育课、召开一次汇报会。三是建立分党委—党支部—党员三级责任链，做好中层干部述职述廉，党支部书记抓党建述职评议，开好班子民主生活会。四是纪检委员履行监督职责。明确学院党委副书记兼任纪检委员；学院党委书记切实担负起“第一种形态”主体责任，对苗头性和倾向性问题抓早抓小，防微杜渐；学院班子成员经常交心谈心，红脸出汗。

2. 推动机制建设，加强风险防控。在职称评定、教师聘任、评优评先、本科生推免、研究生命题、博士生申请考核、财务管理、科研经费使用、物资设备采购、奖助学金评定、师德师风、意识形态、绩效分配及学科经费使用等风险点，评定风险等级，制定防控措施。

3. 执行“三重一大”，抓好贯彻落实。一是坚持制度先行。严格遵循《教育学院关于执行“三重一大”制度的实施办法》中关于“三重一大”事项的主要内容、决策程序和监督机制。二是严格执行程序。对上述实施办法中列明的“三重一大”事项，一律提交党委会和党政联席会议集体讨论决定。领导班子及成员个人年度述职述廉，自觉接受监督。

4. 重视统战工会离退休工作，凝聚智慧和力量。一是做好党外教师人员精准摸排，落实班子成员与党外人士“一对一”结对子，定期开展交心谈心。二是召开二级教代会，讨论通过学院发展重大改革方案；积极推进“模范工会之家”建设，支持工会开展各类文体活动，做好福利发放、大病互助、健康年检、困难帮扶等服务工作。三是坚持开展走访、座谈会等活动，通报学

校党委、行政重要决定和改革举措，介绍学院发展的情况，征求退休教师的意见；坚持为老同志办实事，建立“老有所为”工作室，给予活动经费支持。

（三）占领意识形态主阵地，增强组织凝聚力

1. 守好“责任田”，牢牢掌握意识形态工作的主动权和领导权。学院党委书记为第一责任人，建立党政班子成员、党委委员、党支部书记、党员“横到边、纵到底”的联系制度，做到“六个一”，至少指导1次支部主题党日活动、参加1次主题班会、参与1次社团活动、下沉1个寝室、联系1名少数民族学生、帮扶1名困难学生，确保意识形态工作无死角。

2. 密织“安全网”，切实落实意识形态工作责任制。一是建立多维联系制度，构建横向到边，纵向到底的网格化责任链，掌握网络阵地领导权。二是坚持一月一报、一张表流程。三是落实学院网站、QQ群、两微一端等网络安全管理责任，及时排查安全隐患。四是安排专业教师对5个挂靠的学生社团进行指导，班子成员一对一下沉社团联系指导。五是加强对《教育研究与试验》《教育与经济》学术期刊的政治引领。六是将履行意识形态工作责任的情况作为民主生活会和年度述职的重要内容。

二、思想建设铸魂，强化师生理论武装

（一）推进党的创新理论入脑入心

1. 对标对表专题学。按照上级党组织及学校党委要求，学院党委制定了党的群众路线教育实践活动、“三严三实”专题教育、“两学一做”学习教育、“不忘初心　牢记使命”主题教育和党史学习教育等实施方案，中心组理论学习、党支部主题党日活动、师生政治理论学习相融相促，形成了层层辐射、共同学习的格局。

2. 分层分类广泛讲。学院党委深入开展多层次、常态化、全覆盖宣讲活动，努力把习近平总书记系列重要讲话精神把握准、理解透、落实好。每年领导干部领学领悟讲党课，开展党支部书记微党课、教授说理活动等，扎实推进习近平新时代中国特色社会主义思想进学术、进学科、进课程、进培训、进读本。

3. 突出特色生动学。各支部发挥主动性创造性，通过“三会一课”、主

题党团日、读书分享会、实地研学等载体，采用线上线下多种形式，不定期与校外党员学习教育基地联合开展沉浸式学习，推动党的创新理论学习接地气、聚人气、有生气，形成“个个讲、人人学、处处宣”的生动局面。

（二）构建大思政格局

1. 整合育人资源，画好全员育人“同心圆”。一是推进思政队伍和专业教师队伍协同育人。“双带头人”教工党支部与学生党支部开展师生共建，选聘专业教师、校友担任班主任及本科生导师，形成思政队伍、教师队伍、教辅人员、行政管理人员协同育人机制。二是推进校内力量与校外资源合力育人。学院与湖北省残疾人联合会合作共建全国首个融合教育学院，与中植集团合作成立“早期教育学院”，与湖北省妇女联合会、湖北省教育厅协同共建“家庭教育学院”，形成政府、社会、企业、家庭、学校合力育人机制。三是挖掘校友资源深度参与人才培养。推行“双班主任”“双导师”工作机制，面向学院校友，招聘外聘班主任、外聘导师，为现有本科生班主任及研究生导师队伍补充育人力量，拓展“同心圆”。

2. 遵循育人规律，绘好全过程育人“导航图”。一是畅通主渠道，发挥“第一课堂”作用。建设“习近平总书记教育重要论述研究”金课，以“10+N”课程模式进硕博研究生及全校师范生课堂。以“新生研讨课”（教师专业发展）国家课程思政课为引领，实现课程思政全覆盖。学院获批学校教育学类“立德树人”课程思政教学研究示范中心，4 位教师荣获课程思政优秀教师，5 门课程入选课程思政示范课程。二是夯实主基地，强化“第二课堂”效果。举办“博导论坛”“学在田楼”“德育大讲堂”“教育学人开讲啦”，开展“名师导读”“朋辈导学”“校友导航”等系列活动，引导学生夯实专业基础。三是立足主阵地，推进“第三课堂”建设。成立“小椒鱼融媒体中心”，推动传统媒体和新兴媒体在内容、渠道、平台、管理等方面深度融合，全方位、多维度、跟踪式地延伸“导航图”。

3. 注重育人实效，谱好全方位育人“协奏曲”。一是推进实践育人，打造育人品牌。持续打造“启悦·读书会”“启明·科研素养提升营”“启航·教育调查”“启创·创新创业孵化计划”“启鸿·小见习”“启翔·国际化小学期”等“启”系列品牌活动，助力拔尖创新人才培养。二是坚持文化育人，凝练育人精神。深入总结百年的学术、学者、学生、学院，编写学院发展史、学科发展史、教育学人故事和校友风采，提升教育学学科自信、学术自信和学派自信。凝练韦卓民、陈时、潘梓年、黄溥等先生的教育思想，用教育先贤的教育救国之志育人。编写王道俊、任钟印、杨葆焜、萧宗六等先生的教育文集，用教育名师的教育报国之心育人。录制董宝良、李道仁、杨汉清、郭文安等先生口述史，用教育前辈的教育兴国之情育人。坚持每周编发“教院周报”，用教育学人的教育强国之行育人。三是精准服务育人，拓宽育人边界。成立“小椒鱼学习发展中心”，为学生的学习与发展提供专业化的指导、咨询和支持。成立“小椒鱼心灵驿站”，将育心育德相结合，深化心理育人，丰富“协奏曲”。

三、组织建设强基，夯实党建工作基础

（一）双带头双引领，党支部书记模范带头作用有力彰显

一是选优配强师生党支部书记。一是选拔副教授以上的党员教师担任教师党支部书记，选拔辅导员和优秀青年党员担任本科生和研究生党支部书记。创建党支部书记校级“双带头人”教师党支部书记工作室 2 个。二是提高党支部书记工作能力。组织党支部书记参加湖北省高校教师党支部书记示范培训班等各级各类培训，做到了支部书记每年轮训全覆盖。教工第二党支部书记郑刚参加教育部全国教师党支部书记“双带头人”高级研修班，并作经验交流发言。

（二）创标杆建样板，党支部战斗堡垒作用全面发挥

学院现有全国高校党建工作样板党支部 1 个、湖北省委教育工委先进基层党组织 1 个。一是教工党支部分别围绕主体教育理论、课程思政、师生共建、服务育人开展支部建设，形成一支部一品牌。二是本科生党支部结合专业特色，分别与基础教育学校、特殊学校、幼儿园开展“1 + 1”支部共建。三是研究生支部按专业纵向设置，成立华教学堂党支部，致力于西藏、新疆、宁夏、内蒙古、广西等地教育援助，发挥支部“党建 + 教育援助”的先锋模范作用。时任湖北省省长王忠林同志在西藏山南市考察时听取汇报后，给予了充分肯定。研究生党支部组织抗疫“公益助学团”，2020 年初新冠疫情期间为全国 200 名医务人员子女做“一对一”线上辅导，多次被教育部、人民网等媒体宣传报道。

（三）树榜样扬正气，党员示范引领作用有效提升

学院以党史学习教育为契机，开展“学史力行，以行践知”陶行知教育故事讲述会，引导师生为实现教育强国贡献力量。举办“向党说”教育活动，邀请不同党龄和新入党的党员一起向党说，表达对党的忠诚与热爱。师生同堂学习习近平总书记在中国人民大学考察时的重要讲话，激励师生在新时代的赛道上跑出最好成绩。2 名教师党员获“湖北省名师工作室”主持人，多名教职工党员先后获校“优秀党务工作者”“优秀党员”“三育人标兵”“十佳女职工”“十佳优秀政工干部”“优秀班主任”等称号。

四、一流建设赋能，坚持党建引领事业发展

（一）坚持党管人才，铸就一流的师资队伍

学院成立人才引进工作组，以人才为核心搭平台、建基地、争项目。持续更新“教师成长档案”。围绕教育理论创新、教育政策与治理、教师教育改革等方向，形成老中青结合、跨学科的高水平研究团队。学院有教育部课程思政优秀教学团队 1 个，省级优秀教学团队 3 个，省级先进基层教学组织 1 个。形成课程团队、教学团队、基层教学组织“三位一体”，提升教师教学能力，促进专业发展。

（二）坚持党管教育，锻造一流的教育教学

围绕学校“建设教师教育领先的世界一流大学”的发展目标，对接“强师计划”战略部署，打造教师一体化培养体系，推进教师教育创新；打造学生、学科、学术一体的“五育融合、协同育人”体系。教育学、学前教育、特殊教育均为国家一流本科专业，融合教育专业获教育部首批新文科研究与改革项目。学院党委始终用“四有”好老师标准淬炼师资，用高质量课堂教学支撑一流课程，用一流课程支撑一流专业，用专业建设推动学科发展。

（三）坚持引领科研，建设一流学科服务国家战略

学院高举主体教育理论大旗，扎根中国大地，聚焦教育强国战略需求，重点研究教育的热点难点问题，围绕主体教育创新发展、教育政策与智库、

教育均衡发展、乡村教育振兴、教师教育创新等建言献策。聚焦教育强国战略需求，推动中国特色教育理论和实践创新。在全国第四轮学科评估中教育学排名第三（并列），2021 年进入国家一流学科建设行列。

面对教育现代化新形势和高等教育高质量发展的新挑战，学院党委以全国党建工作标杆院系为引领，加强党对学院事业的全面领导，始终把政治建设摆在首位，打造党支部坚强战斗堡垒。以教育学一流学科建设为抓手，以“功成不必在我，功成必定有我”的担当，用新作为献礼教育学院百年庆典，用新贡献贯彻落实党的二十大精神！

第四节　人才培养质量不断提高

学院始终把人才培养工作放在工作中的重要位置，并通过完善人才培养体系建设、专业建设、课程建设、教学管理、科研赋能等环节，给予人才培养最大的支持，不断提高人才培养质量。

一、构建一体化的人才培养体系

学院自组建以来，经过不断的融合和机制改革，逐步理顺学院及各系部所室之间的关系。党政领导班子和全院师生，坚持教学和科研并重，尤其从学院实际出发，不断强化教学意识，增强全院师生员工以教学为基础，以提高教学质量为核心的责任感和认同度，通过各项改革措施，取得了教学工作的显著成效。

学院坚持以育人为本，形成了从本科生到博士后的人才培养体系。根据学校建设教师教育领先的世界一流大学的总体目标及学院学科与队伍建设的整体规划，在学校教学改革的整体背景和总体思路下，在学习借鉴国内外相关院校和同类学科先进经验的基础上，把培养“厚基础、宽口径、重实践、多技能”的高层次、复合型人才作为学院教学工作努力的主要方向。

构建并逐渐完善人才培养方案。人才培养方案是学校落实党和国家关于人才培养总体要求，组织开展教学活动、安排教学任务的规范性文件，是实施人才培养和开展质量评价的基本依据。学院根据区域经济社会发展需求、办学特色和专业实际，根据教育学、学前教育、特殊教育、融合教育等本科专业人才培养目标和能力标准，完善人才培养方案。本科生人才培养方案历经 2012 年全面修订、2013 年和 2015 年两次调整，“厚基础、宽口径、重实践、多技能”的教师教育特色变得鲜明，“博学、博雅和博爱”的“三博”文化得以彰显。2018 年，学院完成本科专业人才培养方案的修订工作：探索本科生分类培养的路径与方法；基于融媒体构建自适应、强交互的教学资源，推动信息技术与教育教学深度融合，建立支持个性化学习的教学资源库；完善实验教学条件，秉持开放共享理念建设教育学院实验室，使之纳入学校实验室信息管理平台，作为分实验室参与国家级文科仿真实验平台建设体系。

招生规模持续扩大，渠道逐渐多样。2007 年 5 月，国务院决定在教育部直属师范大学实行免费师范生教育。从 2007 年秋季入学的新生起，在北京师范大学、华东师范大学、东北师范大学、华中师范大学、陕西师范大学和西南大学六所部属师范大学实行师范生免费教育。9 月，教育学院招收第一批免费师范生、教育学试验班（非师范）招收第一届本科生。学前教育（中澳合作办学）专业于 2012 年开始招生，融合教育专业于 2021 年开始招生。本科生招生专业达到 4 个，招生规模持续扩大。此外，研究生招生规模也持续扩大，教育学一级学科下设教育学原理、课程与教学论、教育史、比较教育学、学前教育学、特殊教育学等二级学科都招收硕士研究生。教育学获得一级博士学位授予权后，教育学原理、教育史、课程与教学论、教育经济与管理、学前教育、高等教育、特殊教育等二级学科招收博士研究生。“十一五”末，学院办学规模进一步扩大，已位居学校前列。2010 年时，学院在校本科生 500 人，硕士研究生 300 人，博士研究生 100 人，博士后 10 人。另有教育硕士专业学位研究生 200 人，教育博士专业学位研究生 20 人，留学生 50 人。到 2022 年 6 月底，学院在校本科生 617 人，硕士研究生 662 人，其中全日制学术型硕士 349 人、全日制专业型硕士 146 人、非全日制硕士 68 人、公费师范生硕士 99 人；博士研究生 183 人；博士后 18 人。

完善研究生培养体系，创新研究生培养方式。研究生教育在培养创新人才、提高创新能力、服务经济社会发展、推进国家治理体系和治理能力现代化方面具有重要作用。学院高度重视研究生教育，推动研究生教育适应党和国家事业发展需要，坚持“四为”方针，瞄准科技前沿和关键领域，深入推进学科专业调整，提升导师队伍水平，完善人才培养体系。2013 年，学院重新修订了学术型硕士生、免费师范生教育硕士、全日制与非全日制专业学位、学术型博士生与教育博士培养方案，打破专业壁垒，实行宽口径、厚基础的研究生培养模式改革。在招生方面，优化研究生生源，开拓了多方生源渠道。一方面，从本院选拔优秀本科生，纳入“3—2—4”华博计划、“直博班”计划，配备名师加以引导；另一方面，开展研究生招生夏令营活动，吸引更多优秀生源，为一批热爱科研、基础扎实、素质全面的应届本科毕业生的继续深造和发展构建平台。2017 年暑期，学院成功举办第一届优秀本科生夏令营活动，确定了 31 名优秀营员、17 名合格营员。启动博士生“申请—考核”招生录取制度，扩大导师招生自主权。在培养方面，实施“研究生质量提高工程”，进一步规范研究生日常教学，构建合理的研究生课程体系，加强研究生课程资源建设，强化研究生教学基本规范，鼓励教师开展研究性教学；开设“教育科研方法”系列讲座，提升研究生科研能力，建立以科学研究为主导的导师责任制和导师项目资助制；加强专业学位研究生案例教学，不断提高研究生特别是博士生培养质量。同时，为了拓宽博士生的学术视野，增开了一级学科必修课“教育基本理论专题”“教育科学研究方法”“教育前沿专题”“教育经典选读”等必修课程，培养研究生的知识获取能力、学术鉴别能力、独立思考能力和学术研究能力，而且实施的专家领衔、团队讲授的教学组织形式，收到良好效果；打破了二级学科壁垒，为博士生开设了近 70 门二级学科选修课，鼓励跨专业选课；博士生入学后在导师组指导下自行制订个人培养方案，根据个人兴趣自主选课；课堂教学方法力求多样化，做到讲授与研讨相结合，课上学习与课后读书相结合，课堂学习与课外实践相结合；期末考核采取多种方式，考试、考查、课程论文等，力求多元化；推进“学术午餐会”“博导论坛”“研究生论坛”等项目，培养研究生学术兴趣，提高其研究能力，进而整体提高研究生培养质量。

此外，学院还通过健全教学质量监控和保障机制，规范课堂教学，提高教学质量。学院组建由学院领导、各系所负责人、学科组组长及以知名教授等组成的本科生教学指导委员会和研究生教学指导委员会，并制订《教育学院教学指导委员会章程》，进一步加强人才培养工作的宏观指导与管理，推动我院的教学改革和教学建设，提高人才培养质量。除课程教学质量的监控，学院还增加学生实习实训的机构，锻炼学生教学实践能力。学院联合政府部门、科研机构、行业企业和学校，形成实践教学与训练的协同联动机制，先后与华师一附中、武汉市盲校、街道口幼儿园等单位共建 30 余个本科生实习基地和 15 个研究生实习基地，聘请近百位校外兼职本科生和研究生导师，初步构建了校内与校外、理论与实践相结合的一体化的本科生研究人才培养体系。

二、专业建设成绩斐然

专业建设是深化教学改革，加强内涵建设，提高学校教学质量，推动学校教学工作持续健康发展的重要工作，是努力办出学校特色的具体体现。步入新世纪以来，学院根据学校总体发展目标，紧密结合实际，依靠信息技术，不断加强本专业建设，各专业优势更加明显，特色更加鲜明。教育学专业发挥学科优势，专业建设有较深厚的基础。2007 年，该专业被评为湖北省本科品牌专业，并于 2008 年被教育部、财政部批准为高等学校特色专业建设点；2019 年教育学专业获批国家首批一流本科专业建设点。学前教育专业抓住国家大力发展学前教育事业的历史机遇，专业建设迈上新台阶。2011 年，华中师范大学与澳大利亚皇家墨尔本理工大学合作举办学前教育专业本科教育项目获得批准，成为全国第一个本科层次的学前教育中外合作办学项目。2012 年，学前教育中澳项目首届招生。在此基础上，2014 年“中澳合作办学——国际性卓越幼儿园教师培养模式探索”，在国家首届卓越教师教育教学改革培养项目评审中成功立项，成为学校仅立项的两个项目之一。2015 年，学前教育专业被评为湖北省专业综合改革试点单位。2020 年学前教育专业获批国家一流本科专业建设点。特殊教育专业优势也进一步彰显。2018 年，该专业获批湖北省荆楚卓越计划改革项目。2021 年，该专业获批国家级一流本科专业建设点。2021 年融合教育专业获批招生，成为全国首个且唯一的教育部批准的新专业，并获批教育部首批新文科研究与改革实践项目。该专业以“新文科、新师范、新教师”为建设目标，依据教育部颁发的教师专业标准中“师德为先，学生为本，能力为重，终身学习”的相关理念和要求，培养师德师风高尚、专业情意坚定、专业知识和专业能力扎实，能胜任普通学校、资源中心（教室）、融合教育中心等各级各类教育机构教育教学、巡回指导、管理与研究等工作，能反思实践与沟通协作，具有终身学习与持续发展能力的“复合型”融合教育教师。多年来，学前教育和特殊教育两专业按照教育部《普通高等学校师范类专业认证实施办法（暂行）》，完成专业认证的自建和自查工作。2021 年 10 月 24 至 27 日，教育部组织专家开展学前教育专业认证第三级论证工作。2022 年 7 月 14 日，教育部下文，我院本科学前教育专业通过普通高校师范类专业第三级认证。特殊教育专业积极推进师范专业论证工作。

三、课程与教材建设成绩优异

课程教材建设是保障教学质量的重要维度，也是提高人才培养质量的关键举措。学院在保持传统优势的基础上，自觉顺应时代、社会发展和学生成长的需求，理论与实际密切结合，对传统学科和课程进行了较大力度的调整和改造，取得了相当的成效。学院在课程建设方面采取的主要措施有：紧密结合教学质量工程，以研究性教学为抓手，继续开展研究性教学的研究与实践探索工作，重构专业课程体系，鼓励开设跨专业、跨学科、跨领域的新兴交叉课程，推动建设特色化、模块化、个性化、高质量新课程体系；落实“三全育人”，打造课程思政金课；推进“习近平总书记教育重要论述研究”课程在全校师范生课堂全覆盖；打造本科生课堂课程思政，做好国家一流课程、国家级精品资源共享课等建设，建设好各类课程思政示范课程；推动“教育研究方法”课程建设，建成有影响力的精品示范课程。

学院课程建设颇有成效。国家级教学团队和精品课程的入选，进一步显示了学院教育学科的强大力量，为教育学专业建设提供了有力的支撑。2010年教育学课程被评为国家级精品课程。2013 年，教育学获批国家级精品资源共享课；“有效教学”“中学综合实践活动”“特殊儿童发展与学习”获批教师教育国家级精品资源共享课。“幼儿教育”“课程论”“教育经济学”获批湖北省优秀精品课程和视频公开课。陈佑清主持的“教学论”课程获评首批国家一流线下课程。课程思政率先获批国家级课程。2021 年蔡迎旗领衔的“新生研讨课（教育专业发展导论）”入选国家首批“课程思政示范课程”，授课教师入选课程思政教学名师和教学团队。教学团队建设也颇具特色。2009 年教育学教师团队被评为国家级教学团队。陈佑清领衔的课程与教学论团队、雷万鹏领衔的教育经济与管理团队和雷江华领衔的特殊教育团队，相继被评为湖北省优秀教学团队，学前教育系获评省级优秀教学基层组织。校级课程建设也取得显著成绩。“特殊儿童康复理论”“教育心理学”“教育哲学”“教育学基础”和“教育法学”等课程，分别入选研究型教学试点课程立项。“中国基础教育发展的历史轨迹”和“教师的品位与修炼”入选综合素质课程示范名单。“新生研讨课”“中国古代教育史”“比较教育学”“中国近现代教育史”“特殊儿童发展与学习”等课程，入选学校课程思政示范课程名单。“教育学原理”“课程与教学论”和“班主任与班级管理”被确定为学校免费师范生攻读教育硕士优质教学资源建设 A 类课程。

精品教材建设成果喜人。教材是教与学的重要载体和媒介，直接影响到教学的质量和成效。学院在教材的采用上严格标准、及时更新，同时积极鼓励教师争取国家级教材编写任务，既提高学科知名度，同时又使人才培养直接受益。学院和人民教育出版社建立了较为紧密的合作关系，学院教师在该社出版了大量的教育学学术精品。2013 年 12 月 1 日，由人民教育出版社、中国教育学会教育学分会和华师教育学院联合主办的“启智树人，服务教育——第三届全国高等院校教育学科教材建设工作会议”在华中师大举行。校长杨宗凯、人民教育出版社党委书记郭戈出席。与会人员围绕教育学科教材的编写，以及人教版高师教材和教育理论图书的研发动态进行了分组讨论，总结了高等院校教育学科教材编写的经验。同时，雷江华等组织编写的国家级规划教材《特殊教育学》（第二版）和范先佐所著的《教育经济学新编》（第四版）入选为“国家级规划教材”，其中《特殊教育学》（第二版）还入选为“21 世纪高等学校教师教育实用教材”。涂艳国作为主要成员参与编写的《教育学基础》（第三版）获首届全国教材建设奖高等教育类二等奖。由王道俊、郭文安教授主编的《教育学》教材是高等师范院校公共课教育学教材，是国内编写最早、发行量最大、读者最多、覆盖面最广、影响力最深远的教育学教材，是当代创造的教育经典著作，堪称教育史上的一个奇迹。该教材曾获全国高等学校优秀教材奖、全国哲学社会科学优秀学术著作奖、吴玉章奖、国家图书奖提名奖，第四届全国教育科学研究优秀成果一等奖，获首届全国教材建设奖高等教育类一等奖，为全国十大畅销书（文教类），至今已发行整整 40 余年，在教育学界有着广泛而深远的影响。2021 年 5 月 21 日，纪念《教育学》首版 40 周年暨修订工作研讨会在学院举行。学院与人民教育出版社再度合作，启动了《教育学》教材第八版修订工作，这本发行超 800 万册的经典著作即将焕发新的生命，为全面贯彻党的教育方针、落实“十四五”规划和 2035 远景目标纲要，建设高质量教育体系、进一步推进我国教育学科高水平发展，继续贡献“桂子山学派”的不竭力量。

为进一步推进我校本科教师教育改革，切实执行学校《本科教师教育培养方案》，为学校本科教师教育课程提供优质教材，学校举办了 2008 年教师教育课程专项教材立项，学院充分发挥教师教育的学科优势，《德育与班级管理》《中国教育名家思想》《外国教育名家思想》《教学案例赏析》《家庭教育基础》《教育学导论》等 13 本教材获批立项。

图 9-1　教育学教材建设研讨会

四、教学成果奖屡创新高

坚持教学与科研互动是现代大学的办学基本理念，也是学校创建一流研究型大学的基本思路。学院在教学工作中强调教学与科研的相互结合、相互渗透、相互影响、相互促进，从教学实践中发掘科研的源泉，以科研成果提高教学的质量，注重理论与实际的结合。开展教学成果奖励活动是贯彻落实党和国家科教兴国战略的重要举措，是对高校人才培养工作、教学改革和教学研究成果的检阅和展示，是重视教学工作的重要体现。学院经过多年艰苦努力，在教学研究上取得了重要劳动成果，代表了学校教育教学工作的最新水平，体现了学校在教育教学改革方面取得的重大进展。

2005 年 9 月，王道俊、王坤庆、但武刚、董英、卢子洲“师范院校公共教育学课程体系及教学改革研究”获国家级教学成果奖二等奖。2014 年，在教育部组织的国家级教学成果奖评审中，郭元祥主持完成的“义务教育阶段综合实践活动课程的实施研究”获基础教育国家级教学成果一等奖，实现学院国家教学成果奖一等奖零的突破。郭元祥受邀赴京出席“庆祝第 30 个教师节暨全国教育系统先进集体和先进个人表彰大会”。涂艳国主持完成的教学研究成果“普通高中学生综合素质评价的理论与实践研究”获基础教育国家级教学成果二等奖。陈佑清主持完成的教学研究成果“五种新的学习方式的理论与实践研究”获基础教育国家级教学成果二等奖。学院包揽了该年度学校获得的三个基础教育国家级教学成果奖项。

2018 年，在国家级教学成果奖评审中，郭元祥再度蝉联国家级教学成果奖，主持完成的“深度教学的理论与实践探索”获基础教育国家级教学成果二等奖。

除国家教学成果奖屡获大奖外，学院在湖北省高校教育成果奖上也有不俗的表现。2012 年，陈佑清主持的《发展性教学为理念的〈教学论〉教材及拓展性资源建设》、董泽芳主持的《新政策背景下高等师范院校师范生专业技能研究》、罗祖兵主持的《大学问题教学的理论与实践——以教育学学科为例》，分获第七届湖北省高等学校教学成果奖一、二、三等奖。2017 年，在第八届湖北省高等学校教学成果奖评选中，蔡迎旗主持的《中澳全流程协同培养卓越幼儿园教师的实践与探索》获一等奖，陈佑清主持的《体现学习中心理念并融合信息技术的〈有效教学〉》课程建设》获一等奖，雷江华主持的《师范生特殊教育能力培养研究》获二等奖。2022 年，在第九届湖北省高等学校教学成果奖评选中，郭元祥主持的《基于标准兼顾过程性与差异性评价的教育质量监测研究》、陈佑清主持的《学习中心教学的理论建构与学校行动研究》获特等奖，雷万鹏主持的《多元路径四实一体——实践导向下教育学研究生育人体系创新》获一等奖，蔡迎旗主持的《“校—社—企”合作构建学前教育师范生教师职业能力取向的教育实践体系研究》、雷江华主持的《特殊学生教育·康复·职业训练一体化模式探索》和岳伟主持的《“一核四维两联动”学校生态文明教育模式的建构与实践探索》获二等奖。

校级教学成果奖也颇有收获。2008 年，但武刚主持的“教育学案例教学的探索”获学校教学成果奖一等奖，胡礼和主持的“在公共课中应用立体化教材和立体化案例开展协作式研究性学习”获得教学成果奖二等奖，吴伦敦主持的“教师专业发展导论”获得教学成果奖三等奖。

为进一步促进学校本科人才培养模式、环境、方法、内容和机制的创新，鼓励教师在教学实践中大胆探索、勇于突破，提高本科教学质量，培养高素质的创新人才，学校决定开展全校本科教学创新奖评选。学院教师崇尚教学改革，积极申报学校本科教学创新奖。2017 年 5 月，陈佑清团队“教学论”课程，获得第三届本科教学创新奖一等奖。2018 年 6 月，雷江华团队“特殊儿童发展与学习”课程，获得第四届本科教学创新奖二等奖。2022 年 9 月，高巍团队“中小学听课与评课的理论与实践”课程，获得第八届本科教学创新奖一等奖。

五、人才培养取得系列成果

（一）人才培养国际化有新突破

在学校“一体两翼”办学思路的指引下，为全面推动“双一流”建设，持续推进学院人才培养的国际化进程，学院在第三学期推行优秀学生海外交流项目，相继开展“香港教育学习行”“澳大利亚教育学习行”“加拿大教育学习行”，以知名教授讲座、著名高校参观、教育文化体验等形式展开。学院开展游学进修和学习交流近 10 年，近百余名本科生、研究生，分别赴美国辛辛那提大学、加利福尼亚大学伯克利分校、斯特拉思克莱德大学、伊利诺伊大学香槟分校、密歇根州立大学、纽约大学、渥太华大学、多伦多大学、香港教育学院、台湾“中央”大学、台北教育大学等校交流交换或攻读学位。

随着学院办学国际化程度的提升，来华留学生教育也稳步发展。学院成立专班，建立留学生管理的专业负责人制度，并设置专业导师组组长，负责课程的整体安排。学院以项目的形式开展留学生培养方案的制订工作，借鉴国内硕士和博士的培养方案，开展专门的课题研究。学院编制留学生学习手册，方便留学生了解学校、学院、教师的信息资源，促进留学生教育事业的发展。学院来华留学生人数不断增加，已有近 200 名留学生在教育学院攻读硕士、博士研究生。学院已为留学生开设全英文课程 15 门，主讲教师以中青年教师为主，已构建留学生的课程与人才培养管理数据库。来华留学生培养质量也稳步提升，学院尼日利亚籍留学生孙永尼荣获 2018 年度中国政府优秀来华留学生奖学金。2014 年 4 月，学院马来西亚籍留学生甄子云的摄影作品在“在华外国师生看中国摄影、作文大赛”中兼获“最高人气奖”和摄影类二等奖。

为了促进我校与外国高校的国际合作与交流，引进国外优质教育资源，大力推动学校学科建设、人才培养和科学发展学前教育，我国急需培养大量专业人才，尤其是具备学前教育理论基础、具有创新精神和实践能力，掌握先进教育观念与技能，能够进行实际教学、管理与社会服务等方面工作的国际化复合型专门人才。2011 年，华中师范大学与澳大利亚皇家墨尔本理工大学合作举办学前教育专业本科教育项目获得批准，成为全国第一个本科层次的学前教育中外合作办学项目。本项目学制四年，两校联合设置课程和教学大纲，共同授课，学生在华中师范大学学习四年，澳大利亚皇家墨尔本理工大学提供专业核心课大纲并派送师资在华中师范大学授课，完成全部课程且达到毕业要求的学生，可获得华中师范大学的本科毕业证书和学士学位证书，以及皇家墨尔本理工大学课程完成证明。该项目进一步拓宽学院办学渠道，优化办学模式和教育管理体制，推动学前教育专业发展、教学改革和人才培养，使现有的教学科研体系更加国际化，丰富学院学前教育专业特色，有利于建立全国性的学前教育教学科研示范中心。2016 年，学前教育专业成为学校全英文专业建设。

学院还邀请知名大学教育学专业，开设系列高水平研究生国际化课程，以拓展学术视野，培养国际化人才，如英国国王大学教授 Viv Ellis“西方教师教育理论与实践”系列课程、日本国立千叶大学教授吉田雅巳（Yoshida Masami）“跨文化教育”系列课程、加拿大阿尔伯塔大学 Darryl Hunter 教授“加拿大课程改革”系列课程，美国印第安纳大学伯明翰分校教育学院的 David Rutkowski 和 Leslie Rutkowski 教授“教育评价”系列课程等。

（二）学生个性化专业发展有新亮点

学院全面推进素质教育，学生的思想道德素质、文化素质、身体及心理素质、创新实践能力等得到普及提高。

学院学生积极参与学校及全国大学生各类创新实践活动，获得的国家级奖励达 50 余项，省级奖励近百项。2015 年，获全国首届“互联网 +”创新创业大赛银奖；学生团队连续两届获“挑战杯”大学生课外学术科技作品竞赛国家级三等奖、省级特等奖。获得首届中国“互联网 +”大学生创新创业大赛银奖；多个学生团队分获“创青春 · 汇得行”湖北省大学生创业大赛金奖。学生社会实践社团连续多年获湖北省暑期社会实践优秀团队，曾获“全国百强”暑期社会实践队称号，湖北省青年志愿者优秀组织奖。全国大学生英语竞赛、湖北省翻译大赛等学业类竞赛中，教育学院学子都有不俗的表现。还有不少学生以行动诠释华师精神，开展志愿活动，如学院“最美女孩”刘轶入选武汉市“十大杰出青年”候选人；“感动校园”人物亚克亚江 · 肉占拜致信新疆维吾尔自治区党委书记张春贤，表达感恩祖国之心和回报家乡之志，受到人民网、凤凰网等多家媒体的关注。

学生科研成果丰富，成绩骄人。为了更好培养本科生的科研素养，在 2006 年 10 月，学院在本科低年级中推行导师制，在本科生开展科研活动的时候提供坚实的师资保障以及经济保障，提升学生的科研素养。在这些外部支持以及学生共同努力下，自后10年中，30多篇本科生毕业论文获得湖北省优秀学士学位论文称号。此外，研究生的科研成果也颇为可观。连续多年来，研究生在CSSCI期刊上发表学术论文200多篇，在《教育研究》《新华文摘》《中国社会科学文摘》等权威期刊发表论文10余篇。

师范生的教育实践技能是师范生成长为一名优秀教师的基本技能，也是师范生综合素养最为重要的核心组成部分。学院高度重视这些问题，针对这些问题实施了优化人才培养方案；做好认证体系与师范人才培养体系的衔接；开设三个课堂，打通校内与校外人才培养通道；举办师范生技能大赛等一系列策略，加强对学院师范生的教育实践技能的培养。自2005年以来，学院充分重视动员学生参与师范生技能大赛，以竞赛促进学生成长。多名学生获师范生技能竞赛奖。在组织学生参与比赛的同时，学院也积极承办相关赛事活动。如在2009年成功举办了第三届“教育学院模拟课堂”大赛，成功承办了学校第二届免费师范生技能训练周。从2007年10月起，与共青团华中师范大学委员会联系组织华中师范大学师范生技能竞技周活动，成为学校校园文化精品活动之一。在经过学院师生共同努力下，教育学院多次获得“最佳师范生集体”优秀组织奖。2018年和2019年小学教育专业教学技能大赛，硕士研究生管晓捷、杨帆获全国一等奖。因在师范生工作中出色的表现，学院连续8年获评校级“师范生测训工作”先进单位。

第五节　学科建设取得重大进展

学院高度重视学科发展，经过“211工程”“985工程”和“双一流”的持续重点建设以及全院教职工的努力，扎根中国大地办教育，学科建设成效显著，学科布局得到合理优化，学科整体水平大幅提高。学院逐步形成教育学原理、课程与教学论、教育史、教育经济与管理、高等教育学、学前教育学、特殊教育学、比较教育学等稳定的学科发展方向。在教育基本理论研究、农村教育发展、中外教育交流史、教育活动史、深度教学、制度德育等领域的研究有广泛影响。为建设教育强国，推动教育现代化，推进乡村振兴，构建人类命运共同体等重大战略贡献华师大教育学院力量。

一、大力推进学科建设

重点学科建设取得新成就。在国家“211 工程”重点学科项目的建设和实施工作中，学院切实加强国家重点学科教育学原理建设，让该学科发挥更大的引领和示范作用。2007 年，教育学原理被评为国家重点学科，实现学院国家级学科零的突破，确立了教育基本理论、德育原理与教育社会学、教育政策研究三个重点建设方向，学院学科建设取得突破性进展。2008 年，教育学原理被评为湖北省特色学科，教育学被评为湖北省一级重点学科；“信息化进程中的基础教育变革与创新”被批准为“211 工程”三期重点学科建设项目。同时，进一步加强课程与教学论、教育经济与管理、教育史等优势学科的建设工作，整合学科资源，凝练新的学科方向，新增教育经济与管理、学前教育、比较教育等二级学科博士点，在相关二级学科增设教育政策研究、学位与研究生教育等与社会现实紧密联系的学科方向，全面提升教育学科综合实力。2009 年，教育部学位中心公布全国第二轮学科排名，我院教育学科排名全国第四位。2012 年，教育部学位与研究生教育发展中心发布全国第三轮学科评估，我院教育学科整体水平全国排名第五，湖北省排名第一。2013 年，教育学获省一级重点学科；国家重点学科教育学原理顺利通过湖北省教育厅验收；完成了国家“211 工程”三期重点学科建设项目“信息化进程中的基础教育变革与创新”的验收工作。2018 年，在全国第四轮学科评估中，学院牵头的教育学科获评 A 类，位列全国第三。重点学科的建设为教育学科发展奠定了坚实的基础。

一流学科建设迈上新台阶。2022 年 2 月 14 日，教育部、财政部和国家发展改革委等三部委公布了第二轮“双一流”建设高校及建设学科名单。学校再次进入“双一流”建设高校名单，教育学进入一流学科建设名单。学院在学校统一领导下，教育学院协同人工智能教育学部、心理学院、体育学院、信息管理学院、数学与统计学院、计算机学院等相关系部，共同推动教育学一流学科建设。教育学一流学科建设稳定推进，学科特色进一步彰显。第一，确立了“一体两翼”的发展路径。坚持以教育学科为主体、以心理学和信息科学等为支撑的“一体两翼”发展路径，聚焦国家高质量教育发展战略需求，发挥教育学科优势，推动中国特色教育理论和实践创新；以信息技术为引擎，促进信息技术与教育教学深度融合；以立德树人为根本任务，致力于培养有家国情怀，有扎实理论基础和实践能力，有较强国际理解力和全球胜任力的复合型人才。第二，构建了齐全均衡的学科体系。历经百年发展，教育学科招收和培养教育学原理、教育经济与管理、教育史、课程与教学论、教育技术学、学前教育学、特殊教育学、高等教育学、比较教育学等10余个专业的硕士和博士研究生；教育学科体系齐全，专业发展优势明显，拥有雄厚的师资队伍和充满活力的创新团队。近些年，学院积极开拓学科发展新领域，先后成立早期教育学院、融合教育学院和家庭教育学院，扩展教育学科新的增长点。第三，形成了特色鲜明的发展方向。以教育基础理论研究为指导，以信息技术变革为驱动，教育学科在理论创新、政策咨询和应用实践等方向形成了鲜明的特色：一是以主体教育理论为引领，提出并发展了深度教学论、制度德育论、学习中心教学论、智能教育生态论、计算教育学、多空间融合学习理论；二是以教育政策和治理为重要研究领域，通过大规模调研和大数据平台，开展信息化支撑的教育政策与治理研究，为国家提供高质量政策咨询，打造国内领先的新型教育智库；三是以学科融合为支点，打造物理空间与网络空间相融合、云端一体化的华中师大教学模式，构建数据驱动的科教协同育人环境，持续探索信息技术与教育深度的融合机理与实践应用模式。第四，建设了协同创新的学科平台。充分发挥国家教育治理研究院、基础教育研究中心、学校德育研究中心、国家数字化学习工程技术研究中心、教育大数据应用技术国家工程实验室、国家教师发展协同创新实验基地、青少年网络心理与行为教育部重点实验室等平台优势，打破教育学、心理学、信息科学等学科边界和壁垒，组建跨学科协同创新团队和大教育研究平台，为人才培养模式创新、跨学科研究和社会服务提供了重要支撑。

教育学科建设取得了重大成就，在社会产生了较大的影响，为学校发展赢得了良好的声誉。(1) 主体教育理论产生重要影响。王道俊先生、郭文安先生提出的主体教育理论为创建中国特色教育理论体系做出了重大贡献，深度教学论、制度德育论、学习中心教学论等理论是主体教育理论在新时代的传承创新。在主体教育理论指导下编撰的《教育学》发行800余万册，先后获得国家图书奖、全国哲学社会科学优秀学术著作奖、首届全国教材建设奖一等奖等多个重大奖项，并成为唯一入选“中国图书对外推广计划”的教育学书籍，由美国时代出版公司出版发行。《中国教育活动通史》坚持以人为本的历史观，获得第八届教育部高校科学研究优秀成果奖一等奖。主体教育实验区覆盖面广，影响深远，在主体教育理论指导下的中小学教育实验改革成果先后获得国家教学成果一等奖 1 项、二等奖 9 项。(2) 高端智库服务国家重大决策。围绕乡村教育、教师教育、教育信息化等重大课题，建成了国家教育治理研究院、基础教育研究中心、学校德育研究中心、教育部科技促进教育创新发展研究中心、教育部教育信息化战略研究基地（华中）等教育智库，牵头编制《教育信息化十年发展规划（2011—2020 年）》《教育信息化 2.0 行动计划》等发展规划，推动了教育均衡发展、中小学布局调整、农民工子女教育、国家教师荣誉制度、教育新基建等政策出台；近年来，向国务院、教育部等部门提交 40 余份教育政策咨询报告，10 余份获国家领导人批示，为建设教育强国提供了重要的智力支持。(3) 深度融合信息技术推动教育现代化。聚焦教育现代化的关键问题，通过教育学、心理学、信息科学等多学科交叉，探索教育与信息技术深度融合机理，出版了《信息化进程中的基础教育变革研究》等丛书；打造智能云端一体化学习环境，开展规模化应用示范；助力构建国家教育云平台，连接全国 31 个省市，为 1.5 亿师生提供优质教育数字资源，形成国家教育资源公共服务体系；创新成果用于指导宁夏“互联网 + 教育”国家示范区、教育部智慧教育示范区及高校在线教学国际平台建设，助推中国特色的教育现代化发展。相关成果形成国际标准 3 项、国家标准 4 项，获得教育部高等学校科学研究优秀成果科技进步一等奖 1 项、湖北省科技进步一等奖 3 项。(4) 教师教育模式创新取得重要进展。扎根中国大地，探索教师教育模式创新。围绕师德师风、教师学习机制、教师心理发展、乡村教师等议题进行深入研究，助力教师教育理论与实践创新；深入探索信息化时代教师教育培养目标与素养结构，推进教师教育“八维”实践，实施人工智能支持的个性化学习；创建了国家教师发展协同创新实验基地，成立了湖北省教师教育创新发展联盟，探索了“人工智能 + 教师教育”新路径，2018 年“深度融合信息技术的高校人才培养体系重构与探索实践”获得国家级教学成果特等奖。

为了推进一流学科建设，学校于 2021 年 10 月 10 日聘请石中英、朱旭东、李政涛、邬志辉、张应强等专家对教育学一流学科建设方案进行论证。论证组专家一致认为：

该方案以习近平新时代中国特色社会主义思想指导，着眼于国家教育强国和教育现代化建设以及实现华中师大的战略目标，政治站位高，建设目标明确，建设思路清晰，重点任务突出，方案论证充分，是一个面向未来、全面系统、务实可行的高水平学科建设方案。

第一，建设目标明确。学科对标世界一流学科建设要求，制定了明确的近期目标和长期目标，坚持守正创新，坚持特色一流，以信息技术与教育深度融合为主线，牵引教育学科整体发展。

第二，建设思路清晰，重点任务突出。聚焦国家战略需求，紧紧围绕教育理论创新、教育政策与治理、信息化教学变革与创新应用、教育信息技术创新和教师教育创新等领域，促进教育学科发展，推动教育现代化。方案从人才培养、科学研究、社会服务、文化传承创新、师资队伍建设、国际交流合作等方面提出了系列重点建设任务，体现了求真务实、注重实效的作风。

第三，预期成效显著。方案中关于主体教育理论创新、教育政策与咨询、信息化教育发展、教师教育创新的预期成效有较强的显示度和达成度，对于广大师生具有可预期的激励和引导作用。

专家组一致认为华中师范大学教育学一流学科建设方案政治方向和价值取向正确，反映了新时代教育人才成长规律和教育学科建设规律，具有前瞻性、科学性和可行性。

同时，专家组就今后的发展提出了如下建议：进一步加强学科整合，以一流教育学科建设带动相关学科发展；进一步加大国际化力度，提升学科的国际影响力和美誉度；进一步加大体制机制和资源保障力度，完善相关配套措施，确保建设目标高质量完成。

在一流学科建设中，教育学科主动对接国家重大发展战略，贯彻高质量发展理念，坚持扎根中国大地，坚持跨学科融合，探索形成教育学一流学科特色化发展之路。重点推进教育理论创新研究、教育政策与治理研究、信息化教学变革与创新应用研究、教育信息技术创新研究、新时代教师教育实践研究，建设中国特色世界一流的教育学科，助力教师教育领先的世界一流大学建设。

学科专业建设不断推进。2005 年 12 月学院获批学前教育专业硕士学位授予权（点）。2006 年，新增高等教育学、特殊教育学两个博士点和学前教育学硕士点。2007 年 11 月，经教育部批准，学校教育硕士专业学位增设“心理健康教育”和“科学与技术教育”两个领域。到目前为止，教育硕士专业学位已经涵盖学科全部的 17 个领域。2007 年，教育学院顺利通过了教育部对教育学院教育硕士的评估。2009 年，学院成功申报教育博士专业学位，通过了国务院学位委员会的表决，于 2010 年开始正式招生。通过了学校对学院教育学博士后流动站的评估。杜时忠承担了教指委下达的教育硕士设置德育领域的论证课题。2010 年，教育经济与管理专业与本校管理学院的相关专业一起成功申报公共管理一级学科博士点。2011 年 11 月，学院新增学前教育学博士点和建立学前教育学博士后流动站；与本校教师教育学院一起申报增设“教师教育”目录外二级学科博士点；2012 年，完成新增目录外二级学科“少年儿童组织与思想意识教育”的论证和申报任务。2013 年，“教育学”获省一级重点学科。学院增设“少年儿童组织与思想意识教育”硕士点。2016 年，学院完成了第四轮学科评估和教育硕士专业学位评估，积极迎接教育学一级博士点评估。经过师生共同努力，学院成为全校博士研究生招生申请——审核制的试点单位。2017 年 1 月，学院完成教育学一级学科博士学位点评估。

二、构筑高质量科研创新体系

改进科研组织形式，积极推进教育研究方法和研究范式转型，大力提升学院教师科研能力。学院采取多种措施，加大对国家社科重大招标和教育部人文社科重大攻关项目的培育力度，加大对国家社科基金项目、教育部人文社科基金项目的申报支持工作，青年教师国家社科基金项目全覆盖。

鼓励多学科交叉和跨界合作。学院在平台搭建、经费支持、方法训练等方面创造各种条件，鼓励教师相互协作，共同攻关，打破学科界限，组建跨专业、跨学科、跨院系研究团队。2013 年，学院作为重要成员单位，参与湖北省政府和学校重点支持的“信息化与基础教育均衡发展协同创新中心”工作。2014—2015 年，学院作为重要成员单位全程参与学校“教育信息化协同创新中心”的申报、文本写作和调研工作。2015 年作为核心成员单位参与学校“教育大科学研究”中心的论证、申报与组建。同时，加强与学校教育信息化协同创新中心、信息化与教育均衡发展协同创新中心、教育大科学研究中心、长江教育研究院等研究机构与平台的合作，凝练研究方向，选好研究突破点，推进教育学科科学研究取得新突破。

多轨并进，激发活力，积极搭建研究平台。为建立国内一流的教育智库，并使研究与教学相互促进，整合院内科研力量，建成大学与中小学伙伴协作中心（U-G-S），具体包括：建立教师专业发展学校，设立高校名师工作室，开展教师培训与资格认证，建立教师教育数据库，开展教师教育政策研究。同时，研究平台建设取得新突破。2007 年，教育学院成功申报湖北省人文社会科学重点研究基地“湖北省基础教育研究中心”，下设基础理论研究、优秀教师成长机制、教师生态环境三个研究方向。2013 年 7 月，华中师范大学道德教育研究所成立，挂靠教育学院。2014 年，“湖北省学校德育研究中心”获批湖北省人文社会科学重点研究基地，同年，依托湖北省学校德育研究中心，由共青团中央委托的全国少先队研究基地和“少儿组织与思想意识教育研究中心”成立。2015 年 1 月 10 日，湖北省人文社科重点研究基地“学校德育研究中心”授牌仪式暨首届学术委员会会议在校举行。2016 年 10 月获批湖北省人文社科重点研究基地“湖北省教育政策研究中心”。学院还依托二级学科点，建立了课程研究中心、中小学发展研究中心、学前教育研究中心、陶行知国际研究中心、文化教育经典研究中心、中国生态文明教育研究中心、早期教育研究中心、中国教育管理研究中心、教师教育发展研究中心等 10 多个校级平台。

融合教育学院成立。2020 年 6 月 24 日，学校与湖北省残疾人联合会签订了战略合作框架协议，并共同成立了华中师范大学融合教育学院。融教学院成立后，学院积极申报设置融合教育本科专业，并于 2021 年 3 月获教育部批准，成为全国首个且目前唯一的融合教育本科专业。该专业于 2021 年 8 月获教育部批准成为“首批新文科研究与改革实践项目”，于 2021 年 9 月招收了首批本科生。融合教育学院的成立充分发挥学院在残疾人融合教育师资培养、科学研究和社会服务等方面的优势。2022 年初，湖北省人民政府印发的湖北省残疾人事业发展“十四五”规划（鄂政发〔2021〕33 号）明确指出：“支持华中师范大学融合教育学院建设，建立省融合教育资源中心……依托华中师范大学融合教育学院，开展特殊教育教师和普通学校教师融合教育专项培训计划。”这标志着湖北省将更加重视残疾人融合教育事业的发展，这是学校相关领域近年来首次明确列入省级规划，将为华中师大一流学科的建设与发展注入新的活力。

早期教育学院成立。2020 年 8 月 21 日，中植集团控股上市公司大连美吉姆教育科技股份有限公司与我校签订捐赠协议，捐赠 1000 万元人民币，用于支持学校早期教育学科建设、人才培养、社会服务等工作。2021 年 5 月 20 日，华中师范大学早期教育学院成立大会在学校科学会堂举行。双方本着“优势互补、坦诚合作、互利共赢、协同创新”的原则，依托双方优势资源，开展早期教育的战略合作，成立早期教育学院，建设“早期教育研究中心”和“早期教育实验教学中心”，即“一学院两中心”，并在武汉市5家美吉姆早期教育中心设立早期教育实践基地。2022年4月28日，早期教育学院与湖北省育婴行业协会签署校地合作协议，搭建“校、企、地”三方合作框架，在平台与智库研发、行业管理与政策、师资培养与培训、科学研究与资源开发、高峰论坛与学术交流、对外开放与国际化办学等领域开展全方位深度合作。坚持以习近平新时代中国特色社会主义思想为指导，共同打造具有华师特色、中国情怀、国际视野的早期教育学院，力争将学院建成辐射全国、影响全球的知名早期教育学院，为我国早期教育事业发展奉献华师的智慧和担当。

家庭教育学院成立。2021年12月10日，华中师范大学家庭教育学院成立仪式暨新时代家庭教育发展研讨会在学校逸夫国际会议中心举行。家庭教育学院的成立，既是国家教育现代化的要求，更是对教育本质和教育规律的回归。学校将扎根中国大地，面向家庭教育事业，在科学研究、人才培养、资格认证等方面发挥优势，建设“一体两翼三平台”——“以家庭教育学院为主体，聚焦家庭教育理论研究和家庭教育指导服务，打造教育平台、培训平台、智库平台”，力争建成立足湖北、面向全国、有全球影响力的学院，为推动家庭教育事业高质量发展、实现中华民族伟大复兴贡献华师智慧、形成湖北经验、探索中国道路。成立仪式结束后，来自武汉大学、华中科技大学、湖北大学、华师一附中、武昌实验小学等大中小学校的专家学者、一线教师代表，就新时代家庭教育发展展开集中研讨。

加强教育实践问题研究。深化科研机制体制改革，以国家战略需求为导向，加强教育实践问题研究。加大“湖北省基础教育研究中心”建设力度，以基地建设为纽带，积极参与决策咨询。围绕“农民工子女教育”“义务教育均衡发展”“中小学布局调整政策”“教育财政”“学前教育与特殊教育发展政策”等研究领域，主动开展前瞻性、对策性研究，充分发挥智囊团、思想库作用。

奖励高质量科研成果。支持科研成果奖励申报工作，增加高等学校科学研究优秀成果奖（人文社会科学）、全国教育科学研究优秀成果获奖数量；支持学术专著的出版，与国家级出版社合作，充分发挥团队的整体研究力量，推出高质量的研究丛书，如主体教育研究丛书、中外教育交流与变革丛书、教师教育研究丛书、课程改革与深度教学丛书、中小学生德育丛书、弱势儿童教育与发展丛书、全球化教育治理丛书、信息化与教育发展丛书等。其中，涂艳国主编的“主体教育研究丛书”由人民教育出版社出版。这套丛书（共七本）系国内第一套主体教育研究丛书，也是学校“211 工程”三期重点学科建设项目“信息化进程中的基础教育变革与创新”的研究成果。

启动科研工作量考核制度。启动符合教育学院实际的教师科研工作量认定与考核办法，将科研成果折合成教学工作量计入年终总工作量当中，改变过去“科研成果干多干少一个样，干与不干一个样”的局面，激发教师从事科学研究的积极性。

期刊建设取得新突破。学院主办的两份 CSSCI 来源期刊《教育研究与实验》和《教育与经济》的影响因子不断提高，转载率与被引率等指标位居前列。2012 年《教育与经济》杂志经全国哲学社会科学规划领导小组批准，被列入国家社科基金第二批资助学术期刊。2016 年，《教育研究与实验》入选《中小学图书馆馆配期刊目录》教师类期刊。

三、推动教育科学研究高质量发展

“十一五”期间，学院教师在科研方面不断取得优异成绩，且保持着不断发展趋势，重大攻关项目获得重要突破。首先，科研经费持续攀高。2006 年，学院科研经费达到 85 万余元；2007 年，学院科研经费突破 100 万元大关；2009 年，学院完成科研经费增至 272 万元；2010 年，学院共完成科研经费 331.86 万元。可见，经费数量年年迈上新台阶。其次，学术成果持续增加。在 2006 至 2010 年间，学院发表 CSSCI 期刊论文超过 500 篇，完成学术著作 68 部。例如，2008 年学院教师发表在核心期刊和《新华文摘》《高等学校文科学报文摘》《中国社会科学文摘》转载的学术论文达 15 篇，人大复印资料全文转载共 12 篇。第三，科研项目持续增加。“十一五”期间，学院教师承担各级各类课题近百项，其中国家级课题达到 23 项。2009 年，雷万鹏主持的“城镇化进程中教育变迁研究”获国家社科基金教育学重点课题，实现学院国家级重点课题零的突破。同年，“义务教育学校布局问题研究”成功获批教育部哲学社会科学重大攻关项目，实现学院重大攻关项目零的突破。2010 年，范先佐主持的“我国义务教育均衡发展改革研究”成功获批教育部哲学社会科学重大攻关项目，实现学院教育部哲学社会科学重大攻关项目“两连胜”。第四，成果获奖取得新突破。现将“十一五”期间学院荣获重要奖项列表（见表 9-1）如下：

表 9-1 “十一五”教育学院重大科研成果一览表※

奖项名称	获奖成果名称	奖励级别	获奖人	获奖年份
第三届全国教育科学研究优秀成果奖	课程新论	一等奖	廖哲勋	2006 年
	德育十论	二等奖	杜时忠	
	百川归海——教育分流研究与国民教育意向调查	三等奖	董泽芳	
	精神与教育——一种教育哲学视角的当代教育反思与建构	三等奖	王坤庆	
	启发式教学新探——从小学数学教学改革实验开始的研究报告	三等奖	姜乐仁	
第四届教育部高等学校人文社会科学优秀成果奖	学位与研究生教育史	二等奖	周洪宇	2006 年
	教育改革与学术争鸣	三等奖	萧宗六	
第五届湖北省社会科学优秀成果奖	千年梦想圆于建国百年——小康社会与教育新使命	一等奖	周洪宇	2007 年
	综合实践活动课程系列丛书	二等奖	郭元祥	
	试析我国高等教育分流中的结构失衡问题	三等奖	董泽芳	
第一届中国出版政府奖图书奖	中国著名大学校长书系（第 1 辑）	提名奖	章开沅、余子侠	2008 年
第十一次武汉市社会科学优秀成果奖	科学发展观与高等教育和谐发展	二等奖	董泽芳	2009 年
	“无德而富”与道德教育的根本性危机	优秀奖	程红艳、杜时忠	
	提升课堂教学的素质教育功能	优秀奖	陈佑清、张琼	
第六届湖北省社会科学优秀成果奖	主体教育论	一等奖	王道俊、郭文安	2009 年
	构建“以省为主”的农村义务教育财政体制	二等奖	范先佐	
	日本侵华教育全史（第 2 卷）	三等奖	余子侠	
	不同活动在学生发展中的价值、局限及其相互关系研究	三等奖	陈佑清	
第五届高等学校科学研究优秀成果奖	主体教育论	二等奖	王道俊、郭文安	2009 年
	中部教育论	三等奖	周洪宇	

※资料来源：此表根据各项奖项的实际证书证件进行统计而成。

“十二五”期间，学院科学研究取得新突破。首先，科研项目数量取得新突破。我院教师主持的国家级、省部级课题的数量显著增加，尤其年轻教师申报省部级课题的成功率大幅度提升。2011—2015 年间，共成功申报国家级、教育部级项目 31 项；科研经费逐年提高，完成到账科研经费 1700 余万元，年均达到 350 多万元，比“十一五”期间翻了一番；同时，重大攻关项目取得新进展。2012 年，杜时忠主持的“全面加强学校德育体系建设研究”成功获批教育部重大攻关项目。科研成果丰硕，科研论文、著作和政策咨询报告数量逐步增多、质量不断提升。五年来全院共发表 CSSCI 来源期刊论文 510 余篇，出版著作 80 余部。其次，科研项目质量和科研成果奖也取得突破。现将“十二五”期间重要奖项列表（见表 9-2）如下：

表 9-2　“十二五”教育学院重大科研成果一览表※

奖项名称	获奖成果名称	奖励级别	获奖人	获奖年份
第四届全国教育科学研究优秀成果奖	教育学	一等奖	王道俊、郭文安	2011 年
	日本侵华教育全史	二等奖	余子侠	
	科学发展观与高等教育和谐发展	三等奖	董泽芳	
	教育改革与学术争鸣	三等奖	萧宗六	
第七届湖北省社会科学优秀成果奖	湖北考试史	一等奖	余子侠	2011 年
	教师的二十项修炼	二等奖	郭元祥	
	中国儿童教育 30 年（1978—2008）	二等奖	涂艳国	
	听障学生唇读的认知机制及其教育启示	三等奖	雷江华	
第六届高等学校科学研究优秀成果奖	中国中西部地区农村中小学合理布局结构研究	一等奖	范先佐	2013 年
	教育公平论	二等奖	周洪宇	
第八届湖北省社会科学优秀成果奖	义务教育学校布局：影响因素与政策选择	二等奖	雷万鹏	2013 年
	听觉障碍学生唇读的认知研究	二等奖	雷江华	
	高等教育的生命线——高等教育质量的理论与实践问题研究	二等奖	董泽芳等	
第一届“明远教育奖”	社会变迁与德育实效——转型期德育实效报告	优秀奖	杜时忠等	2013 年

续表

奖项名称	获奖成果名称	奖励级别	获奖人	获奖年份
第七届高等学校科学研究优秀成果奖	人口流动背景下的义务教育体制改革	二等奖	范先佐	2015 年
	中国人留学史（上、下册）	二等奖	章开沅、余子侠	
	陶行知生活教育学说	三等奖	周洪宇	
	董事、校长与教授：美国大学治理结构研究	三等奖	欧阳光华	
第九届湖北省社会科学优秀成果奖	人口流动背景下义务教育体制改革	一等奖	范先佐	2015 年
	中小学布局调整与教学点的建设	二等奖	郭清扬	
	60 年我国高等教育价值取向变迁的回顾与思考	三等奖	董泽芳	
	家庭教育需求的差异化与学校布局调整政策转型	三等奖	雷万鹏	
	编码方式等因素在听障学生唇读语音识别中的作用及启示	三等奖	雷江华	
	美国教师教育课程思想研究	三等奖	戴伟芬	
	教师行为与学生行为的关系解析	三等奖	高巍	

※资料来源：此表根据各项奖项的实际证书证件进行统计而成。

“十三五”期间，学院科学研究工作持续向好。学院承担国家级科研项目的数量明显增加，科研经费逐年提高。2016—2020 年间，共成功申报国家级、教育部级项目 37 项，科研经费总量达 1979. 29 万元，年均科研经费近 400 万元。2018 年周洪宇主持的“建设教育强国的国际经验与中国路径研究”成功获批全国教育科学规划“十三五”规划国家重大招标课题；5 年间，学院教师在 SSCI 期刊上发表学术论文 30 余篇，在 CSSCI 期刊上发表 530 余篇，其中《教育研究》《新华文摘》转载等权威期刊 40 余篇，出版学术著作 30 余部。学院在教育部、湖北省社会科学优秀成果奖等重要奖项方面也取得不俗成果，现将“十三五”期间重要奖项列表（见表 9-3）如下：

表 9-3 “十三五”教育学院重大科研成果一览表※

奖项名称	获奖成果名称	奖励级别	获奖人	获奖年份
第五届全国教育科学研究优秀成果奖	学术新域与范式转换——教育活动史研究引论	一等奖	周洪宇	2016 年
	教学论新编	二等奖	陈佑清、罗祖兵	
	三尺书桌何处寻——流动人口子女教育困难与破解	三等奖	范先佐等	
	试论教育回归人性的基本方式	三等奖	涂艳国等	
第十届湖北省社会科学优秀成果奖	义务教育均衡发展与农村教育难点的破解	二等奖	范先佐	2016 年
	全球化时代中国高等教育管理的困境与出路	二等奖	董泽芳等	
	听觉障碍学生唇读的 fMRI 研究及其干预	三等奖	雷江华等	
第十一届湖北省社会科学优秀成果奖	义务教育均衡发展与省级统筹	一等奖	范先佐等	2018 年
	社会主义核心价值观“进教材”的教育学探索	二等奖	杜时忠等	
	财政分权背景下地方政府教育支出行为研究	三等奖	雷万鹏、钱佳	
	创客教育：源起、内涵与可能路径	三等奖	田友谊	
第八届高等学校科学研究优秀成果奖	中国教育活动通史（1—8 卷）	一等奖	周洪宇	2020 年
	日本侵华殖民教育史料	二等奖	余子侠	
	社会主义核心价值观“进教材”的教育学探索	二等奖	杜时忠	
	义务教育均衡发展与省级统筹	三等奖	范先佐	
	构建学习中心课堂——我国中小学课堂教学转型的取向探析	三等奖	陈佑清	
第十二届湖北省社会科学优秀成果奖	理念与追求：大学发展的思考与探索	一等奖	董泽芳	2020 年
	生活的追忆：明清学校日常生活史	二等奖	申国昌	
	听觉障碍学生视觉语言认知机制研究	二等奖	雷江华等	

※资料来源：此表根据各项奖项的实际证书证件进行统计而成。

“十四五”期间，学院科研工作取得“开门红”。首先，国家级、省部级科研课题持续增加，特别是重大项目取得新成绩。雷万鹏《推进义务教育均衡发展和城乡一体化研究》获批研究阐释党的十九届六中全会精神国家社科基金重大项目。其次，在优秀成果奖方面也有新突破，岳伟《环境与可持续发展教育的国别研究》获批2022年度教育部哲学社会科学研究后期资助重大项目。特别是在第六届全国教育科学优秀成果奖评选中，我院有11位教师获奖，位居全国高校第三位，创历史新高。现将学院研究成果获重要奖项列表（见表9-4）如下：

表9-4 “十四五”教育学院重大科研成果一览表※

奖项名称	获奖成果名称	奖励级别	获奖人	获奖年份
第六届全国教育科学研究优秀成果奖	陶行知大传：一位文化巨人的四个世界	一等奖	周洪宇	2021年
	理念与追求：大学发展的思考与探索	二等奖	董泽芳	
	全面加强学校德育体系建设研究	二等奖	杜时忠	
	中国教育改革40年·农村教育	二等奖	范先佐	
	高中学生综合素质评价的审思与重构	二等奖	罗祖兵	
	生态文明教育研究	二等奖	岳伟	
	论学科育人的逻辑起点、内在条件与实践诉求	二等奖	郭元祥	
	城镇化背景下农民工子女就学地选择意愿及其影响因素研究	二等奖	雷万鹏	
	学习中心教学论	三等奖	陈佑清	
	连片特困民族地区职业教育定向培养模式研究	三等奖	许锋华	
	听觉辅助在听障学生汉语唇读理解中的作用研究	三等奖	雷江华	
第十三届湖北省社会科学优秀成果奖	深度教学：促进学生素质发育的教学变革	一等奖	郭元祥	2022年
	德育研究70年：回顾与前瞻	二等奖	杜时忠等	
	幼儿老师劳动力市场工资补偿：基于特征工资理论的实证研究	三等奖	雷万鹏等	
	高等教育分化与整合的演变规律及功能取向	三等奖	董泽芳	

※资料来源：此表根据各项奖项的实际证书证件进行统计而成。

四、师资队伍建设取得新进展

“百年大计，教育为本；教育大计，教师为本。”没有一流的师资就没有一流的学科和人才培养，就无法建成一流的学院。为了从根本上提高学院的教育质量，促进学院持续高速的发展，自 2005 年以来学院通过不断的引进和培养，学院的师资水平不断提高，在教学、科研和社会服务等方面都取得卓越的成绩。

扩大教师队伍规模，奠定人才基础。根据学科发展及学院教育事业发展需要，学院适度扩大教师规模，壮大师资队伍，大力引进优秀人才，提升博士学位的教师比例，优化人才队伍结构布局。每年接收优秀博士毕业生或博士后研究人员 3—5 人，注意优化学缘结构，争取来自国外名校、国内重点大学和留校的各占 1/3。通过完善多元化人才队伍发展与评价机制，形成创新型人才充分涌现、创新创造活力充分迸发的局面，学院已经初步建设成一支政治过硬、数量适度、业务精湛、质量较高、结构优化的一流师资队伍。2010 年底，学院现有教职工 70 人，其中专任教师 50 人，专任教师中教授 22 人、副教授 20 人，拥有博士学位的教师超过 70%。与 2005 年相比，学院教师队伍规模有所扩大，已从 40 人增加到 50 人；教授人数大幅增加，从 12 人增加到 22 人；教师中拥有博士学位的人数从 40%上升到 70%；2015 年底，学院有教职工 76 人，专任教师 58 人，专任教师中教授 23 人、副教授 25 人，高级职称占专任教师比例 82.76%，专任教师中有海外学习经历比例为 63.8%。“十二五”期间，学院共引进专职教师和科研人员 15 名，进一步优化了教师的学缘结构。其中，分别从美国哥伦比亚大学、丹麦奥尔堡大学、香港中文大学等国际知名院校引进 8 位博士，师资队伍的国际化水平显著提升。“十三五”末，学院有教职工 90 人，专任教师 72 人，其中教授 27 人、副教授 32 人，高级职称占专任教师比例 72.38%。截至 2022 年，学院现有教职工 87 人，专职教师 70 人，其中教授 26 人、副教授 34 人，高级职称占专任教师比例进一步提升，达到 85.71%；其中，66 人拥有博士学位，占教师总数的 94%以上，教师队伍的学历结构有了明显改善。

加强高层次人才队伍建设。学院实施“学者名师支持计划”学者领航计划，推进高层次人才队伍建设。以一流学科建设规划为牵引，设置“学术带头人责任岗位”，努力培养一批学科领军人才。定位高精尖缺，主动瞄准国家重大战略和重大工程，超前谋划学术前沿人才布局，充分利用国家、湖北省等人才计划平台大力引进人才，完善引才绿色通道，不断壮大高端人才队伍规模。“十一五”末，范先佐入选教育部首届人文社会科学跨世纪人才培养计划，实现学院高层次人才重要突破。2009 年杜时忠入选教育部新世纪优秀人才支持计划。2010 年雷江华获霍英东教育基金会第十二届高等院校青年教师奖二等奖。“十二五”期间，学院教师在师德建设、学术发展和社会声望上有新突破。2011 年雷万鹏、邓猛入选教育部新世纪优秀人才支持计划，并多次参与《国家中长期教育改革与发展规划纲要》、国家教育事业“十二五”规划和湖北省中长期教育改革与发展规划纲要等工作的专题调研和专家咨询等。2013 年申国昌入选教育部新世纪优秀人才支持计划。学院教师中获得国务院政府特殊津贴余子侠、雷万鹏等 3 人。周洪宇入选国务院学位委员会教育学科评议组成员。王坤庆入选教育部“马工程”《教育哲学》教材首席专家；雷万鹏入选“第三届湖北师德标兵”；余子侠获“明德教师奖”；涂艳国获“湖北省有突出贡献中青年专家”称号；王坤庆获“湖北名师”称号；蔡迎旗、陈佑清等 3 人获“桂苑名师”称号。周洪宇入选教育部教育信息化专家组副组长；涂艳国入选教育部高等学校教育学类专业教学指导委员会委员；蔡迎旗入选教育部高等学校幼儿园教师培养教学指导委员会委员；雷江华入选特殊教育教师培养教学指导委员会委员；涂艳国入选第四届全国教育专业学位教育指导委员会委员；杜时忠、雷实入选教育部第二届基础教育课程教材专家工作委员会委员；杨再隋、郭元祥、王坤庆、杜时忠和蔡迎旗入选教育部“国培计划”首批专家库；李晓燕被湖北省第十二届人大常委会聘为立法顾问。杜时忠被增补为第七届少工委委员。陈佑清、郭元祥相继入选“湖北名师工作室”主持人，田友谊获湖北省第五届高校青年教师教学竞赛一等奖，获湖北省青年教学能手称号；徐天喜、龚欣、苏慧、程三银、李卉等 5 人入选楚天学子；杜时忠、雷万鹏等 2 人入选学校桂子学者，伍远岳等 5 人入选桂子青年学者。2020 年，程三银获霍英东教育基金第十七届高等院校青年教师奖。

完善青年人才培养选育体系，助力拔尖成长。定期举办“国际青年学者论坛”，建设一支海内外特聘招才联络员队伍，建成全球教育人才储备人选信息库；设置人才基金和引才专项奖励，激发以才引才和人才引进积极性，汇聚全球优秀青年人才。实施“青年人才倍增计划”，扩大教育学博士后在站规模。实施预聘—长聘制、特聘研究员制度等，建立青年教师多元补充机制，实现青年师资总量倍增和青年英才数量倍增。制定“青年教师拔尖计划”，强化对优秀青年人才的引进、培育、评估与跟踪服务。根据人才成长的规律，为优秀中青年教师制定个性化专业成长档案袋，优化“传帮带”机制，充分发挥团队、知名学者、领导班子、基层组织的作用，帮助青年教师在教学、科研上尽快成长。学院通过“学术午餐会”“青年教师联谊会”等形式，鼓励青年教师开展联谊活动，提倡青年教师跟老教师随堂听课。加大个性化培养力度，支持青年教师到国内外知名院校访学和合作科研，给青年教师开展科研活动提供特别资助，把青年教师引向国际学术和国家战略前沿，着力在教学实践、科学研究、社会服务、对外合作中锻炼青年教师。在“十一五”期间，雷江华获得“霍英东教育基金青年教师奖”二等奖。戴伟芬主持“比较教师教育研究”团队、徐添喜主持“信息化进程中残疾学生职业教育研究”团队、伍远岳主持“学科核心素养教、学、评”团队等，获批学校青年学术创新团队；学院围绕主体教育、生态文明教育、教育政策与治理、比较教师教育等组建 13 个中青年创新研究团队，资助青年教师出版 20 多本学术专著；通过这些举措，不仅缓解了部分学科急需的师资，同时也提高了学科竞争力，扩大了学院影响力。

建设高水平科研、教学团队和梯队。学院定期召开教师成长与团队建设研讨会，推动教师站稳讲台、提高教学和科研能力，出高质量成果，营造教师更快、更好成长的环境，以高素质教师队伍支撑学院和学科高质量发展。学院重视一流科研团队和优秀基层教学组织建设，围绕科研、教学重点任务，以科研、教学高层次创新人才或骨干为核心，采取“固定 + 协同”的用人模式，建设高层次、全开放、跨学科的大团队，加大资源配置倾斜力度，支持团队争取大项目，建设大平台，取得突破性成果。建成衔接有序、结构合理的科研和教学创新团队。打造教师教育研究、信息化与教育发展、农村教育研究、教育政策与治理、中小学德育等跨专业、跨学科研究团队。推行“学科带头人 + 创新团队”制度，充分调动学科带头人、青年骨干教师的积极性。教学团队中，获批湖北高校省级教学团队 3 个、省级优秀基层教学组织 1 个。余子侠教授牵头的教育史与比较教育教师团队入选学校首批“黄大年式教师团队”。

建立科学考核评价机制，调动教师积极性。根据教育学科特点和学科建设重点，分类分层设立师资队伍评价考核标准，强化不同类型教师的绩效分配，突出学术贡献和影响力，突出教育教学实绩，完善以学科发展、团队建设评估为主体的人才评价机制。对考核评价结果及时反馈、科学利用，形成考核评价出干劲、出业绩、出人才的良好导向。

塑造教师成长文化氛围，提高教师凝聚力。立足百年教育学科发展史，实施“寻根计划”，编撰《教育学科发展史》系列著作，发挥老一辈教育学人的道德引领作用，提升教育学科教师的归属感；梳理学科发展史，明晰学科百年奋斗历程，营造良好的教师成长文化氛围，提升教师的个人认同感和团队凝聚力。

第六节　开放办学格局初步形成

为了充分发挥办学特色和学科优势，学院坚持开门办学、开放办学。一方面对接国家和区域战略布局，通过各种形式与国家和区域建立起紧密的发展联系和互动关系，一方面强化教育的国际化，加强对外交流与合作，以国际化办学提升学院的办学实力与社会声誉。

一、社会服务能力稳步增强

高校作为知识的发源地，对社会的发展起着重要作用，其职能的发展也与社会的进步密切相关。作为部属师范大学，学校一直致力于通过改革自身以更好地适应和满足社会的需求，学院通过不断努力，发挥学科优势，加强通社会联系，为社会发展做出应有的贡献。

为社会发展提供智力支持。2012 年 2 月，学院特殊教育专业筹备“星光自闭症儿童服务中心”相关工作，通过服务中心团体干预、家庭上门服务、电话咨询等形式，对自闭症儿童各方面能力进行训练，为自闭症儿童家长提供干预知识和技能。另外，还致力于通过公益活动，让更多的社会群体认识、关心自闭症群体。2020 年，为抗击疫情，学校建立了由教育学院近百名研究生党员组成的爱心助学团，辅导奋战在抗疫一线的工作者特别是医护工作者子女学习。1 月 25 日，在学院党委的策划指导下，研究生辅导员许家瑞发出“倡议英雄帖”，并制作海报和视频，寻找志同道合的“小伙伴”，来自物理科学与技术学院、化学学院、数学与统计学院、体育学院、外国语学院、城市与环境学院等 7 个院系的研究生党员加入爱心助学团。同年 5 月，为对接帮扶西藏山南东辉中学学生学习文化知识、培养兴趣爱好、厚植爱国主义精神、加强与内地学生沟通交流，学院创建了“华教学堂”，由学生一对一辅导该校学生的文化课程，活动开展以来，取得了良好的社会影响。

建设高端智库服务教育发展。学院凭借自身发展优势，围绕“中部崛起”“长江经济带”“乡村振兴”等国家战略，建成了国家教育治理研究院、基础教育研究中心、学校德育研究中心等基地，积极开展教育政策研究，发挥教育智库的咨政建言功能，服务国家重大教育战略。积极参与国家和地方教育改革和决策咨询，以高水平的实证研究成果，为国家和地方教育政策制订献言献策，提升学院为教育决策服务的能力。连年来累计学院各类智库分别向国务院、教育部、财政部、全国妇联等部门提交100余份教育政策咨询报告，并获国家领导人批示，为建设教育强国提供了重要的智力支持。其如雷万鹏先后向湖北省教育厅、教育部、财政部、世界银行等部门提交教育政策咨询报告18份，受到相关部门的高度评价。围绕“湖北省义务教育均衡发展行动计划”，湖北省基础教育研究中心与湖北省多个地市县建立了伙伴协作关系，指导各县市教育改革，其中通山“联校走教”模式、“教师周转房”工程等改革受到财政部、教育部等的高度重视。2008—2010年，作为教育部特聘专家，雷万鹏参加了《国家中长期教育改革和发展规划纲要》调研和起草工作，在“农民工子女教育”“义务教育财政”和“农村教师队伍建设”等章节起草中发挥了重要作用。2008年，雷万鹏作为湖北省教育厅特聘专家，全程参与“湖北省义务教育均衡发展行动计划”。2010年，学校又选派雷万鹏参加国家教育事业“十二五”规划起草工作。湖北省基础教育研究中心建立了调研基地和基地教育数据库，推动国家有关“义务教育均衡发展”“学校布局调整政策”和“农村留守儿童关爱服务体系建设指导意见”出台。涂艳国、戴伟芬、肖凯等人调研提交的《全国中小学幼儿园教师队伍建设与教师教育基本情况》报告，被教育部师范司采纳。李晓燕的两篇研究咨询报告《学校办学行为法律监督机制研究》和《湖北省义务教育条例》分别被江西省教育厅和湖北省教育厅及湖北省人大采纳。2009年3月19日，《光明日报》刊载了题为《华中师范大学教授周洪宇：建议制定〈校园安全法〉》的文章。学院着力协同长江教育研究院，建立教育智库与评价研究中心并在全国建立分中心，教育智库排名位居全国前列；通过教育智库平台提供咨政研究报告和政策建议。学院相关研究机构定期出版《中国教育黄皮书》《教师教育发展报告》《乡村教育发展报告》《中国教育智库评价SFAI研究报告》等。

积极搭建平台推动学校变革。学院充分发挥教育学科优势，加强与中小学联系，围绕中小学学校特色发展与校本课程、教师专业发展、教育大数据、教育评价等议题开展深度合作，拉近理论与实践的距离，缩小理论与应用的鸿沟，建立“大学与中小学”的长效合作机制。不断扩大主体性教育实验区辐射范围，在全国1000多所中小学开展“制度德育”“阳光教育”“深度教学”“学习中心教学”“生态文明教育”实验。成立“真教育联盟”“深度教学实验联盟”“湖北教师教育创新发展联盟”“田家炳教育基金会联盟”，进一步扩大了主题教育理论的实践影响力。创新服务行业发展模式。通过校企合作、校政合作，承担武汉市委托管理中小学工作和武昌区绿色教育质量监测重大项目。与郑州亚星集团和广州彦宏集团合作，推动基础教育学校发展，获得相应资助经费800多万元。2021年11月，学院同武汉市汉阳区教育局合作共建“学习力课堂与区域教育高质量发展”项目，该项目作为汉阳区域内中小学校全方位提升的重要杠杆，努力深化“学习力课堂”的内涵，打造学校品牌，形成学校特色与优势。同时，该项目促进校地合作，形成学院服务区域学校发展的新模式。

引导学生学以致用，让本科生、研究生的社会服务工作常规化、制度化。学院深入贯彻落实了党中央关于脱贫攻坚总攻要求，为打赢教育脱贫攻坚战，在学校党委带领下积极发挥教育学院优势，开展“一对一”线上公益助学活动。其如华教学堂助学团队已援助西藏山南市东辉中学163名学生，助力西藏教育高质量发展。2021年10月10日至11日，省委副书记、省长王忠林率领的湖北省党政代表团，赴西藏山南市学习考察。在此次考察中，华教学堂作为湖北教育援藏典型案例受到赞扬。华教学堂自2020年初形成线上助学思路、2021年7月成立正式党支部以来，其线上助学团队已援助西藏、内蒙古、广西、宁夏、甘肃等地两百余名学生，累计助学课时达到5000小时。华教学堂鼓励和号召青年学子走向田间地头，为社会贡献力量，推动教育援助的力量向西部地区有效延伸。

二、国际交流合作持续扩大

进入新世纪以来，全球一体化进程不断加深和信息技术的发展促使我国教育对外开放更加深入，教育国际化水平显著提高。为适应教育国际化的发展，学院将国际化作为重要的办学目标，并采取一系列措施，加大对外开放的力度，提升办学的国际化水平，以国际化提升学院办学整体实力。

强化与海外知名大学的联系。积极参加学校组织的“美国周”“澳大利亚周”“俄罗斯周”等国际教育交流与合作活动，主动与国外或境外大学教育学院建立长期友好的合作关系，积极与相关国际教育组织或研究机构建立稳定的学术联系，探索合作研究教育问题、合作培养研究生的有效机制。学院重点实施了“一对十”的国际化战略，即与十所知名大学的教育学院开展长期的深度合作，包括与美国哥伦比亚大学、加拿大渥太华大学、加拿大阿尔伯塔大学、英国伦敦大学、英国国王学院、澳大利亚悉尼大学、澳大利亚皇家墨尔本理工大学、日本千叶大学及我国香港大学、香港中文大学等世界知名教育学科院校，重点围绕教师交流、合作研究、共同举办学术会议、建设教师教育国际联盟等方面开展合作。与联合国教科文组织深度合作，推介中国教育发展经验。湖北基础教育研究中心先后主持世界银行、联合国教科文组织、英国国际发展研究部资助项目。

筹措专项资金，加强学术交流与合作。学院积极引进全球一流大学和科研机构，如哥伦比亚大学、伦敦大学、多伦多大学、香港中文大学、威斯康星大学麦迪逊分校、澳大利亚皇家墨尔本理工大学和查尔斯特大学的优秀人才来院任教或讲学，广泛邀请外国专家来院讲学。延揽国际人才，推动科研协同攻关，组建高水平国际合作研究专家团队，围绕教育理论创新研究、教育政策与治理研究、新时代教师教育实践研究等领域进行科研协同攻关。学院积极筹措资源，在发展经费中设置专项经费，加大对教师出国访学、参加国际学术会议、开展国际合作研究的支持力度，每年资助 8～10 名教师到境外参加学术会议；邀请 5～8 名境外专家到学院讲学；举办 3～5 次国际学术会议。

国际学术交流彰显成效。立足本土、面向全球，以道德教育、教育史、融合教育发展、信息化时代的教育发展等主题，学院相继主办“多元文化视野下的教育变革和学校发展”“特殊教育国际高峰论坛”“两岸四地教育史研讨会”“亚太道德教育国际研讨会（APNME）”“教师教育国际论坛”“东亚教师教育国际研讨会（ICUE）”“领航新时代融合，推进高质量发展”融合教育发展国际研讨会、“信息化时代的教育发展：教师教育与在线教育”等高层次国际会议。加强《教育与经济》与 *Economics of Education Review*、*Education Economics* 等国际期刊的学术交流，促进优秀人才的国际交流和高质量研究成 果的发表，提升学术成果的海外影响力。

深度合作培养国际化人才。首先，中外合作办学取得新突破。学院与澳大利亚皇家墨尔本理工大学合办我国首个学前教育专业本科教育项目。2011年3月，为进一步促进学院与外国高校的国际合作与交流，引进国外优质教育资源，大力推动我校学科建设、人才培养和双语教学改革，学院向教育部提交的与澳大利亚皇家墨尔本理工大学合作举办学前教育专业本科教育的项目获得批准通过。学院与澳大利亚皇家墨尔本理工大学在本科层次合作举办学前教育专业教育项目，拓宽学院国际化办学渠道，优化办学模式和教育管理体制，推动学校学前教育专业发展、教学改革和人才培养，使教学科研体系更加国际化，丰富学校学前教育专业特色，有利于建立全国性的学前教育教学科研示范中心。该项目的实施在国内外产生了较好的社会影响。其次，举办系列国际化高水平课程。例如，2019年5月，学院邀请美国印第安纳大学伯明翰分校教育学院的 David Rutkowski 和 Leslie Rutkowski 教授来我院开设了“国际大规模教育评价：项目与方法”的英文短期系列课程。2019年10月～11月，学院邀请美国夏威夷大学教育学院 Robert A. Stodden 教授和 Norma J. Stodden 教授开展为期1个月的授课。近年来，学院先后邀请了23位境内外专家来院讲学。再次，加大英文课程建设力度。学院以学前教育中澳合作专业建设为契机，推动本科生英文课程建设。2019年，学院重点建设了2门全英文课程；同时，加大了留学生课程建设。学院目前有34门留学生课程，学院加大了留学生课程的规范化管理，并对课程建设提供了经费支持。

开拓学生交流渠道，提升学生综合能力。学院自2014年开始，连续6年组建赴香港暑期学习行社会实践活动，并逐年扩大规模；近年来新增赴澳大利亚国际学习行实践活动。学院做好“未来教育家海外研修”“未来种子教师”等项目。与海外高校建立校际（院级）合作与交流关系，构建具有学校特色的国际合作网络，拓宽国际化人才培养路径，实施2项国际高水平联合培养人才项目。聚焦国家新一轮对外开放战略和“一带一路”建设，与“一带一路”沿线主要国家和重点城市合作，加大涉外人才培养，推动中外教育文化交流。学院依据出国（境）的时间长短不同，设置不同梯度的奖学金。学院积极鼓励学生出国（境）参与学术会议，按照人均5000元的标准资助。2018年，学院共有110名学生以各种形式出国（境）交流学习，毕业生出国率达16.33%，其中10名“2+2”中澳班毕业生获皇家墨尔本理工大学一等、二等荣誉学士学位。2019年，学院共 有97名学生以各种形式出国（境）交流学习。

重视教育国际化团队建设。首先，高度重视教育国际化工作专业人才建设和各项工作规范化水平。学院安排杨文黛老师担任学院学科和国际化办公室专职秘书，制定学院教育国际化操作手册，包括学生手册和教师手册，明确将国家、地区和学校各类国际化项目及其申报流程详细列出，极大提高了教育国际化工作规范化水平和效率；其次，充分发挥相关专业教师的优长，积极推进国际化工作。学院以戴伟芬教授、熊淳副教授、徐添喜副教授等青年教师为主力军，成立6个中青年教师团队，深度推进教育国际化。

后　　记

这部学院院史的草成，可谓“行色匆匆”！正当我们几位——本伐兄、郑刚和我为着迎接华中师范大学“双甲子”校庆，在加班加点赶写校史之际，一个“偶然的发现”让我们又多了一桩自讨苦吃的活计：在喻本伐教授承担的“中华大学史”部分中，武汉大学历史专业出身的院分党委李玲书记“发现”了早在1922年中华大学就设置了“教育系”。于是乎，必须赶在今年来一场百年盛宴——学院要庆祝一下华中师大教育学院暨教育学科的百岁华诞。凭何为证？以何献礼?！当然得有一部百年院史！于是院里马上组织起人马——十八罗汉转劫，撰写的担子自然又落在我们几位写校史的伙计的肩上。当院长雷万鹏教授对我说：“余老师，辛苦您们一下，院里对院史的写作，是要钱给钱，要人给人！”正让三卷本校史弄得焦头烂额的我，心有余悸地应了一声：“我，要命！”想想在一个学期不到的日夜，从早被自己排得满满的日程中挤出时间撰写一部三十余万字篇幅的院史，正如我跟大家开玩笑时所说，是不是“要命”?！

然则一向讲诚守信的我，以“受人之托，成人之事”的古训说服自己“愉快”地接受了这个活计：将华中师大教育学科百余年来的发展变迁进行一次认真地梳理、回顾和总结，既是院里领导们之托，也是全院师生们之托，从一定程度上讲，更是百余年来从这里走出去的历届校友院友们之托。一旦有一册系统性的文字在手，凡与华中师范大学教育学院—教育学科沾亲带故的人物，应该多少还有点激动和喜悦吧！身为教育史的研究者，不能只写这史写那史而来个“灯下黑”——自己的工作所在、职场所在、成就所在和幸福所在的母校“母院”，究竟如何一路成长一路走来，难道不值得穿越时空而一睹芳容吗？干！不过是在校史的基础上，进一步从深度、广度去爬梳一下故纸堆，牺牲一下个人的正常休息时间和退而未休的精力而已。

为了成就受托之事，特请院里指派杨汉麟和刘来兵二位老师，加入我们的撰研团队。在院里两位一把手的指导和督励下，我经过一段时间思考后，将院史所要撰写的主要内容和各章的大致划分，向团队做了说明并给大家分好工：余子侠负责“华中大学教育系—教育学院”部分，喻本伐负责“中华大学教育系”部分，杨汉麟负责“湖北教育学院”部分和“中原大学教育学院”部分（杨老师后在杨佳、熊忠武二位的援助下撰成），刘来兵负责“华中师范学院教育系”部分，郑刚负责“华中师范大学教育系、所—教育学院”部分。好在大家尤其喻、郑两位老师正在撰研华中师大校史，所以于院史的撰写，无论思路和史料，都有一定的基础。就我个人来说，由于坚持自己的手工作坊——传统的以笔画纸而非电脑操作，只好比较既往每天早起一个多小时、晚睡二十分钟来解决时间问题，终于使华中大学教育系—教育学院部分的文稿，赶在自己七十岁生日前夕划上句号。随后对全书文稿进行梳理、删改以至定稿。还是我常说的那句话：虽说“无我不功成”，但是“功成不在我”！如果说这册华中师大教育学院发展史还有点看相的话，那是整个写作班子的功劳；如果说这部教育学院史——也可能是全国高校中首部院（系）通史性文字——存在诸多错讹之处，责任自然在我这个牵头人，就此诚恳希望手中握有此书的诸君不吝批评和建议。但有一点可做一把自珍的敝帚——起码为后来撰写院（系）史提供了可资借鉴的粗糙模型，保存了可加利用的真实史料。

人常言：“画鬼容易画人难！”我们撰写这本小册子，无疑是在“画人”，尤其是当代部分，我们更是以当事人的身份写“当代史”，除了上面诚恳希望大家批评指正外，当然还请诸君“多多包涵”。相信大家都是聪明人，自然明白此意！在用最后一根竹篾锁好箩筐之口时，我用十分的诚意感谢：感谢学院领导班子的全体成员尤其书记李玲、院长雷万鹏的关心和督励；感谢学院的前辈和同仁的帮助和支持，尤其老教授郭文安先生、杨再隋先生，以及原学院院长涂艳国教授，在此书的写作过程中多次就有关人和事向他们讨教并得到及时的解答；感谢周挥辉社长一句“得给我们三个月的出版时间”，对写作组强劲有力的鞭策；感谢我的两位博士生——贺云飞自始至终帮助我查核资料，更在毕业后推迟前往单位报到时间，代我这个科盲老师操作电脑，打印、校核全副文稿；王海凤这位已“出嫁的姑娘”在毕业两年后，借学校暑假之期，赶回华师为我翻译英文材料和收集相关报刊资料。

还是那句老话：众人拾柴火焰高！我们这个小团队的精诚合作，在各方友朋无私的支持下，终于赶在院庆之前四个多月将全副文稿送交到出版社胡小忠主任手中！

蕲阳　余子侠

落笔于壬寅年入伏前三日